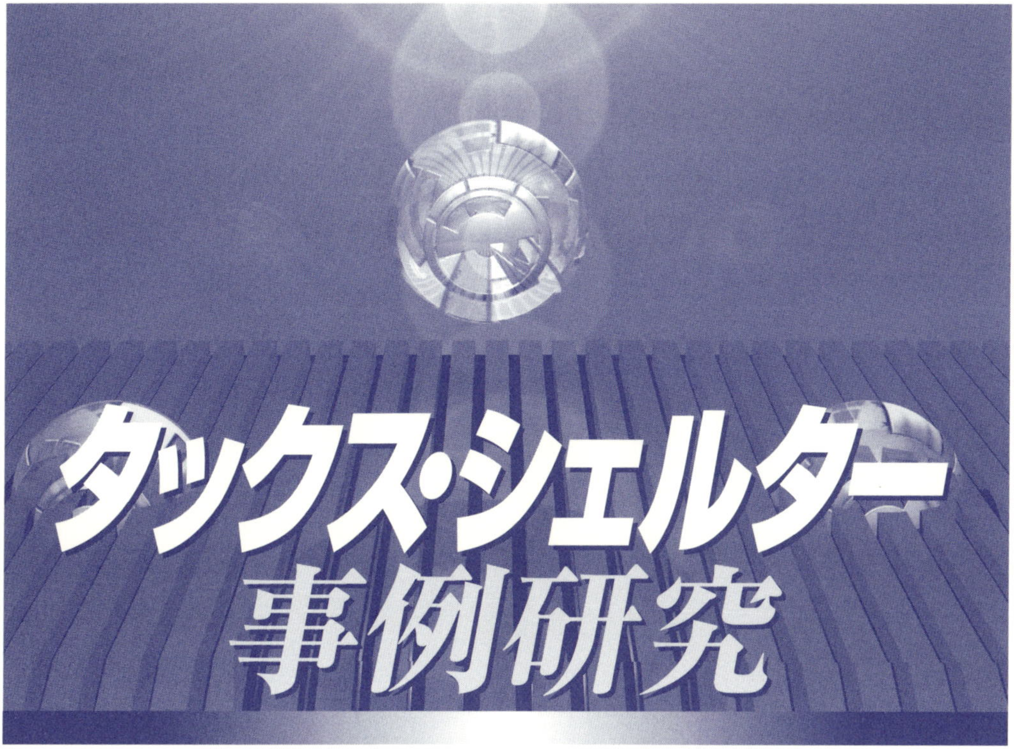

タックス・シェルター事例研究

本庄　資 編著
梅辻雅春・須藤一郎 共著

税務経理協会

はしがき

　米国税法はいまや租税専門家にとっても暗号のように複雑化している。米国の優秀な頭脳がその複雑さに潜むループホールを発見し利用することに情熱を燃やしている。それが法技術とファイナンス技術を駆使して編み出す租税動機取引は，これを構成するステップごとにみれば，税法の文理要件を満たしているが，その取引全体を仕組む租税回避戦略をみると，それが意図的に税法の趣旨に反するものであることが少なくない。

　もとより租税法律主義の下で合法的に税負担の減少を図ることは，すべての納税者に許される権利であるが，ここで要請される租税回避取引の合法性とは単に表見的なものでなく，本来税法の趣旨に沿ったものでなければならない。さもなければ，このような税法のスピリットに反する租税回避取引の是認は，大多数の納税者の納税道義（コンプライアンス）を著しく腐食する事態を招くことになろう。

　その意味で米国財務省と内国歳入庁（IRS）はこの2年間これまでにない努力を尽くして濫用的租税回避と戦い，過去に税務調査で多くの時間と要員を投入してきた濫用的租税回避の重要問題を解決するためガイダンスの発行や重点調査に専念してきた。その成果として，IRSは多くの勝訴判決や多額の追徴税額を上げてきた。IRSは，専門的に問題取引を取り扱う組織機構を設置し，首席法務官事務所も潜在的濫用的租税回避取引を標的に取り組み，タックス・シェルターに関し，IRSへの登録義務・投資家リスト保存義務を課されたプロモーター（法律事務所，会計事務所および投資銀行等）に対して調査を強化し，納税者の潜在的なノン・コンプライアンスに関する情報入手のためのジョン・ドウ召喚状を発行し，州政府との情報交換協定を拡充し，訴訟を遂行し，各種対抗措置の立法化・規則化を進めてきた。財務省とIRSは「濫用的タックス・シェルター」と認めた租税回避取引やタックス・シェルターに関するガイダンスを公開してこれを抑止するために警告するとともに，濫用的タックス・シェ

ルターを販売しまたはこれに参加する者が自発的に情報を開示するように機会を与える。

　米国は米国企業の国際競争力を高めるため自由に事業の法形態を選択し，契約自由の原則の下で有利な取引を行うことができるよう国内法や租税条約に各種の特典を定めているが，租税回避のみを目的とする取引については「課税の公平」を害する行為，議会の意図に反する行為として厳しく対処する。

　本書は，このような立法・行政レベルにおけるタックス・シェルター対抗措置を調べ，米国においてタックス・シェルターを巡って個別事案ごとにタックス・シェルターの仕組みや各スキームの税務否認の基準や事実認定をフォローし，その基底にある理論を抽出する一方，現行税法の下で税務当局が敗北した場合に問題のループホールを埋めるために包括的否認規定や個別的否認規定を立法してきた歴史的事実を確認し，また，コモンローの国として司法上確立されてきた判例原則とその法令化の状況を明らかにすることを目的としている。

　この目的を達成するため，本書では元税務官僚の立場からの分析と現に多様なスキームについての租税専門家としての立場からの分析を行った上で，タックス・シェルターについて共通の類型化を行い，米国の立法，税務当局サイドについては，本庄が分担し，租税専門家サイドから原理的・目的別類型については，梅辻が分担し，手法別類型については，須藤が分担した。本書において梅辻および須藤は公認会計士としての実務経験から日本税制に潜むループホールの問題についても言及している。

　日本における租税回避行為やその防止策の研究を進める上で，米国における税務当局と納税者やプロモーターなどとの緊張関係や税法のループホールの利用技術，税務否認の理論と要件・基準，ループホールを埋める立法，行政および司法の各レベルの真剣な努力を知ることが役立つと考える。

　高度な法技術やファイナンス技術を駆使する国際的租税回避取引に対抗するには国際的な情報の入手ができなければ，原理的には最も単純な「循環金融」でさえ見破ることはできない。それゆえ米国はタックス・ヘイブンとの情報交換協定の締結を熱心に進めている。日本の税務行政でも最も優秀な人材集団を

もって専門的に対処しなければ，高度の専門知識を有するプロモーターが関与するタックス・シェルターには容易に対抗できない。そのために，どのくらいの税収ロスを生ずるか推計できるだろうか。この問題はひとり税務行政のみの問題でなく，予算や税制面でも，米国のように税務支援立法を急ぐ必要があろう。過去には期間損益の調整に係る「課税繰延」によって失われる税収はいずれ取り戻され，真に失われる部分は金利相当分にすぎないと期間損益を軽視する嫌いがあったが，最近のタックス・シェルターをみると，非課税法人，赤字法人，外国事業体を利用した課税繰延が実質的に課税排除の効果をもつスキームが多い。そこで，多方面の税制・税務行政の関係者にとって，本書が「失われる税収」のメカニズムについて考察を促す一つの警報となること，また，法律家，会計士，税理士および企業内租税専門家にとって，タックス・シェルターの否認リスクについて考察するときの参考になることを期待している。

　最後に，本書の刊行に当たり企画から校正にいたるまで惜しみなき協力を賜った税務経理協会編集局長宮下克彦氏をはじめ関係者の方々に厚くお礼申し上げる。

平成16年1月

本　庄　資

✤ 凡　　例 ✤

IRC……米国内国歳入法典（Internal Revenue Code）の略称。
　　　　例えばIRC351は，内国歳入法典第351条を意味する。
Sec.……米国内国歳入法典の条（Section）を示す。
　　　　例えばSec.351またはSection351は，内国歳入法典第351条を意味する。本書においては特定のスキーム名として条文に付すものがある場合にSection357(c)のように用いる。
Reg.　……米国財務省規則（Treasury Regulation）の略称。
　　　　例えばReg.1.163は，米国財務省規則第1.163条を意味する。
Rev.Proc.……米国レベニュー・プロセデュア（Revenue Procedure）の略称。内国歳入庁公開通達の一種で，手続および税務情報に関するもの。
　　　　例えばRev.Proc.2001-28は，レベニュー・プロセデュア2001年第28号を意味する。
Rev.Rul.　……米国レベニュー・ルーリング（Revenue Ruling）の略称。内国歳入庁公開通達の一種で，特定の事実に対する税法の適用に関する解釈通達。
　　　　例えばRev.Rul.2000-12は，レベニュー・ルーリング2000年第12号を意味する。
IRS……米国内国歳入庁（Internal Revenue Service）の略称。
Notice……米国歳入庁ノーティス（IRS Notice）の略称。
　　　　例えばNotice2001-45は，内国歳入庁ノーティス2001年第45号を意味する。
Rev.Bul.　……内国歳入庁ブルティン（Internal Revenue Bulletin）の略称。
JCT……米国議会課税合同委員会（U.S.Congress Joint Committee on Taxation）の略称。
Tax Note　……雑誌"タックス・ノート"を意味する。米国版と国際版に分けて最新の税務情報が提供されている。
IFA……国際租税協会（International Fiscal Association）の略称。オランダに本部を置く国際租税研究機関で，日本支部は金子宏会長の下で活動している。その研究成果はCahiers de droit Fiscal internationalに発表され，重要課題についてOECDに対して勧告することになっている。

✣ 執筆分担および執筆者紹介 ✣

本庄　資（第1編および第4編執筆）
　　　　　京都大学法学部卒業，経済学博士
略　　歴　国税庁直税部審理室長，国税庁調査査察部調査課長，税務大学校副校長，金沢国税局長，国税不服審判所次長を経て
現　　在　国士舘大学政経学部教授・同大学院経済学研究科教授／慶応義塾大学大学院商学研究科特別研究教授／税務大学校客員教授
主な著書　『国際租税法』『ゼミナール国際租税法』『租税回避防止策－世界各国の挑戦』（以上大蔵財務協会），『租税条約』『国際租税計画』『国際的租税回避基礎研究』『アメリカン・タックス・シェルター 基礎研究』（以上税務経理協会），『アメリカの租税条約』（大蔵省印刷局）ほか多数

梅辻　雅春（第2編執筆）
　　　　　京都大学経済学部卒業
現　　職　公認会計士・税理士／朝日KPMG税理士法人パートナー
主な著書　『外国企業との取引と税務』（共著，商事法務研究会），『CFOのための財務戦略』（共著，東洋経済新報社），Tax Reference Library #8 on Intellectual Property 共著 International Tax Review，2002ほか多数

須藤　一郎（第3編執筆）
　　　　　一橋大学商学部卒業
現　　職　公認会計士・米国公認会計士(カリフォルニア州)／モルガン・スタンレー証券会社税務室エグゼクティブ・ディレクター
主な著書　『国際取引のグループ戦略』（共著，東洋経済新報社），『国際連結経営の税務戦略』『会社分割のすべて』『実践国際マネジメント』（以上共著，中央経済社），『環境経営戦略のノウハウ』（共著，東京経済情報出版），Japanese International Taxation 共著 Juris Publishing, Inc.，2003ほか多数

目 次

はしがき

第1編 タックス・シェルター概論

第1章 タックス・シェルターの定義 ……………………………… 3
1 タックス・シェルター ……………………………………………… 3
　(1) 租税回避の意義 ………………………………………………… 3
　(2) 租税回避行為の否認 …………………………………………… 5
　(3) 個別的否認規定の必要性 ……………………………………… 6
　(4) タックス・シェルターの意義 ………………………………… 7
2 アメリカのタックス・シェルターの定義 ……………………… 8
　(1) タックス・シェルター割合（tax shelter ratio） ………… 9
　(2) 相当の投資（substantial investment） ……………………10
3 タックス・シェルターとみなされる秘密アレンジメント ……11
4 濫用的タックス・シェルター（abusive tax shelters） ……11

第2章 タックス・シェルターの特性 ……………………………14
1 タックス・シェルターの類型 ……………………………………14
　(1) 目的別類型 ………………………………………………………14
　(2) 手法別類型 ………………………………………………………15
　(3) 租税優遇措置と租税条約の利用 ………………………………17
2 一般的タックス・シェルター基準
　　（generic tax shelter test） ………………………………………19

3　古典的タックス・シェルターの特性 …………………………20
　　(1)　賃貸不動産タックス・シェルター …………………………20
　　(2)　石油・ガス・タックス・シェルター ………………………20
　　(3)　設備リース・タックス・シェルター ………………………21
　　(4)　映画タックス・シェルター …………………………………21

第3章　タックス・シェルター発展の要因 …………………………25
　1　最近のタックス・シェルター …………………………………26
　　(1)　1999年財務省タックス・シェルター白書の例示 …………26
　　(2)　2003年米国議会課税合同委員会（the Joint Committee on Taxation：JCT）のエンロン・レポートの事実認識と税制改正の勧告 …………………………………27
　2　法人用タックス・シェルターの特性 …………………………29
　3　法人用タックス・シェルター発展の要因 ……………………31
　　(1)　タックス・シェルター利用のインセンティブの増加 ……31
　　(2)　法人用タックス・シェルターのコスト引下げ ……………32
　　(3)　その他の理由 …………………………………………………34

第4章　タックス・シェルターに利用される事業体 ………………37
　　(1)　パートナーシップ（partnership）…………………………38
　　(2)　リミテッド・ライアビリティ・カンパニー
　　　　（limited liability company：LLC）………………………39
　　(3)　規制投資会社
　　　　（regulated investment company：RIC）…………………40
　　(4)　不動産投資信託
　　　　（real estate investment trust：REIT）……………………40
　　(5)　不動産モーゲージ投資導管（real estate mortgage investment conduit：REMIC）……………41

(6) 金融資産証券化投資信託（financial asset securitization
　　　　investment trust：FASIT） …………………………41
　　(7) Ｓ法人（S corporation）……………………………………41
　　(8) 人的役務法人
　　　　（personal service corporation：PSC）………………42
　　(9) 閉鎖的保有Ｃ法人
　　　　（closely held C corporation：CHCC）………………42
　　(10) 外国事業体（foreign entity）………………………………42
　　(11) 持株会社（holding company：HC）……………………44
　　(12) 信　託（trust）………………………………………………45

第５章　流行したタックス・シェルターの略歴 …………………49
　１　主要な税制改革とその背景 ……………………………………49
　２　経費控除を利用するスキームとこれに対する防止策 ………51
　　(1) 投資負債利子の控除 ………………………………………51
　　(2) 利益動機のない活動経費の控除 …………………………52
　　(3) 過少資本による利子の控除 ………………………………52
　　(4) 一定の農業経費の控除 ……………………………………52
　　(5) 現金主義の関連者に対する経費・利子の控除 …………52
　　(6) 関連外国法人あてに発行した割引債（original
　　　　issue discount：OID）の利子の控除 ……………………53
　　(7) 外国関連会社への支払利子の損金算入 …………………53
　　(8) 関連会社間の債務保証 ……………………………………53
　３　損失控除を利用するスキームとこれに対する防止策 ………54
　　(1) 農業損失の控除 ……………………………………………54
　　(2) ノンリコース・ローン・ファイナンス …………………54
　　(3) 関連者間取引の損失の控除 ………………………………55
　　(4) パッシブ・ロスの控除 ……………………………………55

- (5) 所有権変更後における営業純損失の繰越と
    ビルト・イン・ロス ……………………………………56
- (6) ビルト・イン・ゲインを相殺するための
    買収前損失の利用 ………………………………………56

4 税額控除を利用するスキームとこれに対する防止策 ……………57

5 所得移転・所得分割を利用するスキームと
  これに対する防止策 ………………………………………57
- (1) 贈与の利用 ………………………………………………57
- (2) 子女の雇用 ………………………………………………58
- (3) 家族パートナーシップの利用 …………………………58
- (4) 家族信託の利用 …………………………………………58
- (5) 家族内リースバック取引の利用 ………………………59
- (6) 家族内ローンの利用 ……………………………………59
- (7) C法人の利用 ……………………………………………59
- (8) 同族会社の利用 …………………………………………60
- (9) 人的役務法人の利用 ……………………………………60
- (10) 関連会社間の所得分割 …………………………………61
- (11) タックス・ヘイブンの利用 ……………………………62
- (12) 非課税法人または赤字法人の利用 ……………………63

6 非課税取引の利用を目的とするスキームと
  これに対する防止策 ………………………………………64
- (1) 譲渡者の支配する法人に対する資産の譲渡（IRC351）……64
- (2) 債務の免除 ………………………………………………65
- (3) 資産拠出者の非課税資産の取得原価 …………………66
- (4) 資産拠出者に支配される法人（被支配法人）…………67
- (5) IRC351の非課税取引の回避 ……………………………68
- (6) 資本の拠出 ………………………………………………69
- (7) 子会社の清算 ……………………………………………69

(8) 株式配当 ……………………………………………70
　(9) 優先株式による利益の抜取り …………………71
　(10) 組織再編成 …………………………………………72
　(11) 法人の分割 …………………………………………73
　(12) 法人の分割による利益の抜取り ………………75
　(13) S 法 人 …………………………………………75
　(14) パートナーシップ …………………………………76
7　課税繰延取引の利用 ……………………………………78
　(1) 現金主義の利用 ……………………………………78
　(2) 割賦方法の利用 ……………………………………79
　(3) 不確定払販売 ………………………………………79
　(4) 買主の要求払債務証書または譲渡性のある債務証書 ……80
　(5) 不動産の販売 ………………………………………80
　(6) 割賦債権の譲渡 ……………………………………81
　(7) 利子に関する会計方法 ……………………………81
　(8) 想定元本契約の会計方法 …………………………82
　(9) ヘッジ取引 …………………………………………83
　(10) 長期契約 ……………………………………………84
　(11) 経済的パフォーマンス・ルール …………………84
　(12) 債権ストラドル ……………………………………85
　(13) パススルー・エンティティ・ストラドル ………85
　(14) パートナーシップ・ストラドル …………………86
　(15) エンロンのプロジェクト・コンドル ……………87
　(16) COLI／TOLI ………………………………………88
　(17) フォーリン・ファクタリング ……………………89
　(18) リースイン・リースアウト ………………………90
　(19) ファースト・ペイ・ストック／ステップ・ダウン・
　　　プリファード ………………………………………91

⑳　エンロンのプロジェクト・アパッチ　……………91
8　課税排除を目的とするスキームとこれに対する防止策　………91
　⑴　バーミューダ保険会社スキーム　………………92
　⑵　グアム居住者信託スキーム　………………………92
　⑶　清算REITスキーム　………………………………92
　⑷　ファースト・ペイ株式　……………………………93
　⑸　エンロンのプロジェクト・アパッチ　……………94
　⑹　ベーシスの引上げ　…………………………………95
　⑺　エンロンのプロジェクト・トーマス　……………97
　⑻　ハイベーシス・ローバリュー　……………………98
　⑼　エンロンのプロジェクト・スティール　…………99
　⑽　ファントム所得　……………………………………100
　⑾　エンロンのプロジェクト・コチーズ　……………100
　⑿　不確定債務　…………………………………………101
　⒀　エンロンのプロジェクト・ターニャー　…………102
　⒁　エンロンのプロジェクト・バラ　…………………102
　⒂　リース・ストリップ　………………………………103
　⒃　エンロンのプロジェクト・テレサ　………………103
　⒄　エンロンのタミーⅠおよびタミーⅡ　……………104
　⒅　ＢＯＳＳ　……………………………………………105
　⒆　キラーＢ　……………………………………………105
　⒇　割賦販売（installment sales）／不確定割賦債券
　　　　（contingent installment note：CINs）　……………106

第2編　タックス・シェルターの原理的手法別類型

序 ……………………………………………………………………113

第1章　類型論（その1）
　　　　－タックス・シェルターを成立させる要素に着目して ……119
　1　課税標準の引下げについて …………………………………119
　　(1)　IRC351の非課税の現物出資を利用するもの ……………120
　　　事例1 − Section357(c) Basis Shift ………………………122
　　　事例2 − Contingent Liability ………………………………123
　　　事例3 − Enron−Project Tanya／Project Valor ………125
　　　事例4 − High−basis Low−value ……………………………126
　　　事例5 − Enron−Project Steele ……………………………127
　　　事例6 − Lease Strips …………………………………………128
　　　事例7 − Enron−Project Cochise ……………………………128
　　(2)　パートナーシップ等を利用するもの ……………………130
　　　事例1 − Inflated Partnership Basis ………………………132
　　　事例2 − Passthrough Entity Straddle ……………………133
　　　事例3 − Partnership Straddle ………………………………135
　　　事例4 − Enron−Project Condor ……………………………136
　　　事例5 − Partnership Basis Shifting−Enron−Project
　　　　　　　 Tomas ……………………………………………138
　　　事例6 − Enron−Project Tammy I and Tammy II …140
　　　事例7 − Enron−Project Teresa Synthetic Lease ………141
　　(3)　子会社からの資産の分配に関する諸規定を利用するもの …144
　　　事例1 − BOSS …………………………………………………146
　　　事例2 − Basis Shifting ………………………………………148

　　　　事例3 －Fast-Pay Stock／Step-Down Preferred ……149
　　　　事例4 －Stock Compensation ……………………………151
　　　　事例5 －Liquidating REIT ……………………………153
　　(4) 負債の引受の対価として取得する資産の取得価額に
　　　　係る規定を利用するもの ……………………………154
　　　　事例1 －Inflated Basis ………………………………155
　　(5) デリバティブ取引に係る規定を利用するもの ……………156
　　　　事例1 －Notional Principal Contract ………………157
　　　　事例2 －Debt Straddle ………………………………158
　　　　事例3 －Enron-Project NOLy ………………………159
　　(6) 取引の仕組みによるもの ……………………………162
　　　　事例1 －Enron-Project Apache ……………………162
　　　　事例2 －Foreign Factoring …………………………164
　　　　事例3 －Lease-in／Lease-out（LILO）………………166
　　　　事例4 －Phantom Income ……………………………166
　　　　事例5 －Enron-Project Cochise ……………………167
　　(7) その他の規定の利用によるもの ……………………………168
　　　　事例1 －Installment Sales／Contingent Installment
　　　　　　　　Note（CIN）……………………………………168
　　　　事例2 －Killer B ………………………………………169
　　　　事例3 －Corporate Owned Life Insurance（COLI）……170
　　　　事例4 －Reinsurance Arrangement …………………171
　　　　事例5 －Charitable Remainder Trust ………………172
　2 税率の引下げについて ……………………………………172
　3 税額控除の増額について …………………………………173
　　　　事例1 －外国税額控除 …………………………………173
　　　　事例2 －Enron-Sec29クレジット
　　　　　　　　－前払商品取引の利用 ……………………………174

第2章 類型論（その2） …175

1 所得移転型 …175
- (1) 移転価格利用型 …175
  - 事例1 －Enron-Project Apache …176
  - 事例2 －Installment Sales／Contingent Installment Note（CIN）…176
  - 事例3 －Foreign Factoring …177
  - 事例4 －Reinsurance Arrangement …177
- (2) 移転価格利用型以外の事例 …178
  - 事例1 －Section357(c) Basis Shift（現物出資時の負債の引受に係る課税関係）…178
  - 事例2 －Basis Shifting …178
  - 事例3 －Fast-Pay Stock／Step-Down Preferred …179
  - 事例4 －Intermediary Transaction …179
  - 事例5 －Enron-Project Condor …180
  - 事例6 －High-basis Low-value …181

2 所得繰延型 …181
- 事例1 －Enron-Project Apache …181
- 事例2 －Passthrough Entity Straddle …182
- 事例3 －Partnership Straddle …183
- 事例4 －Enron-Project Condor …184
- 事例5 －Installment Sales／Contingent Installment Note（CIN）…185
- 事例6 －Corporate Owned Life Insurance（COLI）…185
- 事例7 －Foreign Factoring …186
- 事例8 －Lease-in／Lease-out（LILO）…186
- 事例9 －Notional Principal Contract …187
- 事例10－Debt Straddle …187

事例11－Enron-Project NOLy ……………………………187
3　課税排除型 …………………………………………………188
　　事例1－ＢＯＳＳ ………………………………………188
　　事例2－Section357(c) Basis Shift（現物出資時の負債
　　　　　の引受に係る課税関係）………………………188
　　事例3－Basis Shifting …………………………………189
　　事例4－Fast-Pay Stock／Step-Down Preferred ……189
　　事例5－Liquidating REIT ……………………………190
　　事例6－Inflated Partnership Basis ……………………190
　　事例7－Partnership Basis Shifting-Enron-Project
　　　　　Tomas ……………………………………………191
　　事例8－Enron-Project Tammy Ⅰ and Tammy Ⅱ …191
　　事例9－Contingent Liability …………………………192
　　事例10－Enron-Project Tanya／Project Valor ………192
　　事例11－High-basis Low-value ………………………193
　　事例12－Enron-Project Steele …………………………193
　　事例13－Killer B ………………………………………194
　　事例14－Reinsurance Arrangement …………………194
　　事例15－Inflated Basis …………………………………194
　　事例16－Lease Strips …………………………………195
　　事例17－Enron-Project Teresa Synthetic Lease ………195
　　事例18－Phantom Income ……………………………196
　　事例19－Enron-Project Cochise ………………………196
　　事例20－Charitable Remainder Trust …………………197
　　事例21－Enron Sec29クレジット－前払商品取引の利用 …198
4　所得分類変更型 ……………………………………………198
　　事例1－Fast-Pay Stock／Step-Down Preferred ……198
　　事例2－Stock Compensation …………………………199

第3編　タックス・シェルターの手法別類型

序 …………………………………………………………………203

第1章　総　　論 …………………………………………………204
　1　ベーシス・ステップアップ ……………………………204
　2　ベーシス・ステップアップの源泉 ……………………205

第2章　コーポレート的手法 ……………………………………208
　1　非課税法人の利用 ………………………………………208
　　(1)　High-basis Low-value ……………………………209
　　(2)　Inflated Basis ……………………………………211
　　(3)　Section357(c) Basis Shift ………………………214
　　(4)　Bond and Sales Strategy（BOSS）………………217
　　(5)　Inflated Partnership Basis ……………………219
　　(6)　Installment Sales／Contingent Installment Note
　　　　（CINS）………………………………………………221
　　(7)　Basis Shifting ……………………………………223
　　(8)　Fast-Pay Stock／Step-Down Preferred ………227
　　(9)　Charitable Remainder Trust（CRT）……………230
　2　課税法人の利用 …………………………………………232
　　(1)　Intermediary Transaction ………………………233
　　(2)　Phantom Income ……………………………………236
　　(3)　Project Steele ……………………………………239
　　(4)　Project Cochise ……………………………………240
　3　非法人の利用 ……………………………………………244
　　(1)　Project Tomas ………………………………………244

(2)　Project Condor ……………………………………249
　　(3)　Project Tammy ……………………………………252
　　(4)　Project Teresa ……………………………………254
　4　組織再編成の利用 …………………………………………259
　　(1)　Killer B ……………………………………………259
　　(2)　Liquidating REIT …………………………………264
　　(3)　Contingent Liability ………………………………266
　　(4)　Project Tanya and Project Valor ………………270
　5　グループ会社・持株会社等の利用 ………………………273
　　(1)　Foreign Factoring …………………………………273
　　(2)　Reinsurance Arrangement ………………………275
　　(3)　Stock Compensation ………………………………277

第3章　コーポレート・ファイナンス的手法 ……………283
　1　投資と融資の選択 …………………………………………283
　　(1)　Foreign Tax Credit ………………………………284
　　(2)　Project Valhalla …………………………………287
　2　循環金融・迂回融資の利用 ………………………………290
　　(1)　Project Apache ……………………………………290
　　(2)　Project Renegade …………………………………295
　　(3)　Corporate Owned Life Insurance（COLI）……298
　3　リース取引の利用 …………………………………………300
　　(1)　Lease Strips ………………………………………301
　　(2)　Lease-in／Lease-out（LILO）……………………303
　4　ストラクチャード・ファイナンスの利用 ………………305
　　(1)　多段階優先証券 ……………………………………305
　　(2)　投資ユニット証券 …………………………………308
　　(3)　前払商品取引 ………………………………………313

5　デリバティブ取引の利用 ……………………………317
　　(1)　Notional Principal Contract ………………………317
　　(2)　Passthrough Entity Straddle ……………………319
　　(3)　Partnership Straddle ……………………………322
　　(4)　Debt Straddles ……………………………………326
　　(5)　Project NOLy ………………………………………328
　ま と め ………………………………………………………332

第4編　タックス・シェルター対抗措置

序 ………………………………………………………………337

第1章　立法上の対抗措置 …………………………………341
　1　タックス・シェルター実態把握のための制度の整備 ………341
　　(1)　タックス・シェルター登録制度 ……………………341
　　(2)　タックス・シェルター開示制度 ……………………342
　　(3)　投資家リスト保存義務 ………………………………342
　　(4)　秘密の法人タックス・シェルター
　　　　（Confidential Corporate Tax Shelter）…………342
　2　否認理論の明確化 ……………………………………343
　　(1)　租税法律主義と租税回避行為の否認 ………………343
　　(2)　租税回避行為の否認 …………………………………346
　　(3)　仮装行為の認定 ………………………………………348
　　(4)　IRSによる事実認定 …………………………………348
　　(5)　税法の趣旨解釈・目的論的解釈 ……………………349
　3　個別的否認規定の整備 ………………………………350
　　(1)　税務会計ルール ………………………………………350
　　(2)　包括的否認規定 ………………………………………353

(3) 個別的否認規定 …………………………………356
　4 財務長官への規則制定権の付与 …………………………364
　　(1) 財務省規則の一般的基本的ルール ……………………364
　　(2) 財務省規則の個別的否認規定 …………………………366
　5 制裁制度の整備 ……………………………………………368
　　(1) 申告書における開示，登録および投資家リスト保存に
　　　　関する「報告すべき取引」の定義の確立 ……………368
　　(2) パートナーシップ，S法人，信託および高額所得者個
　　　　人に対する「報告すべき取引」の開示 ………………369
　6 国際金融センター（タックス・ヘイブン）との情報交換 ………369

第2章　行政上の対抗措置 …………………………………………373
　1 IRSの執行体制の強化 ……………………………………373
　　(1) IRSタックス・シェルター分析室 ……………………373
　　(2) 潜在的租税回避取引の早期調査 ………………………374
　　(3) 濫用的タックス・シェルター対策 ……………………374
　2 タックス・オピニオン・ライター対策 …………………375
　3 IRSへの情報開示 …………………………………………375
　4 プロモーター対策 …………………………………………375
　5 濫用的タックス・シェルターの判定と開示 ……………375

第3章　判例理論の形成と確立した判例原則 ……………………378
　1 実質主義（Substance Over Form Doctrine）……………378
　2 ステップ取引原則（Step Transaction Doctrine）………379
　3 事業目的原則（Business Purpose Doctrine）……………380
　4 経済実体原則（Economic Substance Doctorine）………380

索　　引 …………………………………………………………………383

第1編
タックス・シェルター概論

第1章　タックス・シェルターの定義
第2章　タックス・シェルターの特性
第3章　タックス・シェルター発展の要因
第4章　タックス・シェルターに利用される事業体
第5章　流行したタックス・シェルターの略歴

第 1 章
タックス・シェルターの定義

1 タックス・シェルター

(1) 租税回避の意義

　日本では税法上の概念として定義のないまま「タックス・シェルター」という用語が巷間一人歩きしている。この用語は、俗語としては「税金逃れの隠れ蓑」を意味すると辞書に書かれているが、これに該当する場合に税務上否認の対象となるか否かを判定するには、余りにも曖昧である。税法用語辞典[1]においても、この用語は「一般的には所得税、法人税の軽減及び回避をねらった租税回避手段を意味する」と書かれているが、「租税回避」の定義を定めないまま、そのように定義しても、税務上否認の対象となるか否かを判定するには、なお曖昧である。税法上「租税回避」の定義はないが、その概念についてはかねて租税法学の論点となってきた。この概念について講学上の代表的な定義をみると、田中二郎博士は「迂回行為や多段階行為によって租税負担を不当に軽減回避しようとする行為」であるといい[2]、松沢智教授は「私法上の選択可能性を利用し当事者の選択した法形式ないし取引行為が異常であってそれにより通常の法形式ないし取引行為を選択したと実質的には同様の経済的効果を実現しながらその結果として課税要件の充足を免れ不当に租税の負担が軽減され租税の回避以外には異常な法形式ないし取引行為を選択したなんらの正当な理由のないこと」をいうと解するといい[3]、清永敬次教授は「税法上通常のものと考えられている取引形式を選択せずそれと異なる取引形式を選択することによ

り通常の取引形式を選択した場合と同一またはほぼ同一の経済的効果を達成しながら租税上の負担を軽減または排除すること」であるといい[4]，北野弘久教授は「通常行われない異常な行為形式を選択しそれによって通常の行為形式を選択したときと同一の経済目的を達成しその結果多額の租税を軽減する場合の異常な行為」をいうといい[5]，金子宏教授は，「私法上の選択可能性を利用し，私的経済取引プロパーの見地から合理的理由がないのに通常用いられない法形式を選択することによって結果的には意図した経済的目的ないし経済的成果を実現しながら通常用いられる法形式に対応する課税要件の充足を免れ，もって税負担を減少させあるいは排除すること」をいう[6]と定義している。これらの学説の共通点は，租税回避行為の構成要素として，①選択した法形式の異常性，②通常の法形式と同様の経済的効果の実現，③税負担の軽減または排除を挙げている点にみられる。租税回避と脱税や節税との区別については，学説に大差はなく，金子宏教授説を要約すると，租税回避は，課税要件の充足を回避する行為であり，課税要件の充足の事実を全部または一部秘匿する行為である「脱税」と異なり，租税回避は租税法規が予定していない異常な法形式を用いて税負担の軽減を図る行為であり，租税法規が予定しているところに従って税負担の減少を図る行為である「節税」と異なるということになる[7]。学説の定義では，租税回避と節税を区別する基準として「通常の法形式」「異常な法形式」「多額の税負担の軽減」「不当に税負担を減少」などの不確定概念を用い，法形式の異常性の判定には「社会通念」という不確定概念を用い，「異常な法形式」と判定できる場合そのような法形式を選択するための「経済的合理性」「租税回避以外の正当な理由」の有無という不確定概念を用いている。いずれの学説による場合も，一定の取引を行う場合に一定の経済的効果を実現するため合法的に税負担の軽減を図るため，最も有利な法形式を選択しなければならない納税者に対して，租税回避と節税との区別を左右する基準を租税法規が明確にしていないため，重要な不確定概念の内容を裁判所の解釈に委ねざるを得ない状況に陥らせる。

(2) 租税回避行為の否認

租税回避の法的効果について，納税者が選択した私法上の法形式を課税上認容すべきであるとする租税回避行為合法説と，納税者が選択した私法上の法形式の私法上の有効性を認容した上で課税上これを無視し通常の法形式に応じた課税要件が充足されるものとして取り扱う租税回避行為否認説との両説があり得る。前説によれば，一定の取引を行う場合に一定の経済的効果を生じ合法的に税負担の減少を図るため納税者が，租税法規の予定する法形式を選択する場合上記の「節税」概念（狭義の節税）に該当するので否認の問題を生じないが，租税法規の予定しない法形式（いわゆる異常な法形式）を選択する場合もその法形式の異常性ゆえに上記のいずれの学説によっても「租税回避行為」として分類されるが，これを禁止する条文がない以上形式的にはなお合法的であり，その限りでは広義の「節税」に該当するものとして否認対象とならないと考えることができる（租税回避行為合法説）。しかし，上記いずれの学説も後者の立場をとっている。ただ，後者の学説も，租税回避行為の否認は，課税の公平原則から当然に認められるとする田中二郎教授[8]および税法上の権利濫用の法理や法人格否認の法理などから個別的否認規定がなくても認められるとする松沢智教授[9]などの立場と，租税法律主義に基づき個別的否認規定がなければ認められないとする金子宏教授[10]，清永敬次教授[11]および北野弘久教授[12]などの立場に分かれる。

本書では，学説としては通説ともいえる金子宏教授説を受け入れるが，租税回避行為の定義において不確定概念が重要な要素となっている以上，学説では税務上否認の対象とならない狭義の「節税」と否認されるかもしれない広義の「節税」概念を含む「租税回避」との限界を明確にすることは困難であるとの立場をとる。その限界を明確化する役割は，租税法律主義の建前からも第一義的には立法府の責務であると考えるので，この責務を十分に果たさず，この役割を税務当局や裁判所に委ねる考えには組しない。立法や行政ルールで両者の区別を判定する基準を定めず，個別具体的な判定を税務当局や裁判所に委ねる

(3) 個別的否認規定の必要性

(2)において述べたように，租税回避行為否認説に立つ場合，田中二郎教授や松沢智教授など一般的な否認規定をもって足り特に個別的否認規定を定める必要がないとする立場と，金子宏教授，清永敬次教授および北野教授など個別的否認規定を定める必要があるとする立場に分かれる。この論点については，強行法規である租税法規により私法上の法形式を課税上無視することを認めるには，租税法律主義が課税要件を法律で明確にすることを要請するのと同様に，否認要件・基準を法律で明確にすることを要請するものと解すべきであり，後者の立場に立つべきであると考える。納税者に法的安定性と予測可能性を与えるために，税法上否認されるべき「租税回避」の定義や要件を設けることが必要であると考える[13]。税法上定義された「租税回避」に該当する行為について，税法上個別的否認規定がある場合，この規定に定める要件に従って否認が行われるという点について異論はないが，税法上個別的否認規定がない場合，否認の可否について日本では下級審判決は分かれ，学説もまた上で述べたように，①課税の公平の見地から否認規定の有無にかかわらず否認できるとする説と，②租税法律主義の下で法律の根拠なしに否認することはできないとする説に分かれている[14]。上記①を認める場合，税務当局や裁判所が法律に明記されない否認要件や否認基準を設定することを認めることとなり，法律の委任なき行政立法や司法立法が横行するおそれが生じる。

したがって，本書では，上記②の立場をとり，立法府または法律の委任により行政府が課税の公平のために租税回避行為の否認を行うための法律の根拠を常に整備し続けるべきであると考える[15]。この場合，納税者は遡及立法禁止の原則によって保護される。

ここで「租税回避行為の否認」とは，納税者が用いた法形式を課税上無視し，

通常用いられる法形式に対応する課税要件が充足されたものとみなすことをいうと定義する[16]。

(4) タックス・シェルターの意義

タックス・シェルターと租税回避行為との関係[17]をどのように考えるべきか。

それぞれの用語の定義いかんにより両者の関係は変化するが,「タックス・シェルター」概念は,前記税法用語辞典のように「所得税,法人税の軽減及び回避をねらった租税回避手段」と解すると,税目を限定する点で,これを限定しない「租税回避行為」概念より狭い概念となるが,俗に「タックス・シェルター」と呼ばれるスキームの中には,国内法規や外国法規および租税条約の規定どおりに組み合わせてテクニカル・ルールやメカニカル・スタンダードを利用したものが含まれる。これらは,形式的には「節税」に分類されるものである（広義の節税）。タックス・シェルター・スキームを構成する各ステップ取引は,租税法規や租税条約の条文の文理要件を満たすようにアレンジされている。個別的否認規定がない場合,これを必要とする立場に立つとき,コモンロー原則をとらない国で,安直に「実質主義」原則を適用することは,法的安定性と予測可能性の確保という観点から望ましくない。そこで,厳密な意味では「租税回避行為の否認」に該当しない方法で,実務的には,「租税回避行為の否認」に類似した法的効果を生じるよう「法解釈」「事実認定」によって,形式的には合法的な「節税」となる取引や行為であっても成文法規の趣旨・目的に合致しないものは「租税回避手段」に該当すると分類し直さなければならない。そうすることによって,形式的には完全に合法的なストラクチャード取引について,個別的否認規定がない場合,税法の論理解釈としての趣旨解釈・目的解釈[17-1]によって租税回避手段に該当すると認定することによって,タックス・シェルターの範囲に取り込むことが可能になる。

しかし,タックス・シェルターのすべてを否認対象とするか,一定の基準で特定されたタックス・シェルターのみを否認対象とするかは,各国の租税政策

（議会の意図）の問題である。この点で日本の租税政策が納税者に明確にされなければならない。「否認対象とされるタックス・シェルター」を限定する場合には，税法やその法律の委任に基づく政令・省令において限定される範囲や判定基準を規定すべきであり，これらを納税者に開示せずに課税庁，裁判所および法律家が独占することは認め難い。

中里実教授は，タックス・シェルターを「課税逃れ商品」と呼び，これを「租税裁定取引を用いてタックス・ポジションの変更を行うことを目的とする取引を法的に定型化し，それにファイナンス取引に代表されるような投資商品等の装いをほどこして納税者に販売するもの」と定義している[18]。このように定義した場合，実質的な狭義の「節税」は除外され，広義の節税を含む「租税回避行為」のうち「一定の目的をもつ取引で法的に定型化され投資商品等として販売されるもの」のみがタックス・シェルターとされることになる。

本書では，主としてアメリカのタックス・シェルター事例を研究しているので，その作業の第一歩は，アメリカにおける基礎概念である「タックス・シェルター」の定義を明らかにすることであるが，アメリカ税法では「タックス・シェルター」を中里実教授の「課税逃れ商品」の定義より広くかつ具体的に定義し，これに該当するものについて内国歳入庁への登録やタックス・シェルター識別番号の付番，投資家リストの保存を義務づけ，このうち税務上否認の対象となるタックス・シェルターを「濫用的タックス・シェルター」として定義しているので，これに類似する税法上の規定が全く存在しない日本において使用される漠然とした「タックス・シェルター」概念とアメリカにおいて法定されている「タックス・シェルター」概念を直接比較検討することは困難である。

2 アメリカのタックス・シェルターの定義[19]

内国歳入法典は，タックス・シェルターとは，投資における持分の売却のオファーの説明から当該投資の売却のオファー後に終了する5年のいずれの年の

末日においても「投資家のタックス・シェルター割合」が2対1より大きくなると誰もが合理的に推測できる投資であって，①連邦・州の証券法に基づく登録を要し，②連邦・州の証券規制当局に通知を要する登録の免除により売却されるか，または③「相当の投資」に該当するものをいうと定義している（IRC 6111(c)）。

アメリカのタックス・シェルターは，上記1(1)の税法用語辞典のように「所得税，法人税の軽減及び回避をねらった租税回避手段」という漠然たる概念でなく，IRC6111(c)で定義された「一定の投資」である。逆にいえば，この定義に該当しない投資や投資以外の租税回避手段は，税法上の「タックス・シェルター」として取り扱われない。

タックス・シェルターの識別基準としては，「タックス・シェルター割合」と「相当の投資」に該当するか否かが重要である[20]。

(1) タックス・シェルター割合（tax shelter ratio）

当期の末日までのすべての期間にすべての投資家に潜在的に認められる税額控除の350％と所得控除の合計額が，当期の末日現在の投資ベースに占める割合をいう。「投資ベース」（investment base）とは，当期の末日現在の投資家の拠出した金銭および他の資産の調整ベーシス（当該他の資産に係る負債を除く）の額をいい，当該投資の組成，売却もしくはマネジメントに参加するすべての者またはその者の関連者からの借入金は，当該金額が決定がなされる年の末日前に投資家によって無条件に返済されることを要する場合を除き，考慮に入れないものとする。金銭等価物または譲渡性証券として保有される金額は，考慮に入れないものとする。

(2) 相当の投資 (substantial investment)

　「相当の」という不確定概念を用いるが、売却のオファーの合計額が250,000ドルを超え、かつ、投資家が5人以上見込まれる場合、その投資は相当の投資に該当するという具体的な基準を法定している。

　上記の識別基準に該当する投資は、アメリカの税法上、「タックス・シェルター」となる。

　その法的効果として、タックス・シェルター・オルガナイザーに財務長官にタックス・シェルター登録を行う義務が生じる (IRC6111(a))。「タックス・シェルター・オルガナイザー」とは、①タックス・シェルターの組成に主として責任をもつ者、②タックス・シェルターの組成に参加した者、または③タックス・シェルターが登録されないときに投資の売却もしくはマネジメントに参加する者をいう (IRC6111(e)(1))。

　登録事項としては、①タックス・シェルターを確認し説明する情報、②投資家に説明したタックス・ベネフィットを記述した情報、③財務長官が要求する情報が含まれる (IRC6111(a)(2))。さらに、重要な法的効果としては、タックス・シェルター識別番号である。

① タックス・シェルターの持分を売却するすべての者は、当該者から当該タックス・シェルターの持分を購入する各投資家に財務長官が当該タックス・シェルターに割り当てた識別番号を付与しなければならない (IRC6111(b)(1))。

② タックス・シェルターにより所得控除、税額控除その他のタックス・ベネフィットを請求するすべての者は、その税務申告書に財務長官が当該タックス・シェルターに割り当てた識別番号を記載しなければならない (IRC6111(b)(2))。

3 タックス・シェルターとみなされる秘密アレンジメント[21]

①法人である直接・間接の参加者にとって連邦所得税の回避または脱税がストラクチャーの主たる目的であり，②秘密の条件に基づき潜在的参加者にオファーされ，かつ③タックス・シェルター・プロモーターが合計100,000ドルを超える報酬を受け取るすべてのエンティティ，プラン，アレンジメントまたは取引は，「タックス・シェルター」に含まれる（IRC6111(d)(1)）。①オファー先の潜在的参加者がタックス・シェルターの開示やタックス・シェルターの重要な税務上の特性の開示を制限することをプロモーターと合意しもしくはプロモーターの利益のために理解し，または②プロモーターが当該タックス・シェルターが潜在的参加者以外の者の所有物であり，もしくは他の者に対する開示もしくは他の者による利用から保護されることを（ⅰ）主張し，知り，もしくは知る理由をもち，（ⅱ）他の者が主張することを知り，もしくは知る理由をもち，もしくは（ⅲ）他の者に主張させる場合，そのオファーは秘密の条件に基づくものとされる（IRC6111(d)(2)）。「プロモーター」とは，タックス・シェルターの組成，マネジメントまたは売却に参加するすべての者またはすべての関連者をいう。

4 濫用的タックス・シェルター（abusive tax shelters）[22]

「濫用的タックス・シェルター」とは，投資家が取得するタックス・ベネフィットが議会の意図したタックス・ベネフィットを超える一定の投資または取引をいう（Rev.Proc.83-78, 1983-2 CB595, IRS Pub.550, "Investment Income and Expenses" for 2000 returns）。濫用的タックス・シェルターでは，①非現実的な配分，②過大な評価，③投資額を超える損失，④所得と所得控除の不一致，⑤通常の事業慣行に従わないファイナンス技術，⑥投資もしくは取引

の実体と異なる分類，⑦当初の投資額以下のリスクで投資額を大きく超える節税額を入手すること，⑧現在もしくは将来の投資額を遥かに超える損失，所得控除および税額控除を生じるように最初からデザインされたパッケージ・ディール，などが利用される。例えば，所得控除が投資額に占める割合を理由として売却されるスキームにおいて，この割合が1対1の数倍である場合，このスキームは濫用的タックス・シェルターの烙印を押される。内国歳入庁は，濫用的タックス・シェルターの所得控除を否認する理由として，問題のある取引が合法的な事業目的のため，または利益を得るために行われていないことを挙げる。

　内国歳入庁があるタックス・シェルターを「濫用的タックス・シェルター」であると判定した場合，内国歳入庁は投資家がタックス・シェルター投資の結果として税務申告書において請求したすべての損失や税額控除などを否認して増額更正を行い，利子税に加えて不正確な申告（無申告，相当額の過少申告，資産に関する相当額の誤った評価）に対する20％のペナルティを科し，詐欺については75％のペナルティを科す（IRC6663）。また，内国歳入庁は，濫用的タックス・シェルターに対する投資から生じた税の還付を凍結するプログラムを定め，請求した所得控除の有効性が最終的に認められるまで還付しないこととする（Rev.Proc.84-84, 1984-2 CB782）。

〔注〕

1）　岩崎政明・平野嘉秋・川端康之共編『全訂版税法用語辞典』大蔵財務協会，2001，p.516
2）　田中二郎『租税法（新版）』有斐閣，1981，p.167
3）　松沢　智『租税手続法』中央経済社，1997，pp.146-147，153
4）　清永敬次「実質主義と租税回避」『法律時報』39巻10号，1967，p.27
5）　北野弘久『税法学原論（第五版）』青林書院，2003，p.127，21
6）　金子　宏『租税法（第九版）』弘文堂，2003，p.125
7）　金子　宏，前掲書，p.126
8）　田中二郎，前掲書，pp.82-84

9) 松沢　智，前掲書，pp.153-158
10) 金子　宏，前掲書，p.128
11) 清永敬次，前掲書，p.28
12) 北野弘久，前掲書，p.128
13) 本庄　資『国際的租税回避　基礎研究』税務経理協会，2002，pp.1-2
14) 金子　宏，前掲書，pp.127-128，田中二郎，前掲書，pp.82-83，118-119，北野弘久，前掲書，pp.127-128，鈴木宏昌「租税ほ脱行為と租税回避行為の差異について」『税務大学校論叢』19号，1989，pp.237-248，佐藤正勝「国際的租税回避行為等の類型及び対応策―米国のタックス・ヘイブン税制との比較を中心として」『税務大学校論叢』22号，1992，pp.134-142
15) 本庄　資，前掲書，pp.3-4
16) 金子　宏，前掲書，p.126
17) 本庄　資，前掲書，p.15，平野嘉秋「租税回避行為とその規制策に関する一考察―タックス・シェルターを素材としての日米比較」『税務大学校論叢』25号，1995，p.61
17-1) 泉美之松『税法条文の読み方（平成版新訂）』東京教育情報センター，2000，pp.96-97
18) 中里　実『タックス・シェルター』有斐閣，2002，p.13
19) 本庄　資『アメリカン・タックス・シェルター　基礎研究』税務経理協会，2003，pp.3-4，平野嘉秋，前掲書，pp.76-79，CCH，2004CCH Tax Planning Guide，pp.29277-29279
20) CCH，ibid，p.29277，U.S.Department of the Treasury, The Problem of Corporate Tax Shelters-Discussion, Analysis and Legislative Proposals, 1999，pp.61-63
21) CCH，ibid，p.29278
22) 本庄　資，前掲書，pp.11-12，310-311，平野嘉秋，前掲書，pp.80-84，CCH，ibid，pp.29285-29287

第2章

タックス・シェルターの特性[23]

　タックス・シェルターは，多様な投資の機会と広範なタックス・ベネフィットを投資家に与える。単体企業または企業グループの特定課税管轄ベース，または全世界ベースで考案される国際租税計画（International Tax Planning）[24]あるいは単体企業，または企業グループの一課税管轄内の租税計画（Domestic Tax Planning）において利用されるタックス・シェルターの類型化について述べ，これらに共通の特性を抽出することにする。

1　タックス・シェルターの類型[25]

(1)　目的別類型

　目的別類型としては，税額算定方式の各要素に着目して，①課税標準の減少，②税率の引下げ，③税額控除の増額のいずれを目的とするかによってタックス・シェルターを分類する方法（deductive method）と，①所得分割[26]，②所得移転[26]，③所得帰属主体の変更，④所得繰延[27]，⑤所得年度帰属の変更，⑥課税繰延[28]，⑦課税排除[29]，⑧所得分類の変更[30]，⑨所得源泉の変更[31]，⑩課税軽減[32]，⑪損失の創造または損失の二重控除[33]などのいずれを主目的とするかによってタックス・シェルターを分類する方法（inductive method）がある。このほか，タックス・ベネフィットについて単体企業が自ら享受するか，自らは享受しないが報酬を得て他の企業に享受させるか，個々の単体企業でなく企業グループとして享受するか，あるいは非関連者であるがアコモデーション・パーティ[34]（プロモーター，投資銀行等，役員または従業員等）である者に享受さ

せるか，などのいずれを主目的とするかによってタックス・シェルターを分類する方法もある。

これらの目的から，タックス・シェルターの共通の特性として，企業の単体ベースまたはグループ・ベースにおける次のタックス・ベネフィットの利用を挙げることができる。
① 当期の所得税額の減少または損失の創造
② 投資からの所得やキャピタル・ゲインの課税の繰延または排除

(2) 手法別類型

タックス・ベネフィットを生じる手法は，コーポレート的手法とコーポレート・ファイナンス的手法に分けられる[35]。実際のスキームには両者の複合がみられる。

A コーポレート的手法

コーポレート的手法とは，スキームの特別目的事業体（Special Purpose Entity：SPE）として納税主体（taxable entity）を利用するか，法人格を有するが課税されないもの，パススルー・エンティティを利用するかに応じてその特性を利用する法技術である[36]。一般に，①非課税法人，②課税法人，③非法人，④持株会社，⑤組織再編成などの特性が利用される。例えば，①のスキームとしては BOSS（Bond and Sales Strategy），Basis Shift，Fast-Pay Stock／Step-Down Preferred，エンロンのプロジェクト・アパッチ[37]など，②のスキームとしては Stock Compensation，Liquidating REIT，Intermediary Transaction など，③のスキームとしては Inflated Partnership Basis，Passthrough Entity Straddle，Partnership Straddle，Installment Sales／Contingent Installment Note，Partnership Basis Shifting，エンロンのプロジェクト・コンドル[38]，プロジェクト・トーマス[39]，プロジェクト・タミーⅠおよびⅡ[40]など，④のスキームとしては Foreign Factoring，

Reinsurance Arrangementなど，⑤のスキームとしては Contingent Liability, High-basis Low-value, Killer B などがある。

　各国の税法の差異により同一のエンティティがある国では納税主体であるとされても他の国ではパススルー・エンティティとされることを利用すること，チェック・ザ・ボックス規則[41]による課税上の地位の選択やREITなどの地位の選択などを通じ連結申告納税グループへの加入と同グループからの離脱を利用すること，1997年に事業体分類原則がキントナー原則[42]からチェック・ザ・ボックス規則に変更された後は米国税の課税繰延を犠牲にせず柔軟に持株会社ストラクチャー[43]を利用できるようになったが，それ以前は外国税額控除を十分に利用できない場合に米国税の課税繰延を図る必要があり，その課税繰延戦略[44]としてプロジェクト事業体の持分を保有するチャンネルとして多段階の外国持株会社アレンジメントを仕組み，そのプロジェクト事業体における実質的な持分を売却できる外国事業体スキームを設計することなど，タックス・シェルターにはコーポレート的法技術が駆使されている。

B　コーポレート・ファイナンス的手法

　コーポレート・ファイナンス的手法とは，企業の財務上の意思決定において利益最大化のため現在価値と資本コストを考え純現在価値ルールで投資判断，資金調達（普通株式，優先株式，借入金，多様な負債），配当政策と資本構成，合併等企業再編成，リスク管理やオプションを行うファイナンス理論と法技術を利用する方法[45]である。一般に，①投資と融資の選択[46]，②循環金融[47]または自己金融，③ノン・リコース・ファイナンス[48]，④ファイナンス・リース[49]，⑤ストラクチャード・ファイナンス[50]，⑥デリバティブ取引[51]，⑦迂回取引[52]などが利用される。一般に，①のスキームとしては受取配当控除を利用するものや支払利子の控除を利用するもの，②のスキームとしては中里実教授の引用[53]した U.S.v.Schulman, 817 F 2 d.1355（9 th Cir.1987）や Norman Leonard, T.C.Memo, 1985-51のほか，エンロンのプロジェクト・レニゲード[54]，プロジェクト・バルハラ[55]，およびストラクチャード・ファイナン

ス，③のスキームとしては Inflated Basis，④のスキームとしては Lease Strips，Lease-in／Lease-out（LILO），Synthetic Lease，⑤のスキームとしては Phantom Income，Charitable Remainder Trust，⑥のスキームとしては Notional Principal Contract，Debt Straddle，NOLの利用，⑦のスキームとしては Foreign Tax Credit などがある。

(3) 租税優遇措置と租税条約の利用

各国の租税法規や租税条約の規定の文理要件に適合する事業体や取引を用い，当該国の課税が生じないように仕組まれたスキームは，形式的には国内法規や租税条約の規定に違反するものではないので，「租税回避行為」というよりは「節税」と分類すべきものである。租税条約[56]を例にとれば，二国間の租税条約は国際的二重課税を予防し，経済活動の支障を減少させるための次のような種々の原則を規定している。

① A国の居住者がB国において事業活動を行うとき，租税条約で定める恒久的施設（permanent establishment：PE）をB国内に有しなければ「PEなければ課税せず」原則によりB国では課税されない。したがって，A国の居住者がB国内にPEを有しないで事業活動を行うことは，「租税回避行為」でなく「節税」にすぎない。

② 租税条約には，明示された所得の種類ごとに課税権の配分ルールが規定されているが，「明示なき所得」については居住地国のみ課税または源泉地国免税の原則を定めているものが多い。例えば，A国の居住者がB国における「匿名組合の利益の分配」について特別な所得分類規定のない租税条約では，「匿名組合の利益の分配」は「明示なき所得」であり，B国ではこれに課税できない。A国の居住者が，この課税権の配分ルールが適用される「明示なき所得」を取得することは，「租税回避行為」でなく「節税」にすぎない。

③ 租税条約で締約国間の資本や技術の交流を促進するため一定の投資所得

（配当，利子，使用料等）における源泉地国の免税または課税制限（制限税率の設定）を定めるが，A国の居住者がB国の源泉からこのような投資所得を取得し，B国の課税の減免の特典を享受することは，「租税回避行為」でなく「節税」にすぎない。

　しかし，租税条約の特典は，その目的のために認められているのであり，租税回避のために認められるものではない。したがって，その租税条約の特典を享受する資格のない者がこの租税条約の適用を受けることは，「租税条約の濫用」として認められない。租税条約の特典を享受する資格のない者が租税条約の適用を受けることは，俗に「トリーティ・ショッピング」[57]といわれる。これを防止するため，濫用防止規定（anti-abusive rule）または特典の制限規定（"limitation on benefits" rule）[58]，適格居住者（qualified resident）[59]の定義規定などが国内租税法規および租税条約に設けられることが望ましい。このような濫用防止規定や特典の制限規定が明文化されていない場合であっても，このような租税条約の濫用またはトリーティ・ショッピングに該当する行為は，「節税」ではなく「租税回避行為」となる。しかし，明文化されていない場合，租税条約のない第三国Cの居住者が，ペーパー・カンパニーをA国につくり，形式的にはA国の法人に該当する場合，B国においてAB間租税条約の特典の享受を否認するためには，その「A国の法人」が実質的にはB国との間で租税条約のないC国の居住者に支配されていることを立証するか，または「A国の法人」がペーパー・カンパニーであって「法人としての実体」がないと事実認定するか，もしくは「法人格の否認」の法理[60]により租税条約の人的適用範囲である「居住者」概念に該当しないことを理由として，「AB間租税条約の特典を享受する資格のない者」とするポジションをとるほかない。この場合，明文がなく，当該租税条約の解釈・適用について権限ある当局間の合意がない場合には，紛争が生じるであろう。法的安定性と予測可能性を外国企業や外国投資家に保障するために，国内租税法または租税条約において「租税条約の特典を享受する資格のある者」または「租税条約の特典を享受する資格のない者」を明文化し，トリーティ・ショッピングの認定基準や租税条約上の居住者適格

の是否認基準を明らかにすることが必要である。何故ならば，たいていの租税条約では上記の例で「A国の法人」に該当するかどうかをA国の国内法に委ねているので，B国が「A国の法人」であることを否定する根拠なしにこれを否定することは条約違反になると考える。したがって，このような明文化の後，このような規定に違反する者が租税条約の特典を享受するスキームを，この明文の規定に基づいて否認することが，B国の税務行政の透明性について国際的な信頼を確保する上で必要であろう。

2 一般的タックス・シェルター基準
(generic tax shelter test)[61]

アメリカの内国歳入法典には，「利益動機（Profit Motive）原則」[62]が内蔵されている（IRC183(c)）。これは，納税者がタックス・シェルター投資によるタックス・ベネフィット（所得控除，損失の控除，税額控除等）の適用を受けるためには当該投資が利益を得る目的で行うものであることを立証する必要があるという原則である。租税裁判所は，多くのタックス・シェルターについて「利益を得る意図がない」という理由でタックス・ベネフィットの否認を認めてきた。このような場合，「利益動機」の存否の判断基準として次の一般的タックス・シェルター基準が確立されている。

① プロモーション資料が「経済実体」(economic substance) より「タックス・ベネフィット」に焦点を合わせていること
② 投資家が「価格交渉」をせずに投資資産を購入すること
③ 資産の評価が困難で，パッケージの一部の有形資産が過大評価されていること
④ 有形資産が問題取引の直前に少額コストで創造または取得されること
⑤ ノンリコースの約束手形で経済的支出が繰り延べられること

3 古典的タックス・シェルターの特性[63]

アメリカの古典的タックス・シェルターとされるものとしては，①賃貸不動産タックス・シェルター，②石油・ガス・タックス・シェルター，③設備リース・タックス・シェルター，④映画タックス・シェルターがある。歴史的に種々の対抗措置のため，これらの有利性が減殺されているが，なお有意義な特性を備えている。

(1) 賃貸不動産タックス・シェルター[64]

賃貸不動産タックス・シェルターは，対抗措置「パッシブ・ロス・リミテーション・ルール」の適用により，パッシブ不動産投資によるタックス・ロスと投資家の他の所得との相殺を否定されるので，タックス・シェルターとしての有利性を失ったが，他の対抗措置「危険負担ルール（アット・リスク・ルール）」の適用を免除される。不動産タックス・シェルターが当期の所得を生ずる不動産に投資する場合，投資直後には，建物その他の改良コストの減価償却費，修復税額控除，低所得層住宅税額控除がキャシュ・フローを超えるため，投資家は分配される所得について所得税を課されない。

(2) 石油・ガス・タックス・シェルター[65]

石油・ガス・タックス・シェルターは，対抗措置「危険負担ルール」を適用されるが，他の対抗措置「パッシブ・ロス・リミテーション・ルール」の適用を免除される。

無形ドリル経費控除や減耗控除が認められる。

(3) 設備リース・タックス・シェルター[66]

投資税額控除が1986年に廃止されたので、タックス・シェルターとしての有利性を減殺されたが、減価償却費と支払利子の控除に加え、パッシブ・ロス・リミテーション・ルールで生じる未使用のパッシブ・ロスを相殺するパッシブ活動所得の創造により、なお有効なタックス・シェルターとみられる。

(4) 映画タックス・シェルター[67]

映画タックス・シェルターは、①完成フィルム購入（ネガティブ・ピックアップ）タックス・シェルターと②制作会社・サービス会社タックス・シェルターに大別される。

①の場合、投資家シンジケートがリミテッド・パートナーシップを組成し、このリミテッド・パートナーシップが完成フィルムを購入し、頭金と7年ないし10年満期の手形（売買価格の75％ないし80％に相当する）を売主に渡す。パートナーシップは映画を配給者（売主と同一の者であることもあり得る）に移転する。配給者はプリント、上映の手配、広告および興行促進を行い、総収入の一定割合を受け取る。手形の担保はフィルムの権利であり、手形の満期前に支払う義務は配給収入の一定割合に限定される。IRSの見解では、このタックス・シェルターが販売するものは映画の所有権でなくタックス・ベネフィットである。②の場合、上映権の所有者、制作・サービス会社および配給者という3当事者があり、タックス・シェルターのプロモーターが組成する別個の事業体が上映権を所有し、大スタジオが所有者との配給契約により配給することもあり得る。制作費用はリミテッド・パートナーの拠出と借入金で賄われる。リミテッド・パートナーシップはフィルムの所有権持分を有しないが、現金主義会計を用いて制作費用を控除し、制作期間中は所得が生じないので、損失が発生する。制作完成後、配給者は上映による総収入の一定割合を生じ、パートナーシップに制作費用と利益を含む支払を行う。IRSの見解では、投資家は利益を

得ることより経費控除・損失控除を得ることに関心をもつ。

　映画タックス・シェルターでは，複数当事者の権利が異常に複雑であり，権利の性格の分類が困難である。フィルムが有形資産か無形資産かという論点は，減価償却やパッシブ活動損失の取扱を左右する。この点についてIRSは無形資産説をとり，裁判所は有形資産説をとる。また，映画の経済価値は上映権にあるが，この無形資産は映画館，テレビ，上映国，上映期間によって分割される。税務上の映画の単一の所有者を明確にすることは困難である。映画の取引が売却，リースまたはライセンスのいずれに該当するかの判定も容易ではない。このため，所得金額，所得分類，費用の償却，所得の発生の時期などの決定もまた容易ではない。このタックス・シェルターの資産が棚卸資産か資本資産かという論点も困難である。このように，投資家は，多くの論点の決定が，各事案の「事実と状況に基づいて」行われるという不安定な状態に置かれている。

〔注〕

23) 本庄　資『アメリカン・タックス・シェルター　基礎研究』税務経理協会，2003, pp. 5 − 7
24) 同『国際課税の理論と実務〈第6巻〉国際租税計画』税務経理協会，2000
25) 同『アメリカン・タックス・シェルター　基礎研究』税務経理協会，2003, pp.51 − 149
26) 同，前掲書，pp.89 − 101
27) 同，前掲書，pp.102 − 103, 260 − 261
28) 同，前掲書，pp.75 − 89, 102 − 114
29) 同，前掲書，pp.72 − 75, 261
30) 同，前掲書，p.261
31) 同，前掲書，p.262
32) 同，前掲書，pp.114 − 115
33) 同，前掲書，pp.56 − 72, International Fiscal Association, The Effect of Losses in one of country on the Income Tax Treatment in other countries of The Enterprise or of Associated Companies Engaged in International Activities, in Cahier de droit fiscal international, Vol.114 b, 1979, Inter-

national Fiscal Association, Tax Treatment of Corporate Loss, in Cahier de droit fiscal international, Vol.133 a, 1998
34) 本庄　資，前掲書，pp.142-149, U.S.Department of the Treasury, ibid, pp.15-16
35) 同『国際的租税回避　基礎研究』税務経理協会，2002, p.20
36) 同，前掲書，pp.20-26
37) 同『アメリカン・タックス・シェルター　基礎研究』税務経理協会，2003, pp.129-138
38) 同，前掲書，pp.83-89
39) 同，前掲書，pp.76-83
40) 同，前掲書，pp.122-129
41) 同『国際的租税回避　基礎研究』税務経理協会，2002, pp.70-74
42) 同，前掲書，pp.69-70
43) 同，前掲書，pp.177-179, 215-218, 中里　実『金融取引と課税』有斐閣，1998, pp.292-300
44) 本庄　資『アメリカン・タックス・シェルター　基礎研究』税務経理協会，2003, pp.22-25
45) リチャード・ブーリー＆スチュワート・マイヤーズ『コーポレートファイナンス』日経BP，2002
46) 本庄　資『国際課税の理論と実務〈第6巻〉国際租税計画』税務経理協会，2000, pp.282-283, 同『国際的租税回避　基礎研究』税務経理協会，2002, pp.50-53, 村上真呂『対米投資の国際税務戦略』東洋経済新報社，1996, pp.23-51
47) 本庄　資，前掲書，p.19, 同『アメリカン・タックス・シェルター基礎研究』税務経理協会，2003, pp.77, 81, 133, 135, 151, 167, 302, 中里　実『タックス・シェルター』有斐閣，2002, pp.167, 221, 254-255, 259, 261, 263, 267-268
48) 本庄　資，前掲書，pp.220-221, 245
49) 同『国際課税の理論と実務〈第6巻〉国際租税計画』税務経理協会，2000, pp.80-88, 同『国際的租税回避　基礎研究』税務経理協会，2002, pp.47-50
50) 同，前掲書，pp.26-33, 同『アメリカン・タックス・シェルター　基礎研究』税務経理協会，2003, pp.151-175
51) 同『国際的租税回避　基礎研究』税務経理協会，2002, p.19, 同『アメリカン・タックス・シェルター　基礎研究』税務経理協会，2003, pp.103, 151, 中里　実『金融取引と課税』有斐閣，1998, pp.517-540, International Fiscal Association, Tax Aspects of Derivative Financial Instruments, in Cahier de droit fiscal international, Vol.130 b, 1995
52) 本庄　資，前掲書，pp.264, 301, 村上真呂，前掲書，pp.111-117

53) 中里　実『タックス・シェルター』有斐閣, 2002, pp.254-255
54) 本庄　資, 前掲書, pp.142-145
55) 同, 前掲書, pp.145-149
56) 同『国際課税の理論と実務〈第3巻〉租税条約』税務経理協会, 2000, 同『国際租税法』大蔵財務協会, 2002, pp.36-51, 同「調印した新日米租税条約」『税経通信』Vol.59 No.1, 2004, pp.147-163, 同「新日米租税条約の実務上問題となる重要ポイント」『税経通信』Vol.59 No.2, 2004, pp.138-158
57) 同『国際課税の理論と実務〈第3巻〉租税条約』税務経理協会, 2000, pp.235-252, 同『国際租税法』大蔵財務協会, 2002, pp.28-29, 398-406, 同『アメリカの租税条約』大蔵省印刷局, 1997, pp.307-376, 村上真呂, 前掲書, pp.10-11, 80-81, 109-117, 佐藤正勝「国際的租税回避行為等の類型及び対応策－米国のタックス・ヘイブン税制との比較を中心として」『税務大学校論叢』22号, 1992, pp.284-295, リチャード・L・ドーンバーグ『アメリカ国際租税法（第3版）』清文社, 2001, pp.94-96, 占部裕典『国際的企業課税法の研究』信山社, 1998, pp.301, 306-308
58) 本庄　資『国際課税の理論と実務〈第3巻〉租税条約』税務経理協会, 2000, pp.247-252, 同『国際租税法』大蔵財務協会, 2002, pp.402-406, 同『アメリカの租税条約』大蔵省印刷局, 1997, pp.307-376
59) 同『国際課税の理論と実務〈第3巻〉租税条約』税務経理協会, 2000, pp.25-26, 同『国際課税の理論と実務〈第6巻〉国際租税計画』税務経理協会, 2000, pp.38-39, 同『アメリカの租税条約』大蔵省印刷局, 1997, pp.467-468
60) 同『国際課税の理論と実務〈第6巻〉国際租税計画』税務経理協会, 2000, pp.35-39, 金子　宏『租税法（第九版）』弘文堂, 2003, pp.172, 719, 松沢　智『租税手続法』中央経済社, 1997, p.161, International Fiscal Association, The Disregard of a Legal Entity for Tax Purposes, in Cahier de droit fiscal international, Vol.124a, 1989
61) 本庄　資『アメリカン・タックス・シェルター　基礎研究』税務経理協会, 2003, p.4, 平野嘉秋, 前掲書, p.83, CCH, ibid, p.29281
62) 本庄　資, 前掲書, pp.4-5, 270, CCH, ibid, pp.29280-29281
63) 本庄　資, 前掲書, pp.7-11, 平野嘉秋, 前掲書, pp.113-141, CCH, ibid, pp.29300-29310
64) CCH, ibid, pp.29301-29304
65) CCH, ibid, pp.29304-29306
66) CCH, ibid, pp.29306-29308
67) CCH, ibid, pp.29308-29310

第 3 章
タックス・シェルター発展の要因[68]

　アメリカでは議会と税務行政は，個別のタックス・シェルターが発見される都度，個別的否認規定の整備を図ることで対応してきた。1970年代と1980年代には個人用タックス・シェルターが流行したが，現在，法人用タックス・シェルターが流行している。

　個人用タックス・シェルターと異なり，法人用タックス・シェルターは形態も多様であり，利用する租税法規の条文も単一ではない。それにもかかわらず，議会と税務行政は法人用タックス・シェルターを抑止するため，その共通の特性を確認し，これに対抗する措置を立法化し続ける。その意図は，タックス・シェルター市場のサプライサイドとデマンドサイドの両方にダイナミックな変化を起こし，「濫用的タックス・シェルター」の商人，顧客，およびこの取引を助長する者にとって「濫用的タックス・シェルター」の魅力を削ぐことである。財務省は，合法的な事業取引を妨げることを望んでいないが，なお「租税回避取引」の定義が広すぎるため防止規定の適用につき不明確なことが多すぎ，そのために合法的な事業取引まで妨げられるおそれがあるとの批判を承知している。

　財務省は，租税専門家（弁護士，会計士，企業内専門家など）の意見や批判を聞き，租税回避取引に係る妥当な行為の規範について共通の理解を得るため，1999年7月に法人用タックス・シェルター報告書（1999年財務省タックス・シェルター白書という）[69]を公表した。

1 最近のタックス・シェルター[70]

(1) 1999年財務省タックス・シェルター白書の例示

議会，財務省および内国歳入庁が「濫用的タックス・シェルター」と認定し，立法措置または行政措置によって潰したものとして，次のようなものを掲げている。

① 法人所有生命保険（corporate-owned life insurance : COLI）[71]

1996年と1997年に，法人所有生命保険の濫用を防止するために2つの条文が導入された。

② ファースト・ペイ（fast-pay）[72]

1997年に，納税者が元利双方を控除することができる金融取引，ファースト・ペイ優先株式の発行スキームを潰すノーティスおよび規則案が定められた。

③ 清算REIT（liquidating REIT）[73]

銀行等の金融機関が税法の規定を組み合わせて一定の利子について恒久的除外を生じたが，清算REITの利用を阻止する立法を導入した。

④ LILO（lease-in lease-out transactions）[74]

これは，資産やキャッシュ・フローの循環を通じて経済実体のないタックス・ベネフィットを参加者に与えるスキームであった。

⑤ IRC357(c)ベーシス・シフト取引（basis-shift transactions）[75]

資産ベーシスをその価値を遥かに超えるものにするために当該資産の譲渡の時に債務引受を行うことを利用する可能性を排除するため，引き受けた債務の金額が譲渡される資産のベーシスを超える部分を当該資産の売却・交換の収益とみなす法改正を行った。このスキームは，作為的なベーシスの操作と税務上無関係な当事者（tax-indifferent party）を利用するものである。

(2) 2003年米国議会課税合同委員会 (the Joint Committee on Taxation : JCT) のエンロン・レポート[76]の事実認識と税制改正の勧告

JCTは, エンロンが利用した租税動機取引 (tax-motivated transactions) を調査分析した結果, 内国歳入庁の税務調査が進行中であるため, それらが税法上の「タックス・シェルター」や「濫用的タックス・シェルター」に該当するかどうかについての判断は留保しつつも, 次の事実認識に基づいて, 次のように現行税制の弱点を改正するよう特別勧告を行っている。これらの指摘が最近のタックス・シェルターの特徴を示していると考えられる。

A JCTの事実認識[77]

JCTは, エンロンの租税動機取引が税法や行政のルールのメカニカルな要件を文理解釈では満たしているが「タックス・ベネフィット」と「財務会計上のベネフィット」を得ること以外の目的を有しないと認め, これらの取引は形式的には合法的であるため, これらに対抗するには強力な租税回避防止規定が必要であると考え, 次の事実認識を示した。

① 租税以外の事業目的 (non-tax business purpose) または経済実体 (economic substance) を欠如した取引を行う納税者のコストを引き上げる強力な措置 (例えば制裁の強化) が必要であること

② 節税 (tax saving) のみを理由として節税額を原資とする「財務諸表上のベネフィット」の入手は税務上有効な「事業目的」と認めるべきでないこと

③ 「タックス・ベネフィット」を得ることを可能にする取引やアレンジメントにおいて当事者としてアコモデーション・パーティを利用することに対し厳格なペナルティを科すべきこと

④ 納税者の申立てが不正, 不完全または事実に合致しないことを知りながらこの申立てを信頼してタックス・オピニオンを提供した顧問に対して制裁規定を定めるべきこと

⑤ 「財務会計上のベネフィット」を得る目的の取引が多いことから「税務会計ルールの変更」の必要性を検討すべきこと
⑥ 多様な事業体を利用した複雑な取引がタイミングよいIRSの識別と評価を困難にしていることを考慮すると，納税者に租税動機取引を詳細かつタイミングよく開示させる必要があること

B　JCTの税制改正の勧告[78]
JCTは，次の特別勧告を行っている。
① 経済的損失は，一度以上控除されるべきではないので，「損失の二重控除」を認めるべきではないこと
② 脱税または租税回避のために行う法人の買収を抑止するルールを強化すべきこと
③ 「異常配当ルール」を強化すべきこと
④ 連結グループにおける収益・利潤のレプリケーションについてガイダンスを定める必要があること
⑤ パートナーシップ偽装売却の開示を拡大すべきこと
⑥ パートナーシップ配分濫用防止ルールを強化すべきこと
⑦ 部分的パートナーシップ持分の移転に関するガイダンスを定めるべきこと
⑧ パートナーシップ・ベーシス・ルールと法人株式不認識ルールとの相互関係を定めるルールが必要であること
⑨ サブパートF所得の配分ルールに濫用防止規定を追加すべきこと
⑩ CFCの米国株主に関するパッシブ外国投資会社ルールの例外はサブパートFに基づき米国株主の潜在的な課税可能性により密接に関連させるべきこと
⑪ アーニング・ストリッピング・ルールを強化すべきこと
⑫ チェック・ザ・ボックス規則の選択によって「無視される事業体」について年間情報を提出させるべきであること

⑬　金融資産証券化投資信託（FASIT）を廃止すべきこと
⑭　一定の法人所有生命保険のグランドファーザー・ルールを廃止すべきこと
⑮　負債・株式の再分類ルールを修正すべきこと
⑯　不適格負債に関する利子控除否認ルールによる50％関連者基準を排除すべきこと

2　法人用タックス・シェルターの特性[79]

1999年財務省タックス・シェルター白書は，法人用タックス・シェルターの形態やストラクチャーの多様性からこれを単一の定義で表すことはできないといいながら，共通の特性として次のものを挙げることができると述べている。
①　経済実体（economic substance）の欠如[80]
　　タックス・シェルターは，非常に利口な人が行う取引であるが，税務上の考慮を抜きにすれば非常に馬鹿げたものであるという定義が，大部分の法人用タックス・シェルターに共通の最も重要な特性（経済実体または当事者のリスクの欠如）を表現している。
②　財務会計と税務上の取扱いとの不一致[81]
　　企業の税務部門を利益センター（企業の実効税率（帳簿上の所得に対する税額の割合）を引き下げるよう他の企業と競う部門）とする傾向があり，法人用タックス・シェルターの財務会計上の取扱いと税務上の取扱いが不一致となっている。
③　税務上無関係な当事者（tax-indifferent party）[82]
　　タックス・シェルターが課税所得を吸収しまたは課税されるべき当事者から課税を逸らせるため，報酬を得て取引に参加する税務上無関係な当事者（外国事業体または非課税事業体など）を利用する傾向がある。これをアコモデーション・パーティと呼ぶ。

④　複　雑　性[83]

　典型的なタックス・シェルターはきわめて複雑な取引やストラクチャーで仕組まれている。一定の経済的効果を達成するために異常な法形式を合法化するに必要なステップ（見せかけの事業目的や経済実体を備えていることを示すためのステップ）を組み立て，税務上無関係な当事者（アコモデーション・パーティ）を含む多様な事業体を利用し，ストラクチャーを装飾することが必要である。また，税法の不完全性を利用するため，取引にはしばしば税法の追いつかないイノベーティブな金融商品が利用される。取引の複雑性は，税務調査による全体像の解明を著しく妨げる。

⑤　不必要なステップまたは見せかけの投資[84]

　タックス・シェルターは，法人の意図する事業目的を達成するためには不必要なステップを重ね，また，参加者として経験したこともなければ真正な事業目的もない取引に関係する。タックス・シェルターの参加者が，意図したタックス・ベネフィットを認められるためには，その異常な法形式の取引または一連の取引を行う「事業目的」を立証しなければならない。納税者が意図した事業目的を達成するために不必要なステップであり，専らタックス・ベネフィットを享受する目的と認定される事例が多い。

⑥　マーケッティング活動[85]

　プロモーターが単一の納税者の租税計画を行うのでなく何度も別々の投資家が使用できるようにタックス・シェルターを設計し，その作品を多数の投資家に販売し，リターンを最大化する傾向がある。

⑦　秘　密　性[86]

　タックス・シェルターの秘密性は，プロモーターのリターンの最大化に役立つ。この秘密性によって顧客以外の者に利用されることを防ぎ，財務省や内国歳入庁によってアイデアが発見されるのを防ぎまたは遅らせることによりそのアイデアの有効性を保護する。

⑧　不確定報酬または還付される報酬[87]

　タックス・シェルターは，参加者のコストやリスクを減らすために不確定

報酬または還付される報酬とする場合がある。不確定報酬契約では，プロモーターの報酬は参加者が実現した節税額によって決められる。タックス・シェルターが保険契約または解除契約に関係する場合もある。
⑨　高額のコスト[88]
　タックス・シェルターに係る異常に高額の報酬が，プロモーター報酬，オピニオン・ライター報酬，弁護士報酬，会計士報酬，アコモデーション・パーティ報酬として支払われる。ASA Investerings Partnership v. Commissioner, 76T.C.M. (CCH) 325, 332 (1998) を例にとれば，これらの報酬額は節税額の26.5%に達している。

3　法人用タックス・シェルター発展の要因[89]

　1999年財務省タックス・シェルター白書は，法人用タックス・シェルター発展の要因について次のように分析している。
　納税者は，タックス・シェルターの生じるタックス・ベネフィットがそのコストを超える場合にこの投資に参加する価値を認めるが，コスト・ダウンをもたらすいくつかの理由によってこの投資のタックス・ベネフィットは増加している。

(1)　タックス・シェルター利用のインセンティブの増加[90]

　タックス・シェルターの主たるベネフィットは，節税である。1986年税制改革法は，限界税率の引下げによってタックス・シェルターの魅力を減殺したが，租税優遇措置，加速度償却および投資税額控除を廃止または縮小したことによる課税ベースの拡大が税率引下げ効果を相殺して，法人所得に対する平均税率が引き上げられる結果となったので，課税ベースを隠す潜在的なベネフィットは改正前より大きくなった。同法は，清算時における資産の含み益に対する課税の回避を認める「ユーティリティ原則」を廃止したので，資産の処分時にお

ける含み益に対する法人段階の課税を回避する濫用的タックス・シェルターの必要性を引き出すことになる。加速度コスト回収制度などの廃止の結果としてタックス・シェルターとして「債務の過度の利用」が懸念されたが，1980年代の重要なタックス・シェルターであった「レバレッジド・バイアウト」（LBOs）は消滅した。金融機関以外の法人が支払う利子の重要性は，1990年代には税率の引下げと金利の引下げによって小さくなった。このような変化に応じて，税負担を減少する法技術を開発するため，租税法規の別の条文にタックス・シェルターを見出すインセンティブが高まっている。

(2) 法人用タックス・シェルターのコスト引下げ[91]

1999年財務省タックス・シェルター白書は，タックス・シェルターが蔓延する原因として次の理由によるコストの低下を挙げている。

① 洗練されたファイナンスの増加

税務顧問やファイナンス・アドバイザーが租税回避取引のエンジニアリングについてますます洗練され，租税回避戦略のコストが低下し，洗練されたファイナンス技術をもつ租税専門家の供給が増えているので，企業は複雑な取引の実施のために低コストの技術を利用できるようになった。計算技術の発展と洗練されたソフトウエアの利用，低コストによる新金融商品の開発が金融市場の劇的な発展をもたらした。このような変化に伴う法人用タックス・シェルター市場の成長が既存スキームの実施コストや新スキームの開発コストを低下させる。この市場の参加者は自分の経験を通じて多様なスキームを学習し，人材の流動化によって多様なスキームの知識経験が普及していく。ビジネス・スクールが洗練されたファイナンス・プログラムを提供し，先進的なコンピュータ技術を教える。これらのすべてがタックス・シェルターの発展を促している。

② タックス・シェルター専門家の供給増加

タックス・シェルター専門家の供給が増加すると，競争原理からスキーム

のコストが低下し，流通経路が拡大する。1986年税制改革法は限界税率の引下げ，投資税額控除の廃止，キャピタル・ゲイン優遇措置の廃止，パッシブ・ロス・ルールの導入により個人用タックス・シェルターの防止を図ったが，知識と意欲のある租税実務家やプロモーターが法人用タックス・シェルターの領域に転向したので，法人税の負担の減少ニーズに見合うタックス・シェルター専門家の供給が増加した。

③　タックス・シェルターに対する態度の変化

　法人用タックス・シェルターの発展は，アグレッシブ・タックス・プランニングに対する税務顧問や法人幹部の理解ある態度や租税回避取引（tax-engineered transactions to avoid tax）に参加するコストの低下を反映するものである。

　1970年代と1980年代に個人用タックス・シェルターが流行したとき，多数のタックス・シェルターの利用者が課税を免れる一方で残りの者が高い限界税率で課税されるのは不公平であり，税法が不公平であるという認識が広まり，それらの者もタックス・シェルターを利用するようになった。現在，法人用タックス・シェルターについて同様の現象が起こっている。納税者の間に，現行税制を複雑で当局の恣意的な解釈によって左右される不公平なものとする見方が広まっている。納税者や実務家の一部は現行租税法規の複雑さは許容の範囲内であると感じているが，他の納税者や実務家は議会や財務省の立法は一方的であり反納税者であるので不公平な租税法規の効果を減殺するためにタックス・シェルターを開発する自由を認められるべきだと感じている。このような状況において，法人の中にはアグレッシブなタックス・ポジションをとるものがあり，税務部門を一般管理部門でなくプロフィット・センターとみなし，税引後利益でなく実効税率を役員の業績評価基準とするため，財務担当役員がタックス・シェルターを通じて節税に走るよう圧力を掛けられている。

　タックス・シェルター市場の新規参加者は，このような競争圧力を受け，競争企業がタックス・ヘイブンで活動したり，租税特別措置を利用し，また

はタックス・シェルターに参加する場合，競争上不利になりたくなければ，同様に行動せざるを得ないのである。

④　アグレッシブ・タックス・シェルターの調査リスクの低下

納税者は，税務調査リスクが低いと感じ，アグレッシブ・タックス・ポジションをとるとみられる。1億ドルを超える資産を有する大法人の調査割合は，過去数年間で劇的に低下している。例えば，1980年には77％であったが，1990年に59％に落ち込み，1997年には35％に低下した。全法人の調査割合も1992年2.9％から1998年2.0％に低下している。

(3) その他の理由[92]

法人用タックス・シェルターの蔓延に拍車をかける要因として，次のようなものが挙げられる。

① 税法の複雑性

税法が複雑になればなるほど，アグレッシブな納税者がタックス・シェルターを引き起こす税法の不連続を発見し利用する可能性が大きくなる。現行租税法規の複雑化は，法人用タックス・シェルター・ブームの原因となっている。特定の税法改正は，特定のタックス・シェルターの原因となり得る。例えば，1986年税制改革法は，複雑な外国税額控除の適用制限規定を導入したが，この制限規定を回避する意図が特定のタックス・シェルターの中心にある。あるタックス・シェルターは，独立の関連のない条文を議会の意図しない結果を生じる方法で結合し，他のタックス・シェルターは課税所得を税務上無関係な当事者にシフトするため課税所得の計上を加速する規定を利用する。特定のタックス・シェルターを抑止する議会の立法努力は税法をより複雑化し，悪循環を生じる。

② グローバリゼーションと金融技術革新

多くの新しいタックス・シェルターは，外国事業体を含む複雑な金融取引（例えば，不確定割賦債券取引（contingent installment note transaction：INS），

ファースト・ペイ優先株式，LILOs，IRC357ベーシスなど）に関係する。このような取引は，金融商品開発の技術進歩と資本市場のグローバリゼーションによって促進される。納税者がクロスボーダー取引を通じて各国税制の差異を裁定する可能性は，グローバリゼーションの進展に伴って大きくなる。

③　合併ブーム

　1980年代や1990年代に，アメリカは合併・買収のブームを経験した。この合併・買収ブームがタックス・プランニングの機会を生じた。会社の売却によって著しいキャピタル・ゲインが発生するので，これを相殺するためにキャピタル・ロスを創造する必要が生じた。例えば，ACM Partnership v.Commissioner など公表されたタックス・シェルターの動機は，事業譲渡により実現するキャピタル・ゲインを相殺するためにキャピタル・ロスを創造することであった。議会は，合併・買収に係る節税方法を排除する立法を行った。

〔注〕

68）　本庄　資『アメリカン・タックス・シェルター　基礎研究』税務経理協会，2003，pp.13-16，U.S.Department of the Treasury, ibid, pp.25-33
69）　U.S.Department of the Treasury, ibid.
70）　Ibid, pp. ii - iii
71）　Ibid, pp.144-145
72）　Ibid, pp.140-141
73）　Ibid, pp.135-137
74）　Ibid, pp.142-143
75）　Ibid, pp.138-139
76）　本庄　資「エンロンの利用した租税動機取引の分析と米国の対抗措置」『税経通信』Vol.58 No.9，2003，pp.143-165，The Joint Committee on Taxation, U.S.Congress, Report of Investigation of Enron Corporation and Related Entities regarding Federal Tax and Compensation Issues, and Policy Recommendations 2003
77）　Ibid, p.17

78) Ibid, pp.18−19
79) U.S.Department of the Treasury, ibid, pp. v − vi, pp.11−24
80) Ibid, pp.12−13
81) Ibid, pp.14−15
82) Ibid, pp.15−16
83) Ibid, pp.17−18
84) Ibid, pp.18−19
85) Ibid, pp.19−20
86) Ibid, pp.20−22
87) Ibid, pp.23−24
88) Ibid, p.23
89) 本庄　資, 前掲書, pp.13−16
90) U.S.Department of the Treasury, ibid, pp.25−26
91) Ibid, pp.26−29
92) Ibid, pp.29−31

第4章
タックス・シェルターに利用される事業体[93]

　タックス・シェルターに利用される媒体には，ほとんどあらゆる事業体（business entities）が含まれる。一般に，タックス・シェルターの主たる目的は，タックス・ベネフィットと財務会計上のベネフィットを投資家にパススルーすることであるので，単純に考えればパススルー・エンティティを利用するタックス・シェルターが多い。その意味では，普通の法人（サブチャプターC法人）は，タックス・ベネフィット等のフロー・スルーを妨げるので，利用形態としては一般に適当でないと考えられる。しかし，「法人として取り扱われること」がストラクチャード取引にとって必要とされる場合がある。例えば，ある企業グループに属するAが非関連者とLLCを組成し，非関連者Bにビルト・イン・ロスのある資産を拠出させ，その資産の譲渡により実現した損失を企業グループの黒字減らしに活用しようとする場合，LLCを税法上「パートナーシップとして取り扱われること」を選択するとき，パートナーシップ課税ルールに従い，LLCの譲渡損の一部をAに配分することができるが，別の選択肢としてLLCを連結申告納税グループに加入させ，その譲渡損の全部を企業グループの黒字と相殺させるためには，LLCが税法上「法人として取り扱われること」が必要になる。また，ある企業Aがそのビルト・イン・ゲインのある資産を譲渡するとき譲渡益課税を回避しようとする場合，他の企業Bとパートナーシップを組成し，Aはこの資産を拠出し，Bは金銭を拠出することとし，然る後，このパートナーシップの清算を行い，パートナーシップの配分契約により清算分配としてAが金銭を，Bが当該資産を取得することが流行した。通常の取引では課税売却とされるべき資産譲渡をパートナーシップへの拠

出とパートナーシップの清算分配の非課税取扱の利用により非課税譲渡とする方法を防止する対抗措置として7年ルール（IRC737）や2年ルール（Reg. 1.707-3(d)）といわれる偽装売却ルール（disguised sales rules）が定められた。そこで，Aは単独でLLCを組成し，Aがビルト・イン・ゲインのある資産を拠出し，持分を取得した後，LLCは税法上「法人として取り扱われること」を選択し，これらの資産を譲渡させると，この譲渡益はAから法人の地位をもつLLCにシフトされる。グループ内の非課税法人や赤字法人，外国事業体などは，所得移転や所得分割のために利用される。特にビルト・イン・ゲインのある資産の譲渡益課税を回避するため，資産ベーシスのステップ・アップの手段として譲渡取引の中間に非課税法人や赤字法人を介在させるスキームはよく知られている。通常，タックス・シェルターに利用される事業体としては，次のようなものが代表的なものと考えられる。

(1) パートナーシップ（partnership）[94]

アメリカの税法では，パートナーシップは，それ自体としては非課税エンティティであり，その所得，所得控除，税額控除や損失などの租税項目をパートナーに直接パススルーする「導管」（conduit）である。パートナーシップは，次の3種類に分かれる。

① ゼネラル・パートナーシップ（general partnership）
② リミテッド・パートナーシップ（limited partnership）
③ 公開パートナーシップ（publicly traded partnership）

これらの特性を要約すると，①はゼネラル・パートナー（事業のマネジメントに参加しパートナーシップの負債につき無限責任を負う）のみから成るパートナーシップである。②は1人以上のゼネラル・パートナーと1人以上のリミテッド・パートナー（実質的に事業に参加せず，パートナーシップの負債についてはパートナーシップに拠出しまたは拠出すべき金銭その他の資産の額を限度に個人責任を負う）から成るパートナーシップである。③はパートナーシップ持分が売買取引され

るパートナーシップであり，その粗利益の90％以上が適格パッシブ所得（利子，配当，不動産賃貸料，不動産譲渡益，一定の天然資源活動からの所得，資本資産または所得の稼得のために保有する資産の処分益および商品の処分収益を含む）である場合を除き，法人として課税される。したがって，パートナーシップのファイナンス・リスクに対しリミテッド・パートナーは有限責任を負うのみで，投資額より大きい短期タックス・ベネフィットを入手できる②が，タックス・シェルター投資のビークルとして最もよく利用される。リミテッド・パートナーは事業に参加しないので，リミテッド・パートナーシップの持分を所有することは，「パッシブ・ロス・リミテーション・ルール」（IRC469）の適用対象とされる。パートナーシップへの資産の拠出については，パートナーもパートナーシップも損益を認識しない。また，パートナーシップ資産の分配（パートナー持分の清算分配を含む）については，パートナーもパートナーシップも損益を認識しないが，重要な例外（①分配された現金が分配直前のパートナーのパートナーシップ持分のベーシスを超える範囲でパートナーは収益を認識しなければならないこと，②パートナーがビルト・イン・ゲインまたはビルト・イン・ロスのある資産を拠出し当該資産が拠出後7年以内に他のパートナーに分配されるかまたは拠出したパートナーが拠出後7年以内に他の資産の分配を受け取る場合にパートナーシップ資産の分配につき損益を認識しなければならないこと）がある。

(2) リミテッド・ライアビリティ・カンパニー
　　（limited liability company : LLC）[95]

　LLCは，州法（LLC法）によって組成されるが，その投資家は組織の負債その他の義務については有限責任を負うのみで事業のマネジメントに参加することができるが，連邦税法の適用上，チェック・ザ・ボックス規則に基づき「法人として課税されること」を選択しない場合にはパートナーシップとして取り扱われる。LLCは，パートナーシップとして取り扱われるか，法人として取り扱われるかを自由に選択することができる。LLCがパートナーシップとし

ての取扱を選択した場合には，それ自体は課税されず，その租税項目は投資家にパススルーされる。LLCの投資家は，LLCの事業に実質的に参加しない場合には，リミテッド・パートナーと類似の性格をもつことになるので，「パッシブ・ロス・リミテーション・ルール」(IRC469)の適用対象となる。

(3) 規制投資会社 (regulated investment company : RIC)[96]

RICは，俗にミューチュアル・ファンドといわれる投資機関であるが，当期の通常所得と免税利子所得の合計額の90％以上を株主に分配することおよびその総所得の90％以上が配当，利子，証券ローンの支払，株式・証券・通貨に対する投資業から生ずる所得であること等一定の要件を満たす場合にはエンティティ段階の課税を免除され，RICの所得については株主段階のみで課税される。RICが一定の要件を満たさない場合には，法人としてエンティティ段階で課税される。したがって，RICは，原則として法人格を認められ，そのリスクについて株主に有限責任を保障しつつ，所得割合や所得分配割合などの要件を満たす場合には実質的にパススルー・エンティティとして取り扱われる。

(4) 不動産投資信託 (real estate investment trust : REIT)[97]

REITは，小規模投資家がその資金をプールして大規模な投資に参加することを可能にする投資機関であるが，その課税所得の95％を分配すること，その総所得の95％以上が配当，利子，不動産賃貸料，株式・証券・不動産および不動産モーゲージの権利の売却その他の処分からの純収益，および不動産の譲渡益から生ずること，総所得の75％以上が不動産から生ずること等一定の要件を満たす場合にはエンティティ段階の課税を免除され，これらの要件を満たさない場合には法人としてエンティティ段階で課税される。

(5) 不動産モーゲージ投資導管
(real estate mortgage investment conduit：REMIC)[98]

REMICは，一定のモーゲージのプールを保有し，多種類の持分を投資家に販売するエンティティである。その所得についてエンティティ段階で課税されず，持分の保有者の段階で課税される。REMICの所得は詳細なルールにより持分保有者に配分される（IRC860A－860G）。REMIC適格要件としてすべての持分が一以上の種類の「通常の持分」と単一種類の「残余持分」から成ることを要する。通常の持分は利子付で元本を無条件で受け取ることができる持分であり，保有者は通常の持分と同一条件の債務証書の保有者が認識する課税所得と等しい額の所得を認識する。残余持分は分配がプロラタであることを条件として，通常の持分以外のものであり，保有者はREMIC所得のうち通常の持分の保有者に配分されない部分に課税される。

(6) 金融資産証券化投資信託
(financial asset securitization investment trust：FASIT)[99]

FASITは，単一の法人によって所有され，課税上「債務」とみなされる担保資産付証券（asset-backed securities：ABS）を発行するエンティティである。FASITはエンティティ段階では課税されず，ローン・ポートフォリオから得た所得とその投資家に対する支払利子との差額に等しい額は，FASITの所有者にパススルーされ，その所有者段階で課税される。

(7) S 法 人 (S corporation)[100]

S法人は，連邦所得税を課されないことを選択した法人である。S法人の所得，所得控除，税額控除および損失などの租税項目は，株主にパススルーされ，S法人の所得についてはS法人段階では課税されず，株主段階で課税される。

S法人は非課税導管である点でパートナーシップに類似した機能をもち，タックス・シェルター投資ビークルとして利用されるが，その運用などいくつかの項目の取扱いについて重要な相違がある。S法人は，法人格を有するパススルー・エンティティであるという特性からその課税所得の計算は個人の課税所得の計算と同様である（IRC1363(b)）。

　株主は，S法人の所得，損失，所得控除または税額控除などの租税項目について持株に応じた部分を申告しなければならない（IRC1366(a)(1)）。株主は，危険負担ルール（IRC465）や「パッシブ・ロス・リミテーション・ルール」（IRC469）を適用される。

(8) 人的役務法人（personal service corporation：PSC）[101]

　人的役務法人は，その主たる活動が一定の分野で「従業員―所有者」関係によって人的役務を提供する法人である。「従業員―所有者」とは，課税年度中法人発行済株式の価値の10％超を所有する従業員をいう。人的役務法人には「パッシブ・ロス・リミテーション・ルール」（IRC469）が適用される。

(9) 閉鎖的保有C法人（closely held C corporation：CHCC）[102]

　閉鎖的保有C法人とは，課税年度の半分中のいかなるときも発行済株式の価値の50％超を5人以下の個人が直接・間接に所有するC法人をいう。閉鎖的保有C法人には「パッシブ・ロス・リミテーション・ルール」（IRC469）が適用される。

(10) 外国事業体（foreign entity）[103]

　外国プロジェクトごとに別個の外国事業体を設立する場合における米国企業の米国税の主要問題の1つは，「外国税額控除の利用」ができないことである。

タックス・ヘイブンや低税率国に設立された事業体について「外国税」がないかまたは小額であり，海外の租税優遇措置の適用を受ける事業体についてもアメリカではタックス・スペアリング・クレジット（tax sparing credit）を認めていないため控除対象とすべき「外国税」がない。一般に，米国親会社は，外国子会社の収益の分配（みなし分配を含む）を受け取る場合，間接外国税額控除を受けることができる（IRC902, 960）が，外国税額控除は，米国源泉所得に対する米国税を相殺せず，外国源泉所得に対する二重課税を排除する目的で，外国源泉所得に対する米国税に限定して外国税を相殺する制度であり（IRC901, 904），この控除限度額の範囲内で外国税額控除額を決定するため，総所得と経費を米国源泉と外国源泉に分ける必要がある。米国ベースの多国籍企業はグループとして米国で発生した支払利子等を米国所在総資産と外国所在総資産との割合に応じて，米国源泉と外国源泉に配分しなければならない（IRC864(e), Reg.1.861-11T）。このグループがその資産の相当部分を外国に所有する場合，米国支払利子等の相当部分を外国源泉に配分し，外国税額控除額を減少させなければならない。また，外国税額控除の限度額は，異なる種類の外国源泉所得ごとに適用される。米国では包括的限度額方式による彼我流用の回避のためバスケット方式というカテゴリー別ベースの控除限度額計算が強制される（IRC904(d)）。例えば，低課税パッシブ所得は，高課税能動的所得から生じる税額控除に適用される外国税額控除限度額を増加するために利用できない。また，当期の包括的外国損失（overall foreign loss：OFL）を生じる場合，外国源泉所得がなく，したがって，外国税額控除限度額がゼロになるので，当期は外国税額控除を行うことができない。

　タックス・プランニングでは，「包括的外国損失」を排除することと同時に，外国税額控除の利用可能性を封殺される点を考慮に入れてこれに代わる①繰延戦略（deferral strategy）と②連結分離戦略（deconsolidation strategy）をスキームに取り入れる。

　① 繰延戦略
　　これは，国際活動・国際投資を「持株会社ストラクチャー」を通じて行い，

外国プロジェクト事業所得を米国課税権から遮断するため「本国償還をしない方針」で二重課税を回避する戦略である。この戦略では外国プロジェクト事業所得に代表的租税回避防止規定である「サブパートＦルール」や「パッシブ外国投資会社ルール」（これらは課税繰延防止規定である）を適用されないようにスキーム設計をする必要がある。

② 連結分離戦略

外国税額控除の封殺を目的とする外国税額控除限度額の問題に対処するため，連結グループ・メンバーでない米国事業体を通じて外国プロジェクトに投資するスキームが考案される。利子配分ルールや包括的外国損失によって外国税額控除を封殺される問題は，連結グループのみに関係する問題である。タックス・プランニングでは，外国プロジェクトの実施を連結グループ外の米国事業体にやらせ，この米国事業体の持分の20％超を非関連者に所有させる場合，外国税額控除の利用が可能になる。ただし，この米国事業体からの配当については80％受取配当控除しか受けられない。

外国事業体としては，通常の外国子会社のほか，種々の特別の法人がタックス・シェルターのビークルとして利用されている。その主たるものとして，①オフショア持株会社，②オフショア金融会社，③オフショア・トレーディング・カンパニー，④オフショア・ライセンス・カンパニー，⑤オフショア資産管理会社，⑥オフショア・サービス会社（補助会社），⑦オフショア統括本部会社，⑧オフショア海運会社などがある。

(11) **持株会社** (holding company : HC)[104]

持株会社は，①純粋持株会社と②事業持株会社に大別される。①の主要な機能は，グループ全体の統括・管理，各子会社の管理および各子会社に対するサービスの提供である。タックス・プランニングでは，①と②はグループ企業の資金調達・運用・供給のための金融仲介機関として利用される。各国の税制において，持株会社に源泉徴収税の軽減，受取配当免税，キャピタル・ゲイン

免税などの特典を認める場合がある。

これらの国にオフショア持株会社を設立し，実際に外国プロジェクトを実施する事業子会社をそのオフショア持株会社の子会社とする「持株会社ストラクチャー」が節税タックス・シェルターとして利用される。ただし，これに対抗するトリーティ・ショッピング防止規定，タックス・ヘイブン対策税制（CFCルール），外国税額控除制限規定などが整備されている場合には，持株会社ストラクチャーが租税回避タックス・ストラクチャーと認定されることがあり得る。

(12) 信　　託（trust）[105]

信託は，課税上透明な存在（fiscally transparent entity）とされることが多いが，アメリカでは信託が独自の納税主体（taxable entity）とされる。遺産財団および信託は，所得税の適用上，分離した完全な主体であり，個人と同じ所得税を同じ方法で課税される納税主体であるが，所得分配の導管である。その所得が分配されない場合には遺産財団や信託が課税されるが，その所得が分配される場合には遺産財団や信託の課税所得の計算上分配された所得は控除され，受益者（beneficiary）が課税される。受益者は，そのエンティティの所得のうち当期に受益者に分配することを要する所得に対し分配可能純所得（distributable net income：DNI）を超えない範囲で課税される。歴史的には，信託財産から生じる所得については受益者または信託が課税されることになっており，受託者（trustee）に課税されなかったため，信託が所得の分割と留保による租税回避のために利用され，投資財産の取消可能信託（revocable trust）に移転し発生する所得を信託に留保し，適用税率を低く抑制することが流行した。これに対抗するため，取消可能信託について委託者（grantor）に課税することになった（IRC671）。グランター・トラスト・ルールは，資産を信託に譲渡し一定の権限または持分を留保する委託者を課税上信託の所有者として扱い，信託に帰属する所得および所得控除は委託者の所得に直接算入される。

アメリカでは，タックス・プランニングにおいて魅力的なSPE（special purpose entity：SPE）として，外国信託（foreign trust）が利用された。外国信託については，非居住者（個人）と同様に国内源泉所得のみに課税されるというルールや外国信託の定義が明確ではなかったことも利用された。外国信託の所得について委託者が課税されず受益者または受託者が課税されるのみであるとすれば，外国信託の定義いかんで課税関係は豹変する。例えば，①設立地基準によると，米国人が外国で設立した信託でも外国信託となり，受益者が米国居住者であったとしても国外源泉所得については課税されない。②受託者の居住地国基準によると，米国人が外国居住者を受託者として設立した信託は外国信託となり，受益者が米国居住者であったとしても国外源泉所得については課税されない。③受益者の居住地国基準によると，米国人が外国居住者を受益者として設立する信託は外国信託となり，受託者が米国居住者であったとしても国外源泉所得については課税されない。

外国信託の識別基準について，判例等は①信託の設立法，②信託財産の所在地，③受託者の居住地国，④受益者の居住地国，⑤受託者または受益者の国籍など，区々に分かれている。これらの識別基準のいずれによるべきかについて税法上明文規定がないので，納税者にとっては法的安定性のない状態になっていた。このような状態は，国外源泉所得の租税回避のために利用された。これに対抗して次の4つの措置が講じられた。

① 米国居住者が設立した外国信託についてキャピタル・ゲインをDNIに含めることにした（1962年）。

② 受益者への分配についてシンプル・トラストは当期にその所得のすべてを分配することを要するが，委託者，受託者またはこれらの関連者である米国人にローンを行う外国信託はシンプル・トラストとして扱われない（IRC643（i）(2)(D)）。

シンプル・トラスト以外の信託はコンプレックス・トラストといい，課税年度の所得のうち当期に分配されることを要する金額および当期に支払われ，クレジットされまたは分配される必要がある他の資産の額をDNI

を超えない範囲で所得控除することができるが，外国信託が米国人である委託者，受託者またはこれらに関連のある米国人に金銭または市場性のある証券によるローンを行う場合，ローンの金額は委託者または受託者への分配とみなされ，その後のローン元本に関する取引は課税上無視されることになった。

③　米国人が設立した外国信託から留保の分配を受け取る米国受益者はスローバック・ルールを適用して税額計算を行う（IRC665(e)(2)）。

④　委託者が外国人である場合には米国市民である受益者はその信託の委託者とみなされる（IRC672(f)）。

1976年に外国グランター・トラスト（foreign grantor trust）が導入され，外国信託についても委託者課税が法制化された。これにより，米国受益者を有する外国信託に資産を移転する米国人は，その信託のうちその米国人が移転した部分の所有者とみなされ，その資産から生ずる所得についてはその譲渡者が課税される。

外国グランター・トラストを利用する租税回避を防止するため，信託のうち，外国の者によって所有されるとみなされる部分には米国グランター・トラスト・ルールは適用されない（IRC672(c)(f)，665(d)(2)，901(b)(5)，643(h)）。

〔注〕

93)　本庄　資『国際的租税回避　基礎研究』税務経理協会，2002，pp.20−26，同『アメリカン・タックス・シェルター　基礎研究』税務経理協会，2003，pp.16−25，平野嘉秋，前掲書，pp.84−91，CCH，ibid，pp.29281−29285

94)　本庄　資『国際的租税回避　基礎研究』税務経理協会，2002，pp.17−19，25，67−77，122，同『アメリカン・タックス・シェルター　基礎研究』税務経理協会，2003，pp.17−18，36−43，253−258，水野忠恒『国際課税の制度と理論』有斐閣，2000，pp.136−161，199−204，International Fiscal Association, International Income Tax Problems of Partnerships, in Cahier de droit fiscal international, Vol.130 a，1995

95)　本庄　資『国際的租税回避　基礎研究』税務経理協会，2002，pp.77−79，同『ア

メリカン・タックス・シェルター 基礎研究』税務経理協会，2003，pp.18，23-25
96) 同『国際的租税回避 基礎研究』税務経理協会，2002，pp.138-139，同『アメリカン・タックス・シェルター 基礎研究』税務経理協会，2003，pp.19，283
97) 同『国際的租税回避 基礎研究』税務経理協会，2002，pp.139-140，同『アメリカン・タックス・シェルター 基礎研究』税務経理協会，2003，pp.19-20，63，74
98) 同『国際的租税回避 基礎研究』税務経理協会，2002，p.140，同『アメリカン・タックス・シェルター 基礎研究』税務経理協会，2003，pp.20，33-34，63
99) 同『国際的租税回避 基礎研究』税務経理協会，2002，pp.140-141，同『アメリカン・タックス・シェルター 基礎研究』税務経理協会，2003，pp.21，132-136，144-145，325，332
100) 同『国際的租税回避 基礎研究』税務経理協会，2002，pp.79-81，同『アメリカン・タックス・シェルター 基礎研究』税務経理協会，2003，pp.21，103-104，250-253，ピーター・P・ワイデンブルック＆カレン・C・バーク『アメリカ法人税法』木鐸社，1996，pp.217-239
101) 本庄 資『アメリカン・タックス・シェルター 基礎研究』税務経理協会，2003，pp.22，98
102) 同『アメリカン・タックス・シェルター 基礎研究』税務経理協会，2003，pp.22，222-223
103) 同『国際的租税回避 基礎研究』税務経理協会，2002，pp.148-162，同『アメリカン・タックス・シェルター 基礎研究』税務経理協会，2003，pp.22-25
104) 同『国際的租税回避 基礎研究』税務経理協会，2002，pp.22-23，44-45，148-150，177-179，同『アメリカン・タックス・シェルター 基礎研究』税務経理協会，2003，pp.22-25，中里 実『金融取引と課税』有斐閣，1998，pp.292-331，占部裕典『国際的企業課税法の研究』信山社，1998，pp.53-54
105) 本庄 資『国際的租税回避 基礎研究』税務経理協会，2003，pp.24-25，108-118，同『アメリカン・タックス・シェルター 基礎研究』税務経理協会，2003，pp.94-96，水野忠恒，前掲書，pp.162-195，204-208，中里 実，前掲書，pp.332-379

第 5 章
流行したタックス・シェルターの略歴

　財務省タックス・シェルター白書によれば，1970年代と1980年代には個人用タックス・シェルター，1990年代には法人用タックス・シェルターが流行した。法人用タックス・シェルターの発展についての財務省の要因分析については，第3章で要約したが，本書第2編原理的類型および第3編手法別類型以下において個別取引ごとにタックス・シェルターの類型化を試みるに先立って，これまでアメリカが経験した主要なタックス・シェルターの略歴を主目的ごとに検討する。

1　主要な税制改革とその背景

　米国は，経済戦略の要請する租税政策に基づく企業活性化のための税制や特定産業に対する優遇税制のねらいどおりの活用と，これらの税制の文理要件を満たすがこれらの税制の基盤である政策目的に適合しないタックス・シェルターの抑制を同時に達成するための苦心の歴史を示している。米国の対抗措置の歴史的な意義は，同時に，タックス・シェルターを生み出した米国経済の状況を理解しなければ，十分理解できない。個別のスキームについて述べる前に，主としてレーガン税制改革以前の具体的な税制改正[106]が示す時代背景を要約する。
　① 1969年税制改革法（Tax Reform Act of 1969）
　　ニクソンは，スタグフレーションの経済状態の中で，一方では個人所得税の減税を実施し，他方では投資税額控除の廃止など租税優遇措置の縮小・撤廃を図り，ループホールを封鎖する措置をとった。象徴的な制度は，ミニマ

ム・タックスの導入であった。しかし，1971年税制改革法でニクソンは減税を行い，経済刺激・投資促進のため減価償却制度の緩和や投資税額控除の復活を行った。その一方で，リース取引のタックス・ベネフィットの制限を行った。1973年税制改革法案は課税繰延型タックス・シェルターに対抗するため，作為的会計損失制限やミニマム課税所得制度を導入しようと試みたが，ウォーターゲート事件などのために成立に至らなかった。
② 1976年税制改革法
　アット・リスク・ルールの導入，ミニマム・タックスの強化，農業タックス・シェルターの制限，各種費用の資産化，特に前払利子の資産化，投資利子控除制限を行った。
③ 1978年税制改革法
　一方でアット・リスク・ルールの適用拡大を行い，レバレッジド・リースを抑制し，他方でキャピタル・ゲイン課税の税率を引き下げた。
④ 1981年税制改革法
　レーガンは，スタグフレーションの中で実質所得の低下と名目的所得の増加による重税感からタックス・シェルターに向かう高額所得者や企業の経済活動を活発化するため基本税率の引下げや加速度回収制度等租税優遇措置の拡大など大幅減税を行う一方で，課税の公平の維持回復のためにタックス・シェルター対抗措置の強化を図った。有力な対抗措置としては，投資税額控除へのアット・リスク・ルールの適用拡大，ストラドル取引の防止措置がある。
⑤ 1982年税制改革法
　租税の公平と財政責任に関する法（Tax Equity and Fiscal Responsibility Act of 1982：TEFRA）により，事業用資産の加速度回収の200％定率法を150％定率法に改正し，個人に対する15％のミニマム・タックスに代えて20％の代替的ミニマム・タックスを導入し，濫用的タックス・シェルターのペナルティを強化した。

⑥ 1984年税制改革法

　財政赤字削減法（Deficit Reduction Act : DRA）には，支出削減法（Spending Reduction Act : SRA）と税制改革法が含まれていた。重要な制度は，経済的パフォーマンス・ルール（economic performance rule）の導入およびタックス・シェルター登録義務とプロモーターの投資家リスト保存義務の制定であった。

⑦ 1986年税制改革法

　レーガンは，税制の公平・簡素化・経済成長のためレーガン税制を実施した。そのため，個人および法人の税率の引下げと税率構造の簡素化，長期キャピタル・ゲインや投資税額控除など優遇措置の廃止による課税ベースの拡大のほか，法人に対する代替的ミニマム・タックスの導入，投資利子控除制限，タックス・シェルター関連義務違反のペナルティの強化を行った。タックス・シェルター対抗措置としては，パッシブ活動損失の控除をパッシブ活動所得の範囲に制限する「パッシブ・ロス・リミテーション・ルール」（IRC469）を創設した。

2　経費控除を利用するスキームとこれに対する防止策

(1)　投資負債利子の控除[107]

　このスキームに対抗するため，「法人以外の納税者」について認められる投資利子の控除額を制限する措置がとられた。このため，1964年にIRC163(d)を制定し，数次の改正を経て，現在投資利子の控除は純投資所得の金額に限定されている。

(2) 利益動機のない活動経費の控除[108]

このスキームに対抗するため，個人やS法人が行う利益動機（profit-motive）のない活動の経費の控除を否認する措置がとられた。そのため，1969年にIRC183を制定し，当期に終了する連続5課税年度のうち3以上の課税年度の活動から生じる総所得が当該控除額を超える場合にはこの活動が利益動機のある活動であると推定することにした。

(3) 過少資本による利子の控除[109]

このスキームに対抗するため，法人の一定の持分を株式または負債として取り扱うルールを定めて法人の負債比率が異常に高い場合には「負債」を「株式」として取り扱う措置がとられた。このため，1969年にIRC385を制定し，負債と株式との区別に関する規則制定権を財務長官に付与した。しかし，議論が多く，まだ最終規則は制定されていない。

(4) 一定の農業経費の控除[110]

このスキームに対抗するため，農業シンジケートについて飼料の種子，肥料その他類似の農業供給品のために支払った金額の控除はこれらが現実に使用または消費された課税年度のみに制限する措置がとられた。そのため，1976年にIRC464が制定された。

(5) 現金主義の関連者に対する経費・利子の控除[111]

発生主義の納税者が関連者に対する経費・利子の控除を利用するスキームに対抗するため，発生主義の納税者が現金主義の関連者に支払うべき経費・利子の控除は，支払を受ける関連者がその総所得に計上するまで認めない措置がと

られた。そのため，IRC267(a)(2)を定めた。さらに，1986年に株式所有割合と無関係に「人的役務法人の従業員－所有者」を関連者として扱うよう改正した。

(6) 関連外国法人あてに発行した割引債（original issue discount : OID）の利子の控除[112]

このスキームに対抗するため，OIDが外国関連者の米国内の営業・事業に実質的関連を有する範囲を除き，債券発行者が外国関連者あてに発行したOIDの利子経費について満期日に実際の支払が行われるまで損金算入を認めない措置がとられた。そのため，1984年にIRC163(e)(3)を定めた。

(7) 外国関連会社への支払利子の損金算入[113]

このスキームに対抗するため，外国関連会社への支払利子についてその受取者がその受取利子に米国で課税されない「不適格利子」であって法人の純利子経費額（支払利子－受取利子）が当該法人の課税所得の50％および過去3年間の限度額未使用分の合計額を超過する「超過利子」に該当する場合で負債対資本の比率が1.5対1を超える場合には，その支払利子の損金算入を認めない措置がとられた。そのため，1989年にIRC163(j)を定めた。これが「アーニング・ストリッピング・ルール」といわれる規定である。

(8) 関連会社間の債務保証[114]

アーニング・ストリッピング・ルールを回避するために関連会社間の貸借取引でなく金融機関を介在させ金融機関の貸付に債務保証を行う間接金融取引スキームに対抗するため，親会社等関連会社が返済保証をする金融機関・関連会社間の金融取引にも「アーニング・ストリッピング・ルール」を適用する措置がとられた。このため，1993年歳入調整法（Revenue Reconciliation Act）によ

りIRC163(j)の適用拡大を定めた。

3 損失控除を利用するスキームとこれに対する防止策

(1) 農業損失の控除[115]

　農業損失を非農業所得と相殺する農業タックス・シェルター・スキームに対抗するため，当期に農業純損失または超過控除勘定がある場合のみに相殺を制限する措置がとられた。このため，1969年にIRC1251を改正した。

(2) ノン・リコース・ローン・ファイナンス[116]

　このスキームに対抗するため，個人と同族持株会社（IRC542(a)）で一定の活動に従事するものについてその活動からの損失の控除を納税者が危険負担すべき金額（アット・リスクである金額）に制限する措置がとられた。このため，1976年にIRC465（アット・リスク・ルール）を制定した。
① アット・リスク・ルールが適用される活動
　アット・リスク・ルールは，営業・事業としてまたは所得の稼得を目的として行う次の活動に適用される。
（ⅰ）映画フィルム・ビデオテープを保有し，生産し，配給する活動
（ⅱ）農業
（ⅲ）IRC1245資産をリースする活動
（ⅳ）石油・天然ガス資源もしくは地熱鉱床の探査・開発
② アット・リスクである金額
　アット・リスクである金額は，原則として（ⅰ）納税者が活動に拠出した金銭の額および他の資産の調整ベーシス，（ⅱ）当該活動に係る借入金を含む。当該活動に使用するための借入金がアット・リスクと考えられる場合は，

（ⅰ）納税者が借入金の返済につき個人的に責任がある場合，または（ⅱ）納税者が借入金の担保として資産（当該活動に使用される資産を除く）を提供した場合である。

(3) 関連者間取引の損失の控除[117]

関連者間の資産の売却・交換による損失の控除を利用するスキームに対抗するため，これを否定する措置がとられた。このため，1983年にIRC267(a)(1)を定めた。関連者とは，①家族構成員，②個人とその個人が直接・間接に発行済株式の価値の50％超を所有する法人，③同一の被支配グループのメンバーである2法人，④信託の委託者と受益者，⑤委託者が同一の2つの信託の受託者，⑥信託の受託者と受益者，⑦委託者が同一の2つの信託の一方の受託者と他方の受益者，⑧信託の受託者と当該信託または当該信託の委託者が直接・間接に発行済株式の50％超を所有する法人，⑨ある者とその者またはその家族構成員が直接・間接に支配する非課税団体（IRC501），⑩同一の者が法人の発行済株式の価値の50％超とパートナーシップの資本持分または利益持分の50％超を所有する場合の法人とパートナーシップ，⑪同一の者が各法人の発行済株式の価値の50％超を所有する場合のS法人と他のS法人，⑫同一の者が各法人の発行済株式の価値の50％超を所有する場合のS法人とC法人をいう。

(4) パッシブ・ロスの控除[118]

パッシブ活動（投資家が事業のマネジメントに実質的に参加せず他の者がマネジする活動に単に資金を投資する活動をいう）からの損失控除を利用するスキームに対抗するため，パッシブ・ロスの控除を制限する措置がとられた。これは，「パッシブ・ロス・リミテーション・ルール」といわれ，投資家のパッシブ活動からの損失の控除と税額控除はパッシブ活動からの所得のみから行うことができると制限する規定である。このため，1986年にIRC469を制定した。

このルールは，個人，遺産財団，信託，人的役務法人および閉鎖的保有法人に適用されるが，グランター・トラスト，パートナーシップ，Ｓ法人には適用されず，その投資家に適用される。

(5) 所有権変更後における営業純損失の繰越とビルト・イン・ロス[119]

1954年に営業純損失を利用する租税回避目的の企業買収スキームを防止するためにIRC382旧法が導入されたが，損失を有する法人の株式の所有関係の変更が営業純損失の繰越やビルト・イン・ロスに中立的であるよう，旧損失法人の所有関係変更前の損失のうち新損失法人が変更後の所得から控除できる額を制限する措置がとられた。控除限度額は，旧損失法人の評価額に長期非課税利率を乗じた金額である。この制限を回避または損失利用額を増加することを目的とする所有関係変更前の出資は，偽装出資防止のため損失法人の価額の決定に当たって無視され，所有関係変更前2年以内の出資は租税回避計画の一部と推定される。所有関係変更時点で損失法人がビルト・イン・ゲインを有する場合には所有関係変更から5年の期間に計上されたビルト・イン・ゲインだけ損失控除限度額が増加される。このため，1986年にIRC382を全面改正した。IRC382により，ビルト・イン・ロスの控除も営業純損失と同様に制限される。

(6) ビルト・イン・ゲインを相殺するための買収前損失の利用[120]

このスキームに対抗するため，法人が一定の株式または資産の取得後5年の計上期間に取得時のビルト・イン・ゲインを他の法人の買収前の損失（営業純損失とビルト・イン・ロス）と相殺することを制限する措置がとられた。このため，1987年にIRC384を制定した。

4 税額控除を利用するスキームとこれに対する防止策

　直接外国税額控除や間接外国税額控除を用いて米国源泉所得に対する米国税を侵食するスキームに対抗するため，①総所得と経費の米国源泉と外国源泉に配分するルール（米国発生利子の米国所在総資産と外国所在総資産との割合に応じた配分）（IRC864(e), Reg.1.861-11T），②外国税額控除限度額はパッシブ所得と能動的所得を別々のカテゴリーごとに計算し，低課税パッシブ所得によって高課税能動的所得から生じる控除限度額を増加することを認めないバスケット方式（IRC904(d)），③当期の包括的外国損失（overall foreign loss：OFL）が生じる場合には，外国税額控除を不可能にする措置がとられた[121]。

5 所得移転・所得分割を利用するスキームとこれに対する防止策

(1) 贈与の利用[122]

　米国では納税者が「所得を生ずる資産」を分割しない限り単なる「所得割当」は課税上無視され，「損益を認識される取引」とされるかまたは「控除できる寄付」とされる場合を除き，受贈者は課税所得を得たことにならず，贈与者は贈与につき所得控除を認められない。所得を分散して贈与者と家族全体の税負担の減少を目的とする家族構成員に対する贈与スキーム，特に未成年子女に対する贈与スキームが利用される。また，資産の売却前にその資産の持分を贈与することによる資産の譲渡収益の分割が利用される。

(2) 子女の雇用[123]

　米国では，納税者が子女を雇用するとき現実に提供されたサービスに対する合理的な支払である子女への給与等を「通常かつ必要な事業経費」として控除することができるので，高い税率ブラケットの親から低い税率ブラケットの子女への所得移転を行う節税スキームとして子女の雇用が利用される。

(3) 家族パートナーシップの利用[124]

　事業所得を家族構成員間，特に親子間で分割する目的で家族パートナーシップを利用することができるが，14歳未満の子女が全く勤労しないで得る所得に対しては親の高い税率が適用される。パートナーシップ所得が持分贈与者のみの努力で稼得される場合にはこの所得を他の家族構成員に帰属させることは認められないからである。

(4) 家族信託の利用[125]

　家族信託を組成し，所得を生ずる資産をこの家族信託に移転することにより所得分割を行う方法が選好される。この方法によれば，14歳未満の子女が親の高い税率で課税されることは回避される。

　納税者が信託元本の占有を任意に取り戻す権利を留保する場合には，その所得を信託を通じて分割することを禁じ，その信託所得について委託者が課税される（IRC676）。このグランター・トラストの所有権帰属ルールを回避するため，相互信託（reciprocal trusts）（家族構成員の2人の委託者が相互に受益者およびまたは受託者となる形で実質的に同一の信託を組成し各信託がグランター・トラストではないと主張するスキーム）の利用を試みたが，不成功に終わっている。しかし，信託の存続中に受託者が所得および元本の処分を決める権限を有する信託契約（スプリンクリング・トラスト，スプレー・トラストまたは任意信託という）に

よる節税スキームが利用される。

(5) 家族内リースバック取引の利用[126]

家族内リースバック取引には、①贈与リースバックと②売却リースバックがある。例えば、贈与リースバックは、贈与者が所得を生じる賃貸用資産を家族構成員に贈与することにより、主として高い税率ブラケットの所得を低い税率ブラケットの未成年者に移転することを目的とするスキームである。これに対抗するため、贈与者が支払う賃借料の控除や贈与の実体の否認を試みる場合がある。売却リースバックもこれに類似した目的をもつスキームであり、売却者が支払う賃借料の控除や売却の実体の否認が問題になる。

(6) 家族内ローンの利用[127]

家族内ローンは、高い税率ブラケットから低い税率ブラケットへの所得移転の方法として、納税者が所得を生じる資産を自ら所有せず、家族構成員に無利息ローンまたは低金利ローンを行い、受贈者がその借入金を当該資産に投資するスキームである。

(7) C法人の利用[128]

法人成りのスキームは、事業主が、個人資産を事業債権者から保護すると同時に、事業所得を家族構成員に分割するため、個人事業を法人化し、そのC法人の株式を家族構成員に贈与するスキームである。C法人の場合、事業所得に対して法人段階と株主段階の二段階課税が行われるが、米国ではこの二段階課税を回避するためにS法人の選択を認めている。

(8) 同族会社の利用[129]

　事業主の法人成りスキームがS法人の選択でなく，二段階課税を回避するため株主に対する配当をせず同族会社（closely family corporation）を事業所得（株主にとっては投資所得）の貯蔵所として利用する場合がある。このようなスキームに対抗するため，同族持株会社（personal holding company：PHC）を定義し，その未分配同族持株会社所得（undistributed personal holding companies income：UPHCI）に対し通常の法人所得税のほか，「同族持株会社税」（個人所得税の最高限度税率で課税される）を課すことにしている（IRC541-547）。

　なお，株主の税負担を減少させるために設立されまたは利用されるすべての法人（同族持株会社，非課税法人およびパッシブ外国投資会社を除く）の留保課税所得（accumulated taxable income：ATI）に対し，通常の法人所得税のほか，「留保収益税」（個人所得税の最高限度税率で課税される）を課すことにしている（IRC531-537）。

(9) 人的役務法人の利用[130]

　一定の自由職業者や芸能人等が法人を設立してその人的役務からの所得に対する適用税率を個人の限度税率よりも引き下げるため，法人の所有者であると同時にその従業員として給与等の支給を受けるスキームが利用される。このスキームに対抗するため，主たる活動がサービスの提供でありかつそのサービスの提供が実質的に「従業員－株主」（employee-owner）によって行われる法人を「人的役務法人」（personal service corporation：PSC）と定義し，医療保健，法律，会計，建築，技術，芸能，コンサルタントなどのサービスの提供に係る活動については，その課税所得に対し35％の比例税率で課税することとし（IRC269A），さらに，個人最高限度税率で課税されるよりPSCが有利と考えPSCを利用するスキームについては，「従業員－株主」とPSCとの間における所得，所得控除，税額控除その他の減免等の租税項目を再配分する権限を財務

長官に付与している。

(10) 関連会社間の所得分割[131]

　歴史的にみれば，超過利潤税（excess profits tax）の累進税率による課税を回避するために企業分割を行う形の「子会社設立による所得分割」が流行した。この風潮に対抗するために連結申告納税制度を導入したことはよく知られている。米国の連結申告（consolidated returns）は，節税スキームに対抗して一定の関連会社にその純所得および投下資本の連結を要求する権限を税務当局に付与する制度であったが，1917年の導入時にはその根拠規定が法律でなく歳入規則で強制適用を定めていた点につき違憲訴訟などを生じたことから1918年に法定した。1921年超過利潤税が廃止され，所得分割による租税回避という連結申告の目的はなくなり，単体企業ごとの課税によればグループとしては未実現利益に対しても課税されるなどの不合理な課税を回避する必要性に着目して，連結申告は納税者の利益のために選択できる制度になった。現在の連結要件は，1つの80％親会社を通じて関連している複数の法人による「関連グループ」（IRC1504）であることである。関連会社間の恣意的な所得移転に対抗する措置としては，所得等再配分制度（IRC45現行のIRC482）が1928年に導入された。これは，「移転価格」（transfer pricing）税制である。財務長官は，同一の者が直接・間接に所有または支配する複数の組織，営業・事業について，脱税を防止しまたは当該組織，営業・事業の所得を反映するため，総所得，所得控除，税額控除または租税の減免を当該組織，営業・事業の間に分配し，配分しまたは割り当てることが必要であると認める場合には，このような分配，配分または割当を行うことができる（IRC482）。

　アメリカの移転価格税制は，日本の移転価格税制と異なり，国際取引に限らず国内取引にも適用される。また，関連会社の定義はきわめて広範であり，法人・個人，国籍のいかんを問わず，取引相手と直接・間接に株式所有者または支配者を共有する場合には関連会社とされ，株式所有割合に下限はなく，支配

もきわめて広範な意味で用いられている。移転価格の課税上の調整は，当該取引が独立企業原則により「独立企業間価格」(arm's length price) で行われたものとされる。独立企業間価格の算定には，最適方法ルール (best method rule) を採用し，有形資産の取引については，①独立価格比準法 (comparable uncontrolled price method : CUP)，②再販売価格基準法 (resale price method : RP)，③原価基準法 (cost plus method : CP)，④利益比準法 (comparable profit method : CPM)，⑤利益分割法 (profit split method : PSM)，⑥その他の方法 (unspecified method)，無形資産の取引については，①独立取引比準法 (comparable uncontrolled transaction method : CUT)，②利益比準法 (comparable profit method : CPM)，③利益分割法 (profit split method : PSM)，④その他の方法 (unspecified method) のうち個別事情に応じて①比較可能性，②データの完全性と正確性，仮定の信頼性，他の方法による結果の確認などを考慮に入れて最適方法を決定することとしている。取引と状況の比較可能性は，独立企業間取引の価格または利益に影響するすべての要素（機能，契約条件，リスク，経済条件，資産またはサービスを含む）を考慮に入れて評価される。ある方法の適用によって独立企業業績を測る最も信頼できる尺度となる単一の結果を生じるが，場合によっては信頼できる業績の幅がある多数の結果を生じることがあり，その場合「独立企業間価格幅」(arm's length range : ALR) を定め，比較対象がALRの範囲内に入る場合には税務調整の対象としない。所得移転は，課税繰延の手法となる。

(11) タックス・ヘイブンの利用[132]

関連会社間所得移転または所得分割をタックス・ヘイブンに設立した子会社等との国際取引における価格操作等を通じて行い，タックス・ヘイブンに所得を留保する国際的租税回避スキームが流行している。このスキームに対抗するため，CFCルールを定め，被支配外国法人 (controlled foreign corporation : CFC) の米国株主に「サブパートF所得」のプロラタ部分をその総所得に合算

して課税することとしている（IRC951）。サブパートF所得とは，被支配外国法人について，①保険所得，②外国基地会社所得，③当該法人の所得に国際ボイコット要素を乗じた金額，④当該法人がまたは当該法人のために政府職員または政府代理人に直接・間接に支払う違法な賄賂，キックバックその他の支払の額および⑤当該法人がIRC901(1)（一定の外国についての外国税額控除等の適用の否認）が適用される外国から生じた所得の合計額をいう（IRC952）。国外所得移転は課税繰延または課税排除の手法となる。

(12) 非課税法人または赤字法人の利用[133]

　法人がビルト・イン・ゲインのある資産を非関連者に譲渡する場合に生じる譲渡益に対する課税を回避するため関連会社である非課税法人または赤字法人に非課税譲渡を行い，中間に介在したこの非課税法人または赤字法人が非関連者に時価で譲渡することによりグループとして課税されずに譲渡益の移転を図るスキームや，法人がビルト・イン・ゲインのある資産を用いて関連者Aにも一定の譲渡益を与えることを望む場合に第一段階として関連会社である非課税法人または赤字法人に非課税譲渡を行い，これらの仲介法人が直ちに関連者Aに時価で譲渡し，当該資産のベースをステップ・アップした後，さらに値上がりした時点でAが非関連者に当該資産を売却し，譲渡益を実現するスキームなど，所得移転・所得分割のために非課税法人や赤字法人が利用される。これに対抗するため，非課税譲渡取引の実体，中間介在取引の「租税以外の事業目的」の存否，などが問題となる。

　これまでのタックス・シェルターにおいて，非課税法人または赤字法人あるいは外国法人を利用するスキームは非常に多い。本書で取り上げた著名なスキームとしては，BOSS (bond and sales strategy)，IRC357(c) Basis Shift，Basis Shifting，Fast-Pay Stock／Step-Down Preferred，Lease Strips，Lease-in／Lease-out (LILO)，Foreign Factoring，Installment Sales／Contingent Installment Note，などがある。

6 非課税取引の利用を目的とするスキームとこれに対する防止策

　米国の税法では継続した投資の形態の変化にすぎない一定の取引を非課税（課税の繰延）とする。立法技術としては，納税者が取得した資産の取得原価をその納税者が有していた他の資産の取得原価（exchanged basis）により定めるかまたは当該資産の元の所有者の取得原価（transferred basis）により定める方法で，課税繰延（deferral）とすることができる。米国の租税政策では事業の法人化（資本の出資）は法人と株主の双方にとって非課税である。

(1) 譲渡者の支配する法人に対する資産の譲渡（IRC351）[134]

　法人に対する出資について，株主が法人の株式その他の証券と交換に，資産を移転した場合，株主が交換の直後に当該法人を支配しているときは，株主には損益が発生しない（IRC351）。この場合，法人が株主の債務を引き受け，株主から債務付の資産を拠出されたときも，株主は非課税とされる（IRC357）。ただし，株主が法人の株式その他の証券に加えて，現金その他の「非適格資産」（boot）を受け取る場合には，株主はその現金その他の非適格資産の時価を限度として所得を認識すべきである（IRC351(b)）。法人はその株式と交換に金銭または資産を受け取る場合，所得を認識しない（IRC1032）。株主が受け取った株式その他の証券の取得原価および法人が拠出された資産の取得原価は，株主が拠出した資産の拠出前の取得原価である（IRC358，362）。「その他の証券」には5年未満の短期手形・債務証書等は含まれないが，10年以上の手形・債務証書等は含まれる。法人の株式を所有していない者が資産を法人に移転して株式以外の証券を取得した場合，非課税でなく，移転者は交換による所得を認識しなければならず，既に法人の株式を所有している株主が資産を移転して株式以外の証券を取得した場合，非課税とされる。「支配」とは，法人のすべ

ての種類の議決権株式の全議決権数の80％以上および各種類の無議決権株式の各株式数の80％以上を直接所有することをいう（IRC368(c)）。

このIRC351の非課税は，①1人または複数の拠出者が法人に資産を移転しそれと交換に当該法人の「株式その他の証券」を取得し，②グループとしての拠出者が資産移転の直後に当該法人を支配している場合に限り認められる。支配要件を満たすか否かの判定上，役務のみを出資する者は資産拠出者のグループに含まれない。IRC351の非課税を他の資産拠出者に利用させるために名目的な資産（移転された資産の時価が拠出者が既に所有している株式の時価の10％未満である）を拠出してこれと交換に株式その他の証券を取得した場合，この名目的な資産の拠出者は，資産拠出者グループに含まれない（Reg.1.351－1(a)(1)）。IRC351は，投資会社（investment company）に対する出資には適用されない（IRC351(e)）。

IRC351(b)によれば，資産の拠出者が現金その他の非適格資産を取得したことにより拠出者が認識する所得を反映して，株主の取得した株式その他の証券の取得原価と法人が拠出された資産の取得原価は，引き上げられる。

IRC351取引による損失は，計上できない（IRC351(b)）。

(2) 債務の免除[135]

譲渡者の支配する法人に対する資産の譲渡（IRC351）において，法人が債務を引き受けまたは債務付資産を取得したとき，資産の拠出者は免除された債務を当該資産移転により実現した額に含めなければならない（IRC1001）。法人の債務引受または債務付資産の取得は，資産の拠出者にとって「非適格資産」の取得には該当しない（IRC357(a)）。したがって，資産拠出者は，債務免除益を所得に計上する必要はないが，取得した株式その他の証券の取得原価を債務免除益を反映するよう引き下げることになる（IRC358）。

IRC351の非課税取引を利用して法人に対する資産拠出者が移転直前に資産を担保に借り入れた資金を，例えば個人住宅の購入に充てるなどに使用し法人

に借入金を返済させることにより法人から現金を引き出すことを防止するため，資産拠出者の主目的が租税回避である場合または租税以外の事業目的がない場合には，法人の引き受けた債務または資産に付された債務の全額を「非適格資産」である現金として取り扱うことにしている（IRC357(b)）。また，法人の引き受けた債務または資産に付された債務の額が資産拠出者の移転資産の交換取得原価（exchanged basis）を超える場合には，IRC358により資産提供者が法人から取得した株式その他の証券（非課税資産）の取得原価がマイナスになることを防止するため，その超過額を移転資産の売却・交換からの所得として取り扱う（IRC357(c)(1)）。もっとも，法人の債務引受の目的が租税回避である場合または租税以外の事業目的でない場合には，IRC357(c)(1)でなくIRC357(b)により債務全額を「非適格資産」として取り扱う（IRC357(c)(2)(A)）。現金主義の資産拠出者が取得原価ゼロの受取債権と未払債務を法人に移転する場合，未払債務がIRC357(c)(1)の債務に含まれるとすれば，この受取債権と未払債務を相殺することができないので，資産拠出者は未払債務の全額を所得として認識しなければならない。このような結果を避けるため，資産拠出者としては法人から現金を取得して未払債務を直接返済した方が有利となる（取得した現金は「非適格資産」として課税されるが未払債務を直接返済することにより損金計上することが可能になる）。そこで，このように損金処理ができる超過債務の免除については，IRC357(c)(1)の債務に含まれないものとして課税しないことにしている（IRC357(c)(3)）。

(3) 資産拠出者の非課税資産の取得原価[136]

IRC351(a)の非課税取引により法人への資産拠出者が法人から取得した法人の株式その他の証券（非課税資産）の取得原価は，資産拠出者が拠出した移転資産の交換取得原価に基づいて決定される（IRC358(a)(1)）。資産拠出者の取得した非課税資産の取得原価は，（ⅰ）移転資産の調整取得原価から（ⅱ）法人から取得した現金その他の「非適格資産」の時価を控除し，（ⅲ）交換により

資産拠出者の認識した所得を加算することにより計算される。資産拠出者の「非適格資産」の取得原価は，時価とされる（IRC358(a)(2)）。

資産拠出者が「非課税資産」のほかに「非適格資産」を取得する場合，上記の取得原価の計算方法によれば，「非適格資産」の取得による取得原価の引下げと所得認識による取得原価の引上げが相殺し合うので，結局，非課税資産の取得原価は移転資産の交換取得原価にほぼ等しいといえる。資産拠出者の取得原価を決定するとき，法人の債務引受または債務付資産の受入などの債務免除（IRC357(c)(3)）は現金の受領とみなされる（IRC358(d)）。債務免除によりIRC357(a)により所得の認識をしない場合も資産拠出者の取得原価は債務免除の額だけ引き下げられる。上記のIRC357(b)またはIRC357(c)により所得を認識する場合には所得認識に伴う取得原価の引上げと債務免除による取得原価の引下げが相殺し合う。IRC357(c)(3)が適用される債務については，資産拠出者の取得原価の決定に当たってこの債務免除により所得を認識せず，したがって，資産拠出者の取得原価の引下げは生じない。

(4) 資産拠出者に支配される法人（被支配法人）[137]

法人がその株式と交換に金銭その他の資産を受領する場合，法人は損益を認識しない（IRC1032）。また，法人がその株式と交換に人的役務の提供を受けた場合，法人は所得を認識せず，その人的役務の性質に応じて当該株式の時価を限度として「通常かつ必要な事業経費」として損金算入する（IRC162）か，または資本的支出として扱われる（IRC263）。1988年にIRC351の非課税取引による被支配法人から株主に対する資産の移転は非清算分配（IRC311）のように扱うIRC351(f)が導入された。IRC351(f)によれば，法人が株主に株式その他の証券のみを移転する場合には法人は所得を認識せず，現金その他の「非適格資産」を移転する場合には，IRC311(b)（ビルト・イン・ゲインのある資産の分配）により法人は所得を認識することになる。資産拠出者から法人が取得した移転資産の取得原価は，（ⅰ）資産拠出者にとっての移転資産の取得原価に（ⅱ）

資産拠出者の認識した所得を加算した額である（IRC362(a)(1)）。

　債務免除や非適格資産は，法人の移転資産の取得原価には影響しない。資産拠出者の移転資産の取得原価は，（ⅰ）法人に拠出された移転資産と（ⅱ）資産拠出者に移転した法人の株式その他の証券の双方に引き継がれる（IRC358, 362）。この点を利用するタックス・シェルターは少なくない。法人が当該移転資産を売却し，株主が当該株式その他の証券を売却すると，本来同一の所得や損失が二度実現されるからである。

(5) ＩＲＣ351の非課税取引の回避

　IRC351の非課税取引では資産拠出者も資産の拠出を受ける被支配法人も，損失を計上することができない。納税者が「損失の計上」を望む場合，IRC351の「非課税交換取引」でなく「資産の売買」の法形態をとるケース，通常所得よりキャピタル・ゲインが優遇されていた1986年以前にみられた納税者がビルト・イン・ゲインのある資産の移転につき譲渡益を計上することによって受取法人にとっての移転資産の取得原価の引上げ（いわゆるベーシスの引上げ）を図るため「資産の売買」の法形態をとるケース，資産拠出者が所得認識を繰り延べ，受取法人が移転資産の取得原価の引上げを行うために「割賦販売」（installment sale）の法形態をとるケースなど，IRC351を回避するスキームが流行した。このようなIRC351回避スキームの「資産の売買」取引を他の法形態の取引と認定する次のような措置がとられた。

（ⅰ）　個人とその個人が発行済株式の価値の50％超を直接・間接に所有する法人との間の売買によるすべての損失は否認される（IRC267）。

（ⅱ）　関連者間の減価償却資産で割賦販売については「割賦方法」（installment method）の適用を認めず，直ちに所得を計上しなければならない（IRC453(g)）買主は購入資産の取得原価を売主の所得計上まで引き上げることができない。

（ⅲ）　関連者間の資産売買について当該資産が減価償却資産である場合，売

買による所得をキャピタル・ゲインでなく通常の所得として扱う（IRC 1239）。

(6) 資本の拠出

資本拠出（capital contribution）については，法人の総所得に含まれない（IRC118, Reg.1.118-1）。株主が資本拠出をした場合，株式の取得原価が引き上げられる。株主が現金以外の資産を拠出した場合に株主の株式の取得原価の引上げ額が拠出された移転資産の取得原価であるかまたはその時価であるのかは明らかではない。

(7) 子会社の清算[138]

子会社が全部清算によりその資産を親会社に分配する場合，IRC332(b)の要件を満たすときは，親会社と子会社の両方とも損益を認識しない（IRC332, 337）。この非課税要件は，(ⅰ) 親会社が子会社の発行済株式の議決権の80％以上を所有しかつ子会社の株式（優先権のある無議決権株式を除く）の価値の80％以上を所有していること（IRC332(b)(1), IRC1504(a)(2)）および (ⅱ) 清算分配が1課税年度中または最初の分配が行われた課税年度の終了の日から3年以内に行われること（IRC332(b)）である。このルールを利用するため，80％未満の株式所有割合しか有しない親会社が子会社の直前に株式の追加取得または他の者の所有する株式の償還をさせる方法をとり，逆に子会社の株式の取得原価が子会社の資産の時価を上回るとき損失を計上するために子会社株式の一部を売却して株式所有割合を80％未満に下げる方法がとられる。IRC332(b)の要件が満たされる場合，親会社に分配された子会社の資産の親会社にとっての取得原価は，子会社の当該資産の取得原価に等しい。親会社は子会社の取得原価を引き継ぎ，親会社が分配された資産を処分したときに損益を認識する。子会社株式の親会社にとっての取得原価は考慮せず，親会社の所有する子会社株式の評

価損益が消滅する（IRC334(b)）。

　子会社は，80％以上の株式所有要件を満たす親会社に対する分配については損益を認識しない（IRC337(a)）。このルールは，親会社に分配された特定の資産についての子会社の損益のみに適用される。子会社は，親会社以外の株主に分配したビルト・イン・ゲインのある資産から生じた所得を計上しなければならない（IRC336）が，IRC332の清算分配による子会社の損失の計上はすべて否定される（IRC336(d)(3)）。これらは，清算する子会社は，所得を計上せずにビルト・イン・ゲインのある資産を株式所有割合よりも多く親会社に分配し，ビルト・イン・ロスのある資産を株式所有割合よりも多く親会社以外の株主に分配することにより損失を計上するスキームを防止する措置である。このため，子会社が少数株主に対する清算分配を利用して損失を計上することを禁止している。

(8) 株式配当[139]

　法人が株主に自己株式の分配を行う場合，「株式配当」といい，受領者の株主は原則として課税されない（IRC305(a)）。IRC305(b)の例外に該当する場合には，非清算分配（IRC301）の規定により株式配分は課税される。非課税の株式配当は，株主の既存投資がより多数の株式に再配分されること（投資総額は変わらず，1株の価値は発行済株式数の増加の結果として減少する）である。旧株式を有している株主が新株式の分配を受けるとき，株主の分配直前の旧株式の調整取得原価の総額が，旧株式と新株式の両方に配分される（IRC307(a)）。IRC305(a)の適用上，株式を取得する権利は株式として扱われ，株式取得権を有する者は株主として扱われる（IRC305(d)）。

(9) 優先株式による利益の抜取り[140]

　非課税株式配当により株主に優先株式を分配し株主がその優先株式を第三者に売却して通常所得より有利なキャピタル・ゲイン課税を受けるスキーム「優先株式による利益の抜取り」(preferred stock bailout) に対抗するため一定の非課税株式配当を「IRC306条株式」として定義し，その売却その他の処分による受取金額を通常所得として扱うことにした (IRC306)。306条株式は，IRC305(a)により一部または全部につき非課税で取得するすべての株式（普通株式に対する普通株式による株式配当を除く）を含む (IRC306(c)(1)(A))。非課税の組織再編成やIRC355の交換により取得した株式も306条株式に含まれる (IRC306(c)(1)(B))。分配の時点で分配を行う法人に未分配利益がない場合には非課税で受領する株式であっても306条株式とされない (IRC306(c)(2)，Reg.1.306－3(a))。1986年税制改革法によるキャピタル・ゲイン優遇制度の廃止によって通常所得のキャピタル・ゲインへの転換スキームは重要性を失ったが，株主が取得原価の一部を非課税で回収するスキームの防止策として，IRC306の意義が認められている。

　306条株式を非課税取引（例えば子女への贈与，IRC351取引）により移転した場合，この移転についてはIRC306(a)は適用されない (IRC306(b)(3))が，306条株式としての性質は，非課税取引で取得された株式に引き継がれる (IRC306(c)(1)(c))。例えば，株主が306条株式をIRC351の非課税取引によりその支配する法人に移転し，交換に当該法人の普通株式を取得した場合，当該普通株式が306条株式とされる。株主が法人に対する持分を消滅させる取引によりすべての普通株式および優先株式を処分する場合 (IRC306(b)(1)(A))や株主の306条株式が全部清算により償還される場合 (IRC306(b)(2))にはIRC306(a)は適用されない。

(10) 組織再編成[141]

　取引が組織再編成（reorganization）に該当する場合には，株主も法人も原則として損益を認識しない（IRC354, 356, 361）。組織再編成を非課税とする根拠は，投資家が株式所有の継続を維持していること（投資の継続性という）である。組織再編成は，（ⅰ）A組織再編成（州法上の合併），（ⅱ）B組織再編成（法人株式の取得），（ⅲ）C組織再編成（法人がその議決権株式と交換に他の法人の実質的にすべての資産の取得），（ⅳ）D組織再編成（法人がその資産の全部または一部をその支配する法人に移転し被支配法人がその株式その他の証券を非分割取引（IRC354）と分割取引（IRC355）により分配），（ⅴ）E組織再編成（出資構成の再編成），（ⅳ）F組織再編成（一法人の同一性，形態または所在地の変更）に分類され，非課税取引であるために，持分（proprietary interest），事業目的（business purpose）および事業内容（business enterprise）の継続性が必要とされる。組織再編成の当事者を（ⅰ）株主およびその他の証券の保有者，（ⅱ）譲渡法人，（ⅲ）譲受法人に大別して，組織再編成の取扱を要約すると，次のとおりである。組織再編成において法人の株式その他の証券が当該法人または他の法人の株式その他の証券と交換された場合には損益は認識されない（IRC354(a)(1)）。IRC354(a)(1)で非課税資産とされる対価は，株式その他の証券であり（Reg. 1.368－2(h)），「株式以外の証券」はその額面額が法人に移転した「株式以外の証券」の額面額を超えない限度とされ（IRC354(a)(2)），超過額は非適格資産として扱われる（IRC356(d)(2)(B)）。組織再編成により取得した資産の取得原価については，非適格資産の場合はその時価（IRC358(2)），非課税資産の場合は株主の返還した株式の取得原価から受領した現金その他の非適格資産の時価を控除し配当その他の所得を加算した額とされる（IRC358(a)(1)）。譲渡法人はその資産を他の法人の株式その他の証券と交換することにより損益を認識しない（IRC361(a)）。譲渡法人が株式その他の証券に加えて非適格資産を受け取る場合，当該非適格資産を分配するときは，損益を認識しない（IRC361(b)(1)(A)）。譲受法人が譲渡法人の債務の全部または一部を引き受けまたは債務付資産を取

得する場合，その免除益は譲渡法人が組織再編成により実現した額に含まれるが，原則としてIRC361の適用上非適格資産として扱われない（IRC357(b)）。ただし，その債務引受の目的が租税回避である場合または租税以外の事業目的がない場合には，債務免除益＝引き受けられた債務の全額は非適格資産とされ，譲渡法人はこれを所得に計上しなければならない（IRC357(b)）。譲渡法人は，組織再編成により株主に対し資産を分配することについて，損益の認識をしない（IRC361(c)(1)）。譲渡法人が譲受法人の株式その他の証券以外のビルト・イン・ゲインのある資産を分配する場合には当該資産を時価で売却したものとみなして所得を計上しなければならない（IRC361(c)(2)(A), 361(c)(2)(B)）。

譲受法人が支払う対価がその株式その他の証券のみである場合には譲受法人は損益を認識しない（IRC1032）が，非適格資産を支払う場合には当該非適格資産から実現した利得または損失につき損益を認識する（IRC1001）。譲受法人が組織再編成により取得した資産の取得原価は，当該資産の譲渡法人の取得原価に譲渡法人が交換により認識した所得を加算した額とされる（IRC362(b)）。

(11) 法人の分割[142]

1法人の事業を当該法人の株主が所有する2法人に非課税で分割することが「営業の継続と事業所有者による単なる事業形態の変更」を条件として認められる（IRC355）。IRC355の分割は，（ⅰ）分離（spin-off），（ⅱ）存続分割（split-off）および（ⅲ）消滅分割（split-up）に大別される。スピンオフは法人がその株主に子会社の株式を分配するもので，株主は分配された子会社株式に対して対価を支払わない。スプリットオフは，法人がその株主に子会社の株式を分配するもので，株主は子会社株式と交換に当該法人の株式の一部を返還するものである。

スプリットアップは，法人が全部清算を行い，その株主に子会社の株式を分配するものである。IRC355の非課税分割には，次の5要件がある。

（ⅰ）子会社の株式を分配する法人は，分配直前に一以上の法人を支配して

いること（IRC355(a)(1)(A)）
（ⅱ） 分配直後に分配法人と被支配法人が積極的事業活動を行っていること（IRC355(b)(1)）
（ⅲ） 分配前5年間において積極的事業活動要件が満たされていること（IRC355(b)(2)）
（ⅳ） 分配法人は被支配法人の株式その他の証券をすべて分配すること（IRC355(a)(1)(D)）
（ⅴ） 未分配利益の分配の手段として分配を利用できないこと（IRC355(a)(1)(B)）

IRC355の非課税分割は，組織再編成計画の一部であるとは限らない（IRC355(a)(2)(c)）。子会社株式の分配がIRC368(a)(1)(D)の分配要件を満たすためにIRC355要件を満たす必要があるので，分割的D組織再編成はIRC355要件を満たさなければならない。

IRC355の要件が満たされる場合，被支配法人の株式その他の証券の取得については，損益の認識はしない。それ以外の資産が分配される場合には「非適格資産」に関するIRC356が適用される。分配を受けた株主が取得した資産の取得原価については，IRC358により旧株式の取得原価を時価に応じて新株式と償還されなかった旧株式に配分し，非適格資産を取得する場合，非適格資産の時価であり，その他の非課税資産の取得原価は非適格資産の時価を控除し配当またはキャピタル・ゲインを加算した額とされる（IRC358(a)(1)）。分配を行う法人については，組織再編成計画によらないIRC355の分配にはIRC311(b)が適用され，ビルト・イン・ゲインのある資産について非清算分配として所得を認識しなければならない。

IRC311(b)は被支配法人の株式その他の証券の分配には適用されない。

⑿　法人の分割による利益の抜取り[143]

　法人の分割による利益の抜取りは，1935年の有名なグレゴリー事件がその典型例である。法人Aのすべての株式を所有している納税者は，Aが所有している巨額の含み益を有する法人Bの株式を処分したいが，法人Aの段階で課税されることを回避するため，Aにその子会社Cを設立させ，IRC351の非課税取引によってB株式をAからCに移転させ，スピンオフによってC株式を取得することにした。その直後にCを清算し，納税者にB株式を分配させた。この一連の取引は，法人A段階の課税を受けず，株主段階で有利なキャピタル・ゲイン課税のみであり，納税者のB株式の取得原価を時価とし，B株式を時価で売却しても所得を生じないというスキームであった。このようなスキームに対抗する法令上の租税回避防止規定のない段階で，最高裁はこの取引を組織再編成を装う「事業目的」のない「租税回避のための手段」であると認定する判決を下した。現在，このような利益抜取り防止措置がIRC355の中に定められている。その主要な措置は，（ⅰ）積極的事業要件，（ⅱ）未分配利益を分配するための手段要件，（ⅲ）事業目的要件，（ⅳ）持分継続要件，などである。IRS355要件を満たさなかった場合の取扱いは，スピンオフについてはIRC301の分配（未分配利益の限度で配当とし残りを取得原価の回収またはキャピタル・ゲインとする）として課税し，スプリットオフについてはIRC301の分配またはIRC302(a)の交換として課税し，スプリットアップについてはIRC301の分配またはIRC331の全部清算として課税するなど分割の種類に応じて異なる。

⒀　Ｓ　法　人[144]

　小規模事業法人（1種類の株式のみを発行する株主が75人以下の内国法人）は，Ｓ法人の選択をすることにより法人の損益を株主にパススルーさせ，法人段階の課税が行われなくし，通常のＣ法人の二段階所得課税を株主段階のみの一段階課税とすることができる（IRC1361(a)(1)，1362(b)(1)，1366(a)(1)）。事業主は，清算

や株式の売却における留保利益の分配が非課税とされる。Ｓ法人が留保未分配利益を有しない場合，現金の分配は株主の株式の取得原価を超えない限り株主にとって非課税とされ（IRC1368(b)(1)），取得原価を超える部分は資産の売却・交換による所得とされる（IRC1368(b)(2)）。また，Ｓ法人が一定の割賦債権を全部清算により分配したとき法人段階の課税を免れる（IRC453B(h)）。Ｓ法人がその選択終了の時点で未分配利益を有する場合，現金の分配についてＳ法人株主は非課税とされる（IRC1371(e)）。本書では，Ｓ法人タックス・シェルターの例として，Passthrough Entity Straddle を取り上げている。

(14) パートナーシップ

パートナーシップは，それ自体は課税されず，その損益はパートナーにパススルーされ，パートナーが直接課税されるエンティティである（IRC701）。パートナーシップへの資産の拠出[145]については，パートナーもパートナーシップも損益を認識しない（IRC721(a)）。パートナーシップ資産の分配（清算分配を含む）[146]については，パートナーもパートナーシップも損益を認識しない（IRC731(a), 731(b)）。

例外の一として，分配された現金が分配直前のパートナーのパートナーシップ持分の取得原価を超える範囲でパートナーは収益を認識しなければならない（IRC731(a)(1)）。例外の二として，パートナーがビルト・イン・ゲインまたはビルト・イン・ロスのある資産を拠出しこの資産が拠出後７年以内に他のパートナーに分配されるかまたは拠出したパートナーが拠出後７年以内に他の資産の分配を受け取る場合には，パートナーシップ資産の分配について損益を認識しなければならない（IRC704(c)(1)(B), 737）。これを「７年ルール」という。また，パートナーがパートナーシップへ現金その他の資産を移転し，これに関連してパートナーシップが当該パートナーに現金その他の資産を移転する場合，これらの移転を「パートナーシップを通じた資産の偽装売却」として課税される（IRC707(a)(2)(B)）。「偽装売却ルール」（disguised sale rules）[147]は，（ⅰ）２年

内に資産の拠出と分配が行われる場合には事実と状況が売却でないことを明瞭に示さない限り資産の移転は「売却」と推定され，(ⅱ) 2年超離れて資産の拠出と分配が行われる場合には事実と状況が資産の移転が売却であることを明瞭に示さない限り資産の移転は「売却でない」と推定されるという推定規定がある（Reg.1.707-3(d)）。これを「2年ルール」という。多くのタックス・シェルターが利用するベーシス・シフトを行うために，パートナーシップ・ストラクチャーは不可欠の制度であるが，資産のパートナーシップへの非課税譲渡やパートナーシップ資産の他の特別目的事業体（special purpose entity：SPE）への非課税移転のためにパートナーシップへの拠出や清算分配が利用される。パートナーシップ課税ルールを租税回避のために利用するスキームに対抗するため，1994年にパートナーシップ濫用防止規定を定めた（Reg.1.701-2(b)）。これは，パートナーシップがサブチャプターKの意図に合致しない方法でパートナーの税額の現在価値を著しく減少することを主目的とする取引に関して組成されまたは利用される場合にはIRSはサブチャプターKの意図に合致する税務上の結果に達するようにこの取引を適正に更正することができることを規定している。

　法人パートナーがパートナーシップに拠出した株式の売却による収益について，この収益の法人パートナーのシェアは課税されない。また，パートナーシップが法人パートナーに当該法人の株式またはその関連会社の株式を分配する場合，この分配はそのパートナーシップ持分から成る資産を有する法人パートナーの株式の償還として分類される。

　パートナーシップを利用するタックス・シェルターは非常に多い。本書で取り上げた著名なスキームとしては，Inflated Partnership Basis, Partnership Basis Shifting, Partnership Straddle, Installment Sales／Contingent Installment Note, エンロンのProject Condor, Project Tomas, Project Teresa, Project TammyⅠ, Project TammyⅡ, Project NOLy, Project Apache などがある。

7　課税繰延取引の利用

　租税回避行為の代名詞のようにいわれる「課税繰延」(deferral of tax)[149]は，「収益の繰延」(deferral of revenue, deferral of earning, or deferral of gain)のみならず，「費用の繰上」や「取得原価または帳簿価格の引継」「評価損益の計上時期の操作」を含む広範な概念である。さらに，課税繰延は，米国企業の外国源泉所得に対する米国の課税権を遮断し，受取配当を受け取るまで米国の課税を繰り延べるために外国支店を子会社化し，米国子会社の留保収益に対する留保収益税を回避するために外国子会社（特にタックス・ヘイブン子会社）を設立することや，外国企業の米国子会社が利益を本国に送金する場合に配当に対する税を源泉徴収できるが，米国支店が本店に利益送金する場合にはこれに対し米国で源泉徴収税を課されないという基本的な課税ルールを利用して米国で支店形態を選択することも含む。また，現金主義と発生主義という会計方法の差異，割賦方法，デリバティブ取引なども，国外への所得移転も課税繰延の手法として利用されている。

(1)　現金主義の利用[150]

　損益計上時期は，現金主義会計によって自由に操作できる。このため，（ⅰ）C法人，（ⅱ）C法人をパートナーとするパートナーシップ，（ⅲ）タックス・シェルターについては，課税所得の計算に当たって現金主義の利用を禁止している（IRC448(a)）。ただし，（ⅰ）農業事業，（ⅱ）適格人的役務法人，（ⅲ）総収入が5,000,000ドル以下のエンティティは，適用除外とされる（IRC448(b)）。

(2) 割賦方法の利用[151]

　割賦販売 (installment sale) からの所得は，割賦方法 (installment method) に基づいて計上される (IRC453(a)(1))。割賦販売とは，処分が行われる課税年度末後1回以上の支払を受け取ることとなる資産の処分をいい (IRC453(b))，割賦方法とは，ある処分から課税年度に認識される所得が当該課税年度に受け取る支払のうち支払が完了したときに実現しまたは実現したこととなる総利益が契約価格合計額に占める部分であるとする方法をいう (IRC453(c))。割賦方法を発生主義の納税者に許す場合には発生主義の納税者が一定の資産の販売からの所得を事実上現金主義を利用して認識することを許すのと同様の結果となるので，これでは当期の事業の経済業績を反映することができないと考え，発生主義の納税者による割賦方法の利用を禁止した (IRC453(a)(2))。

　非課税外国法人と割賦方法の ratable basis recovery rule を利用した課税排除スキームについては，Installment Sales／Contingent Installment Note がある。

(3) 不確定払販売[152]

　納税者が割賦販売を割賦方法で申告しないことを選択しない限り，不確定払販売 (contingent payment sale) は割賦方法で申告される。不確定払販売とは，販売その他の処分が行われた課税年度末までに販売価格合計額が決定できない資産の販売その他の処分をいう。納税者のベーシスを不確定払販売で受け取り，または受け取ることとなる支払に配分するときに適用すべきルールを，(ⅰ) 最高販売価格が決定できる不確定払販売，(ⅱ) 最高販売価格は決定できないが支払を受け取る期間を決定できる販売，(ⅲ) 最高販売価格も確定的な支払条件も決定できない販売を適切に区分するように，設計している (Reg.15A. 453−1(c)(1))。

(4) 買主の要求払債務証書または譲渡性のある債務証書[153]

　債権その他の要求払債務証書は，将来支払われるべき割賦債務ではなく，受領年度における支払として取り扱われる。債務証書が受領年度における支払として取り扱われる場合，この支払により実現した額は，納税者の会計方法に従って決定される。現金主義の納税者については，この支払につき実現した額は債務証書の時価である。発生主義の納税者については，要求払債務証書の受領につき実現した額は，債務証書の額面であり，利子クーポンの添付された債務証書または譲渡性のある債務証書の受領により実現した額は，満期の時の明示の償還価格から割引債の償還差益を差し引いた額であり，償還差益がない場合には，実現した額は満期のときにおける明示の償還価格である（Reg.15A.453-1(e)(2)）。

(5) 不動産の販売[154]

　不動産の販売について租税回避問題を生じるものとしては，延払いによる不動産の販売と割賦方法による不動産の販売がある。（ⅰ）延払いによる不動産の販売には，販売価格の全額または相当部分の支払後に「譲渡」が行われるとする売買契約と所有権は即時移転するが売主はモーゲージその他のリーエンにより保護される販売が含まれる。販売の課税年度中に現金または資産で受け取る支払が販売価格の30％を超える場合には不動産の延払とされる。これに対し，（ⅱ）割賦方法による不動産の販売は，販売の課税年度に支払がない不動産販売または販売の課税年度の支払が販売価格の30％以下である不動産販売とされる。

　割賦方法による場合，売主は当期に現実に受け取った割賦払いのうち支払時に実現しまたは実現することになる総利益が契約価格合計額に占める割合に相当する部分を当期の所得として申告することができる。延払販売による場合，売主が受け取る買主の債務証書は取引の損益計算ではその時価の範囲で実現し

た額とみなされ，時価がないとき債務証書の処分または履行のときに損益が実現するとされる（Reg.1.453-6）。非課税外国法人と割賦方法の ratable basis recovery rule を利用した課税排除スキームについては，8⑳（106ページ）を参照。

(6) 割賦債権の譲渡[155]

割賦債権の処分または履行から生じる損益は，その処分または履行の課税年度に認識され，納税者が割賦債権を受け取った資産の売却から生じたものとみなされる（Reg.1.453-9(a)）。子会社の全部清算に従って分配を受ける割賦債権について分配する法人は損益を認識しない（Reg.1.453-9(c)(1)）。

(7) 利子に関する会計方法[156]

タックス・シェルターの基本的手法である支払利子の計上時期または当期に発生した利子（割引債の償還差益，貸付金の利子または延払取引の利子を含む）を算定するルールを定め，発生利子は納税者が規則的に用いる会計方法に基づいて算定されるものとした（Reg.1.446-2(a)(2)）。次の利子については，特別なルールが定められている。

（ⅰ） 割引債に関する所得および所得控除（IRC1272(a)，1275，163(e)）

（ⅱ） 資産またはサービスの利用の対価（IRC467(a)(2)）

（ⅲ） 一定の短期債権の割引料（IRC1281―1283）

（ⅳ） マーケット・ディスカウント（IRC1276―1278）

（ⅴ） 一定の低利ローン（IRC7872(a)）

（ⅵ） 債務証書の利子を割引債の償還差益として扱う選択（Reg.1.1272-3）

適格明示利子（qualified stated interest）は，その帰属する発生期間にわたり明示利率で比例的に発生するものとされ（Reg.1.446-2(b)），それ以外の利子は割引債の償還差益の発生に関するルール（IRC1272，1275）類似のルールに

基づいて算定されるものとされる（Reg.1.446－2(c)）。

(8) 想定元本契約の会計方法[157]

　デリバティブ取引を利用する多様な租税回避スキーム（損益計上時期の操作，所得分類の変更，源泉地の変更など）が利用されているが，これに対抗するため，想定元本契約（notional principal contract：NPC）の経済実体（economic substance）を反映する会計方法を定め，所得および所得控除を明瞭に反映することを可能にすることを目的とするルールを定めた（Reg.1.446－3(b)）。「想定元本契約」とは，特定の間隔で一方の当事者が他方の当事者に想定元本の額に特定の指数を乗じて計算した金額を特定の対価または同額の支払の約束と交換に支払うことを定める金融商品である。想定元本契約には，金利スワップ，通貨スワップ，ベーシス・スワップ，金利キャップ，金利フロア，商品スワップ，エクイティ・スワップ，エクイティ・インデックス・スワップ，その他類似の取引が含まれる。マークド・トゥ・マーケット契約（IRC1256(b)），先物取引，先渡取引またはオプション取引，税法の一般原則により負債を構成する契約は，想定元本契約ではない（Reg.1.446－3(c)(1)）。想定元本契約において，支払レグについて定期的支払を行い，その支払時に支払額を損金に算入し，受取レグについて受取時期を将来に繰り延べて受取額の益金算入を繰り延べる課税繰延スキームに対抗するため，当期における想定元本契約からの純所得および純所得控除（当期の想定元本契約からの定期的支払として認識されるすべての額と非定期的支払として認識されるすべての額との合計額）は，当期の総所得に算入されまたは控除されるものとする（Reg.1.446－3(d)）。定期的支払とは，契約全体の期間中の1年以下の間隔で支払うべきであり，特定の指数と単一の想定元本の額または他方の当事者の支払を算定する想定元本の額と同じ割合で契約期間にわたり変動する想定元本の額のいずれかに基づいて授受される支払をいう（Reg.1.446－3(e)(1), (2)）。非定期的支払とは，想定元本契約について授受される支払で定期的支払および解約支払以外のものをいう（Reg.1.446－3(f)(1)）。

第5章　流行したタックス・シェルターの略歴　83

　この財務省規則（Reg.1.446-3）の適用を回避する取引については、偽装想定元本契約（disguised notional principal contracts）に対抗する権限を付与されたIRSは、その全部または一部の性質を再分類することができる（Reg.1.446-3(g)(1)）。また、納税者が「所得の重要な歪み」(a material distortion of income)を生じることを主目的とする想定元本契約について、この取引の損益計上の妥当な時期を反映するため、IRSは必要と認めるときは、財務省規則（Reg.1.446-3）によらない取扱を行うことができる（Reg.1.446-3(i)）。本書では、タックス・スキームとしてNotional Principal Contract, Debt Straddle、エンロンのストラクチャード・ファイナンスの例として前払商品取引、Project NOLy、などがある。

(9)　ヘッジ取引[158]

　「ヘッジ取引」(hedging transaction)について用いる会計方法は、明瞭に所得を反映するものでなければならず、ヘッジ取引の損益計上時期とヘッジされる項目の損益計上時期が合理的に一致するものでなければならない（Reg.1.446-4(e)(1)(i)）。ヘッジ取引の「明瞭な所得の反映」要件を満たす複数の会計方法が存在するので、納税者は特定の種類のヘッジ取引またはヘッジされる項目ごとの会計方法を選択することができる（Reg.1.446-4(c)）。「ヘッジ取引」とは、主として（i）納税者が保有しまたは保有することとなる通常の資産に係る価格変動または通貨変動のリスクを減らすこと、あるいは（ii）納税者が行いまたは行うこととなる借入または生じもしくは生じることとなる通常の債権に係る金利変動、価格変動または通貨変動のリスクを減らすことを目的として、納税者がその営業・事業の通常の過程で行う取引をいう。損益計上時期に関する他の規則がReg.1.446-4のルールと合致しない場合には、Reg.1.446-4が優先的に適用される。

(10) 長期契約[159]

　長期契約（long-term contract）を利用した契約価格または契約コストの過小見積計上または過大見積計上による所得の繰延または損金計上の加速を防止するため，長期契約の課税所得の計算は進行基準（percentage of completion method）を用いるべきことと定めた（IRC460）。

(11) 経済的パフォーマンス・ルール[160]

　基本的な租税回避防止規定として「経済的パフォーマンス」（economic performance）ルールを定めた（IRC461(h)）。これは，控除項目について経済的パフォーマンスが発生するまでは，損金算入を認めないという原則である。経済的パフォーマンスが発生するときは，次の原則に基づいて決定される（IRC 461(h)(1)）。

① 納税者に提供されるサービスおよび資産
  （ⅰ） 納税者の債務が他人のサービスの提供により生ずる場合，当該他人が当該サービスを提供したとき
  （ⅱ） 納税者の債務が他人の資産の提供により生ずる場合，当該他人が当該資産を提供したとき
  （ⅲ） 納税者の債務が納税者による資産の利用から生ずる場合，納税者が当該資産を利用したとき
② 納税者が提供するサービスおよび資産
　納税者の債務が納税者に資産またはサービスの提供を要求するものである場合，納税者が当該資産またはサービスを提供したとき
③ 納税者の労働報酬および不法行為債務
　納税者の債務が他人への支払を要求し，労働報酬または不法行為から生ずる場合，当該他人に支払をしたとき

(12) 債券ストラドル[161]

　異なる2つの金融資産の価値ある事象の発生により反対に変動することを利用して経済的には損益を生じない取引を，（ⅰ）損失を生じる取引と（ⅱ）利益を生じる取引に分解して異なる課税年度に損益の認識をすることによって当期に譲渡損を発生させ，譲渡益の計上を繰り延べるストラドル・スキームが流行した。これは，経済的にはストラドル取引から損益は生じないにもかかわらず，含み損のある資産の処分による譲渡損を損金算入できる（IRC165(a)）ことを利用する。

　金融資産として債券を用いる場合には「債券ストラドル」（debt straddle）というが，実際にはデリバテイブも用いられる。このようなスキームに対抗するため，ストラドル取引による損金計上を制限する（IRC1092）とともに，ある債券とそのヘッジ手段としての他の金融商品のキャシュ・フローとの組合せが通常の利付債券などの金融商品と認められる場合には，別個の金融商品を「統合債券」として単一の金融商品とし，一方の金融商品を満期前に処分すれば統合債権を処分したものとみなしてその評価益を認識すべきものとする（Reg.1.1275-6）。しかし，債券とヘッジ手段の満期，額面，想定元本契約などに差異を設けて「統合債券」ルールを回避するスキームが出現したので，これに対抗するため，債券の償還差益・発行差金の損金算入について，IRSは「債券の発行目的が経済的合理性を欠く租税回避である」と認める場合にはこれを否認することができることとした（Reg.1.1275-2(g)）。

(13) パススルー・エンティティ・ストラドル[162]

　納税者が他の者と法人を設立し，S法人の地位を選択し，少数株主としての持分を保有する場合，S法人が為替予約等のストラドルを有し，利益の生じているポジションを処分し，その利益を株主に配分し，各株主は分配利益を益金に算入し，分配の額だけ株式ベーシスを引き上げ，その後，納税者以外の株主

に対して株式償還をかけると，これらの株主は拠出額を受け取るが，株式ベーシスの引上げ部分だけの償還損を生じるので，結局所得はゼロになる。S法人は株式償還後損失を生じているポジションを処分し，その損失全部を唯一の株主である納税者に分配することにする。納税者は株式ベーシスからその損失を減額する。納税者は，この株式を処分した時に所得を認識するが，これらを組み合わせれば，所得はゼロになる。このように，パススルー・エンティティ・ストラドル（passthrough entity straddles）とは，S法人などのパススルー・エンティティの特性を利用して，当期にパススルー・エンティティにストラドルの損失を計上させて持分保有者がその損失を先取りし，その後S法人の清算分配を受けるまたは持分を処分するまで課税繰延を行うスキームである。

(14) パートナーシップ・ストラドル[163]

パートナーシップ・ストラドル（partnership straddle）は，二層制のパートナーシップを利用する。法人XがパートナーシップAを組成し，AがパートナーシップBを組成し，Bがストラドルのポジションをとり，その利益を生じるポジションを処分すると，Bの利益はパートナーAに分配され，AのBにおける持分のベーシスはその分配だけ引き上げられる。Xは他の法人YにAの持分を譲渡する場合，その分配利益と同額の譲渡損を認識する。その後，YはAの保有するBの持分を購入するとき，YはAの持分の50％超を有しているため，Aは譲渡損を認識しない（それは，パートナーシップの持分の50％超を所有するパートナーと当該パートナーシップとの間における資産の譲渡や同一の者が50％超の持分を所有するパートナーシップ間における資産の譲渡については譲渡損失が生じても損金計上は認められず，譲受人が第三者に当該資産を譲渡した時に損金計上されるというルールがあるからである）。その後，Bが損失を生じているポジションを処分するとき，損失はYに配分される。その後，YはBの持分を譲渡する場合，Bの持分のベーシスは分配された損失だけ引き下げられているので，譲渡益が生じる。この譲渡益は，Aの損失と相殺されるので，結果的にYは損失だけを認識する

ことになる。このように，パートナーシップ・ストラドル（partnership strad-dles）は，含み損のある資産を創造してその含み損をダブル・パートナーシップに保有させ，パートナーシップ段階で損失を認識させることにより，経済的に損失がないにもかかわらず，法人ＸもＹも損失を利用して課税繰延を図るようなスキームである。

(15) エンロンのプロジェクト・コンドル[164]

エンロンは，パートナーシップ・ストラドル・スキームを応用したプロジェクト・コンドル（Project Condor）において，経済的支出なしに所得控除を創造するため，パートナーシップへの拠出前の資産の含み益につき拠出後に実現する所得をパートナー間で修正配分する「パートナーシップの配分ルール」（IRC704(c)）およびパートナーシップの持分の償還のときにパートナーシップから取得する資産のベーシスの引継ルール（IRC732(b)）とIRC1032（法人がその株式と交換に現金その他の資産を受領する場合に当該法人の損益を認識しない規定）との相互適用関係を利用し，エンロンの株式からエンロンが100％所有するパートナーシップの減価償却資産にベーシスをシフトさせ，減価償却資産のベーシスの引上げによる減価償却費の増加を通じて所得控除を追加することを試みた。ベーシス・シフトは，次の法技術を用いて行われた。納税者の100％所有する第一パートナーシップは第二パートナーシップを組成して減価償却資産を拠出し，リミテッド・パートナー持分（99.89％）とゼネラル・パートナー持分（0.01％）を取得し，納税者は現金を拠出してリミテッド・パートナー持分（0.10％）を取得した。第一パートナーシップは，納税者と第三者が組成した第三パートナーシップが所有するLLCに対しそのLLC持分と交換にこの第二パートナーシップのゼネラル・パートナー持分を割り当て，その後，第三パートナーシップの優先パートナーシップ持分と交換にLLC持分と第二パートナーシップのリミテッド・パートナー持分を第三パートナーシップに割り当てた。これにより第三パートナーシップは，第二パートナーシップのリミテッ

ド・パートナー持分（99.89％）とゼネラル・パートナー持分（0.01％）を所有することになる。減価償却資産のベーシスは拠出時には時価に比して著しく低いため，第二パートナーシップはIRC704(c)に基づき修正配分法を選択し，第三パートナーシップの契約では減価償却費を納税者に減価償却資産に係る所得，収益，所得控除および損失を納税者と第一パートナーシップに配分する特別条項があった。IRC704(c)の配分ルールにより第三パートナーシップにおける納税者のベーシスを当該減価償却資産の拠出時の時価だけ減少し，その減価償却資産の回収期間にわたり第一パートナーシップのベーシスを同額だけ引き上げる。第一パートナーシップの持分の償還により減価償却資産を第一パートナーシップに戻す配分を行うと，パートナーシップ課税ルールにより第一パートナーシップはパートナーシップ配分を通じて引き上げられたパートナーシップのベーシスを分配された減価償却資産に配分する。その結果，減価償却資産のベーシスはステップアップされる。IRC754の選択により第三パートナーシップは残余財産（納税者株式のみ）のベーシスを相殺額だけ引き下げる必要があるが，納税者はIRC1032を通じ自社株式の収益の認識を回避することができる。しかし，ベーシスの引き下げられた自社株が残るため，課税繰延として分類される。

(16) COLI／TOLI[165)]

法人所有生命保険（company-owned life insurance：COLI）アレンジメントは，事業が現金価値を有する生命保険を購入し現金価値が十分にビルトアップした後でこの現金価値の一部を借り入れるが，この契約による借入金は被保険者が死亡するとき死亡保険金の減額によって返済される方法または事業がローン担保として生命保険契約を用いて第三者から借り入れる選択肢である。信託保有生命保険（trust-owned life insurance：TOLI）アレンジメントは，生命保険がこの事業に支配される信託によって保有される点を除きCOLIアレンジメントに類似している。この証券による収益や死亡保険金は財務会計上のベネ

第5章 流行したタックス・シェルターの略歴　89

フィットとなるが課税上所得とされず，生命保険契約による借入金は非課税所得を当期に利用することと支払利子の控除を可能にする。このため，歴史的にこの無制限タックス・シェルターといわれた生命保険契約ローンに数次の対抗措置が試みられてきた。1940年代の生命保険契約に係る借入金のタックス・アービトラージの制限，1986年，1996年および1997年の税制改正における生命保険契約に係る利子の控除の制限などが相次いで導入された。1986年改正では契約につき借入金のシーリングを5万ドルと設定し，1996年改正では納税者が所有する一以上の生命保険，保険年金または基金契約で，納税者の事業の役員もしくは従業員または持分所有者の生命保険契約に係る借入金の利子について控除を認めないこととし，1997年改正ではすべての個人の生命にかける生命保険，保険年金または基金契約に係る借入金の利子について控除を認めないこととした。

(17) フォーリン・ファクタリング

　フォーリン・ファクタリング（foreign factoring）スキームは，米国法人が自己の有する優良債権の割引譲渡により割引額の損金計上を行い，タックス・ヘイブン会社にCFCルールによる合算課税が行われないように一時的な所得移転を行い，ファクタリング会社株式の売却まで米国課税の繰延を図るものである。このスキームは，次のように要約される。
　米国法人は非関連外国法人とタックス・ヘイブンに売掛債権のファクタリング会社を設立し，米国法人はファクタリング会社の議決権なき普通株を取得し，外国法人は銀行からファクタリング会社の売掛債権を担保に借入を行い，その借入金と自己資金の合計額をファクタリング会社に拠出してその議決権のある優先株を取得する。米国法人はファクタリングの資金（米国法人の出資額と外国法人の出資額との合計額）を対価として5年間にわたり売掛債権を売却する。
　その際，米国法人はファクタリング会社に2％割引を供与する。ファクタリング会社は，債権回収を業とする米国子会社を設立し，債権回収業務を行わせ

る。

　外国法人は5年間にわたり米国法人の提供する2％割引を原資とする優先配当を受け取る。米国法人の売掛債権は経済的に回収リスクのない優良債権であるため、外国法人はリスクなしに非課税で優先配当を受け取り、米国法人はファクタリング会社に売却する売掛債権の割引額に相当する額を損金計上することができる。5年後にこのアレンジメントを解消した時点で、米国法人はファクタリング会社株式を売却することにより、その損金をある程度取り戻すことができる。

(18) リースイン・リースアウト

　リースイン・リースアウト（lease-in／lease-out：LILO）は、同一の当事者間で方向の異なる2つのリース（ヘッドリースとサブリース）契約を締結しそれぞれの条件の差異を用いてリース期間の早期にヘッドリース料として大きい損金計上を行い、その後サブリース料がヘッドリース料を上回る時点から所得を計上する方法で課税繰延を図るスキームである。米国法人は非課税外国法人が外国に所有する不動産につきリース契約（ヘッドリース）を締結し、これを当該外国法人にリースバックする契約（サブリース）を締結する。ヘッドリース期間はサブリース期間より長く定められ、米国法人は更新のオプションを有するものとされる。ヘッドリース料は開始時から一定期間高くその後は低く定められ、これを損金計上するが、サブリース料はきわめて少額と定められ、これを益金計上する。米国法人は、ヘッドリース料の資金を銀行から借り入れ、当該外国法人はヘッドリース料を受け取った時点で米国法人の借入金と同額を当該銀行の関連会社に預金し、サブリース料の支払に充当されることにする。サブリース料の支払が米国法人の借入金の返済資金となる。

⒆　ファースト・ペイ・ストック／ステップ・ダウン・プリファード

ファースト・ペイ・ストック／ステップ・ダウン・プリファード（fast-pay stock／step-down preferred）については，8⑷（93ページ）を参照。

⒇　エンロンのプロジェクト・アパッチ

エンロンのプロジェクト・アパッチ（Project Apache）については，8⑸（94ページ）を参照。

8　課税排除を目的とするスキームとこれに対する防止策

「課税排除」（exclusion of tax）の概念を，一課税管轄内での課税排除を意味するものと捉えるか，国内のみならず外国課税管轄の双方を含む全世界ベースの課税排除を意味するものと捉えるかによって，スキームの分類は異なる。全世界ベースの課税排除を完成するスキームは，次の3条件を満たすことが必要である。

① 所得の源泉地国で法人所得税を課されないこと
② 所得の移転に当たって源泉地国で源泉徴収税を課されないこと
③ 所得を受け取る居住地国で法人所得税を課されないこと

米国法人にとって一課税管轄における米国の課税排除の抜本的な方法は，居住地国の変更であり，次に米国の全世界所得課税のネットから外国源泉所得に対する課税を除外する方法は，当該外国源泉所得を生じる事業の外国子会社化である。

これらは，米国にとっては全部または一部の課税除外であるが，国際課税の観点からみれば，これらは必ずしも課税排除とならない。後者は，厳密にいえ

ば，配当されるまでの米国の課税繰延として分類されるべきであろう。

(1) バーミューダ保険会社スキーム[166]

　米国保険会社がバーミューダ保険会社となり米国保険会社がバーミューダ保険会社に再保険を付すことにより米国では再保険料は損金控除され，その支払について源泉徴収税を課されず，バーミューダでは受取再保険料は課税されない。

　これは，タックス・ヘイブン対策税制のもつ弱点（米国に親会社がある場合にはタックス・ヘイブン所在のCFC（被支配法人）の所得を合算課税できるがタックス・ヘイブンに親会社がある場合には適用できないこと）および再保険料の経費控除の寛容さを利用する米国およびバーミューダ双方の課税排除スキームである。再保険料に着眼してこのスキームを Reinsurance Arrangement という。

(2) グアム居住者信託スキーム[167]

　米国属領は独自の税法制定権を認められたが，急には独自の税体系を構築することはできないので，IRC935（グアム居住者は米国とグアムの双方で申告する必要がない）の規定を信託に適用し，一定条件の下で「居住者信託」に所得税還付を認めることになった。これにより米国とグアムの双方の課税排除が行われる。

(3) 清算REITスキーム[168]

　米国法人がREITを組成しこれに金融商品等の資産を非課税移転し，REITの所得を米国法人株主に清算分配する場合，80％以上の持分を所有する株主は所得を認識する必要がなく（IRC332），REITは支払配当を損金算入することができるので，REITの所得についてはREITも米国法人株主も課税されない。

これは，REITの支払配当損金算入制度とREITの残余財産分配の非課税制度を利用するスキームであり，不動産ローンを有する金融機関はREITにこの不動産ローンを拠出してREITの利益を清算分配として不動産ローンに係る所得に対する課税を恒久的に排除した。このスキームに対抗するため，1998年税制改正においてRICやREITについてはIRC332を適用しないことにした（IRC 332(c)）。

(4) ファースト・ペイ株式

REITなどの導管機能をもつエンティティの支払配当の損金算入制度と非課税法人の存在を利用して投資の元本とリターンを非課税で受け取るスキームが流行した。これは，ファースト・ペイ（fast-pay stock／step-down preferred）として知られるスキームであり，要約すると，課税法人と非課税法人がREITを組成し，REITは課税法人に普通株式を発行し，非課税法人に優先株式を発行し，その拠出された資金を金融商品に投資して得た利益全部を優先配当としてまず非課税法人に分配する（課税所得としての性格を有する利益を非課税法人に配分する）。REITはその支払配当を損金算入できるのでその利益について課税されない。非課税法人は，一定期間に有利な収益を受け取るが，その受取合計額が元本と市場レートによる収益との合計額に等しくなった時点で優先配当がステップ・ダウンし，ゼロまで減少するので，無償に近い額で優先株式を償還される。課税法人は100％株主になった時点でREITを清算し，残余財産の分配を非課税で受け取る。課税法人は当初拠出額と投資収益から成るREIT残余財産を非課税で受け取ることができる（元本償還としての性格を有する金額を課税法人に配分する）スキームである。REIT清算時に含み益がある資産を分配された場合，そのベーシスが引き継がれ，これを処分するまで課税が繰り延べられるので，このスキームは所得移転による「課税繰延」に分類されるが，この非課税法人が外国法人である場合には，このスキームは，配分される資産の操作により課税所得を非課税法人にすべて分配することにより国外へ

の所得移転となる。したがって，すべての資産を清算前に現金化し，その額が外国法人の有する株式のベーシスを超える場合には，その超過額には米国で課税されないため，「課税排除」スキームとなる。

(5) エンロンのプロジェクト・アパッチ

　エンロンは，プロジェクト・アパッチ（Project Apache）においてファースト・ペイ・ストック／ステップ・ダウン・プリファード（fast-pay stock／step-down preferred）スキームを応用し，第三者をチャンネルとしてCFCを通じる借入金と自己資金に対する支払利子をブレンドして第三者に対する支払利子のみならず，「自己金融」による自己に対する支払利子をCFCの受取利子の合算課税を受けずに所得控除することを意図した。米国法人と米国法人に資金を貸し付けるオランダ・エンティティを設立し，米国法人は現金を拠出してオランダ・エンティティの価値の60％を表すコモン・ユニットを取得し，外国法人は現金を拠出してオランダ・エンティティの価値の40％を表す優先ユニットを取得する。ユニットの条件として米国法人のコモン・ユニットには収益の配分を行わず，外国法人の優先ユニットは未払いのままとし，優先ユニットはオランダ・エンティティの選択で償還が可能であり，留保収益から累積優先分配を受け取ることができ，外国法人の当初投資に等しい優先清算分配を受けることができるものとする。オランダ・エンティティはその資金全部を間接的に米国法人に貸し付け，米国法人はこの借入につき支払利子全部を米国課税上控除する。しかし，その借入金の60％は米国法人がオランダ・エンティティに拠出した資金であり，実質的には自己資金であり，残りの40％が第三者からの借入金である。オランダ・エンティティは米国法人のCFCであり，米国法人から間接的に受け取る利子はサブパートＦ所得になるべきであるが，合算課税を回避するため所有ユニット条件およびオランダ・エンティティの収益が米国法人に分配されることが不可能というポジションをとる。外国法人の優先ユニットの償還はその証書条件によりオランダ・エンティティの残余未分配収益の分

配として取り扱われる。優先ユニットの除外により，オランダ・エンティティの収益・利潤全部を米国課税上除外し，所得認識をせずに，清算することができる。「自己金融」による債務の創出によって支払利子の控除により米国の課税所得をタックス・ヘイブン子会社に移転した点で合算課税まで課税を繰り延べるスキームとして分類できるが，合算課税の可能性を回避する結果となり，米国課税を排除するスキームとなっている。

(6) ベーシスの引上げ[169]

① IRC357(c)ベーシス・シフト（basis shift）・スキーム

IRC357は，現物出資に伴う債務引受に関する課税関係について規定している。現物出資について，譲受法人の株式と交換に資産を譲渡した法人は一定条件に基づき課税されないが，金銭その他の「非適格資産」（boot）を受け取る場合にはその金銭等の額を限度として譲渡益を認識しなければならない（IRC351，361）。この場合，債務引受は金銭等の非適格資産に該当しない（IRC357(a)）。

租税回避を目的とする債務引受については金銭等として取り扱い（IRC357(b)），債務引受があった場合，債務のベーシスが現物出資の資産のベーシスを上回るとき，譲渡法人はその超過額を譲渡益として認識し（IRC357(c)），譲受法人は現物出資の資産に譲渡益を加算した額を当該資産の受入価額としなければならない（IRC362(a)，(b)）。米国法人に外国法人または非課税法人が現物出資により資産を，債務引受により債務を移転する場合，米国法人はIRC357(c)により債務のベーシスが資産のベーシスを上回るとき，譲渡法人は債務のベーシスが資産のベーシスを超える額を譲渡益として認識し，譲受法人は資産のベーシスに当該譲渡益を加算した額を譲り受けた資産の受入価額とする。このスキームでは譲渡法人を外国法人または非課税法人とするため米国では譲渡益課税は生じないが，譲受法人の受入資産のベーシスのみが一方的に引き上げられるため，この資産の処分による譲渡益が圧縮されるこ

とになり，その圧縮額に対する米国課税が排除される。

② ベーシス・シフティング（basis shifting）・スキーム[170]

　IRC302(a)は，法人が発行する株式の償還または自己株式の取得をする場合で当該償還または取得がIRC302(b)の条件に該当するときは当該償還または取得に応じた株主は，当該株式の譲渡として取り扱うものとし，IRC302(a)の適用がない場合にはIRC301が適用され，株式償還代金は配当として取り扱われる（IRC302(d)）。また，償還または取得された株式のベーシスを同じグループに属する者に引き継がせるルールがある（Reg.1.302-2(c)）。ベーシス・シフテイング・スキームは，これらのルールを利用する。外国法人または非課税法人がその保有する株式を当該株式の発行法人に売却する場合（米国法人の株式の償還または自己株式の取得），その売却代金は譲渡収入でなく受取配当とみなされ，売却された株式のベーシスは，当該売却（償還または取得）時点で譲渡原価として損金算入されず，同じグループの別の納税者（米国法人）に引き継がれる。このような納税者（米国法人）は，別に保有していた同じ銘柄の株式を譲渡した時点で自己の保有していた株式のベーシスに「引き継いだベーシス」を加算した額を譲渡原価とすることができるので，「引き継いだベーシス」だけ米国課税を排除する効果を利用する。

③ インフレーテッド・ベーシス（inflated basis）・スキーム

　IRC1012は，債務引受の見返りに資産を取得する場合，当該資産のベーシスは取得者の債務引受により将来支払うべき金額である「債務証書の額面金額」と規定している。債務の経済的価値（時価）は，将来のキャッシュアウトフローの現在割引価値であるので，引受債務が長期債務である場合には債務証書の額面金額は債務の経済価値（時価）を著しく上回る。債務引受の見返りに取得した資産は，ビルト・イン・ロスのある資産である。インフレーテッド・ベーシス・スキームは，金融資産の譲渡者の債務を譲受人が引き受ける場合，債務証書の額面と時価との差額を利用して，取得する資産のベーシスを時価より高く引き上げ，その後この資産を譲渡するとき，そのビルト・イン・ロスの実現により譲渡損を認識するスキームである。

④ インフレーテッド・パートナーシップ・ベーシス（inflated partnership basis)・スキーム

　IRC752は，パートナーシップがそのパートナーから債務を引き受けた場合にはパートナーシップからそのパートナーに金銭の分配があったものとしてパートナーのパートナーシップ持分のベーシスが減額されると規定している。

　減額される額は債務の元本金額とされる。しかし，引受債務の経済的価値（時価）に比べ，パートナーシップ持分のベーシスの減額は小さい。債務引受によりパートナーシップ持分の経済的価値（時価）は，そのベーシスより小さくなる。その差額がパートナーシップ持分の創出されたベーシスであり，ビルト・イン・ロスである。パートナーがパートナーシップ持分を処分するとき，創出された譲渡損だけ課税排除がなされる。

(7) エンロンのプロジェクト・トーマス

　エンロンは，プロジェクト・トーマス（Project Tomas）において「恒久的収益繰延」（permanent tax saving）といわれるパートナーシップ・ベーシス・シフティング（partnership basis shifting）スキームを用い，課税が生じないようにバーンアウトした減価償却資産（ビルト・イン・ゲイン）を他の法人（プロモーター）に譲渡し，当該資産のベーシスを引き上げた後にプロモーターが取得した当該資産を処分するとき課税収益を生じないこととなる取引を行った。その手法を要約すると，ビルト・イン・ゲインのある資産を有する法人がプロモーターとパートナーシップを組成し，この資産とほとんど資産を有しない子会社の株式を拠出し，パートナーシップ持分95％（離脱権を含む）を取得し，これを自己の組成したLLCに移転し，その後LLCをパートナーシップから離脱させ，LLCのパートナーシップ持分を清算させ，パートナーシップに子会社株式をLLCに分配させる。ビルト・イン・ゲインのある減価償却資産のベーシスの引上げは，法人が負担する債務を利用して行われた。この債務は，

次の「循環金融」の手法により人為的に創出された。法人が非関連銀行からリコース・ベースで借り入れた資金を子会社に拠出し，子会社が法人の親会社に手形と交換に貸し付け，パートナーシップが法人から非関連銀行に負う法人の債務を引き受けた。親会社は子会社に振り出した手形の返済として現金を支払い，子会社はこの現金をプロモーターにリコール・ベースで貸し付けて見返りに手形を受け取り，プロモーターはこの現金をパートナーシップの手形と交換にパートナーシップにリコール・ベースで貸し付け，パートナーシップは非関連銀行に負う債務を返済した。この「循環金融」の結果，子会社はプロモーターの手形を有している。子会社株式のベーシスは法人が有していたパートナーシップ持分のベーシスから清算において引き受けた債務を減額した金額までLLC段階で引き下げられ，パートナーシップはIRC754調整を選択し，残余財産である減価償却資産のベーシスを子会社株式のベーシスの引下げと同額だけ引き上げる。パートナーシップは，LLCの離脱，持分の償還の結果として，残るパートナーであるプロモーターのみの所有するものとなり，ベーシスの引き上げられた減価償却資産は非課税で法人からプロモーターに移転したことになる。プロモーターはパートナーシップを通じてこの減価償却資産を売却したとき，譲渡益課税は生じない。

(8) ハイベーシス・ローバリュー

ハイベーシス・ローバリュー（high-basis low-value)・スキームは，現物出資における簿価引継ルールを利用してビルト・イン・ロスのある資産を当初簿価で非課税で譲り受け，その後これを処分したときに譲渡損を認識して他の課税所得を相殺し，課税排除を行うスキームである。IRC351は，資産の譲受法人の発行する株式その他の証券（適格資産）を対価として資産を譲渡した場合，譲渡法人が譲受法人を支配しているとき，譲渡損益は認識しないが，譲渡法人が適格資産のほかに金銭その他の「非適格資産」を受け取る場合には交付される金銭等と譲渡益のいずれか小さい金額を限度として譲渡益を認識するが

譲渡損は認識しないと規定している。譲受法人は，取得した金融資産の譲渡法人におけるベーシスを引き継ぎ，譲渡法人が譲渡益を認識した場合には譲渡益の額を取得した金融資産のベーシスに加算する（IRC362）。米国法人は外国法人の保有する含み損のある金融資産を現物出資として譲り受ける場合，外国法人が米国法人を支配しているとき，IRC351の非課税規定の適用を受ける。この場合，IRC362により，現物出資の簿価引継ルールを利用して，米国法人は経済的価値（時価）を超えるベーシスをもつ金融資産を取得したことになる。

(9) エンロンのプロジェクト・スティール

エンロンは，プロジェクト・スティール（Project Steele）においてハイベーシス・ローバリュー（high-basis low-value）・スキームを用い，REMIC残余持分（ビルト・イン・ロスのある資産）による損失の二重控除により，米国の課税排除を意図した。エンロンはリミテッド・パートナーシップを組成し，これが連邦課税上「法人」（a corporation）として取り扱われることを選択し，この法人に対しエンロンは現金とリース資産を，プロモーターは現金と「ベーシスが著しく時価を超える資産」（ビルト・イン・ロスのある資産）であるREMIC残余持分を拠出の形で非課税譲渡を行い，エンロンがこの法人の議決権および価値の80％超を取得してこの法人を連結納税グループに取り込み，プロモーターの拠出したREMIC残余持分のビルト・イン・ロスの実現損失によってエンロンの課税所得を相殺することとし，他方，プロモーターは法人に拠出した資産の見返りに取得した法人株式のベーシスは当該拠出した資産のベーシスを引き継ぐので，プロモーターの取得した法人株式のベーシスは「著しく時価を超えるベーシス」となり，これを処分するときの実現損失によってプロモーターの課税所得を相殺することとした。

(10) ファントム所得[171]

　ファントム所得（phantom income）スキームは，不動産モーゲージ投資導管（real estate mortgage investment conduit：REMIC）を利用する。REMICは，不動産ローンを保有し，これを担保としてペイスルー証券を発行するエンティティである。通常，REMICは，シニア債，劣後債，エクイティ証券等の証券を同時に発行し，当初はシニア債の低い金利のみを支払うのでREMICの損益計算において残余所得が生じ，エクイティ証券所有者の所得が発生するが，後に劣後債の高い金利を支払うので計算上の損失が発生する。このスキームは，REMICの持分証券に生じる受取利息と支払利息のタイミングのずれから投資の初期にエクイティ証券所有者に計算上生じる所得（ノンキャシュ・ファントム所得）やこれに係る租税債務を取引することにより税負担の軽減を図るスキームである。REMICの持分証券の購入者は，一時的に租税債務を負担することになるが，その購入者が非課税法人や赤字法人である場合には計算上のファントム所得が発生しても，現実に課税されることはないし，課税法人である場合には計算上のファントム損失（phantom loss）により課税所得を相殺することができる。

(11) エンロンのプロジェクト・コチーズ

　エンロンは，プロジェクト・コチーズ（Project Cochise）においてファントム所得（phantom income）スキームを用い，REMIC残余持分のビルト・イン・ロスについて自己とプロモーターとの損失の二重控除を図った。その点では，プロジェクト・スティールの変形である。エンロンはその100％子会社Hに着実な所得の流れをもつ資産（REMIC通常持分）を拠出し，プロモーターがビルト・イン・ロスのある資産（REMIC残余持分）を拠出してH普通株式を取得した後，エンロンはプロモーターにHの普通株式を譲渡する。Hがパススルー・エンティティの特性をもつ不動産投資信託（real estate investment trust：RE-

IT）として取り扱われることを選択することにより，Hはエンロンの連結納税グループを離脱する。プロモーターは，Hの普通株式に係る「コンセント配当を通じてREMIC残余持分のファントム所得全部の分配を受ける。その後，Hの資本再構成を行い，Hをエンロンの連結納税グループに再度当該加入させ，当該REMIC持分証券を持ち込み，当初のREMICのファントム所得のリバーサルの結果として対応して生じる計算上の損失（ファントム損失）を課税所得と相殺する。他方，プロモーターは，Hに拠出したビルト・イン・ロスのある資産（REMIC残余持分）の見返りに取得したH株式のベーシスが拠出した資産のベーシスを引き継ぎ，時価を著しく超えることとなるので，H株式の処分によって生じる損失によりその課税所得を相殺することができる。

(12) 不確定債務[172]

IRC351の現物出資において資産と負債の双方を移転した場合，譲渡法人はその負債の移転に租税回避の目的がないときは，原則として金銭等の非適格資産を取得したものとして扱われず，譲渡益を認識する必要がない（IRC357）。移転する負債のベーシスが譲渡する資産のベーシスより大きい場合には，その差額を譲渡益として認識する（IRC357(c)(1)）。譲渡法人が取得する譲受法人の株式のベーシスは，譲渡した資産のベーシスから引き受けられた負債の金額を控除した金額である（IRC358(d)）。資産と不確定債務（contingent liability）の双方を現物出資して譲受法人の株式を取得すると，その株式の時価は譲渡した資産から負債金額を控除した金額であるが，その株式のベーシスは当該資産のベーシスを引き継ぐが，負債は税務上認識されていないので負債金額を控除できない。不確定債務タックス・シェルターといわれるスキームにおいて，譲渡法人は，当該株式の処分により，ベーシスが高くなっている額を譲渡損としてその課税所得を相殺することができる一方で，譲受法人は，引き受けた負債につき，返済または履行の時点で損金を計上しその課税所得を相殺することができる。このように，資産とともに「税務上認識されていない不確定債務」を現

物出資することにより、「税務上の含み損のある資産」を創出し、この「含み損」を譲渡法人は見返りに取得した「株式の売却」により、譲受法人は「不確定債務の確定」により、それぞれ損失計上を行うため、このスキームは損失の二重控除を生じる。

(13) エンロンのプロジェクト・ターニャー

エンロンは、プロジェクト・ターニャー（Project Tanya）において不確定債務（contingent liability）スキームを用い、当期の経済的支出を伴わない長期約束手形と交換に不確定債務を引き受けさせた子会社の優先株式を取得し、これをベーシスから不確定債務の額を控除した額で売却したとき、キャピタル・ロスとして不確定債務に係る損失を控除し、子会社が引き受けた債務の支払のとき、第二の損失控除を行った。このスキームは、企業グループとして親会社と子会社の両方が同一の不確定債務について損失を二重控除するものであった。「不確定債務」としては、延払報酬債務や社員の退職後医療、生命保険、死亡給付などの債務が用いられた。

(14) エンロンのプロジェクト・バラ

エンロンは、プロジェクト・バラ（Project Valor）において不確定債務（contingent liability）スキームを用い、エンロンの子会社Bが子会社Cに約束手形を移転し、Bの不確定債務をCに引き受けさせ、Cの優先株式を取得させた上で、Bはこの優先株式の売却により、Cは引き受けた債務の支払により、それぞれ損金控除を行った。このスキームは、企業グループとして兄弟会社の両方が同一の不確定債務について損失を二重控除するものであった。「不確定債務」としては、Bのクレジット・リザーブ債務や固定価格リスク管理契約債務が用いられた。

⒂　リース・ストリップ

　リース・ストリップ（lease strips）・スキームは，動産を保有する非課税法人または赤字法人がこの動産に係るリース料について「将来に生じるリース料を受ける権利」を現在の時点で他の者に譲渡し，譲渡益を計上し（実際には非課税法人または赤字法人なるが故に課税は生じない），その後当該非課税法人または赤字法人が当該動産を米国法人にIRC351の現物出資という形で非課税譲渡を行って，経済的には将来の収入を分離されているため価値が低下しているにもかかわらず，米国法人は，譲渡法人のベーシスを引き継ぎ，これを基礎として減価償却費を計上することを意図するスキームである。この場合，譲渡法人が外国法人であるとき，譲渡益は外国で計上され非課税とされるが，米国法人は減価償却費を計上することとなり，米国課税が排除される。

　IRSは，このような取引については，IRC351の適用の可否，取引の目的についてのIRC269の適用，一連の取引の経済的合理性，IRC382の所有権移転後の含み損の損金計上の制限など様々な租税理論で対抗する。

⒃　エンロンのプロジェクト・テレサ

　エンロンは，プロジェクト・テレサ（Project Teresa）において「合成リース」（synthetic lease）および「ベーシス・シフト」スキームを用い，最小の経済的支出で減価償却資産のベーシスの引上げを行うリース・アレンジメントで，（ⅰ）多様なエンティティの組成とファイナンス，（ⅱ）償還取引（redemption transaction）のために用いる優先株式の発行，（ⅲ）優先株式を保有するパートナーシップの組成とファイナンス，（ⅳ）関連会社による株式の買入を通じた「みなし配当」の計上，（ⅴ）償還取引による「みなし配当」の計上，（ⅵ）最終段階という6ステップから構成される一連の取引を行った。これによって，エンロンが実質的に支配するパートナーシップを利用して非減価償却資産（優先株式）から減価償却資産（リース資産）にベーシス・シフトを行うが，

その手法として，税務上のベーシスが帳簿上のベーシスを超えるように，関連者償還ルールと受取配当控除を利用する。エンロンは「連結納税グループを離脱したエンティティ」を通じて関連会社の減価償却資産と優先株式をパートナーシップに拠出し，関連会社がこのパートナーシップから優先株式を定期的に取得する場合，この取得は課税配当とみなされ（IRC304），パートナーシップ持分のエンロンのベーシスは80％受取配当控除がある（702(a)(5)）にもかかわらず当該配当（益金不算入部分を含む）と同額だけ引き上げられる。パートナーシップは，エンロンがパートナーシップ持分の引き上げられたベーシスを引き継いだ減価償却資産を受け取る方法で清算され，エンロンは，減価償却資産につき受取配当相当額だけ引き上げられたベーシスに基づいて減価償却費を計上することができる。

(17) エンロンのタミーⅠおよびタミーⅡ

エンロンは，プロジェクト・タミーⅠおよびタミーⅡ（Project Tammy Ⅰ and Project Tammy Ⅱ）においてビルト・イン・ゲインのある資産を負債とともにパートナーシップに拠出しパートナーシップが当該資産を売却益を実現しパートナーシップ持分のベーシスを引き上げ，そのパートナーシップ持分を単一のパートナーに移転した後，パートナーシップは資産の売却によって得た資金を用いて経済的価値の低い減価償却資産やエンロン優先株式を購入し，この減価償却資産をパートナーシップ持分の償還を通じてその単一のパートナーに分配すると，パートナーシップ持分の高いベーシスが当該減価償却資産のベーシスとして引き継がれる（IRC732(b)）。これにより，エンロンは，グループとして減価償却費を増額することができる。その後，パートナーシップに残る唯一の残余財産はエンロン優先株式のみとなり，単一のパートナーはエンロン優先株式に係る収益の認識を回避する最終段階に入る。

⒅ ＢＯＳＳ

　BOSS（bond and sales strategy）は，米国法人が非課税法人または外国法人に現金を拠出し，例えば外国法人の株式を取得し，さらに外国法人は銀行から借入を行い，拠出額と同額の有価証券を購入してこれを当該借入の担保とし，担保された有価証券を米国法人に分配する。米国法人にとって分配された有価証券の受入価額は，銀行借入の担保とされているためゼロとされるが，米国法人が所有する外国法人の株式の簿価は当初と変わらない。米国法人がこの外国法人株式を処分する場合，当該株式純資産価値は経済的にはゼロであるが，税務上，拠出額を譲渡原価とするため，拠出額と同額の損金を計上することができる。法人による株主への資産の分配は利益積立金を原資として支払われ，利益積立金からの分配は配当として扱われる（IRC316）。利益積立金を超えて分配される金額は，投資の回収とされ，株主が受け取った資産に相当する金額だけ株式のベーシスが減額され，そのベーシスがゼロになった後に資産の分配がある場合にはベーシスを超える額が譲渡益とされる。資産の分配に伴い株主が負債を引き受ける場合や分配された資産が負債の担保になっている場合には分配された金額は分配された資産の価額から当該負債の金額を控除した金額である（IRC301(b)）ので，このスキームでは分配された金額はゼロであり，外国法人株式のベーシスは減額されない。このスキームは，子会社から負債の担保に供されている資産を分配される場合の評価ルール（IRC301(b)）を利用してハイベーシス・ローバリューの資産を創出する。

⒆ キラーＢ[173]

　キラーＢ（killer B）は，IRC951のサブパートＦ所得の合算課税を回避するためのスキームである。IRC956は，サブパートＦ所得のうち米国資産の取得のために使用されたものについて各四半期末の状況により合算課税の対象となる額を規定している。また，IRC368(a)(1)(B)は，Ｂ組織再編成（議決権株式との

株式交換）について組織再編後親会社が子会社を支配していることを非課税要件と定めている。米国法人Aが子会社B，外国法人Cを通じて外国プロジェクト会社Dの少数持分を有する場合，外国プロジェクト会社Dの利益積立金を利用して自己株式を購入するとき，CFCルールにより合算課税を回避するため，このスキームは，米国法人Aが外国に100％子会社Eを設立し，Eが銀行借入を行い，その借入金を原資として市場で親会社A株式を購入し，その後，EはCと「B組織再編成」を行い，まずBの保有するC株式とEの保有するA株式を交換し，Bは取得したA株式とAの保有するE株式を交換すると，Eが市場で購入したA株式はAに移転される。EはDの留保利益からの配当を銀行借入の返済に充てる。この一連の取引はIRC956の判定基準を回避するため各四半期内に終了する。

⑳ 割賦販売（installment sales）／**不確定割賦債券**（contingent installment note：CINs）

　IRC453では割賦販売は資産の処分で1回以上の支払が処分の行われた課税年度の翌年度以後に行われるものをいうが，一年度に計上すべき所得の割合は当該年度の受取金額が対価の受取金額の総額に占める割合である。対価の受取金額の総額が確定していない割賦販売については，対価を受け取る期間にわたり納税者の譲渡原価を均等に割り計上すべきである（ratable basis recovery rule）。米国法人は非課税外国法人とパートナーシップを組成し，外国法人は米国法人より大きい出資を行い，パートナーシップ持分の80％を取得する。パートナーシップは，割賦方法を適用される金融商品（価値100）を購入して，これを割賦販売に関するIRC453が適用される方法で他の者に譲渡する。その対価は80％，5年満期債券20％とする。延払基準により5年間均等額の譲渡原価を計上できる。パートナーシップは初年度に現金譲渡収入（80）に譲渡原価（20）を認められ，譲渡益（60）を計上し，その80％（48）を非課税外国法人に分配する。次に，米国法人はパートナーシップに追加投資を行い，パートナー

第5章 流行したタックス・シェルターの略歴   107

シップ持分を追加取得し，90％とする（パートナーシップ持分シフト）と，分配を受ける権利は外国法人から米国法人に移転し，その後パートナーシップがこの債券を処分し，処分価額から譲渡原価（80）を控除して譲渡損を計上する。米国法人はその譲渡損の90％を分配される。このスキームにより，譲渡収入の計上と譲渡原価の計上のタイミングのずれを生じ，課税所得を非課税法人に，損失を課税法人に分配して，米国課税を排除することを意図している。これに対抗するため，IRSは取引の目的が租税回避であるとしてIRC269の適用を主張するか，一連の取引の経済的合理性の有無を問題にする。

―――――――――――

〔注〕
106) 平野嘉秋「租税回避行為とその規制策に関する一考察－タックス・シェルターを素材としての日米比較」『税務大学校論叢』25号，1995，pp.147－174，安岡克美「租税回避行為の否認のあり方について―任意組合等を利用した租税回避スキームを中心として」『税務大学校論叢』39号，2002，pp.232－242
107) 本庄 資『アメリカン・タックス・シェルター 基礎研究』税務経理協会，2003，pp.243－244，270
108) 同，前掲書，pp.4，270
109) 同，前掲書，pp.249，272，水野忠恒『国際課税の制度と理論』有斐閣，2000，pp.98－101，村上真呂『対米投資の国際税務戦略』東洋経済新報社，1996，pp.38－44，International Fiscal Association, International Aspects of Thin Capitalization, in Cahier de droit international, Vol.131-b, 1996
110) 本庄 資，前掲書，pp.271－273
111) 同，前掲書，p.284
112) 同，前掲書，p.281
113) 同，前掲書，p.288，村上真呂，前掲書，pp.13－14，47－51
114) 本庄 資，前掲書，p.288
115) 同，前掲書，p.271
116) 同，前掲書，pp.7，244－245，274－276
117) 同，前掲書，p.284
118) 同，前掲書，pp.245－246，281－282，平野嘉秋「租税回避行為とその規制策に関する一考察－タックス・シェルターを素材としての日米比較」『税務大学校論叢』26号，1996，pp.164－179

119) 本庄　資，前掲書，pp.286－287
120) 同，前掲書，p.287
121) 同，前掲書，pp.289－291
122) 同，前掲書，pp.91－92
123) 同，前掲書，pp.92－93
124) 同，前掲書，p.93
125) 同，前掲書，p.94
126) 同，前掲書，p.96
127) 同，前掲書，p.97
128) 同，前掲書，pp.96－97
129) 同，前掲書，pp.97－98，250
130) 同，前掲書，pp.22，98，278－279，284
131) 同，前掲書，pp.99－100，247－249，村上真呂，前掲書，pp.130－136，143－175，増井良啓『結合企業課税の理論』東京大学出版会，2002，pp.161－192，309－314
132) 本庄　資，前掲書，pp.100，249－250，佐藤正勝「国際的租税回避行為等の類型および対応策—米国のタックス・ヘイブン税制との比較を中心として」『税務大学校論叢』22号，1992，pp.235－284
133) 同，前掲書，pp.74－75，282－284，同『国際的租税回避　基礎研究』税務経理協会，2002，pp.16－18，増井良啓，前掲書，pp.296－318，大河原健・須藤一郎『国際取引のグループ戦略』東洋経済新報社，1998，pp.128－132
134) 本庄　資『アメリカン・タックス・シェルター　基礎研究』税務経理協会，2003，pp.27－30，251
135) 同，前掲書，pp.28，277－278
136) 同，前掲書，pp.277－278
137) 同，前掲書，pp.27－28，60，67－69
138) 同，前掲書，pp.74，285－287
139) 同，前掲書，pp.272－273
140) 同，前掲書，pp.258－259，ピーター・P・ワイデンブルック＆カレン・C・バーク『アメリカ法人税法』木鐸社，1996，pp.156－158
141) ピーター・P・ワイデンブルック＆カレン・C・バーク，前掲書，pp.164－188，増井良啓，前掲書，pp.309－312
142) ピーター・P・ワイデンブルック＆カレン・C・バーク，前掲書，pp.189－203
143) 本庄　資，前掲書，pp.259－260，ピーター・P・ワイデンブルック＆カレン・C・バーク，前掲書，pp.191－192
144) 本庄　資，前掲書，pp.21，103－104，250－253，同『国際的租税回避　基礎研

第 5 章 流行したタックス・シェルターの略歴　*109*

究』税務経理協会, 2002, pp.79－82, ピーター・P・ワイデンブルック＆カレン・C・バーク, 前掲書, pp.217－239

145) 本庄　資『アメリカン・タックス・シェルター　基礎研究』税務経理協会, 2002, p.36
146) 同, 前掲書, pp.36－37
147) 同, 前掲書, pp.38－39
148) 同, 前掲書, pp.42－43
149) 中里　実『金融取引と課税』有斐閣, 1998, pp.15－33
150) 本庄　資, 前掲書, pp.194－197
151) 同, 前掲書, pp.197－213
152) 同, 前掲書, pp.200－205
153) 同, 前掲書, pp.206－207
154) 同, 前掲書, pp.207－209
155) 同, 前掲書, pp.209－210
156) 同, 前掲書, pp.183－184
157) 同, 前掲書, pp.184－189
158) 同, 前掲書, pp.189－194
159) 同, 前掲書, pp.213－215
160) 同, 前掲書, pp.215－219
161) 同, 前掲書, p.103
162) 同, 前掲書, pp.103－104
163) 同, 前掲書, pp.104－105
164) 同, 前掲書, pp.83－89, 329－330
165) 同, 前掲書, pp.106－114, 337
166) 同, 前掲書, p.73
167) 同, 前掲書, p.73
168) 同, 前掲書, p.74
169) 同, 前掲書, p.106
170) 同, 前掲書, pp.116－129
171) 同, 前掲書, pp.34, 63－66, 69－70, Lee A.Sheppard, The Phantom Income Tax Shelter, Tax Notes Int'l Oct.30, 2000, pp.1977－1983
172) 同, 前掲書, pp.28－29, 57－61
173) Lee A.Sheppard, Corporate Tax Shelters : The Killer B, Tax Notes Int'l May 22, 2000, pp.2276－2322

第2編
タックス・シェルターの原理的手法別類型

序
第1章　類型論(その1)－タックス・シェルターを成立させる要素に着目して
第2章　類型論(その2)

序

　タックス・シェルターが「当期の税負担を減少させる」というその目的のためにどのような原理的手法を使うのかという観点から，米国で実際に組成されたタックス・シェルターの事例を以下のように類型化する。

I　類　型　論（その1）
　　－タックス・シェルターを成立させる要素に着目して
1　課税標準の引下げについて
　(1)　IRC351を利用するもの
　　　Section 357(c) Basis Shift[1]
　　　Contingent Liability[2]
　　　Enron－Project Tanya／Project Valor[3]
　　　High-basis Low-value[4]
　　　Enron－Project Steele[5]
　　　Lease Strips[6]
　　　Enron－Project Cochise[7]
　(2)　パートナーシップ等を利用するもの
　　　Inflated Partnership Basis[8]
　　　Passthrough Entity Straddle[9]
　　　Partnership Straddle[10]
　　　Enron－Project Condor[11]
　　　Partnership Basis Shifting／Project Tomas[12]
　　　Enron－Project Tammy I and Tammy II [13]
　　　Enron－Project Teresa Synthetic Lease[14]

(3) 子会社からの資産の分配に関する諸規定を利用するもの
Bond and Option Sales Strategy（BOSS）[15]
Basis Shifting[16]
Fast-pay stock／step-down preferred[17]
Stock Compensation[18]
Liquidating REIT[19]

(4) 負債の引受の対価として取得する資産に係る規定を利用するもの
Inflated Basis[20]

(5) デリバティブ取引に係る規定を利用するもの
Notional Principal Contract[21]
Debt Straddle[22]
Enron－Project NOLy[23]

(6) 取引の仕組みによるもの
Enron－Project Apache[24]
Foreign Factoring[25]
Lease-in／Lease-out（LILO）[26]
Phantom Income[27]
Enron－Project Cochise[28]

(7) その他の規定の利用によるもの
Installment Sales／Contingent Installment Note[29]
Killer B[30]
Corporate Owned Life Insurance（COLI）[31]
Reinsurance Arrangement[32]
Charitable Remainder Trust[33]

2 税率の引下げについて
3 税額控除の増額について
Foreign Tax Credit
前払商品取引

II 類 型 論（その２）
1 所得移転型
(1) 移転価格利用型

 Enron－Project Apache

 Installment Sales／Contingent Installment Note

 Foreign Factoring

 Reinsurance Arrangement

(2) 移転価格利用型以外の事例

 Section 357(c) Basis Shift

 Basis Shifting

 Fast-pay stock／step-down preferred

 Intermediary Transaction[34]

 Enron－Project Condor

 High-basis Low-value

2 所得繰延型

 Enron－Project Apache

 Passthrough Entity Straddle

 Partnership Straddle

 Enron－Project Condor

 Corporate Owned Life Insurance (COLI)

 Foreign Factoring

 Lease-in／Lease-out (LILO)

 Notional Principal Contract

 Debt Straddle

 Enron－Project NOLy

3 課税排除型

 Bond and Option Sales Strategy (BOSS)

 Section 357(c) Basis Shift

Basis Shifting

Fast-pay stock／step-down preferred

Liquidating REIT

Inflated Partnership Basis

Passthrough Entity Straddle

Installment Sales／Contingent Installment Note

Partnership Basis Shifting／Project Tomas

Enron－Project Tammy I and TammyⅡ

Contingent Liability

Enron－Project Tanya／Project Valor

High-basis Low-value

Enron－Project Steele

Killer B

Reinsurance Arrangement

Inflated Basis

Lease Strips

Enron－Project Teresa Synthetic Lease

Phantom Income

Enron－Project Cochise

Charitable Remainder Trust

前払商品取引

4 所得分類変更型

Fast-pay stock／step-down preferred

Stock Compensation

〔注〕
1) The Problem of Corporate Tax Shelters, Department of the Treasury (July 1999), p.138
2) IRS Notice 2001−17
3) Report of Investigation of ENRON Corporation and Related Entities regarding Federal Tax and Compensation Issues, and Policy Recommendation, p.118
4) The New Market in Corporate Tax Shelters, Dr.Joseph Bankman, Tax Notes, June 21, 1999, p.1775
5) Report of Investigation of ENRON Corporation and Related Entities regarding Federal Tax and Compensation Issues, and Policy Recommendation, p.135
6) Notice 95−53 Accounting for lease strips and other stripping transaction
7) Report of Investigation of ENRON Corporation and Related Entities regarding Federal Tax and Compensation Issues, and Policy Recommendation, p.1147
8) IRS Notice 2000−44
9) IRS Notice 2002−65
10) IRS Notice 2002−50
11) Report of Investigation of ENRON Corporation and Related Entities regarding Federal Tax and Compensation Issues, and Policy Recommendation, p.208
12) ibid., p.189
13) ibid., p.221
14) Report of Investigation of ENRON Corporation and Related Entities regarding Federal Tax and Compensation Issues, and Policy Recommendation, p.165
15) IRS Notice 99−59, IRS Notice 2000−44
16) IRS Notice 2001−45
17) Treasury Regulations § 1.7701(I)−3
18) IRS Notice 2000−60
19) The Problem of Corporate Tax Shelters, Department of the Treasury (July 1999), p.135
20) IRS Notice 2002−21

21) Federal Register Vol.64, No.203 Prevention of Abuse of Charitable Remainder Trust
22) IRS Revenue Ruling 2000−12
23) Report of Investigation of ENRON Corporation and Related Entities regarding Federal Tax and Compensation Issues, and Policy Recommendation, p.260
24) ibid., p.242
25) Tax Notes, June 5, 2000, p.1315
26) Internal Revenue bulletin No.1999−13, March 29, 1999
27) Tax Notes, October 23, 2000, p.440
28) Report of Investigation of ENRON Corporation and Related Entities regarding Federal Tax and Compensation Issues, and Policy Recommendation, p.147
29) ASA investerings partnership v.Commissioner
30) Tax Notes Today, May 15, 2000
31) 2002 Tax Notes Today 161−10 re IRS v.CM Holdings
32) IRS Notice 2002−70
33) Federal Register Vol.64, No.203 Prevention of Abuse of Charitable Remainder Trust
34) IRS Notice 2001−16

第 1 章

類　型　論（その１）
――タックス・シェルターを
成立させる要素に着目して

一般的に法人所得について課税する国においては，法人所得税額は次のような要素に基づいて算定される。

> （法人所得税額）＝（①課税標準）×（②税率）－（③税額控除）

本章では，法人所得税額が減るということはどのようなメカニズムによるのかを検討するにあたって，上の式の各要素に従って検討することとする。

1　課税標準の引下げについて

本章での検討の枠組み，すなわち課税標準，税率，税額控除のうち，タックス・シェルターの仕組みの中で最も事例が多いものが，課税標準の引下げによるものである。一言で課税標準の引下げといっても，タックス・シェルター等の租税動機取引の設計はその主体である納税者法人のタックスポジションに依拠しており，そのために多様な形態がある。以下では，課税標準の引下げを達成するために実際のタックス・シェルターの組成において用いられている様々な要素に注目してこれを整理し概観することとする。

まず，基本的な考え方として，**経済的な価値の伴わない税務上の帳簿価額を創造して，これを譲渡原価や減価償却費として所得から控除することにより税額を減少させる**というものがある。

このパターンの仕組みは米国において頻繁に用いられている。これは米国税務上非課税の組織再編に関するルール，パートナーシップへの拠出と清算に関するルール等，資産の移転に伴う帳簿価額の引継ぎのルールが特に詳細に規定されており，そのことが逆にこれらのルールを利用して税務上の帳簿価額を創造する余地を生じさせているからであると考えられる。

以下に示す類型のうち，(1)から(4)の事例はいずれも資産の取得価額に関する規定を利用して経済的な価値のない税務上の帳簿価額を創造することにより課税所得を減少させるというパターンのものである。

なお，本章および次章においては，「帳簿価額」は原則として税務上の帳簿価額を意味するものとする。

(1) IRC351の非課税の現物出資を利用するもの

最初の類型は，IRC351の非課税の現物出資の規定を利用するものである。

IRC351は，法人が資産の譲受法人の発行する株式を対価として資産を譲渡した場合で，その譲渡法人が譲受法人を支配している場合（80％以上の持分を取得）には，その資産の譲渡に係る譲渡損益は税務上認識しない旨の規定を定めている。条文規定上，複数の譲渡法人が一の譲受法人に資産等を現物出資し，その直後においてそれらの複数の譲渡法人が合計して一の譲受法人の出資持分の80％以上を保有していれば非課税取扱いの要件を満たすことになる。ただし，IRC361(b)は，株式の他に金銭等が交付される場合には，当該交付される金銭と資産の時価をベースに算定した譲渡益のどちらか小さい金額を限度として譲渡益を認識することとしている。譲渡損は認識しない。

IRC358は，このようなIRC351の取引に関連して譲渡法人が取得する譲受法人の株式の税務上の帳簿価額について規定している。すなわち，譲渡法人は，対価として取得した譲受法人の株式の帳簿価額として，その譲渡資産についていた帳簿価額を引き継ぐこととし，譲渡法人側で譲渡益を認識した場合にはその譲渡益の金額を当該受入帳簿価額に加算するものとしている。

また，このような資産の現物出資に伴って譲受法人により譲渡法人の有する負債の引受が行われる場合の取扱いがIRC357に規定されている。これによれば，負債の引受自体は金銭等の支払として取り扱わないが，引き受けた負債の帳簿価額が出資を受けた資産の帳簿価額を上回る場合には，譲渡法人側で譲渡益を計上するとともに譲受法人側で同額だけ資産の受入帳簿価額に加算することになっている。さらに負債の引受に租税回避の意図があるとされる場合には，引き受けた負債の金額相当額の譲渡益が資産の時価を上限として加算されることになっている。

　これらの規定を適用することにより出資者が有していた出資対象資産に係る税務上の帳簿価額を，対価として取得した譲受法人の発行する株式の帳簿価額として引き継ぐことにより，経済的価値のない帳簿価額を創造し，これを所得控除に利用するものである。

　このような非課税の現物出資を日本の税法の枠組みで考えると，わが国の法人税法においても現物出資の際に含み損を生じている資産の税務上の帳簿価額を引き継ぐことができる場合がある（法人税法第2条第12の14号適格現物出資）。諸要件を満たすことにより適格現物出資として取り扱える場合には，被現物出資法人が保有することになる資産の帳簿価額および現物出資を行う法人が取得する被現物出資法人の株式の帳簿価額のそれぞれについて，出資直前の帳簿価額を引き継ぐことにより爾後に含み損を実現して損失をつくり出すことができる。

　現在の日本の組織再編税制においては，法人がすべての発行済み株式を保有している子会社（完全子会社）に対する現物出資については個別資産の出資および事業単位での出資のそれぞれが適格現物出資の対象として想定されているが，完全子会社以外の子会社に対する現物出資については，これを会社分割と同列に位置付け，事業単位で出資するものを事業継続することとし，さらに株式保有割合が50％未満となる現物出資についてはこれらの要件に加えて他の者との共同事業であることを示す一定の要件を満たすとともに現物出資により取得する株式の継続保有を要件としている。この非課税取扱いの要件を米国税法

上の要件と比較すると完全子会社に対する出資の場合を除いて日本の税法上の要件の方が厳重である。このため，第三者であるプロモーターが納税者に対して含み損を生じている資産を現物出資してタックスメリットを取らせるパターンのタックス・シェルターは組成するのが難しいと考えられる。

また資産の現物出資とともに負債が移転することも想定されており，負債が事業の一部を構成している限りにおいては，当該負債の移転をもって金銭等の交付があったものとはみなされない。ただし，例えば，移転する事業とは関連性を有しない負債の移転が金銭等の交付とみなされるとすれば，当該現物出資や会社分割は税制非適格となり，時価による資産・負債の譲渡として取り扱われることになる。

以下IRC351およびその関連条文の規定を利用する具体的な事例を紹介する。

事例1 − Section 357(c) Basis Shift

この事例は現物出資に伴う負債の引受に係る米国税務上の取扱いを利用して課税標準を米国から国外に移転するものである。

納税者である米国法人に米国における納税義務者でない外国法人または非課税法人が資産を現物出資すると同時に米国法人は当該外国法人が有する負債を引き受ける。この場合，現物出資はIRC351の規定の適用を受けるので，資産と交換に取得した株式の外国法人における帳簿価額としては原則として外国法人が出資した資産の帳簿価額を引き継ぐことになる。ただし，同時に行われる負債の引受に関して外国法人の引き継ぐ帳簿価額に一定の調整が求められる場合がある。

すなわち，米国税法はこのような負債の引受がある場合にも原則として（株式の交付に加えて）金銭等の交付があったものとしては取り扱わない（IRC357(a)）ので引受自体が即譲渡益の計上を要することにはならないと規定した上で，そのような引受が租税回避の意図のもとに行われる場合には，非課税現物出資の規定上これを金銭等の交付と扱うこととしている（IRC357(b)）。金銭等の交

付と扱われる場合には，外国法人が出資する資産の譲渡直前の帳簿価額と同資産の時価をもとに算定される譲渡益金額を上限として「金銭等」の金額相当の譲渡益を外国法人は計上することになる。すなわち，租税回避の意図ありと認定される場合には，米国法人が引き受けた負債の金額そのものが外国法人において譲渡益として加算されることになるとともに，当該譲渡益同額が現物出資を受ける側の米国法人の出資を受けた資産の受入帳簿価額に加算されることになっている。

さらに，負債の引受に租税回避の意図がない場合であっても米国法人の引き受けた負債の帳簿価額が出資を受けた資産の帳簿価額を上回る場合には，当該超過額が出資を行う外国法人側で譲渡益として計上される（IRC357(c)）とともに，当該譲渡益同額が現物出資を受ける側の法人の出資を受けた資産の受入帳簿価額に加算されることになっている（IRC362）。なお，IRC362(b)はそのような加算額は移転した資産の時価を上限とする旨の規定を置いており，また，引受の対象となる負債には，担保権設定の対象となっている資産を移転した場合の当該負債も引き受けられた負債とされる。

このようにして，現物出資により米国法人が取得する資産の税務上の帳簿価額は，外国法人が計上する譲渡益の金額だけかさ上げされることになる。外国法人側では当該譲渡益は非課税になっている。これにより実質的に外国法人の計上する譲渡益相当額の所得が米国から国外に流出することになる。

日本の税法の枠組みで考えた場合，負債の引受を金銭の交付とする場合にはそもそも適格現物出資に該当しなくなるので，出資される資産および負債がすべて時価で譲渡されることになり，本事例のように一定の資産をその時価を上回る帳簿価額のまま被現物出資法人に移転することは不可能である。

事例2 −Contingent Liability

この事例では税務上未だ認識されていない不確定債務と資産とをセットで現物出資することにより，経済的な価値のない資産の帳簿価額をつくり出してい

る。まず，これに関連する税法規定の概要を再度説明する。

　IRC351は，一定の現物出資において資産が譲渡法人が支配する法人に移転する場合の譲渡益を税務上認識しない旨を定めている。また，IRC358は，現物出資において資産を譲渡する法人が取得することになる譲受法人の発行する株式の帳簿価額についての規定を設けている。原則として譲渡法人における譲渡資産の帳簿価額を取得した譲受法人の株式の帳簿価額として引き継ぐこととし，譲渡法人側で譲渡益を認識した場合にはその譲渡益の金額を当該受入帳簿価額に加算することとしている。

　次にIRC357は，IRC351の現物出資において資産とともに負債が移転した場合の，譲渡法人に係る課税関係について規定している。負債の移転は，租税回避の意図がない場合には，原則として金銭等の交付として取り扱われず，したがって，譲渡益を認識する必要はない。ただし，この場合でも移転する負債の帳簿価額が譲渡する資産の帳簿価額よりも大きい場合には，その超過額について譲渡法人で譲渡益を認識する（同条(c)(1)）。ただし，引き受けられた負債の支払が譲受法人において損金算入される場合（例えば不確定債務が債務引受後に確定する場合等）には，当該負債の帳簿価額はなかったものとして同条(c)(1)を適用する（同条(c)(3)）。

　さらにIRC358(d)は，譲受法人が負債を引き受けた場合の譲渡法人が取得する株式の帳簿価額に係る規定を設けている。原則として，引き受けた負債の金額を譲渡した資産の帳簿価額から控除した金額を取得した株式の帳簿価額とする旨定めている。ただし，譲受法人において損金に算入される類の負債（IRC357(c)(3)）については，資産の帳簿価額から控除しない。

　以上の規定を利用して，まずこの事例では税務上未だ認識されていない不確定債務と資産とをセットで現物出資する。出資の時点で資産には含み損益は生じていないものとする。これにより，譲渡法人において未だ生じていない負債相当額を控除することなしに拠出される資産の帳簿価額そのものを，現物出資を通じて株式の税務上の帳簿価額に引き継ぐことができる。すなわち，経済的には資産と不確定債務のセットの時価は不確定債務の時価相当だけ資産単体の

時価よりも低くなっているにもかかわらず，税務上はこれを未実現の負債としていわば無視して資産そのものの帳簿価額を税務上の帳簿価額とすることとし，不確定債務の時価相当額を控除することを求めていない。その後に現物出資により取得した当該株式を不確定債務とともに時価譲渡することにより，譲渡損をつくり出すものである。言い換えれば，税務上認識されていない負債を資産に付随させて現物出資することにより，税務上含み損のある資産をつくり出し（経済的価値を反映しないかさ上げされた税務上の帳簿価額をつくり出し），含み損を譲渡法人（株式の売却により）と譲受法人（不確定債務の確定により）の両方で二重に損金算入するものである。

日本の税法の枠組みで考えた場合，このような税務上の帳簿価額がない不確定債務が現物出資の対象に含まれる場合，当該不確定債務の引受が金銭の交付として取り扱われなければ，その現物出資が適格現物出資に該当する可能性がある。その場合には上記と同様の効果が生じることになる。ただし，完全子会社を利用したグループ内再編の場合以外では，適格現物出資とするための諸要件を満たすことは一般的にいってかなり困難が伴うと考えられる。

事例 3 － Enron － Project Tanya／Project Valor

この事例は Contingent Liability の事例と同様に資産の現物出資に伴う不確定債務の引受を利用して経済的価値の伴わない税務上の帳簿価額を有する株式を受け取り，当該不確定債務について実質的に二重に損金を計上するスキームである。

エンロンはその子会社の株式と引き換えに資産および当該資産とは関係のない不確定債務の移転をセットで行う。この際の資産の価値から不確定債務の予想確定額を控除したネットの経済的価値はわずかにプラスというものである。IRC351の現物出資により取得する株式の帳簿価額に関するIRC358(d)の定めるところにより，これが確定債務の引受であれば，当該負債の金額相当の金銭等が子会社からエンロンに支払われたものとして，交換取得した株式の帳簿価額

の算定上，移転した資産の帳簿価額から当該金銭等の金額が控除されるのであるが，不確定債務の引受の場合にはそもそも税務上は負債が存在しないので，移転された資産単体の税務上の帳簿価額が交換取得した株式の税務上の帳簿価額として引き継がれることになる。このために，当該株式の税務上の帳簿価額は，不確定債務評価額を控除した後の子会社の経済的価値とは乖離していた。この状況で，エンロンは当該株式を時価で売却し債務確定前に譲渡損を計上する（将来債務確定時に計上される損失相当の先取り）。その後不確定債務が確定した段階で子会社のレベルでも損金が計上される。すなわち一の不確定債務について損金が二重に控除されることになる。

　日本の税法の枠組みで考えた場合，前出の Contingent Liability の事例と同様に，このような効果のある取引をつくり出すことが可能な場合があると考えられる。

事例4 – High-basis Low-value

　この事例は資産の現物出資の際の税務上の帳簿価額の引継ルールを利用して，含み損のある資産（すなわち経済的価値の裏づけのない税務上の帳簿価額を有する資産）を，その経済的価値プラスマージン相当の対価で納税者に移転し，その後に納税者がその資産を売却処分して含み損を実現させこれを利用するものである。

　まず，含み損のある資産を保有している国外の第三者が，当該資産を米国法人の子会社に現物出資する。外国法人が当該現物出資直後に当該子会社を米国法人とともに支配している（株式の80％以上を保有している）場合にはIRC351に定める非課税の現物出資の規定が適用できる。この場合にIRC362(a)は米国法人が取得する金融資産の税務上の帳簿価額として，外国法人の有していた税務上の帳簿価額を引き継ぐべきことを定めている。このような現物出資の際の税務上の帳簿価額引継ルールを利用して，米国法人はその経済的価値を超える税務上の帳簿価額を有する金融資産を取得することになる。外国法人は現物出資

により米国法人から議決権のない優先株式を受け取る。その株式は移転した資産の移転時点の経済的価値プラスマージン相当の価値を有するものである。米国子会社はその後移転された資産を処分して含み損を実現させ，別途生じている所得と損益通算を図る。

わが国の税法の枠組みで考えた場合も，本事例と同様に，経済的な価値が下がった資産を適格現物出資により帳簿価額で別法人に現物出資し，当該別法人において含み損を実現させて損金を計上できる余地がある。

事例 5 – Enron – Project Steele

この事例はプロモーターが保有していた含み損のある資産（REMIC持分証券）をエンロンの連結納税グループ内の法人に現物出資して，これをエンロン側でも複製して利用するというものである。

まず，エンロンが子会社を設立し，これに一定の資産を拠出して資本金額を引き上げておく。同時に，プロモーターが当該子会社に含み損を生じている資産を拠出する。子会社はエンロンにより80％超を保有されるようにして，これをエンロンの連結納税グループに入れ，プロモーターが拠出した資産から生じる実現損を使ってエンロンが所得を相殺する。さらに，プロモーターにとっても資産の拠出はIRC351の適用対象となり，プロモーターは拠出した資産の税務上の帳簿価額を新たに取得するエンロンの子会社の株式の税務上の帳簿価額として引き継ぐことになる。この結果として，プロモーターにも将来子会社の株式を処分する時点で譲渡損が計上されることになる。プロモーターが有する資産の含み損をエンロンとプロモーターの双方が，二重に利用するものである。

なお，この取引に経済実体があるというためには，プロモーターは受け取った株式を2002年まで保有する必要があるので，プロモーターとしては税務上の損失の実現を遅らせる補償を支払うようエンロンに要求していた。

日本の税法の枠組みで考えた場合，IRC351の取扱いとは異なり，本事例のプロモーターは第三者であるので含み損を生じている資産を納税者の子会社に

現物出資した時点で，いわゆる共同事業性を満たさなければ時価による譲渡になり，受入帳簿価額も時価となる。共同事業性をつくりこみ，かつ株式継続保有要件を満たすのは一般的にいって相当困難と考えられる。

事例 6 – Lease Strips

B国法人（非課税法人）はリース資産を保有している。B国法人はこの資産に係る将来のリース料収入を他社に譲渡する契約を現在時点で締結し，譲渡益を計上する。この結果，当該リース資産は将来収益を生じないことになり，その経済的価値が下落する。このように経済的価値の下落した動産を，米国税務上IRC351の非課税の現物出資を利用して米国法人に譲渡し，米国法人はリース収入譲渡前のリース資産の帳簿価額を引き継ぐ。これにより譲渡を受けた米国法人側では，B国法人が有していた将来リース料収入分離前の資産の帳簿価額を基礎として減価償却費を計上することになる。B国法人の計上する譲渡益相当の含み損を米国法人が取得する，というスキームである。

日本の税法の枠組みで考えた場合，外国法人によるクロスボーダーの現物出資も，一般的にいって事実関係次第では適格現物出資となり得る。本事例の現物出資が外国法人にとって企業グループ内の組織再編に該当する場合には，適格現物出資とする可能性があると考えられる。逆にこれが企業グループ内の再編に該当しないとすれば，これを適格現物出資とするためには共同事業目的の再編で，かつ，株式の継続保有要件を満たす必要があるが，資本関係のない外国法人と日本法人が共同で本事例のような租税動機取引を取り組むことはビジネス上の合理性を説明するのが困難と考えられる。

事例 7 – Enron – Project Cochise

この事例においては，まずエンロンはプロモーターとともにその100％子会社Hをビークルとして利用することとし，IRC351の非課税の現物出資の規定

を利用してプロモーターは大きな金額の含み損を生じているREMIC持分証券を子会社Hに対して拠出する。同時に，エンロンは一定の金額の所得がコンスタントに生じる資産（プロモーターが拠出するREMIC持分と同じポートフォリオに係るREMIC通常証券）を拠出する。

　REMICは，不動産ローン債権を保有しこれを担保として証券を発行する事業体であり，通常シニア債，劣後債，エクイティ証券等複数の証券を同時に発行する。REMICについてはIRC860Aから860Gにかけてその課税上の取扱い並びに定義規定が設けられている。IRC860Dの定義によれば，REMICは一種類の残余利益を受け取る権利を有する持分証券（Residual Interest）と一種類以上の通常証券（Regular Interest）を発行することができる。

　REMIC自体は納税者にはならず，REMICの発行する証券の保有者が納税者となる。通常証券は，税務上通常の負債証券と同様に扱われ，支払利息に相当する金額はREMICの所得から控除され，残余に相当する所得は持分証券の保有者の課税所得に合算される。当初は通常証券の低い金利のみを支払うので，REMICの損益計算上に余剰が生じ，持分証券の所有者に所得が発生するが，一方，その後には通常証券へ高い金利を支払うので逆に持分証券の所有者に損失が生じる（通算ではこの余剰はゼロ）。

　当初の非課税の現物出資を実行したその後に，この法人Hは，不動産投資信託（Real Estate Investment Trust：以下「REIT」）となることを選択する。HはREITの地位を選択したことにより，エンロンの連結納税グループの一部でなくなる。この連結離脱により，この時点で，Hに移転したREMIC持分証券の財務会計上の取扱いと税務上の取扱いとの差異を利用して，エンロンはREMIC持分証券に係る財務会計上の帳簿価額と税務上の帳簿価額の差額が生み出す繰延税金資産を計上することにより相当額の財務会計上の利益を計上した。

　上述の非課税譲渡後，プロモーターはHの普通株式全部を所有することになっていたので，当該普通株式に係る配当の宣言を通じてプロモーターは，プロモーターが持ち込むREMIC持分証券から生じるファントム所得全額の分配

を受ける。その後，Hは，あらかじめエンロンとプロモーターの間の株主間契約で規定されていた株主構成の変更により2004年に再度エンロンの連結納税グループに加入し，先に生じていたREMICのファントム所得を取り戻す形でその後に生じてくる損失を税務上損金計上する予定であった。このスキームでは，上述の会計上の利益の計上とともに，子会社HのREIT選択による連結納税グループからの離脱およびその後の株主構成の変更による連結グループへの再加入を通じて，ファントム所得はプロモーターに計上させる一方で，これに対応して2003年以降に生じる損失のみを自らの連結納税に取り込むことを第二の目的とするものであった。

この事例でプロモーターがREMIC持分証券と交換に受け取ったH株式の税務上の帳簿価額は，プロモーターが拠出した同持分証券の帳簿価額を引き継ぐので，現物出資以前に既に生じていたファントム所得相当だけ時価を超えることになる。これを利用して，プロモーターはH株式の処分により譲渡損を計上して他の課税所得を相殺する。

一方で，エンロンは子会社Hの連結申告を通じてHがREMIC持分証券から生じる将来のファントム損失を利用して課税所得を相殺する。このような損失の二重控除をねらったものであった。

日本の税法の枠組みで考えた場合，プロモーターにとっては共同事業目的の再編で，かつ，株式の継続保有要件を満たす場合にのみ適格現物出資とすることができるが，そのような取組みとすることはタックス・シェルターのエコノミックスの観点から困難と予想される。

(2) パートナーシップ等を利用するもの

非課税の組織再編規定としてのIRC351を利用するものと並んで多いのが，パートナーシップに関する税法規定を利用する事例である。

米国税務上パートナーシップの取扱いについては詳細な規定が整備されているので，まずそれらのうち基本的なルールを概観する。

パートナーシップへパートナシップの持分と交換に資産を拠出する際には，パートナーおよびパートナシップのいずれにおいても損益は認識されず，出資者側における出資資産の税務上の帳簿価額がパートナーシップ持分の帳簿価額として引き継がれる（IRC721，722）。

パートナーとパートナーシップの間の負債の引受に関しては，パートナーシップ持分の帳簿価額あるいはパートナーシップにおける資産の帳簿価額の調整ルールがある（IRC752）。パートナーがパートナーシップの負債を引き受ける場合にはパートナーから新たな出資がなされたものとし，逆にパートナシップがパートナーの負債を引き受ける場合には当該パートナーに対してパートナーシップから資産の分配があったものと取り扱われる。

パートナーシップで損益が生じると，その時点でパートナーに対して計算上の損益の分配が行われ，パートナーのパートナーシップ持分に係る帳簿価額も同時に増減することになる。損益の分配割合は一般的には各パートナーの拠出する資産の価値を反映してパートナーシップ契約により合意されるが，この場合に，パートナーシップへの資産拠出時に既に拠出する資産に含み損益が生じている場合には，当該金額についてパートナーシップからの損益分配額を調整することによりその実現損益を当該資産を拠出したパートナーに帰属させることとする修正配分ルールがある（IRC704(c)）。

パートナーシップ持分の償還に関しては基本的に償還される持分の帳簿価額を償還により受け取る資産（ただし金銭を除く）の帳簿価額として引き継ぐことになる（IRC732）。ただし，持分の帳簿価額を上回る金銭が分配される場合にはその時点で益を認識し，分配を受ける資産が現金・未実現債権・棚卸資産のみの場合でそれらの時価が償還される持分の帳簿価額を下回る場合には持分償還の時点で損を認識することになる（IRC731）。

パートナーがパートナーシップの持分を譲渡しても，パートナーシップの保有する資産の帳簿価額は修正されない。ただし，IRC754は，パートナーがパートナーシップの持分を譲渡した場合に，パートナーシップがその資産の帳簿価額を修正することを選択する権利を与えている。修正の方法はIRC743に

従い，持分を譲り受けたパートナーの持分の取得価額とその持分に相当するパートナーシップの資産の帳簿価額の差額を，パートナーの持分取得価額に合わせる方向で，パートナーシップの資産の帳簿価額に加減することになる。

　日本の法律制度上，このようなパートナーシップに相当するものはなく，民法上の任意組合ないし商法上の匿名組合がその契約内容によって類似の経済的効果をもたらす事例があるのみである。これらの組合に係る税法上の規定は非常に限定的であり，そのために逆に日本ではこれを利用して組成されるタックス・シェルターも米国のそれと比較すれば限定的である。

　ここでは，パートナーシップおよびパススルー事業体としてのＳ法人を利用する事例をみる。

事例１ －Inflated Partnership Basis

　本事例は，パートナーシップがそのパートナーから資産の拠出を受けると同時に負債を引き受けた場合に，負債の評価ルールを利用して，当該パートナーのパートナーシップ持分を拠出されるネット資産の経済的価値以上にかさ上げするものである。

　米国税務上パートナーシップに関する取扱いに係る規定のうち，IRC752においてパートナーシップがそのパートナーから負債を引き受けた場合の取扱いが規定されている。この規定によりパートナーシップがそのパートナーから負債を引き受けた場合には，パートナーシップから当該パートナーに対して金銭の分配があったものとして，同パートナーのパートナーシップ持分の税務上の帳簿価額を減額することになる。この場合に，減額すべき金額は将来当該パートナーが支払をすることとなっていた負債の元本金額とされている。金利部分も含めれば通常は負債の経済的な価額はさらに大きなものになるが，税法規定上は引き受けた負債の経済的な価額ほどはパートナーシップ持分の税務上の帳簿価額は減額されないのである。別の言い方をすれば，負債の引受によりパートナーシップの持分の経済的な価値はその税務上の帳簿価額よりも小さな金額

になる。すなわち，経済的な価値の裏づけのないパートナーシップ持分の税務上の帳簿価額がつくり出されるわけである。

　例えば，パートナーが帳簿価額および現在価値がともに1,000の資産を有しているとする。またこの資産と同額の資金を調達できる負債の額面金額が800であるとする。これらの資産と負債をセットでパートナーからパートナーシップに移転する。これによりパートナーシップが有する資産の経済的価値は全く増加しないが，パートナーの有するパートナーシップ持分の税務上の帳簿価額は1,000－800＝200だけ増加することになる。すなわち，経済的価値の裏づけのないパートナーシップ持分の税務上の帳簿価額200が創造されることになる。

　その後，パートナーはこの帳簿価額を基礎として損金を計上することになる。

　日本の民商法および税法の枠組みで考えた場合，パートナーシップに類似する事業体として組合がある。日本の税法上は，組合が組合員から負債を引き受ける場合の当該負債の評価に関する特別な規定はないので，その評価は時価によることとなると考えられる。したがって，本事例のように負債の引受を利用して組合の投資勘定の帳簿価額をその経済的価値以上にかさ上げすることはできない。

事例2 － Passthrough Entity Straddle

　この事例においては納税者は他の株主とともにパススルー事業体であるS法人を組成し，これを通じたストラドル取引を取り組むことにより益金と損金を両建てでつくり出す。益金は納税者を含むS法人のすべての株主がそれぞれの持分に応じて受け取り，その後に他の株主の持分をS法人が時価すなわち当初出資額相当額で償還する（S法人株式の経済的価値はストラドル取引により増減しないので，当初出資額での償還が経済的に可能である）。これにより納税者がS法人の唯一の株主となった後に，先に計上した益金に対応する損金は納税者のみが利用するというものである。

　まず，納税者は他の株主とともにパススルー事業体であるS法人を設立する。

内国歳入法典のサブチャプターS（IRC1361から1379までのサブチャプター）はS法人を一定の要件を満たす「小規模法人」として規定しており，そのような小規模法人についてその全株主の同意によりS法人としての取扱いが選択できることになっている（IRC1361）。ちなみに「小規模法人」とは，①75人超の株主がなく，②個人以外の株主がなく，③非居住者の株主がなく，④2種類以上の株式を発行していない法人で，金融機関や保険会社等の一定の法人を除いた法人である（IRC1361(b)）。S法人はパートナシップとしての課税を受けるいわゆるパススルー事業体であるので，S法人は納税義務者とはならず，S法人で生じる所得は株主の持分に応じてその株主に帰属するとともに，当該株主の保有するS法人株の税務上の帳簿価額を増加（損失が生じる場合には減少）させることになっている。また，S法人から金銭等の分配があった場合にも帳簿価額を減額し，帳簿価額を超えて金銭等が分配される場合には益を認識する。

　次にS法人がストラドル取引を取り組む。IRC1092はストラドル取引に係る課税ルールを定めている。これによれば，まず，明らかに損益それぞれのポジションが両建てとなっている場合には損の生じているポジションを先に処分しても対応する益を生じているポジションが処分されるまで損金計上を繰り延べる規定になっている。また複数のポジションのうち損を生じているポジションを処分した場合には，それを相殺するポジションについて生じている含み益の金額を超過する損金額を限度としてその課税期間において損金を計上できる旨規定している。

　なお，本事例においてはストラドル取引により生じる損金と益金の計上時期をずらすことが必要である。この点に関してIRC1256は，一定の上場先物，外国為替，株式以外の上場オプションおよびディーラーの取り扱う上場株式オプション並びに上場有価証券先物については，事業年度末にこれを譲渡したものとして所得を計算する旨の規定を設けているのでこの規定が適用される金融商品を対象にしたストラドル取引では当初の目的が達成できない。したがって，この事例のストラドル取引はこのような金融商品以外を対象としている。

　上記のIRC1092の損金計上繰延ルールがあるので，S法人は順序としてまず

益ポジションを処分する。これにより生じる所得はすべての株主に分配する。その後に他の株主の持分をＳ法人が時価すなわち当初出資額相当額で償還する（Ｓ法人株式の経済的価値はストラドル取引により増減しないので，当初出資額での償還が経済的に可能である。また，その際に計算上償還差益相当額の含み益が生じる）。その結果として納税者が損の生じているポジションを抱えたＳ法人の唯一の株主となる状況をつくる。その上で損の生じているポジションを処分してそこから生じる損金の全額を計上し，その後Ｓ法人の清算時点まで益金の計上を繰り延べる（納税者の持分の税務上の帳簿価額は損の分配額だけ減少している一方で持分の経済的価値は何ら減少していないので清算時点でいわば先に計上した損金の取戻課税が生じる）。

事例３ − Partnership Straddle

　この事例においては，法人Ａが２階層のパートナーシップ（上層をUTP，下層をLTPとする）を組成してLTPにストラドルのポジションをとらせる。LTPがまずストラドルのポジションのうち益を生じているポジションを処分する。ストラドルのポジションをとっても，パートナーシップの持分の経済的な価値に増減は生じないが，パートナーである法人ＡおよびUTPがそれぞれ有するパートナーシップ持分の税務上の帳簿価額は益の計上によりそれぞれのレベルで一旦同額だけ増加する。

　この時点で法人Ａは，納税者である米国法人にUTPの持分を時価で譲渡する。この譲渡により法人Ａには譲渡損が生じ，納税者のUTP持分の税務上の帳簿価額はその経済的な価値と同額のものになる。

　次に，UTPはLTPの持分を納税者にやはり時価で譲渡する。この譲渡によりUTPに譲渡損が生じるが，パートナーシップ（UTP）の持分を50％超保有するパートナーと当該パートナーシップの間の資産（LTP）の譲渡により損が生じているので，この譲渡損は次に納税者がLTP持分を第三者に譲渡するまで繰り延べられる（IRC707(b)(1)(A)）。

その後LTPが損の生じているポジションを処分した時点で，損は納税者に分配され，納税者のLTPの持分に係る税務上の帳簿価額は同額だけ減少する。

その後納税者がLTPの持分を処分した時点で，納税者にLTP持分の譲渡益が生じるが，同時にUTPで繰り延べていた譲渡損が損金計上されるので納税者の申告上LTP持分の譲渡益を相殺することができる。本事例でパートナーシップを使う理由はこのような損益通算を容易にすることにあり，これによりここまでの時点で納税者はネット損のみを計上することになる。納税者のUTP持分は繰り延べていた譲渡損が実現した時点で同額だけ減額されるので，含み益を生じた状態になる。このため，納税者がUTP持分を処分する時点では譲渡益が生じる。すなわち，この一連の取引を通して納税者はLTPがストラドルの損を生じているポジションを処分した時点からUTPの持分を処分する時点まで課税の繰延効果を得られることになる。なお，このUTPの持分の処分を永久に先送りすれば，この取引による課税の繰延効果も永久的なものになる。

事例4 – Enron – Project Condor

この事例は自社株の税務上の帳簿価額を既存の減価償却資産の税務上の帳簿価額に移すことで当該減価償却資産の税務上の帳簿価額をかさ上げし，そこから生じる減価償却費による所得控除をねらったスキームである。このような目的を達成するために，パートナーシップへの拠出前に既に生じていた資産の含み益について拠出後に実現する所得をパートナー間で修正配分するルール（IRC704(c)），パートナーシップの持分の償還に際してパートナーシップから取得する資産の税務上の帳簿価額に係る引継ルール（IRC732(b)）を利用している。

この事例においては，まずエンロンは他の関連者パートナーとともにパートナーシップを組成し，エンロンが保有している含み益を生じている資産をパートナーシップに拠出する。このパートナーシップは同時にエンロンの発行する

株式も取得する。パートナーシップは修正配分ルールの適用を選択する。これは含み益を有する資産が一のパートナーから拠出された場合にその後に実現する含み益をその拠出者に配分することを可能にする趣旨で設けられたものである。ただし，本事例においては各パートナーは一の連結納税グループに属する関連者であるので，いかなる修正配分も連結課税所得には影響せず，したがってその内容はエンロンに有利なように合意されていた。

　本事例においては，各パートナーは，拠出された資産を加速償却しその減価償却費をすべてエンロンのみに分配し，それと対応する所得を他方の関連者パートナーに計上させるという修正配分をパートナーシップ契約上で合意する。このようにして15年かけて減価償却を行い，その結果としてエンロンにすべての減価償却費が計上されるのに対応して他方の関連者パートナーに同額の所得が計上され，そのパートナーシップ持分が資産の拠出時の時価相当額だけ増加することになる。このような合意の目的は一方のパートナーシップ持分を効率的にかさ上げすることにある。

　その後に当該パートナーの持分を償還する。その際に同持分の税務上の帳簿価額をパートナーシップから受け取る減価償却資産の税務上の帳簿価額として引き継ぐ。また，パートナーシップはIRC754の選択を行いパートナーシップに残っている唯一の資産であるエンロンの発行する株式の税務上の帳簿価額を同額だけ引き下げる調整を行う。この結果，エンロンの関連者は税務上の帳簿価額の増加した減価償却資産を取得することとなり，この減価償却費を連結納税申告上所得控除することにより課税所得を引き下げることが可能になる。また，エンロンの連結財務会計上も修正配分の税効果によりパートナーシップで減価償却資産を償却する15年間の各年度の税引後所得が増加する効果が得られることとなる。

　パートナーシップに残った税務上の帳簿価額の低くなった自社株については，株式と交換に資産を取得する場合に損益を認識しないことを規定するIRC1032等の適用により課税を回避するプランニングが別途可能であり，あるいは当該株式を保有し続けることにより，益金の計上を恒久的に繰り延べることが可能

である。

事例5 －Partnership Basis Shifting－Enron－Project Tomas

この事例はパートナーシップの課税ルール，特に，パートナーシップへの拠出とパートナーシップからの分配における税務上の帳簿価額ルールおよび当該分配に伴ってパートナーによりパートナーシップの負債が引き受けられる場合の資産の受入帳簿価額の取扱い，さらにIRC754の選択により当該分配後にパートナーシップに残っている資産の税務上の帳簿価額を調整するルールを利用して，パートナーシップのパートナーの間で含み益を生じている資産を非課税で他のパートナーに譲渡しつつ時価相当の税務上の帳簿価額を当該他のパートナーに取得させるという取組みである。

このスキームにおいては，まず時価は依然として高いが減価償却がすすんで税務上の帳簿価額が低い減価償却資産，すなわち含み益が生じている減価償却資産，を有するエンロンがプロモーターとともにパートナーシップを組成する。エンロンはこのパートナーシップへこの減価償却資産と自社子会社Bの株式をセットで拠出して95％のパートナーシップ持分（離脱権を含む）を取得する。

その後エンロンはパートナーシップからの離脱権を行使し，パートナーシップはエンロンのパートナーシップ持分を償還し，子会社Bの株式およびその他の資産（または負債）で持分相当額の価値を有する資産を分配することとなる。子会社B株式の価値はこの時点で当該持分相当の金額を超過していたため，分配する資産の価値を持分相当の金額に調整するために，子会社B株式に加えてパートナーシップが有する債務でB株式の時価のうちパートナーシップにおけるエンロンの持分相当額を超える金額のものをセットでエンロンに分配する。パートナーによるパートナーシップの負債の引受に係る課税ルールが適用される結果，当該B株式の税務上の受入帳簿価額はパートナーシップが有していたB株式の税務上の帳簿価額から持分償還において引き受けた債務相当額を減額調整した金額まで引き下げられる。すなわち，エンロンにおけるB株式の受入

帳簿価額はエンロンのパートナーシップ持分の帳簿価額を引き継ぐこととなった。

　この取扱いに関して，課税対象となる資産売却を非課税取引として偽装する道具としてパートナーシップが利用されることを防止するためIRC737が定められている。これは，パートナーが含み益または含み損を有する資産（リース資産）をパートナーシップに拠出し，そのパートナーが拠出の7年以内にパートナーシップから他の資産の分配を受け取る場合には拠出時の含み益相当の損益の認識計上が要求されるというものである。仮に本事例においてこの収益認識ルールが適用されると，パートナーシップがエンロンにB株式を分配したとき，エンロンは先に拠出した資産に係る拠出前の含み益を収益計上しなければならない。しかし，本事例では，エンロンはIRC737(d)に定めれている適用除外規定を根拠に本事例が適用除外の対象になる，したがってB株式の分配時点で7年ルールの適用はない，という立場をとっていた。

　なお，エンロンの取得するB株式の税務上の帳簿価額（アウトサイドベーシス）は引き下げられるが，B法人が保有する資産の税務上の帳簿価額（インサイドベーシス）は引き下げられないルールになっていたのでB株式の帳簿価額の引下げから将来生じ得る譲渡益は回避できるものでった。すなわち，アウトサイドベーシスのみの引下げはエンロンの税務上特に問題にはならなかった。ただし，この点については子会社Bが保有する資産のベーシスも，エンロンにおけるB株式の受入帳簿価額に平行して引き下げることとする規定が1999年になって定められた（IRC732(f)）。この規定が当初からあったとすれば，エンロンは子会社Bの清算またはBの保有する資産の売却その他の処分からの収益を計上することになったはずである。

　本事例では，エンロンの持分償還の際に，パートナーシップはIRC754の選択を行い，B株式の税務上の帳簿価額が引き下げられたのと同額だけその残余財産である含み益を生じている資産の税務上の帳簿価額を引き上げた。

　このパートナーシップは，上記の償還を経て残りのパートナーであるプロモーターのみによって所有されることになる。その後，パートナーシップを通

じてプロモーターはその含み益を生じていた資産を売却するが，当該時点ではIRC754の税務上の帳簿価額調整を経て売却される資産の税務上の帳簿価額が引き上げられているので，この税務上の帳簿価額に等しい売価で行われる売却からは全く課税所得は生じないことになる。

　以上の結果，含み益を生じていた資産はエンロンからプロモーターに非課税で移転し，エンロンは当該資産の時価相当額の経済的価値を他の資産で受け取る（この時点での当該資産の税務上の帳簿価額はその価値よりも低くなっているのでこれを処分するまでの課税の繰延効果をエンロンは得ることになる）とともに，プロモーターは時価相当の資産の税務上の帳簿価額を取得することとなった。

　この事例が偽装された資産の売却取引ではないかという点に関して，財務省規則は，資産の移転とその資産のパートナーシップへの拠出が2年超離れて行われる場合には偽装売却でないとする推定規定を定めている（Reg.1.707-3(d)）。この規定は，一般に，次のように解されている。すなわち，①2年内に拠出と分配が行われる場合，事実および状況が売却でないことを明瞭に示さない限り資産の移転は「売却」と推定されること，②2年超離れて拠出と分配が行われる場合，事実と状況が資産の移転が売却であることを明瞭に示さない限り資産の移転は「売却でない」と推定されること，である。本事例においては，含み益を生じている資産のパートナーシップへの拠出とエンロンの持分の償還によるB株式の分配の間には2年と2日のインターバルがとられていた。

事例6 – Enron–Project Tammy I and Tammy II

　この事例においては，まず，エンロンの連結納税グループ内で含み益を生じている資産を各関連会社がパートナーシップへ拠出する。次に，各パートナーが保有するパートナーシップ持分の95％を一のパートナーに拠出して保有させる（ちなみに各パートナーが5％部分を保有し続けるのは，パートナーシップの負債について各パートナーに保証債務が残るのでこれを担保するためである）。

　その後にパートナーシップが当該資産を売却して含み益を実現し，そのほと

んどすべてを一のパートナーに分配してパートナーシップ持分の税務上の帳簿価額を引き上げる。

　IRC704(c)(1)(A)は，拠出された資産に係るすべての所得，収益，損失および所得控除が当該資産の拠出以前に既に生じていた含み損益を考慮に入れた上でパートナー間で分配されなければならないと定めている。この拠出時の含み損益に係る修正配分ルールに係る財務省規則は，含み損益のある資産を拠出したパートナーがパートナーシップ持分またはその一部を譲渡する場合，含み損益に係る修正配分額も持分の移転に応じて，譲受人パートナーに配分されるべきであると定めている（Reg.1.704 − 3 (a)(7)）。

　この事例では，エンロンの連結納税グループに属する法人パートナーがそのうちの一のパートナーに各社の有するパートナーシップ持分を拠出し移転した場合，爾後に実現するパートナーシップの損益は当初の含み益に対応する修正配分額も含んですべて当該パートナーに配分されることになる。

　次に，このパートナーシップは資産売却により得た資金の一部を使って，経済的価値の低い減価償却資産およびエンロンの発行する優先株式を購入する。

　この後，当該減価償却資産はパートナーシップ持分の償還を通じて一のパートナーに分配され，パートナーシップ持分の税務上の帳簿価額が当該減価償却資産の税務上の帳簿価額として引き継がれることになる（IRC732(b)）。この償却を通じて損金が創造されることを予定していた。その後，パートナーシップに残る唯一の残余資産は，エンロンの発行する優先株式となる。この時点で一のパートナーは，IRC754の規定により減価償却資産の帳簿価額が引き上げられたことに対応してパートナーシップにおける優先株式の税務上の帳簿価額を調整して引き下げることになる。この株式の売却益に係る課税回避は別途手当てされていたと考えられる。

事例7 − Enron − Project Teresa Synthetic Lease

　この事例は，エンロンがその連結納税グループ外の子会社を経由してパート

ナーシップに減価償却資産と関連会社の発行する優先株式をセットで拠出し，優先株式から生じる受取配当の大部分を益金不算入とする一方で，パートナーシップ持分の帳簿価額を益金不算入部分も含めて当該受取配当の金額だけかさ上げし，その後にパートナーシップの清算に伴う減価償却資産の分配を実行して当該受取配当相当金額だけ減価償却資産の税務上の帳簿価額をかさ上げするというものである。

　まずエンロンは，その連結納税グループ外子会社を通じて組成するパートナーシップに減価償却資産と関連会社の発行する優先株式をセットで拠出する。ちなみに，Synthetic Lease は一般に資産を使用収益する者にとって，会計上は当該資産を売却後リースバックしてオフバランス化できる一方で，税務上は当該資産を継続して減価償却しつつ使用収益できるよう設計された商品である。この事例におけるエンロンの連結納税グループ外子会社は，同時にエンロンの財務会計上は連結対象子会社である。税務会計上はリース取組み時に一括してリース対象資産の帳簿価額が払出原価として計上される一方で，税務上は資産は貸借対照表に残り，これを減価償却することで徐々に損金が計上されることになる。このように，償却資産の税務上の帳簿価額が財務上のそれよりも高いことから，財務上繰延税金資産およびこれに対応する利益が計上されることになる。このような財務会計上の利益をつくり出すことが本事例のねらいであった。当該優先株式の発行法人である関連会社にはみなし配当計上の原資となるように別途税務上のＥ＆Ｐを計上させるように利益を生む資産を移転しておく。次に当該優先株式を他の子会社がパートナシップから買い取る取引を実行し，IRC304に従って生じるみなし配当を計上する。

　連結納税ルール上，連結納税グループ内からの非課税配当の受取に関しては配当支払法人に対する投資の帳簿価額を引き下げなければならないという投資簿価修正ルールがある。本事例の目的を達成するためには，配当として扱われる償還取引が投資簿価を引き下げるものでないことが重要であり，そのためには配当がエンロンの連結納税申告書には含まれない法人を受取人とするものでなければならない。そこで，この要件を満たすためにＲに対する事実上の支配

を維持しつつ連結納税対象外となるようエンロンはR株式の価値の98％および議決権の75％を所有することにした。

　また，優先株式の償還は，IRC304(a)(1)の規定により，上記他の子会社が発行する株式の償還による当該他の子会社からの分配とみなすポジションをとっていた。

　この結果，パートナーシップ持分の税務上の帳簿価額は原則として受取配当と同じ金額だけ増加する。パートナーである連結納税グループ外子会社のレベルではこのみなし配当の80％はIRC702(a)(5)の受取配当控除の取扱いを受けることになる。エンロンは将来の減価償却費の控除額を得るコストとして受取配当の20％に係る所得税の負担をしていたわけである。

　受取配当控除に関しては，IRC1059(a)(1)の適用により受取配当控除の金額だけパートナーシップの持分の帳簿価額を引き下げるという「異常配当ルール」がある。これはもともと保有株式を配当権利落ち後に即売却することにより受取配当控除を受ける一方で譲渡損を計上するといういわゆる「配当ストリップ取引」に対する対応措置であったが，これを関連者償還から生じる配当にも適用拡大している。エンロンはこの異常配当ルールの適用を回避するために償還取引を各株主について同様の割合とするプロラタ償還とすることにより手当をした。

　以上の結果として，益金不算入の部分も含む受取配当の金額だけパートナーシップ持分の税務上の帳簿価額が増加することになる。この後にパートナーであるエンロンの連結納税対象外子会社はパートナーシップの清算に伴う減価償却資産の分配を受け，パートナーシップ持分の税務上の帳簿価額を減価償却資産の帳簿価額として引き継ぐ。この結果として，減価償却資産の帳簿価額を受取配当相当額だけかさ上げする。この後に当該連結納税グループ外子会社を再び連結納税の対象法人にした上で，減価償却費を損金算入するというものである。

(3) 子会社からの資産の分配に関する諸規定を利用するもの

　ここでは，会社から株主への資産の分配の際の株主側の受入帳簿価額に関する規定を利用して経済的価値と乖離した資産の帳簿価額を付けることにより課税標準を下げるパターンの事例をまとめて説明する。まず，事例の理解に必要となる内国歳入法典 Chapter 1 Subchapter C "Corporate Distribution and Adjustments" の各条文規定について説明する。

　IRC301は，法人による株主への資産の分配に係る株主の課税関係を規定している。米国税務上は，資産の分配の法的形態（減資，自己株の買受，株式の消却等）にかかわらず，分配はまず利益積立金を原資として払い出され，利益積立金からの分配を配当として扱うものとされている（IRC316, 301(c)(1)）。さらに利益積立金を超えて分配される金額はまず投資の回収として処理され，株主は受け取った資産に相当する金額だけ株式の帳簿価額を減額する（IRC301(c)(2)）。株式の帳簿価額がゼロになってもさらに資産の分配がある場合には，この超過額を譲渡益として取り扱う（IRC301(c)(3)）。

　また，IRC301(b)によれば，分配された金額は，原則として，分配された金銭に分配された資産の価額を加算した額とされているが，資産の分配に伴い株主による負債の引受があった場合または分配された資産が負債の担保となっている場合には，当該負債に相当する金額を分配された資産の価額から控除した金額が分配された金額である旨を定めている。

　IRC302(a)は，会社が発行する株式の償還（または自己株式の取得）をした場合で当該償還が同条(b)(1)(2)(3)(4)のいずれかに該当する場合には，当該償還に応じた株主は，これを当該株式の譲渡として取り扱う旨の規定を設けている。具体的には，当該償還が実質的に配当の支払ではない場合，当該償還により各株主の持分割合が著しく変動する場合やすべての株式が償還された場合には，これを株式の譲渡として取り扱うとしている。さらに同条(d)では，同条(a)の適用がない場合（すなわち譲渡としての取扱いがない場合）には，IRC301の規定を適用する旨定めており，株式の償還代金の支払は税務上配当として取り扱われる

ことになる。

　IRC302(c)(1)は，同条(b)に従って償還が各株主の持分割合に応じて行われたかどうかの判定をする際には，IRC318の規定を適用する旨定めており，同一株主グループ内の持分割合はグループ全体の合計持分割合をもって同条(b)の判定を行うことになる。IRC318では，納税者が家族の持分やパートナーシップ・信託・法人を通じて株式を所有している場合についての当該納税者の株式の持分割合の計算方法が具体的に定められている。例えばパートナーシップを通じて株式を所有する場合には，当該パートナーシップに対する持分割合を乗じた持分を保有しているものとみなし，信託を通じて株式を所有する場合にはその受益者が所有しているものとし，また50％以上の持分を有する法人を通じて株式を保有する場合には，その法人の保有する株式をすべて保有しているものとみなして，納税者の持分割合を算定することとされている。さらに同条(a)(4)では，株式を取得する権利すなわちオプション（あるいはオプションを取得する権利）を保有する者について，株式を保有しているものとみなして持分割合を算定する旨の規定を設けている。この規定を利用すれば，株式を償還すると同時に同数・同銘柄の株式を取得するオプションを取得すれば，IRC302(b)の著しい持分割合の変動は生じないことになる。

　財務省規則1.302-2(c)は，株式の償還が配当として取り扱われる場合において当該株式の帳簿価額の引継ぎに関する調整をすべき旨の規定を設けている。例えば，ある納税者が株式の償還を受ける場合に，IRC318のみなし持分規定を適用すると，当該納税者はその配偶者の有する株式を保有しているとみなされるため持分割合が著しく変更される償還であると判定されずに，当該償還が配当として取り扱われる。この場合には，当該納税者が有した株式の帳簿価額はその配偶者に引き継がれることになる。すなわち，当該配偶者の有する株式の帳簿価額は従前から当該配偶者が有していた株式の帳簿価額に，配当を受け取ったとみなされた納税者の有していた株式の帳簿価額を加算した金額となる。これは，当該納税者が受け取った金額の全額が受取配当金として課税所得を構成し，当該株式の処分（償還）に際して譲渡原価が控除・損金算入されること

がないので，将来の同一グループの納税者が同一銘柄の株式を処分した際に合わせて当該償還された株式に係る帳簿価額を譲渡原価として控除・損金算入することを認めるという趣旨のものと解することができる。

IRC331は，清算に伴い残余財産が分配された場合には，当該残余財産の分配は，配当ではなく株式との交換取引とされる旨の規定を設けている。したがって，残余財産の分配を受けた株主は配当課税ではなく譲渡損益課税を受けることになる。

IRC332は，Complete liquidations of subsidiariesについて定めている。原則として清算により分配される残余財産の受取は非課税である旨の規定をしており，その要件として残余財産の受取法人が清算法人の議決権および株式価値の80％以上を有しており，部分清算ではなくすべての株式が償還もしくは消却されすべての財産が分配されることを挙げている。

また，IRC334では，受取法人が受け取った残余財産の帳簿価額について，分配法人の帳簿価額を引き継ぐ旨規定されている。

以下各事例を説明する。

事例1－BOSS

この類型の最初の事例は通称BOSSといわれるものである。これは，子会社から負債の担保に供されている資産の分配を受ける場合の分配額に係る評価ルール（IRC301(b)）を利用して低価値高簿価の資産をつくり出すものである。

この事例においては，米国税務上は子会社から親会社が分配を受ける場合に分配された資産が負債の担保に供されている場合には，当該負債の金額を資産の価額から控除した金額が分配された金額とされるという規定（IRC301(b)(1)(B)）を利用している。

あらかじめ，投資のためのビークルとして設立した子会社から担保付有価証券を親会社に分配する。子会社にE＆P（利益積立金）がない状況でこのような資産の分配が行われる場合に，仮に当該資産が負債の担保に供されていない

とすると，親会社が有する子会社株式の帳簿価額が分配される資産の価額だけ減額されることになる（IRC301(c)(2)）。しかし，この場合単に担保設定対象資産になっているのみにもかかわらず税務的には担保設定の原因となっている負債そのものの金額を控除するので，あたかも価値のある資産の分配がなかったものとして取り扱われる（IRC301(b)(2)(B)）。仮に負債の金額と資産の税務上の帳簿価額が同じ金額とすると，分配された資産の税務上の評価はゼロなので，親会社が有する子会社株式勘定は分配後も全く減少しない，すなわち会社資産は分配によりなくなってその分だけ子会社の経済的な価値は減少しているにもかかわらず，税務上は価値が減少する以前の税務上の帳簿価額を維持するということになる。このようにして，親会社が有する子会社株式についてその税務上の帳簿価額を減ずることなく，その実態的な価値のみをいわば取り除いてしまうものである。

　その後，親会社が子会社株式を時価で処分することにより譲渡損を計上することになる。すなわち，グループ内で親会社が一旦資産を拠出して創造した子会社投資勘定の税務上の帳簿価額（この時点では経済的価値と税務上の帳簿価額は同じ）が，当該子会社から親会社に投資元本の回収として低簿価高価値の担保付有価証券を分配させることにより，分配後にその経済的価値から乖離した税務上の帳簿価額（低価値高簿価資産）が残ることになる。その後株式を処分することにより親会社の税務上子会社投資損失が創出される取引である。

　本事例を日本の税法の枠組みで考えると，日本の税法上はIRC301(b)に相当する規定はないので，子会社からの資産の分配と同時に株主が子会社の負債を引き受ける，あるいは，当該資産が負債の担保に供されている場合の株主の課税関係そのものを取り扱う条文はない。成果の分配ではなく出資の払戻しとしての資産の分配に伴って負債が引き受けられる場合，負債の引受を例えば株主が借り入れた金銭を子会社に出資して子会社が既存の借入を返済する取引と再構成するとすれば，株主の子会社株式の帳簿価額は資産の分配によって減少し負債の引受によって増加するということになる。

　また担保権の設定されている資産が移転する場合には，分配される資産の価

値が担保設定により低く評価されると考えられるが，その評価減の幅は負債の金額ではなく負債の金額を原債務者の返済能力を勘案して割り引いた金額とする取扱いが考えれられる。ただし，負債が爾後に原債務者である法人によって弁済されて担保設定が解除される場合には，資産そのものの経済的価値が上がるので，この部分は当該資産の処分の際に譲渡益として課税されることになる。

事例2 − Basis Shifting

次の事例は，米国法人株式の償還に際してみなし配当が生じる場合に当該償還株式の税務上の帳簿価額を株主と同じグループに属する他の法人に引き継ぐことができるというルールを利用して償還を受けた株式の帳簿価額を無税で外国法人株主から米国子会社にいわば「輸入」し，これをその米国子会社において将来上譲渡原価として控除するというものである。

米国税務上，株式の償還に伴う分配を配当とみなすルールがある。すなわち，IRC302(a)は，会社が発行する株式の償還（または自己株式の取得）をした場合で当該償還が同条(b)(1)(2)(3)(4)のいずれかに該当する場合には，当該償還に応じた株主においては，これを当該株式の譲渡として取り扱う旨の規定を設けている。具体的には，当該償還が実質的に配当の支払ではない場合，当該償還により各株主の持分割合が著しく変動する場合やすべての株式が償還された場合がこれに該当し，その場合には株式の譲渡として取り扱うとしている。そして同条(d)では，このような譲渡としての取扱いがない場合には，IRC301の規定を適用する旨定めており，株式の償還代金の支払は税務上支払法人の利益積立金の範囲内で配当として取り扱われることになる。

この規定に基づいてIRC301(b)の各場合に該当して譲渡益とならないように留意しながら米国納税義務者でない法人株主に株式償還に伴って受取配当を計上させる。同時に，償還された株式に係る税務上の帳簿価額を同法人グループに属する者に引き継がせるべきことを規定する財務省規則1.302−2(c)を利用して，同グループ内の米国納税義務者法人にこれを引き継がせる。この税務上

の帳簿価額引継規定は，もともと株式の償還に伴う資産の分配が配当とみなされる場合に当該株式の税務上の帳簿価額を譲渡原価として損金算入する機会がなくなるので，これを償還後に残存する同銘柄の株式の帳簿価額に加算して譲渡原価として損金算入する機会を与えるというものであり，残存する株式の保有者を同一グループ内の他の納税者にも拡張してこのような取扱いを与える趣旨のものであった。これを利用して配当所得を国外で計上するとともに償還の対象となった株式の税務上の帳簿価額のみを国内で引き継ぐことにより経済的価値の裏づけのない税務上の帳簿価額を「輸入」して損金算入するというものである。

日本の税法上は，法人間での帳簿価額の付替えルールはないので，本事例のような取組みはできない。

事例3 －Fast－Pay Stock／Step－Down Preferred

この事例は，米国法人と非課税法人がREITを組成しこれを通じて投資を行う。この投資の回収額における元本と成果の構成について，非課税法人に「成果」部分を優先的に配分した後に爾後の配当請求権がステップ・ダウンすることで価値のなくなった非課税法人保有のREIT出資持分を名目的な価格で償還し，REITが課税法人である米国法人の完全子会社となったところでREITを清算し，残余資産を非課税で米国法人に分配する。このようにして，本来の成果の分配から生じるべき課税所得を課税法人から非課税法人に移転するというものである。

投資には実質的に導管として機能する投資ビークルであるREIT（不動産投資信託）を通して米国法人（普通株式保有）と非課税法人（優先株式保有）の2社が参加する。

米国では，一定の投資ビークルについて支払配当金の損金算入を認めており，それらのビークルを税務上実質的に導管とする取扱いを設けている。IRC856に規定されるReal Estate Investment Trust（通称REIT）はその例である。

わが国の特定目的会社や投資法人，特定信託に係る税制はこれらの制度と概ね同様の制度（例えば90％以上の所得を配当として支払うことを損金算入の要件とする等）となっている。

　まず，投資の当初の期間においては優先株式を保有する非課税法人にほとんどすべての投資成果が分配される。この優先分配額は，非課税法人の受取累計額が元本およびマーケットレートの投資収益の合計額に達した時点以降はゼロまたは名目的な金額に減少する。その後当該優先株式は償還されて米国法人が唯一の株主となる。これ以降の時点でREITを清算する。この清算の際には，完全子会社からの残余財産の分配は非課税で行われるというルールを適用して米国法人にも課税が生じないまま投資の回収が完了する。このルールはIRC332により規定されている。ここでは原則として清算により分配される残余財産の受取は非課税である旨の規定をしており，その要件として残余財産の受取法人が清算法人の議決権および株式価値の80％以上を有しており，部分清算ではなくすべての株式が償還もしくは消却されすべての財産が分配されることを挙げている。また，IRC334では，受取法人が受け取った残余財産の帳簿価額について，分配法人の帳簿価額を引き継ぐ旨規定されている。

　経済的には投資に係る回収は合理的に行われるが，分配を受ける資産等の税務上の性格（元本の回収か成果の配当か）を操作することにより，すべての株主が非課税で投資元本および成果の回収を完了するものである。税務上の課税所得が非課税法人にすべて分配されるように仕組むことで，課税所得が非課税法人に移転するスキームである。

　米国財務省規則1.7701(1)-3は，本スキームに対する制約を設けている。Fast-pay stock について，「その配当が経済的に投資のリターンのみでなく元本の返還部分を含んでいるもの」と広く定義し，Fast-pay stock を用いたスキームについては，税務上，経済的実質を反映させた取引に置き換えて（Recharacterize）課税をする実質課税の原則を適用する旨定めるとともに，このスキームを用いた納税者に取引の報告義務を課している。その結果，非課税法人が投資ビークルから受け取る配当は課税法人が非課税法人に対して発行

する株式ないし債券等の金融資産に係る投資収益の分配とみなすこととし、一度課税法人が投資ビークルから受け取った配当を原資として課税法人から非課税法人に支払われるものとされ、課税法人に課税関係が生じることになる。課税法人が非課税法人に対して発行したとされる金融資産が株式なのか債券なのか等の性格づけは、諸々の状況を総合的に勘案して決定される。

　日本の税法の枠組みで考えると、例えば日本版のREITである特別目的会社をビークルとして本事例のようなスキームを組成することが考えられる。この場合に Fast-pay stock と同様の分配請求権を有する株式を発行できるとしても、その経済的実質からして配当とされるものの中に元本の払戻部分を含むことが明らかなことから、この元本相当部分を税務上は配当と認定しないことが考えられる。この場合には、特別目的会社はその90％以上の所得を配当として支払うことを配当の損金算入の要件とするので、所得の90％に達するまでの配当を行う原資がなければ、特別目的会社で法人税課税が生じることになる。

事例4 – Stock Compensation

　自社株を用いた報酬制度に係る税務上の取扱いを利用して、報酬に係る損金相当額を二度にわたって計上するスキームである。

　まず子会社を使って自社株を取得し、この株式を納税者法人の従業員に交付する。この場合に米国税務上は当該子会社を納税者の株主とみなし、株主から出資を受けた自社株式を従業員に報酬として付与するという立場をとる。これは財務省規則1.83－6(d)により、雇用主の株主がその従業員に資産を交付した場合には、株主が一度雇用主に当該資産を拠出した上で当該雇用主が直ちに従業員に交付したものとみなすという規定を適用することによる。IRC1032は子会社から納税者法人に自社株が移転した段階では資本取引であるので課税は生じないことを規定している。この場合の受入資産の帳簿価額は、IRC362の規定に従い、資産の譲渡者の帳簿価額に損益を加減した金額となる。

　次に納税者法人が株式をその従業員に役務提供の対価として交付する段階で

は，その金額を納税者法人は給与として損金計上できる（IRC83(h)）。自社株を取得する際のビークルとして利用された子会社はその後未交付の自社株を売却処分し清算する。本事例における従業員への株式の交付は子会社から納税者への出資とみなされるので，納税者の有する子会社株式の税務上の帳簿価額は減少しない。みなし出資により子会社が有することとなる納税者法人の株式の税務上の帳簿価額は納税者の自社株を納税者に拠出しているのでその金額は変らず，ただ現実にはみなし出資に対する株式の交付はないので子会社が保有する残存株式数のみが減少していく。その結果清算直前の時点では納税者の子会社株式勘定には含み損が生じることになる。

IRC331は，清算に伴い残余財産が分配された場合には，当該残余財産の分配は，配当ではなく株式との交換取引とされる旨の規定を設けている。この規定により子会社の清算を経て含み損が譲渡損として実現し，連結納税上損失が計上されることになる。すなわち，従業員に現物給与として自社株を支給するという取引に関して二重に損金計上できることになるわけである。

なお，本事例で仮にみなし出資に係る規定が適用されなければ，子会社が納税者株式を納税者に分配し，それを受けた納税者が従業員に譲渡したとされることとなる。もしこのように取り扱われた場合には，納税者が受け取った株式は子会社の利益積立金を限度として配当として取り扱われ（本例では新しく設立されたビークルなので基本的に利益積立金はない），それを超過した部分については出資の払戻しとして取り扱われる。

納税者のレベルでは，子会社株式の帳簿価額が減額され，一方子会社のレベルでも納税者株式の1株当たりの帳簿価額の付替え計算は必要なくなるので，上記のような課税関係（みなし出資受入と子会社清算時のキャピタル・ロスの計上）は生じないことになる。

日本の税法の枠組みで考えた場合も，みなし出資に係る規定に相当する取扱いはないので，やはり子会社が納税者株式を納税者に分配し，それを受けた納税者が従業員に譲渡したとされることとなる。子会社清算時に現物給与支給額相当の損金を計上することはできないであろう。

事例 5 – Liquidating REIT

次の事例は投資のビークルとしてREIT（不動産投資信託）を利用し，投資成果をREITの清算による分配を通じて回収することにより投資成果の永久的な非課税化をねらったスキームである。

まず，納税者はREITを設立してこれに金融商品等の資産を拠出し，REITはその資産から生じる所得をREITの清算に伴って納税者に分配する。米国税法は，IRC856から859において，REITについての定義，課税上の取扱い等についての規定を設けている。IRC856の定義によれば，REITとは100人以上の持分保有者が存在すること，内国法人であること，持分が譲渡可能であること等の要件を満たした法人，信託等のビークルであるとされる。その主たる機能は不動産，不動産ローン等の資産を保有しそこから生じる利益を持分保有者に分配することであり，その所得の75％以上が不動産関連所得（家賃，不動産ローンに係る金利，不動産譲渡益等）であり，所得の90％以上が不動産関連所得および金融所得から成らなければならない。

REIT自体は法人所得課税の納税者となるが，90％以上の所得を配当等として分配する，しかるべき帳簿記録を備えおく等の一定の条件を満たした場合には，支払配当を損金に算入することができ（IRC857），配当支払後の剰余金に対して法人課税される。

IRC332は，Complete liquidations of subsidiaries について定めている。原則として清算により分配される残余財産の受取は非課税である旨の規定をしており，その要件として残余財産の受取法人が清算法人の議決権および株式価値の80％以上を有しており，部分清算ではなくすべての株式が償還もしくは消却されすべての財産が分配されることを挙げている。納税者はこの規定を受けてREITを80％以上保有することとし，その清算から生じる分配を受けても課税所得を生じないようにする。

一方，REITは支払配当が損金算入できる。IRC562(b)(1)(B)は法人等を完全に清算する場合において清算計画を策定してから24ヶ月以内に行われる残余財

産の分配は，支払配当の損金算入金額を計算する際には，配当とみなす旨規定しているので，清算による分配は支払配当としてREITで損金算入できることになる。

以上からREITを通じて投資を行い，その清算を通じて投資成果の分配を受け取ることにより本来課税対象となるはずの課税所得が永久に生じなくなるというスキームである。このスキームは，不動産ローンを多く有する金融機関に多く用いられた。不動産ローンをREITに拠出してこの利益を分配する段階で，REITの清算計画を策定し24ヶ月の間に利益を株主に分配することによって，実質的に不動産ローンに係る所得に対して永久に課税が生じないこととしていた。

ただし，このスキームは1998年にIRC332(c)が追加されREITの清算はIRC332の適用対象外となったので，株主レベルで課税が生じることとなった。

(4) 負債の引受の対価として取得する資産の取得価額に係る規定を利用するもの

負債の引受の対価として取得する資産について，取得者がその経済的価値を上回る帳簿価額を付すことを税法規定が許容していることを利用するものである。

内国歳入法典 Chapter 1 Subchapter O Part II において資産の売却損益を算定する際の基礎となる資産の税務上の帳簿価額が規定されている。この中のIRC1012は資産の税務上の帳簿価額は原則としてその取得に要したコストであることを規定している。負債を引き受ける見返りに資産を取得する場合に，この資産の取得に要したコストをどのように測定するべきかという点については，財務省規則1.1012－1(a)により金銭その他の財産の支払額と規定している。これを受けて，負債の引受額とはその負債が将来支払われる額とされている。すなわち将来の返済資金を現在価値に割り引くという考え方はない。

以下の事例ではこの規定に依拠して経済的価値の裏づけのない資産の帳簿価

額がつくり出される。

事例1 －Inflated Basis

この事例は，負債の時価と額面金額の違いを利用して，負債の引受の対価として取得する資産の税務上の帳簿価額をその価値よりも高くした上で爾後にその資産を譲渡することにより損金を計上するものである。

例えば，外国法人が長期借入をして国債等の金融資産を購入する。当該長期借入契約上一定期間ごとに利払いを行うとともに元本の返済は満期日に一括して行われる。当該金融資産は長期借入の担保に供される。利子の支払は担保に供されている金融資産により行われ，満期時の元本の支払はまず金融資産から，次いで外国法人およびその連帯債務者により不足額が返済される。このような長期債務について，米国の内国法人である納税者は長期借入の元本部分を引き受けるとともに残余の支払利子部分の債務については外国法人の連帯債務者となることとし，その対価として外国法人は上記金融資産の一部を納税者に譲渡する。譲渡される金融資産の時価は負債の経済的な価額と同額である。負債の経済的価額は将来のキャッシュ・アウト・フローの現在割引価値であり，それは元本のみを満期時に返済するという契約条件による本事例の債務引受においては負債の額面金額の現在割引価値相当額なので，長期借入の額面金額が相当程度金融資産の時価を上回ることになる。

米国税務上，負債を引き受ける見返りに資産を取得する場合の当該資産の取得価額は，資産を取得する者が引き受ける負債に関して将来支払わなければならない金額である。IRC1012は，資産の取得原価を当該資産の帳簿価額とする旨規定しており，さらに財務省規則1.1012－1(a)は，取得原価（Cost）を，金銭その他の財産の支払額としている。この支払額には債務を引き受けた場合のその引受額も含まれる。ここに引受額とは，将来当該債務が支払われる額である。したがって，債務引受の対価として取得した資産の帳簿価額は，当該債務の支払額（すなわち本事例においては額面金額）ということになる。一方，引受の

対価として受け取った金融資産の時価は負債の経済的な価額と同額である。したがって，引き受ける債務が長期の債務の場合には，負債の引受の対価として受け取った金融資産の取得価額はその経済的な価値を相当程度上回ることになる。

このような乖離すなわち資産の含み損を実現させることにより，損金を計上するものである。

なお，負債の元本の現在割引価値に等しい価額の資産と当該負債の元本を譲渡し，負債の帳簿価額が譲渡する資産の帳簿価額を超過する場合には，その超過額は資産の譲渡益とされる（IRC357(c)）ので，資産の譲渡人が認識した譲渡益の分だけ，譲受人は資産に高い帳簿価額を付すことができ，全体としては帳簿価額の連続性が保たれるわけであるが，資産の譲渡人が外国法人であったり非課税法人である場合には，譲渡人が認識すべき譲渡益には米国の課税が及ばないことになり，譲受人の認識する爾後の譲渡損のみが米国の課税上認識されることになる。

日本の税法の枠組みで考えた場合，資産の取得価額とされる負債の金額は引受時点での負債の現在価値評価額ということになると考えられるので，本事例のような帳簿価額のかさ上げはできない。

(5) デリバティブ取引に係る規定を利用するもの

上記の(1)から(4)までの4つの類型は，資産を取得する際にその経済的価値と乖離した帳簿価額を取得することで，その後の減価償却あるいは譲渡原価の計上を通じて，課税標準を下げるという点に共通するものがあった。本類型の事例はこれらとは異なり，金融資産に係る取引を利用して課税標準の発生のタイミングをコントロールすることにより課税の繰延を行うというものである。

事例1 －Notional Principal Contract

　この事例は想定元本取引を利用して所得を複数の要素（受取レグと支払レグ）に分解し，支払レグを先に損金として認識し，受取に係るレグの認識を先送りすることにより所得の繰延を行うものである。すなわち，スワップ等の想定元本取引において，支払レグについては定期的に支払を行い，支払った時点でその支払を損金に算入する一方で，受取レグについては受取のタイミングを将来に繰り延べ，益金の計上を先送りすることにより課税の繰延をするスキームである。

　財務省規則1.446-3には，想定元本取引に係る規定が設けられている。財務省規則における想定元本取引とは，金利スワップ，通貨スワップ，ベーシス・スワップ，金利キャップ，金利フロア，商品スワップ，株式スワップ，株式指数スワップ等，一定の想定元本に基づいて相互に受払いを行う金融商品をいう。想定元本取引のうち一定のものについては時価評価（期末で譲渡したものとみなして損益を認識する）の適用を受けるので（IRC1256），このスキームは利用できないが，それ以外の想定元本取引は時価評価の対象外であり，想定元本取引の受払に係る損益の認識の時期をずらす余地が生じる。

　想定元本取引の支払は，定期的支払（Periodic Payment）と非定期的支払（Non-periodic Payment）に分類される。定期的支払とは，想定元本契約期間において，一年以内の間隔で定期的に行う支払をいい，期間の経過とともに損益を認識する。一方，非定期的支払とは，想定元本取引に係る定期的な支払，契約終了時の支払以外の支払をいい，例えば，キャップやフロアにおけるプレミアムの支払やスワップ取引におけるアップフロントフィー等はこれに該当する。このような非定期的支払は，経済的実態に応じて，想定元本取引の契約期間において損益を認識することとなっている。本事例では，受取額の一部について金額を固定せずに株式に連動する金額とするなどして，経済実態的にも契約期間の最後に金額が確定するように取引をつくり，当該時点で益金を認識するという考え方をとっている。

この取引において益金が繰り延べられるのは非定期的支払である。この点について，当初から金額の確定しているものは定期的支払であり時の経過とともに損益を認識すべきであるとする考え方がある。また，財務省規則1.446－3(I)は，想定元本取引を用いた租税回避行為の包括的否認規定を設けており，課税繰延のような意図をもって取引を行う場合には，行為・計算が否認される可能性もある。

事例2 －Debt Straddle

この事例は2つの異なる金融資産の価値が，ある事象を契機としてそれぞれ反対の方向に概ね同額変動するという仕組み，いわゆるストラドルポジションを利用する。経済的にはこのようなストラドルポジションからは損益は生じないが，当該事象が生じた後に先に損の生じている金融資産を処分して損金を計上し，益の生じているポジションから所得が生じる時点まで課税を繰り延べるというスキームである。

まず含み益が生じても時価課税の対象とならない債務証書（債券は原則時価評価の対象外であり含み益には課税されない）を利用して，ストラドルポジションをとる。その後に含み損益が生じた後に，まず含み損の生じた債務証書のみを先に処分して売却損を計上する。IRC165(a)は，課税期間に生じた損失で保険等によりカバーされていないものについては当該課税期間において損金に算入することができる旨を規定している。さらに，財務省規則1.165－1(b)はより具体的な規定を設け，IRC165(a)に従って損金算入できる損失は，完結した取引から生じた損失で，かつ，真正の経済的損失でなくてはならず，その判断は取引の形式ではなく実質によるとしている。そこで，この事例においては，まず，損を生じている資産の処分を完全に行うことが損金計上のためのポイントとなる。

次にストラドルの一方のポジションである損を生じている資産の処分の時点で他方の含み益を生じている資産の当該益をそのポジションの処分前であって

も同時に計上することを要求する規定を回避することである。これについては，財務省規則1.1275-6がある。この規則は1つの債券ともう1つの金融商品（「ヘッジ手段」）のキャッシュ・フローを組み合わせると，通常の利付債券のような金融商品となる場合には，これらの2つの別々の金融商品は税務上1つの金融商品（「統合債券」）として取り扱う旨の規定をしている。ここにいう「ヘッジ手段」とは，いわゆるデリバティブのみではなく債券・借入等の金融商品一般を広く含み，本事例における債券もこの「統合債券」に該当する。統合債券に該当した場合には，これを構成する一方の金融商品（債券またはヘッジ手段）を満期前に売却・処分した時点で当該統合債券自体が売却・処分されたものとして取り扱われ，その時点において益を生じている資産についてもその評価益を課税所得として認識しなければならない。さらに財務省規則1.1275-2(g)は，支払利息や債券の償還差益・発行差金の損金算入についての包括否認規定を設け，債券の組成目的に経済合理性がなく租税回避を主たる目的としている場合には，課税当局に適切な課税関係が生じるように取引の形式を変更する権限を与えている。上記のストラドルに係る規定があるにもかかわらず，このような包括否認規定を設けたのは，債券とヘッジ手段の満期や額面・想定元本を変えることにより，統合債券の要件を回避することを防止するためである。

事例3 −Enron−Project NOLy

この事例はパートナーシップを経由してデリバティブ取引に係るポジションを保有し，これにみなし売却規定を適用させることでパートナーシップにおいてキャピタル・ゲインを計上し，これを利用してエンロンの有する繰越欠損金を使用するとともに，その後の年度で同額のロスを再び計上するというものである。

エンロンは1996年から2000年の間にオペレーティングロスを計上し，これを繰り延べていた。2000年度に他の所得を創出してこのオペレーティングロスを吸収することにより1996年以降の年度の税務調査を終結させる目的で考案し実

行されたのが本件プロジェクトである。

　まず最初にパートナーシップが組成される。パートナーシップの組成に際して資産を拠出しパートナーシップの持分を取得する場合，このような取引からはパートナーは損益を認識しない（IRC721）で，取得したパートナーシップ持分の帳簿価額は拠出された資産の帳簿価額を引き継ぐことになっている（IRC722）。

　次にパートナーシップにおいてデリバティブ取引を取り組むことにより一定の金融ポジションを創出し，この金融ポジションにIRC1259の定める「みなし売却ルール」が適用される状況をつくり出す。これにより2000年度にキャピタルゲインを計上し，エンロンの有する繰越欠損金をすべて使用することにした。

　本事例においてはみなし売却ルールの適用をトリガーすることが重要なポイントである。含み益を生じている金融ポジションに係るみなし売却規定の内容は，以下のとおりである。

- 1997年6月8日以降に取り組まれた先渡，先物，空売り，オプション等の金融ポジションに関する取引について，納税者が含み益を生じているポジションのみなし売却取引を行うものとして取り扱われる場合には，当該ポジションが取引日に時価で売却されアサインされまたは解約されたものとして収益（ただし損失は除く）を認識しなければならない（IRC1259）。
- みなし売却取扱いの要件が満たされる場合，納税者は当該ポジションが取引日に時価で売却され直ちに買い戻されたものとみなして売却収益を認識しなければならない（IRC1259(a)(1)）。
- 一般に，納税者（または一定の状況で納税者の関連者）が①同一または実質的に同一の資産の空売りを行う，②同一または実質的に同一の資産についてオフセット想定元本契約を締結する，③同一または実質的に同一の資産を引き渡す先物契約または先渡契約を締結するという取引のいずれかを行う場合には，当該時点で含み益のあるポジションのみなし売却

を行うものとして取り扱われる（IRC1259(c)(1)）。
- 財務省規則に定める範囲で納税者は前述の取引のいずれかと実質的に同一の効果をもつ一以上の取引を行いまたは一以上のポジションを取得するとき，みなし売却を行うものとして取り扱われる（IRC1259(c)(1)(E)）。
- 先渡契約は，その先渡契約が実質的に一定額の資産を一定の価格で引き渡しまたは現金精算することを定めている場合にのみ，含み益を生じている金融ポジションのみなし売却の取扱いを要することになる（IRC1256(d)(1)）。

なお，本事例においてエンロンはみなし売却規定には計上すべき収益の額の決定を翌年3月末日まで遅らせることとなる例外規定（IRC1259(c)(3)）を利用して，繰越欠損金の金額を超えない範囲でみなし売却益計上額を最大化するよう調整するための時間的な余裕をつくり出していた。

みなし売却により創出された譲渡益は，エンロンのパートナシップ持分の税務上の帳簿価額を増加させることになる。その後の年度でパートナーシップを清算する際にIRC732の定める税務上の帳簿価額引継規定の例外に該当させることで，先に計上したキャピタル・ゲインとほぼ同額のロスを計上することを予定していた。すなわち，パートナーシップ持分の清算において分配された資産にパートナーが付すべき税務上の帳簿価額は，そのパートナーが持分の清算直前に有していたパートナーシップ持分の帳簿価額である（IRC732(b)）。ただし，このルールにも例外がある。パートナーシップにおけるパートナー持分の完全清算の場合で，清算に伴う分配としてパートナーが受け取る資産が現金，未回収売掛債権および棚卸資産以外にない場合には，当該パートナーの清算直前のパートナーシップ持分の税務上の帳簿価額が分配された現金額およびIRC732に従って未回収売掛債権および棚卸資産に付される税務上の帳簿価額の合計額を超える金額の損失を計上することになる。本事例においてはこの規定にいう状況をつくり出すことによりロスの計上を予定していたと考えられる。

(6) 取引の仕組みによるもの

この類型に属する事例の共通点は、取引の仕組みそのものを利用して課税の繰延を図る点である。

事例1 － Enron － Project Apache

この事例ではグループ内での循環金融の過程で米国法人子会社に支払利子および債権のファクタリング経費をつくり出し、米国連結申告上これらを損金計上する。その一方でこれらの損金に対応する所得を国外の非関連者と共同して設立するオランダ事業体において計上させることにより、米国の課税所得を国外に移転させるスキームである。この所得の国外移転を達成するために、エンロンは自己金融により米国法人子会社につくり出した支払利子の損金算入を制限する規定（IRC163(j)）およびこの国外に移転させた課税所得にかかる規定でいわゆるタックス・ヘイブン税制と類似する米国税務上の合算課税ルール（IRC951, 956）の適用を回避するべく対策を施していた。

① スキームの概要

本事例では、米国法人納税者、当該米国法人に資金を貸し付けるビークルとなるオランダ事業体、さらに米国納税者とともにオランダ事業体を設立しこれに資金を供給する非関連外国貸主が登場する。

まず米国法人がオランダ事業体の価値の60％を表すコモン・ユニットと交換に現金を拠出し、外国貸主は当該オランダ事業体の価値の40％を表わす優先ユニットと交換に現金を拠出する。ユニットの条件として、米国法人のコモン・ユニットにはいかなる収益の分配も行われず、外国優先ユニットは未払いのままとし、優先ユニットはオランダ事業体の選択で償還が可能であり、留保収益から累積優先分配を受けることができ、オランダ事業体に対する外国貸主の当初投資に等しい優先清算分配を受けることが

できるものとする。オランダ事業体は，その資金のほぼ全部を米国法人に貸し付け，米国法人はこの債務に係る支払利子の全部を米国で控除する。実際は，この借入金のうち60％は米国法人がオランダ事業体に対して拠出した現金であり，実質的には米国法人が自己に負う債務であり，残りの40％が第三者からの借入である。

② 合算課税の回避

　米国税法上，日本のタックス・ヘイブン税制と類似の趣旨で外国に留保された一定の所得の合算課税制度が設けられている。この制度のもと，IRC951(a)に基づきControlled Foreign Corporation（以下CFC）の米国株主はCFCの当期のサブパートＦ所得の出資持分対応部分およびIRC956に基づき決定されるCFCの当期のみなし償還の出資持分対応部分をそれぞれ自己の申告所得に合算しなければならない。

　このような状況において，通常であれば，このオランダ事業体は，米国法人のCFCであるので，タックス・ヘイブン対策税制としてのサブパートＦ条項に基づきそのパッシブ・タイプの収益の出資持分割合相当額が米国税法上合算課税されるとともに，オランダ事業体が米国法人から受け取る利子は，サブパートＦ所得であり，また，オランダ事業体の債権投資は通常IRC956の米国資産への投資なので，同条のみなし償還ルールの対象となり合算課税が行われることになる。

　しかし，本事例では米国納税者はオランダ事業体で生じるＥ＆Ｐの全部を非関連者が保有する優先出資持分に配分し，納税者が保有する出資持分には一切Ｅ＆Ｐを配分しない分配構造をオランダ事業体につくり込むことによりサブパートＦの合算課税を回避しようとした。このような回避が可能となる根拠は，次の財務省規則にある。すなわち，複数種類の株式がある場合に，株主のサブパートＦ所得の出資持分対応部分を決定するとき，ある種類の株式に帰すべきサブパートＦ所得は，CFCのサブパートＦ所得のうち，CFCの収益・利潤全部の分配においてこの種類の株式に分配すべき収益・利潤がCFCの収益・利潤合計に占める割合に相当する部分

である（Reg.951-1(e)(2)）。これにより米国法人納税者は「オランダ事業体のサブパートF所得は全く米国法人に合算されず，IRC956に基づく米国法人への収益のみなし償還は全くない」というポジションをとっていた。

この取引の解消に際して，外国貸主の優先出資持分の償還（元本の払戻し）はその証書の条件により，オランダ事業体の残余未分配収益（米国法人が損金として控除した支払利子＝その米国法人から間接的に受け取った利子の残余部分）の分配として取り扱われる。米国法人は，このような取組みにより優先出資持分に受取利子を分配することによりこれを米国側の課税範囲から除外し，結果としてオランダ事業体のE＆P全部を米国側の課税範囲から除外することで，所得の認識をせずにその清算をすることができる。

③ 支払利子の損金算入制限の回避

本事例においては，当初のスキームでは，循環金融を意図した控除をするためオランダ事業体が米国法人納税者に直接貸し付けるスキームであった。だが，直接貸付の利子はIRC163(j)により否認対象となるので，納税者は自己とオランダ事業体との間に非関連者である事業体を挿入することによってIRC163(j)による否認リスクを回避するスキームに修正した。エンロンは財務会計上はこのような事業体を実質基準により連結対象事業体として取り扱う一方で，税務上は少数株主であるという形式基準により非関連者であるというポジションをとった。

事例2 −Foreign Factoring

この例では米国法人納税者が保有する経済的には回収リスクのない優良債権をディスカウントして，非関連者がコントロールする会社にファクタリングに出すことによりディスカウント相当の所得が納税者からファクタリング会社に移転される。なお，ファクタリング会社は非関連者によりコントロールされているが，納税者もあらかじめ一部出資する。こうして移転された所得は一定期

間後に米国法人が保有するファクタリング会社の株式の譲渡を通じて米国法人に還流する。このようにして所得の繰延を図るスキームである。

　米国法人Aは資本関係のない外国法人Bと共同でタックス・ヘイブンに売掛債権のファクタリングを行う会社Cを設立する。AはCに当初出資金として5を拠出し無議決権普通株を取得する。Bは銀行からCの売掛債権を担保に95の借入を行う。Bはこの95と資本金として調達した5の合計100をCに当初出資金として拠出し、議決権付優先株を取得する。AはCが調達した105の資金を対価として5年間にわたって売掛債権をCに次々に売却する。この売却の際にはAはCに対して2％の割引を供与する。Cはその米国子会社として債権回収を業とする会社Dを設立しこれに債権回収業務を行わせる。外国法人Bは5年間にわたってAが提供する2％の割引を原資とする優先配当を受け取る。AがCに譲渡する債権は信用リスクの非常に低い回収が確実な債権であり、Bはリスクなしかつ税金負担なしで配当を受け取る。Aは5年間にわたってCに譲渡した債権の割引額相当の損金を計上する。

　米国では、前述事例1で説明したとおり、CFCの一定の所得や、Passive Income を稼得する外国子会社（Passive Foreign Investment Company、以下PFIC）の当該所得のうち納税者が選択した部分が合算課税の対象になる。本件取組みではCは形式的なコントロールの観点からAのCFCには該当しない。また、外国ファクタリング会社はIRC954(h)(4)(b)の lending business に該当するのでＰＦＩＣには該当しないという立場をとっている。

　5年後にこの取組みは解消され、米国法人Aは先に供与した割引に係る損金額をある程度カバーする金額でファクタリング会社Cの株式を売却して対価を受け取る。この結果Aは課税所得の繰延ができる。

　日本の税法の枠組みで考えた場合、本事例のように非関連者が関与する場合には、個別の取引ステップを見る限り、移転価格税制もタックス・ヘイブン税制も機能しないと考えられる。

事例3 − Lease−in／Lease−out（LILO）

　この事例においては，納税者である米国法人は物件保有者である非課税外国法人との間で当該非課税外国法人が米国外に保有する不動産につき方向の異なるヘッドリースとサブリースを行うことにより，2つのリースの条件の違いから生じる所得繰延効果を利用するものである。したがって，物件保有者がこの仕組みの実行後も実行前と同じく物件を使用収益し続けるものであり，いわばリースアンドリースバック取引である。ちなみにこの事例では米国法人納税者にとっては支払リース料純額とローン金利がつくり出す税金の節減効果を除くと税引き前のリターンは全く小さなものに設定されており，ほとんど経済的には意味のない投資となっていた。

事例4 − Phantom Income

　経済的には所得が存在しない状況において，Real Estate Mortgage Investment Conduit（以下「REMIC」）を利用して税務上益金要素と損金要素をつくり出し，それぞれの発生タイミングのズレを利用して課税所得の繰上計上を図るものである。

　先に129ページで説明したところを再度説明すると，REMICは，不動産ローン債権を保有しこれを担保として証券を発行する事業体であり，通常シニア債，劣後債，エクイティ証券等複数の証券を同時に発行する。REMICについてはIRC860Aから860Gにかけてその課税上の取扱い並びに定義規定が設けられている。IRC860Dの定義によれば，REMICは1種類の残余利益を受け取る権利を有する持分証券（Residual Interest）と1種類以上の通常証券（Regular Interest）を発行することができる。IRC860D(a)の要件を備えていればいかなる事業体をビークルに使ってもREMICとしての取扱いを選択することができる。この選択をした場合には，REMIC自体は納税者にはならず，REMICの発行する証券の保有者が納税者となる。通常証券は，税務上通常の

負債証券と同様に扱われ，支払利息に相当する金額はREMICの所得から控除され，残余に相当する所得は持分証券の保有者の課税所得に合算される。当初は通常証券の低い金利のみを支払うので，REMICの損益計算上に余剰が生じ，持分証券の所有者に所得が発生するが，一方，その後には通常証券へ高い金利を支払うので逆に持分証券の所有者に損失が生じる（通算ではこの余剰はゼロ）。

このように持分証券の所有者に（計算上のみの）所得が投資の当初の段階で生じることを利用し，この所得（および所得に対して課せられる税金）を取引する（ファントムインカムに係る税金コストは法人の税務ポジションに応じて異なり得るので取引が成り立つ）ことを通じて税負担を軽減させるものである。

事例5 – Enron – Project Cochise

この事例においては，まずエンロンはプロモーターとともにその100％子会社Hをビークルとして利用する。IRC351の非課税の現物出資の規定を利用して，プロモーターは子会社Hに対して，税務上大きな金額の含み損を生じているREMIC持分証券を拠出する。同時に，エンロンは一定の金額の所得がコンスタントに生じる資産（プロモーターが拠出するREMIC持分と同じポートフォリオに係るREMIC通常証券）を拠出する。

その後にこの法人Hは不動産投資信託（Real Estate Investment Trust：以下「REIT」）となることを選択する。HはREITの地位を選択したことによりエンロンの連結納税グループから外れることになる。この時点で，Hに移転したREMIC持分証券の財務会計上の取扱いと税務上の取扱いとの差異を利用して，エンロンは繰延税金資産を計上することにより相当額の財務会計上の利益を計上した（この時点で，子会社Hは連結納税グループからは外れているが，依然として財務連結の対象となる子会社である）。

上述の非課税譲渡後，プロモーターはHの普通株式全部を所有することになっていたので，当該普通株式に係る配当の宣言を通じてプロモーターはプロモーターが持ち込むREMIC持分証券からその後に生じるファントム所得全額

の分配を受ける。その後，Hは，あらかじめエンロンとプロモーターの間の株主間契約で規定されていた資本構成の変更により2004年に再度エンロンの連結納税グループに加入し，先に生じていたREMICのファントム所得を取り戻す形でその後に生じてくる損失を税務上損金計上する予定であった。このスキームは，子会社HのREITとしての連結離脱と連結納税グループへの再加入を通じて，エンロンが過年度のファントム所得を自ら計上することなしに2003年以降に生じてくる損失のみを税務申告で控除できるようにするものである。この事例でプロモーターがREMIC持分証券と交換に受け取ったH株式の税務上の帳簿価額は，プロモーターが拠出した同持分証券の帳簿価額を引き継ぐので，拠出前に生じていたファントム所得相当だけ時価を超えることになる。これを利用してプロモーターはH株式の処分により譲渡損を計上して他の課税所得を相殺する。一方でエンロンは，子会社Hの連結申告を通じてHの保有するREMIC持分証券から生じる将来のファントム損失を利用して課税所得を相殺する。本事例はこのような損失の一部二重控除をねらったものである。

(7) その他の規定の利用によるもの

ここでは，特別な税法規定を利用する点で汎用性のない事例をまとめて紹介する。

事例1 －Installment Sales／Contingent Installment Note (CIN)

納税者は非課税の外国法人とともにパートナーシップを組成し，当該パートナーシップを経由して「Installment Method」の適用対象となる金融商品を購入し，これを他の者にIRC453の「Installment Sale」の規定が適用されるような対価の支払方法で売却する。IRC453によれば，「Installment Sale」は資産の処分であって少なくとも1回の対価の支払が当該処分が行われた年度の翌年度以降に行われるものと定義されている。さらにIRC453(b)(1)において，

ある年度に計上されるべき「Installment Sale」に係る所得の割合は代価の受取額総額に占める当該年度の受取額の割合であることが規定されている。ただし，受取代価の総額が確定しない「Installment Sale」については，契約上その代価を受け取る期間にわたって納税者の譲渡原価を均等額に割り振り計上すべきことが規定されている（Temp.Treasury Reg.Sec 15A.453－1(c)(3)(i)(1981)）。これが Ratable Basis Recovery Rule と呼ばれるものである。この Ratable Basis Recovery Rule を利用して譲渡原価の計上を相対的に先送りし，ネット所得を先に計上する。この時点ではパートナーシップの持分は非課税法人により大部分保有されている。この後納税者が追加出資してパートナーシップの持分の大部分を納税者米国法人にシフトさせた上でネット損金の大部分を納税者が計上し，これにより節税を図るものである。Installment Sale により譲渡収入の計上と譲渡原価の計上のタイミングのズレをつくり出し，プラス所得を非課税法人に，マイナス所得を納税者である課税法人にそれぞれ分配するものである。なお，この事例では，その後に納税者が外国法人パートナーの持分をあらかじめ予定していた水準のリターンを相手方に残すような一定の金額で買い取っている。

事例2 －Killer B

この事例は国外で生じている軽課税の留保所得を使用して，税務上はこれを還流させて親会社に所得を生じることなしに親会社の自己株の取得を可能とするものである。このような場合に米国税法上はサブパートF所得に関する規定がある。これは本邦税法上のいわゆるタックス・ヘイブン税制に対比されるものであり，グループ内で生じている一定の国外所得を合算するものである。このルールを回避するべく設計されたのがこの事例のスキームである。

まず，米国の上場企業である納税者は，国外のCFC（Controlled Foreign Corporation）と別にもう1つCFCを設立する。そしてこの法人に銀行借入を原資として納税者の自己株式を市場から購入させる。この株式をいわば支払手

段として留保所得を抱えたもう一方のCFCの株式を交換により取得する。この際に納税者の株式は納税者に分配される。

　この取引はIRC368(a)(1)(B)において規定しているいわゆるBタイプ組織再編とよばれるものの一類型である。これは議決権株式（本事例ではCFCの究極の親会社である米国法人の発行する議決権株式である）との株式交換である。再編後親会社が子会社を支配していること（議決権株式および総株式の80％以上を保有すること）が非課税取扱いの要件である。この事例では、この非課税再編ルールを利用して新たに設立したCFCに既存のCFCの株式を取得させた後に留保所得を配当させて銀行借入金を返済する。これらのステップはIRC956の適用をトリガーしないように4半期末以前に完了する。以上により、納税者は合算課税の対象となるサブパートF所得を生じない形で国外にある資金を利用して自己株式を取得することができる。

　米国法人納税者はIRC951により、その海外子会社であるCFCを通じて国外で稼得する所得のうち一定の所得をその発生時に米国税務申告上レポートすることを求められている。このルールの対象となる所得はIRCの951以下いわゆるサブパートF所得として規定されている。IRC956においてはこのようなサブパートF所得のうち、米国資産の取得に使用されたものについて合算対象額を規定しており、その合算対象額の測定は各4半期末の状況によることになっている。そのために、上記の例では4半期末の時点ですべての取引が完了していることがポイントとなっている。

事例3 – Corporate Owned Life Insurance（COLI）

　米国税務上生命保険契約については、運用益による契約の価値の上昇（インサイドビルドアップ）は発生ベースで課税されず、また死亡保険金の給付を受けても課税所得にならない。その一方で保険掛金の支払のためのポリシーローンの支払利子が一定の場合に損金計上できる（IRC264(d)）。これを利用して支払利子の損金算入効果によりわずかなネットキャッシュアウトのみで保険契約を

継続できるスキームである。IRC163においては原則として負債の利子の損金性を認めているが，IRC264(a)は生命保険契約上の支払保険料に充当するための借入に係る支払利子の損金性を原則として否認している。ただし，IRC264(d)は，この例外として，このような借入による保険料の支払が保険契約当初7年間のうち3年以内に限定される場合には利子の損金算入を認めている。

この規定を利用して契約の当初3年間に借入金の金利を損金算入するとともに，その後の期間については，支払保険料のキャッシュ・フローを賄うために保険会社が支払保険料の大部分をローディングディビデンドという名目で契約者に還流させていた。さらに契約者はポリシーローンの支払利子に充当するために保険金拠出額のうちから資金を引き出していた。これらにより契約者はわずかなネットキャッシュアウトで4年目以降契約を継続していた。本件取組みにおいては，ポリシーローンに係る支払利子の損金算入による税効果があって初めて契約者にメリットが出る仕組みとなっていた。

事例4 − Reinsurance Arrangement

本事例は米国税務上損害保険業務を行う内国法人に与えられる非課税措置を利用するものである。すなわち，損害保険に係る所得を稼得する米国法人には一定の非課税措置（IRC501(c)(15)，831(b)）が与えられている。ただし，この適用を受けられるのは米国法人として課税されている法人である。

まず米国で保険商品を販売する法人は，損害保険業を行う子会社Bを保険業法の規制の緩やかなタックス・ヘイブンに設立する。次に，第三者保険会社を経由してその子会社Bに米国での損害保険契約の販売から生じる所得の一部を再保険契約を通じて移転する。

この場合，そのままでは子会社Bは米国親会社の Controlled Foreign Corporation（CFC）となりその留保金には合算課税ルールが適用され，合算される所得については米国でフルに課税されることになる。このような課税ルールを回避して，さらに税負担を回避するために，まず子会社Bについて

IRC953(d)により米国法人として課税されることを選択する。この選択により，内国法人に与えられる損害保険業の非課税措置を利用できることになり，実質的に子会社Bの稼得する所得が課税対象外になる。

事例5－Charitable Remainder Trust

　この事例では，Charitable Remainder Trustから信託受益者への分配に係る課税関係を規定するIRC664の規定に依拠して，実質的に資産の譲渡益を含む譲渡対価相当額の支払を信託元本の払戻しとして税務上取り扱うことにより，課税を排除している。

　まず，含み益を生じている資産を保有する納税者が当該資産をCharitable Remainder Trustへ拠出してnon-charitableの受益者になる。Charitable Remainder Trustではこのようにして取得した資産を売却せずに，資金を借入により調達して納税者に分配する。この分配の受益者側の取扱いについてはIRC664で規定している。これによれば，Charitable Remainder Trustからの分配のうちCharitable Remainder Trustにとって所得となるものを原資とする分配についてはnoncharitableの受益者にとっても課税，免税所得からなるものと信託元本の払戻しから成るものは受益者側でも非課税となる。これを受けて本事例では，信託元本の払戻しとして非課税というポジションをとっていた。

2　税率の引下げについて

　税率そのものを単純に引き下げるということは，税法上にそのように定められていて初めて可能になることが通常であり，タックス・シェルターの仕組みにおいては余り実例はない。ただし所得種類に応じて異なる税率が適用されるような税制の場合に所得種類を変更することはあり得る。税率の引下げはむしろタックス・シェルターの結果として企業グループのグローバルな所得がより

多く軽課税国へ移転される結果として全体の実効税率は引き下げられるということが多い。

3 税額控除の増額について

税額控除というテーマで最も一般的なものの１つは外国税額控除である。外国税額控除を管理することは二重課税を回避するという目的においてすべての法人が取り組むべきテーマである。二重課税の回避と租税回避を混同することのないよう注意すべきである。

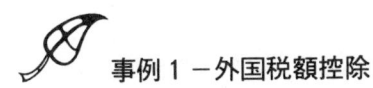

事例１－外国税額控除

外国税額控除については，納税者自らの外国税額控除余裕額で自社では利用可能性の低いものを使用して実質的に他社の外国税額を控除しこのメリットを当該他社に還流させて手数料を受け取るもの，あるいは，みなし税額控除を利用して実質的な貸出金利スプレッドを稼ぐもの等の事例がある。

また，外国税額控除限度額がある場合に，意図的に海外に所在する資産の税務上の帳簿価額を有税でかさ上げし，その結果生じる外国税額を還流させて税額控除の極大化を図ることが考えられる。

具体的には，意図的に外国税額の還流額を増やすことにより税額控除を加速するものがある。これは外国税額控除限度額について一種のプール計算をする場合，同じバスケットに属する所得について高い外国税額を負担する所得と低い外国税額を負担する所得が組み合わされることで，低い外国税額を負担する所得が仮に例えば，配当支払国別等一定の所得部分ごとの限度額計算方式であれば追加的に負担したであろう米国税額がプール計算の外国税額控除により消えるという結果になることを利用するものである。

上記以外に税額控除に関する事例としては次のものがある。

事例2－Enron－Sec29クレジット－前払商品取引の利用

　米国税務上の特別措置として一定の税額控除が政策的に与えられているものについて，その控除額を増加させるために，商品取引の基準商品を現物引渡しにより精算し，これを商品の売上とした事例がある。具体的には，米国法人エンロンと金融機関とSPC（特定目的の会社）の間で現金前払商品先渡契約（現金前払商品先渡契約とはセラーが将来の特定の日に一定量の商品をバイヤーに引き渡すことを約束し，これに対してバイヤーがセラーに現在時点で現金を支払うという契約）を使って資金を循環させるとともに，エンロンが前払いを受けた時点でIRC29に定められた一定の燃料生産に与えられる税額控除の対象となる棚卸資産の売却があったものとして課税所得を計上していた。

　納税者は，原則として，対価を現実に受け取る時点または受け取ったとみなされる時点においてその収入を益金の額に算入しなければならない（Reg. 1.451－1(a)）。発生主義により，所得を受け取る権利が発生しかつ所得の額を合理的に測定することが可能となった時点で，納税者は一般にその項目を益金の額に算入しなければならない。所得を受け取る権利は，必要な債務が履行されたとき，債務履行に係る支払の期日が到来したとき，あるいはこの支払が実際に行われるとき，のいずれか早いときに確定する（Rev.Rul.74－607, 1974－2 C.B.149）。財務省規則では，納税者が後年度に引き渡される商品の販売に係る前渡金を受け取る場合，一定の状況で課税所得の認識を繰り延べることを認めている（Reg.1.451－5）。この前渡金は，受取年度，納税者の会計方法によりこの支払が益金の額に算入される課税年度，または財務報告のためにその支払が所得に算入される課税年度，のいずれか早い課税年度にこれを認識することができる（Reg.1.451－5(b)(1)）。

第2章

類型論（その2）

　上記の税額算定式に着目した類型化とは別に，タックス・シェルターが達成する租税回避の類型，すなわち，所得移転型，所得繰延型，課税排除型，所得分類変更型の4つの類型について先にみた各事例を改めて検討し，グルーピングすることとする。なお，ここでは前述した類型論（その1）において既に紹介した事例については説明をエッセンスのみに絞っている。

1　所得移転型

　当期の税負担を減少させる手法として，高税率の国で生じる所得を低税率の国に移転するというものがある。全世界ベースの課税所得に増減はないが，国または地域の間で所得の移転が起こることで全世界ベースの課税所得に係る税額が減少するものをここで列挙する。このような所得の移転の手法としては，移転価格を利用するもの，およびそれ以外の手法を利用するものがあり得る。

(1)　移転価格利用型

　このタイプに属する事例は，関連会社間の取引を通じて課税所得を国外に移転するという要素を含んでいるものである。タックス・シェルターにおいては当然にして関連者間取引を形式的には資本関係のない第三者との取引とするのであるが，この第三者がいわゆるアコモデーション・パーティとして取引を成立させている場合が多い。以下各事例をみていく。

事例1 – Enron – Project Apache

この事例において米国法人納税者はグループ内での循環金融の過程で米国法人子会社に支払利子および債権のファクタリング経費をつくり出し，米国連結申告上これらを損金計上する。その一方でこれらの損金に対応する所得を国外の非関連者と共同して設立するオランダ事業体において計上させることにより，米国の課税所得を国外に移転させるスキームである。この所得の国外移転を達成するために，納税者は自己金融により米国法人子会社につくり出した支払利子の損金算入を制限する規定（IRC163(j)）およびこの国外に移転させた課税所得に係る規定でいわゆるタックス・ヘイブン税制と類似する米国税務上の合算課税ルール（IRC951，956）の適用を回避するべく対策を施していた。

国外の非関連者がスキームに参加しているが実質的にはグループ内取引によりオランダ事業体に所得移転するというものである。

事例2 – Installment Sales／Contingent Installment Note（CIN）

納税者は非課税の外国法人とともにパートナーシップを組成し，当該パートナーシップを経由して「Installment Method」の適用対象となる金融商品を購入し，これを他の者にIRC45301の「Installment Sale」の規定が適用されるような対価の支払方法で売却する。受取代価の総額が確定しない「Installment Sale」については，契約上その代価を受け取る期間にわたって納税者の譲渡原価を均等額に割振計上すべきことが規定されている（Temp.Treasury Reg.Sec 15A.453 – 1(c)(3)(i) (1981)）。この「Ratable Basis Recovery Rule」を利用して譲渡原価の計上を相対的に先送りし，ネット所得を先に計上する。すなわち，Installment Sale により譲渡収入の計上と譲渡原価の計上のタイミングのズレをつくり出し，プラス所得を非課税法人に，マイナス所得を納税者である課税法人にそれぞれ分配するものである。その後に納税者が外国法人パートナーの持分をあらかじめ予定していた水準のリターンを相手方に残すよ

うな一定の金額で買い取っている。

この取引においては，非課税外国法人がアコモデーション・パーティとして参加しており，このパーティに一時課税所得を退避させることにより節税効果をつくり出している。

事例 3 — Foreign Factoring

この事例では，米国法人納税者が保有する経済的には回収リスクのない優良債権をディスカウントして非関連者がコントロールする会社にファクタリングに出すことにより，ディスカウント相当の所得が納税者からファクタリング会社に移転される。なお，ファクタリング会社は非関連者によりコントロールされているが，納税者もあらかじめ一部出資する。こうして移転された所得は一定期間後に米国法人が保有するファクタリング会社の株式の譲渡を通じて米国法人に還流する。このようにして所得の繰延を図るスキームである。

この事例においてもアコモデーション・パーティが参加することにより，ファクタリング取引はその形式上納税者がコントロールできない第三者との間の取引の外観を呈するものとなっている。

事例 4 — Reinsurance Arrangement

本事例においては米国で保険商品を販売する法人納税者が，損害保険業を行う子会社を保険業法の規制の緩やかなタックス・ヘイブンに設立する。次に，第三者保険会社を経由してその子会社に米国での損害保険契約の販売から生じる所得の一部を再保険契約を通じて移転する。

その上で，当該子会社についてIRC953(d)により米国法人として課税されることを選択して，内国法人に与えられる損害保険業の非課税措置を利用する。すなわち，納税者の稼得する保険販売所得を国内法上つくり出した免税法人に移転するものである。

この事例も第三者を介在させることにより国外関連者取引がないような外観を呈している。

(2) 移転価格利用型以外の事例

事例1 － Section 357(c) Basis Shift（現物出資時の負債の引受に係る課税関係）

この事例は現物出資に伴う負債の引受に係る米国税務上の取扱いを利用して課税標準を米国から国外に移転するというものである。

納税者である米国法人に米国における納税義務者でない外国法人または非課税法人が資産を現物出資すると同時に、米国法人は当該外国法人が有する負債を引き受ける。この場合、現物出資はIRC351の規定の適用を受けるので、資産と交換に取得した株式の外国法人における帳簿価額としては原則として外国法人が出資した資産の帳簿価額を引き継ぐことになる。ただし、同時に行われる負債の引受に関して外国法人の引き継ぐ帳簿価額に一定の調整が求められる場合がある。すなわち、この調整ルールにより外国法人側では譲渡益が計上されるとともに米国法人側では譲渡益と同額だけ受入資産の帳簿価額が増額されることになる。外国法人は譲渡益について課税を受けないようになっており、結果として、米国法人の将来の所得が譲渡益相当額だけ国外に流出することになる。

事例2 － Basis Shifting

この事例は、米国法人株式の償還に際してみなし配当が生じる場合に当該償還株式の税務上の帳簿価額を株主と同じグループに属する他の法人に引き継ぐことができるというルールを利用して償還を受けた株式の帳簿価額を帳簿価額を無税で外国法人株主から米国子会社にいわば「輸入」し、これをその米国子会社において将来上譲渡原価として控除するというものである。

米国の課税の及ぶ範囲外にあった資産の帳簿価額を米国法人に無税で移すことにより，米国における将来の所得が国外に移転されるものである。

事例3 －Fast－Pay Stock／Step－Down Preferred

この事例は，米国法人と非課税法人がREITを組成しこれを通じて投資を行う。この投資の回収額における元本と成果の構成について，非課税法人に「成果」部分を優先的に配分した後に価値のなくなった非課税法人持分を名目的な価格で償還し，REITが課税法人である米国法人の完全子会社となったとところでREITを清算し，残余資産を非課税で米国法人に分配する。経済的には投資に係る回収は合理的に行われるが，分配を受ける資産等の税務上の性格（元本の回収か成果の配当か）を操作することにより，REITのすべての株主が非課税で投資元本および成果の回収を完了するものである。税務上の課税所得が非課税法人にすべて分配されるように仕組むことで，課税所得が米国外に移転するスキームである。

事例4 －Intermediary Transaction

事業を売買する際に当該事業を行う法人の株式の税務上の帳簿価額（アウトサイドベーシス）がその事業を構成する資産の税務上の帳簿価額（インサイドベーシス）を上回っている場合，事業の売買を株式の譲渡により行うかあるいは資産の譲渡により行うかは，譲渡者と取得者とでそれぞれ異なる選択が有利となる場合がある。このような場合に中間法人が取引に参加することにより，例えば，譲渡者からは株式の譲渡を受け，その後に取得者には資産の売却を行うというスキームがある。

米国税務上，株式の譲渡により事業を取得する場合に，取得者側の選択によりこの事業を資産の取得として取り扱うことができる規定がある（IRC338(g)）。この場合には譲渡の対象になった法人において資産および負債の譲渡があった

ものとして課税されることになる。すなわち，経済的には取得者側で譲渡益を計上して同額の税務上の帳簿価額のかさ上げが起こるということである。これに対してこの事例の場合には，中間に介在する法人は譲渡者や取得者とは別の納税者グループに属する法人である。

まず譲渡者が，中間法人に株式の譲渡を行った後に中間法人が取得者に資産の譲渡を行う。この過程で，譲渡の目的である法人において資産の譲渡益が生じる。この資産の譲渡益は中間法人がその連結納税において損益通算することができる。あるいは中間法人が米国における納税者でない場合には，株式を取得した後に一旦譲渡対象の事業を行っている法人を清算して資産・負債を中間法人に非課税で分配し（IRC337(a)），その後に資産譲渡を行うことも考えられる。

この事例においては（特に中間法人が譲渡益を連結納税上損益通算して利用する場合には）各納税者トータルの米国課税所得が減少するものではなく，単に株式の含み益相当の所得を中間法人に移転するというものである。

事例5 − Enron − Project Condor

この事例においては，まず納税者は他の関連者パートナーとともにパートナーシップを組成し，納税者が保有している含み益を生じている資産をパートナーシップに拠出する。このパートナーシップは同時に納税者から自社株式を取得する。次に，パートナーシップへの拠出前に既に生じていた資産の含み益について拠出後に実現する所得をパートナー間で修正配分するルール（IRC704(c)（Remedial Allocation Method））を利用して，パートナーシップで生じる減価償却費をすべて含み益を生じている資産を拠出した納税者に配分するとともに，これに対応する所得を他方の関連者パートナーに分配し当該他の関連者のパートナーシップ持分の帳簿価額を効率的にかさ上げする。次に当該他のパートナーがパートナーシップの持分の償還により減価償却資産の分配を受けることとし，これに際してパートナーシップから取得する資産の税務上の帳簿価額

に係る引継ルール（IRC732(b)）を利用して分配を受ける減価償却資産の帳簿価額をかさ上げする。この分配の際にパートナーシップに残存する納税者の自社株の帳簿価額は対応的に減額される。本事例は，このようにして自社株の税務上の帳簿価額を既存の減価償却資産の税務上の帳簿価額にいわば「付け替える」ことで当該減価償却資産の税務上の帳簿価額をかさ上げし，そこから生じる減価償却費の所得控除を通じた租税回避をねらったスキームである。

これにより，グループ内法人の一方から他方に課税所得が移転するとともに，グループ全体でみれば納税者の自社株を売却する時点まで課税所得の繰延が得られるスキームとなっている。

事例6 －High－basis Low－value

この事例は資産の現物出資の際の税務上の帳簿価額の引継ルールを利用して，国外の第三者が保有している含み損のある資産（すなわち経済的価値の裏づけのない税務上の帳簿価額を有する資産）を，その経済的価値プラスマージン相当の対価で納税者に移転し，その後に納税者がその資産を売却処分して含み損を実現させこれを利用するものである。

この事例においては，資産の含み損が国外から国内へ移転され，これにより米国法人の課税所得が減額されるというものである。

2 所得繰延型

ここでは所得を繰り延べる事例に加えて，所得を繰上計上する事例も併せて列挙することとする。

事例1 －Enron－Project Apache

この事例において米国法人納税者はグループ内での循環金融の過程で米国法

人子会社に支払利子および債権のファクタリング経費をつくり出し，米国連結申告上これらを損金計上する。その一方でこれらの損金に対応する所得を国外の非関連者と共同して設立するオランダ事業体において計上させることにより，米国の課税所得を国外に移転させるスキームである。この所得の国外移転を達成するために，納税者は自己金融により米国法人子会社につくり出した支払利子の損金算入を制限する規定（IRC163(j)）およびこの国外に移転させた課税所得に係る規定でいわゆるタックス・ヘイブン税制と類似する米国税務上の合算課税ルール（IRC951，956）の適用を回避するべく対策を施していた。

国外の非関連者がスキームに参加しているが実質的にはグループ内取引によりオランダ事業体に所得移転するというものである。

事例2 −Passthrough Entity Straddle

この事例においては，納税者は他の株主とともにパススルー事業体であるS法人を組成しこれを通じてストラドル取引を取り組むことにより益金と損金を両建てでつくり出す。益金は納税者を含むS法人のすべての株主がそれぞれの持分に応じて受け取り，その後に他の株主の持分をS法人が時価すなわち当初出資額相当額で償還する（S法人株式の経済的価値はストラドル取引により増減しないので，当初出資額での償還が経済的に可能である）。これにより納税者がS法人の唯一の株主となった後に，先に計上した益金に対応する損金は納税者のみが利用するというものである。

この取組みから生じる他の納税者の累計課税所得は株式の償還の際に生じる所得も含めればゼロであり，納税者の所得も最終的にS法人が清算されればゼロとなる。

事例3 – Partnership Straddle

　この事例においては，法人Aが2階層のパートナーシップ（上層をUTP，下層をLTPとする）を組成してLTPにストラドルのポジションをとらせる。LTPがまずストラドルのポジションのうち益を生じているポジションを処分する。ストラドルのポジションをとっても，パートナーシップの持分の経済的な価値に増減は生じないが，パートナーである法人AおよびUTPがそれぞれ有するパートナーシップ持分の税務上の帳簿価額は益の計上によりそれぞれのレベルで一旦同額だけ増加する。

　この時点で，法人Aは納税者である米国法人にUTPの持分を時価で譲渡する。この譲渡により法人Aには譲渡損が生じ，納税者のUTP持分の税務上の帳簿価額はその経済的な価値と同額のものになる。

　次にUTPは，LTPの持分を納税者にやはり時価で譲渡する。この譲渡によりUTPに譲渡損が生じるが，パートナーシップ（UTP）の持分を50％超保有するパートナーと当該パートナーシップの間の資産（LTP）の譲渡により損が生じているので，この譲渡損は次に納税者がLTP持分を第三者に譲渡するまで繰り延べられる（IRC707(b)(1)(A)）。

　その後LTPが損の生じているポジションを処分した時点で損は納税者に分配され，納税者のLTPの持分に係る税務上の帳簿価額は同額だけ減少する。

　その後納税者がLTPの持分を処分した時点で納税者にLTP持分の譲渡益が生じるが，同時にUTPで繰り延べていた譲渡損が損金計上されるので納税者の申告上LTP持分の譲渡益を相殺することができる。本事例でパートナーシップを使う理由はこのような損益通算を容易にすることにあり，これによりここまでの時点で納税者はネット損のみを計上することになる。納税者のUTP持分は繰り延べていた譲渡損が実現した時点で同額だけ減額されるので，含み益を生じた状態になる。このため，納税者がUTP持分を処分する時点では譲渡益が生じる。すなわち，この一連の取引を通して納税者はLTPがストラドルの損を生じているポジションを処分した時点からUTPの持分を処分す

る時点まで課税の繰延効果を得られることになる。なお，このUTPの持分の処分を永久に先送りすれば，この取引による課税の繰延効果も永久的なものなる。

事例4 – Enron – Project Condor

　この事例においては，まず納税者は他の関連者パートナーとともにパートナーシップを組成し，納税者が保有している含み益を生じている資産をパートナーシップに拠出する。このパートナーシップは同時に納税者から自社株式を取得する。次に，パートナーシップへの拠出前に既に生じていた資産の含み益について拠出後に実現する所得をパートナー間で修正配分するルール（IRC 704(c)）を利用して，パートナーシップで生じる減価償却費をすべて含み益を生じている資産を拠出した納税者に配分するとともに，これに対応する所得を他方の関連者パートナーに配分し当該他の関連者のパートナーシップ持分の帳簿価額を効率的にかさ上げする。次に当該他のパートナーがパートナーシップの持分の償還により減価償却資産の分配を受けることとし，これに際してパートナーシップから取得する資産の税務上の帳簿価額に係る引継ぎルール（IRC 732(b)）を利用して分配を受ける減価償却資産の帳簿価額をかさ上げする。この分配の際にパートナーシップに残存する納税者の自社株の帳簿価額は対応的に減額される。本事例は，このようにして自社株の税務上の帳簿価額を既存の減価償却資産の税務上の帳簿価額にいわば「付け替える」ことで当該減価償却資産の税務上の帳簿価額をかさ上げし，そこから生じる減価償却費の所得控除を通じた租税回避をねらったスキームである。

　これにより，グループ内法人の一方から他方に課税所得が移転するとともに，グループ全体でみれば納税者の自社株を売却する時点まで課税所得の繰延が得られるスキームとなっている。

事例 5 – Installment Sales／Contingent Installment Note（CIN）

納税者は非課税の外国法人とともにパートナーシップを組成し，当該パートナーシップを経由して「Installment Method」の適用対象となる金融商品を購入し，これを他の者にIRC453の「Installment Sale」の規定が適用されるような対価の支払方法で売却する。受取代価の総額が確定しない「Installment Sale」については，契約上その代価を受け取る期間にわたって納税者の譲渡原価を均等額に割振計上すべきことが規定されている（Temp.Treasury Reg.Sec 15A.453－1(c)(3)(i)(1981)）。この「Ratable Basis Recovery Rule」を利用して譲渡原価の計上を相対的に先送りし，ネット所得を先に計上する。すなわち，Installment Saleにより譲渡収入の計上と譲渡原価の計上のタイミングのズレをつくり出し，プラス所得を非課税法人に，マイナス所得を納税者である課税法人にそれぞれ分配するものである。その後に納税者が外国法人パートナーの持分をあらかじめ予定していた水準のリターンを相手方に残すような一定の金額で買い取っている。

この取引においては，非課税外国法人がアコモデーション・パーティとして参加しており，このパーティに一時課税所得を退避させることにより節税効果をつくり出している。

事例 6 – Corporate Owned Life Insurance（COLI）

米国税務上生命保険契約については，運用益による契約の価値の上昇（インサイドビルドアップ）は発生ベースで課税されず，また死亡保険金の給付を受けても課税所得にならない。その一方で保険掛金の支払のためのポリシーローンの支払利子が一定の場合に損金計上できる（IRC264(d)）。これを利用して支払利子の損金算入効果によりわずかなネットキャッシュアウトのみで保険契約を継続できるスキームである。本件取組みにおいては，ポリシーローンに係る支払利子の損金算入による税効果があって初めて契約者にメリットが出る仕組み

となっていた。

　本事例の本質的なポイントではないが，この事例を可能にする要素として，運用益による生命保険契約の価値の上昇（インサイドビルドアップ）は発生ベースで課税されないという課税の繰延を挙げることができる。

事例7 － Foreign Factoring

　この事例では米国法人納税者が保有する経済的には回収リスクのない優良債権をディスカウントして，非関連者がコントロールする会社にファクタリングに出すことにより，ディスカウント相当の所得が納税者からファクタリング会社に移転される。なお，ファクタリング会社は非関連者によりコントロールされているが，納税者もあらかじめ一部出資する。こうして移転された所得は一定期間後に米国法人が保有するファクタリング会社の株式の譲渡を通じて米国法人に還流する。このようにして所得の繰延を図るスキームである。

　この事例では課税所得を国外に一時的に退避させているのであり，スキームの解消時点まで課税の繰延が得られるものである。

事例8 － Lease-in／Lease-out（LILO）

　この事例においては納税者である米国法人は，物件保有者である非課税外国法人との間で当該非課税外国法人が米国外に保有する不動産につき方向の異なるヘッドリースとサブリースを行うことにより2つのリースの条件の違いから生じる所得繰延効果を利用するものである。したがって物件保有者がこの仕組みの実行後も実行前と同じく物件を使用収益し続けるものであり，いわばリースアンドリースバック取引である。ちなみにこの事例では米国法人納税者にとっては支払リース料純額とローン金利がつくり出す税金の節減効果を除くと税引前のリターンは全く小さなものに設定されており，ほとんど経済的には意味のない投資となっていた。

事例9－Notional Principal Contract

　この事例は想定元本取引を利用して所得を複数の要素（受取レグと支払レグ）に分解し，支払レグを先に損金として認識し，受取に係るレグの認識を先送りすることにより所得の繰延を行うものである。すなわち，スワップ等の想定元本取引において，支払レグについては定期的に支払を行い，支払った時点でその支払を損金に算入する一方で，受取レグについては受取のタイミングを将来に繰り延べ，益金の計上を先送りすることにより課税の繰延をするスキームである。

事例10－Debt Straddle

　この事例は2つの異なる金融資産の価値が，ある事象を契機としてそれぞれ反対の方向に概ね同額変動するという仕組み，いわゆるストラドルポジションを利用する。経済的にはこのようなストラドルポジションからは損益は生じないが，当該事象が生じた後に先に損の生じている金融資産を処分して損金を計上し，益の生じているポジションから所得が生じる時点まで課税を繰り延べるというスキームである。

事例11－Enron－Project NOLy

　この事例はパートナーシップを経由してデリバティブ取引に係るポジションを保有し，これにみなし売却規定を適用させることでパートナーシップにおいてキャピタル・ゲインを計上し，これを利用して納税者の有する繰越欠損金を一旦使用することで繰越欠損金発生年度に係る税務調査を終結させるとともに，その後の年度で同額のロスを再び計上するというものである。

3 課税排除型

ここでは、上述の所得繰延型に対して、一定の所得の減少が永久に生じる事例を列挙する。

事例1 – BOSS

この類型の最初の事例は、通称BOSSといわれるものである。これは子会社から負債の担保に供されている資産の分配を受ける場合の分配額に係る評価ルール（IRC301(b)）を利用して低価値高簿価の資産をつくり出すものである。すなわち、仮に負債の金額と資産の税務上の帳簿価額が同じ金額とすると、分配された資産の税務上の評価はゼロなので、親会社が有する子会社株式勘定は分配後も全く減少しない、すなわち会社資産は分配によりなくなってその分だけ子会社の経済的な価値は減少しているにもかかわらず、税務上は価値が減少する以前の税務上の帳簿価額を維持するということになる。このようにして親会社の有する子会社株式勘定について経済的価値の伴わない税務上の帳簿価額を創造するものである。

事例2 – Section 357(c) Basis Shift（現物出資時の負債の引受に係る課税関係）

この事例は、現物出資に伴う負債の引受に係る米国税務上の取扱いを利用して、課税標準を米国から国外に移転するというものである。

納税者である米国法人に米国における納税義務者でない外国法人または非課税法人が資産を現物出資すると同時に、米国法人は当該外国法人が有する負債を引き受ける。この場合、現物出資はIRC351の規定の適用を受けるので、資産と交換に取得した株式の外国法人における帳簿価額としては原則として外国法人が出資した資産の帳簿価額を引き継ぐことになる。ただし、同時に行われ

る負債の引受に関して外国法人の引き継ぐ帳簿価額に一定の調整が求められる場合がある。すなわち，この調整ルールにより外国法人側では譲渡益が計上されるとともに米国法人側では譲渡益と同額だけ受入資産の帳簿価額が増額されることになる。外国法人は譲渡益について課税を受けないようになっており，結果として，米国法人の将来の所得が譲渡益相当額だけ国外に流出することになる。

事例3 − Basis Shifting

この事例は，米国法人株式の償還に際してみなし配当が生じる場合に当該償還株式の税務上の帳簿価額を株主と同じグループに属する他の法人に引き継ぐことができるというルールを利用して償還を受けた株式の帳簿価額を無税で外国法人株主から米国子会社にいわば「輸入」し，これをその米国子会社において将来上譲渡原価として控除するというものである。

米国の課税の及ぶ範囲外にあった資産の帳簿価額を米国法人に無税で移すことにより米国における将来の所得が国外に移転され，当該所得について米国の課税を永久に排除することになる。

事例4 − Fast−Pay Stock／Step−Down Preferred

この事例は，米国法人と非課税法人がREITを組成しこれを通じて投資を行う。この投資の回収額における元本と成果の構成について，非課税法人に「成果」部分を優先的に配分した後に価値のなくなった非課税法人持分を名目的な価格で償還し，REITが課税法人である米国法人の完全子会社となったとところでREITを清算し，残余資産を非課税で米国法人に分配する。経済的には投資に係る回収は合理的に行われるが，分配を受ける資産等の税務上の性格（元本の回収か成果の配当か）を操作することにより，REITのすべての株主が非課税で投資元本および成果の回収を完了するものである。税務上の課税所得が非

課税法人にすべて分配されるように仕組むことで，課税所得が米国外に移転するスキームである。

この事例において，REIT清算時に含みを生じている資産が清算分配される場合には，その税務上の帳簿価額が引き継がれるので課税が繰り延べられることになる。逆に，すべての資産が清算前に既に現金に換金されていてかつ米国法人の有する株式の帳簿価額を上回る金額となっている場合には，当該差額は永久に課税されないこととなる。

事例5 – Liquidating REIT

投資のビークルとしてREIT（不動産投資信託）を利用し，投資成果をREITの清算による分配を通じて回収することにより投資成果の永久的な非課税化をねらったスキームである。

ただし，このスキームは1998年にIRC332(c)が追加されREITの清算はIRC332の適用対象外となったので，株主レベルで課税が生じることとなった。

事例6 – Inflated Partnership Basis

米国税務上パートナーシップに関する取扱いに係る規定のうち，IRC752においてパートナーシップがそのパートナーから負債を引き受けた場合の取扱いが規定されている。この規定によりパートナーシップがそのパートナーから負債を引き受けた場合にはパートナーシップから当該パートナーに対して金銭の分配があったものとして，同パートナーのパートナーシップ持分の税務上の帳簿価額を減額することになる。この場合に減額すべき金額は将来当該パートナーが支払をすることとなっていた負債の元本金額とされている。金利部分も含めれば通常は負債の経済的な価額はさらに大きなものになるが，税法規定上は引き受けた負債の経済的な価額ほどはパートナーシップ持分の税務上の帳簿価額は減額されない。別の言い方をすれば，負債の引受によりパートナーシッ

プの持分の経済的な価値はその税務上の帳簿価額よりも小さな金額になる。すなわち，経済的な価値の裏づけのないパートナーシップ持分の税務上の帳簿価額がつくり出されるわけである。

事例7 − Partnership Basis Shifting − Enron−Project Tomas

この事例はパートナーシップの課税ルール，特に，パートナーシップへの拠出とパートナーシップからの分配における税務上の帳簿価額ルールおよび当該分配に伴ってパートナーによりパートナーシップの負債が引き受けられる場合の資産の受入帳簿価額の取扱い，さらにIRC754の選択により当該分配後にパートナーシップに残っている資産の税務上の帳簿価額を調整するルールを利用して，パートナーシップのパートナーの間で含み益を生じている資産を非課税で他のパートナーに譲渡しつつ時価相当の税務上の帳簿価額を当該他のパートナーに取得させるという取組みである。

事例8 − Enron−Project Tammy I and Tammy II

この事例においてはまず納税者の連結納税グループ内で含み益を生じている資産を各関連会社がパートナーシップへ拠出する。次に，各パートナーがそれぞれ保有するパートナーシップ持分の95％を一のパートナーに拠出して保有させる（ちなみに各パートナーが5％部分を保有し続けるのは，パートナーシップの負債について各パートナーに保証債務が残るのでこれを担保するためである）。

その後にパートナーシップが当該資産を売却して含み益を実現し，そのほとんどすべてを一のパートナーに分配してパートナーシップ持分の税務上の帳簿価額を引き上げる。

次に，このパートナーシップは資産売却により得た資金の一部を使って経済的価値の低い減価償却資産および納税者の発行する優先株式を購入する。

この後，当該減価償却資産はパートナーシップ持分の償還を通じて一のパー

トナーに分配され、パートナーシップ持分の税務上の帳簿価額が当該減価償却資産の税務上の帳簿価額として引き継がれることになる（IRC732(b)）。この償却を通じて損金が創造されることを予定していた。その後、パートナーシップに残る唯一の残余資産は、納税者の発行する優先株式となる。この時点で一のパートナーは、IRC754の規定により減価償却資産の帳簿価額が引き上げられたことに対応してパートナーシップにおける優先株式の税務上の帳簿価額を調整して引き下げることになる。この株式の売却益に係る課税回避は別途手当てされていたと考えられるので、これが成功すれば、課税を永久に排除することが可能であったかもしれない。

事例9 − Contingent Liability

この事例では税務上未だ認識されていない負債を資産に付随させて現物出資することにより、税務上含み損のある資産をつくり出し（経済的価値を反映しないかさ上げされた税務上の帳簿価額をつくり出し）、含み損を譲渡法人（株式の売却により）と譲受法人（不確定債務の確定により）の両方で二重に損金算入するものである。

この取組みにより、譲受法人の課税所得は一方的に減額されることになる。

事例10 − Enron − Project Tanya／Project Valor

この事例はContingent Liabilityの事例と同様に資産の現物出資に伴う不確定債務の引受を利用して経済的価値の裏づけのない税務上の帳簿価額を有する株式を受け取り、当該不確定債務について実質的に二重に損金を計上するスキームである。

事例11－High－basis Low－value

　この事例は資産の現物出資の際の税務上の帳簿価額の引継ルールを利用して，国外の第三者が保有している含み損のある資産（すなわち経済的価値の裏づけのない税務上の帳簿価額を有する資産）を，その経済的価値プラスマージン相当の対価で納税者に移転し，その後に納税者がその資産を売却処分して含み損を実現させこれを利用するものである。

　この事例においては，資産の含み損が国外から国内へ移転され，これにより米国法人の課税所得が減額されるというものである。

事例12－Enron－Project Steele

　この事例においては，プロモーターは含み損のある資産（REMIC持分証券）を納税者の連結納税グループ内の法人に現物出資し，拠出した資産の税務上の帳簿価額を新たに取得する納税者の子会社の株式の税務上の帳簿価額として引き継ぐとともに，納税者の子会社も同額の帳簿価額の資産を取得する。納税者の子会社は当該資産を処分して含み損を実現し，これにより連結課税所得を相殺する。またプロモーターも将来子会社の株式を処分する時点で譲渡損を計上する。

　プロモーターはIRC351の現物出資によりREMIC持分証券の含み損を株式の含み損に代えて温存するとともに，REMIC持分証券の出資を受けた子会社もプロモーターの有していた税務上の帳簿価額を引き継ぐことにより，爾後のREMIC持分証券の処分を通じて損金を計上するというものである。含み損の複製を通じて課税所得が永久に減額されるものである。

事例13－Killer B

　この事例は国外で生じている軽課税の留保所得を使用して，税務上はこれを還流させて親会社に所得を生じることなしに親会社の自己株の取得を可能とするものである。このような場合に米国税法上はサブパートＦ所得に関する規定がある。これは本邦税法上のいわゆるタックス・ヘイブン税制に対比されるものであり，グループ内で生じている一定の国外所得を合算するものである。このルールを回避するべく設計されたのが，この事例のスキームである。

事例14－Reinsurance Arrangement

　本事例においては米国で保険商品を販売する法人納税者が，損害保険業を行う子会社を保険業法の規制の緩やかなタックス・ヘイブンに設立する。次に，第三者保険会社を経由してその子会社に米国での損害保険契約の販売から生じる所得の一部を再保険契約を通じて移転する。

　その上で当該子会社についてIRC953(d)により米国法人として課税されることを選択して内国法人に与えられる損害保険業の非課税措置を利用する。すなわち，納税者の稼得する保険販売所得を国内法上つくり出した免税法人に移転するものである。

事例15－Inflated Basis

　この事例は，負債の時価と額面金額の違いを利用して，負債の引受の対価として取得する資産の税務上の帳簿価額をその価値よりも高くした上で爾後にその資産を譲渡することにより損金を計上するものである。

事例16－Lease Strips

　B国法人（非課税法人）はリース資産を保有している。B国法人はこの資産に係る将来のリース料収入を他社に譲渡する契約を現在時点で締結し，譲渡益を計上する。この結果，当該リース資産は将来収益を生まないことになり，その経済的価値が下落する。このように経済的価値の下落した動産を，米国税務上IRC351の非課税の現物出資を利用して米国法人に譲渡し，米国法人はリース収入譲渡前のリース資産の帳簿価額を引き継ぐ。これにより譲渡を受けた米国法人側では，B国法人が有していた将来リース料収入分離前の資産の帳簿価額を基礎として減価償却費を計上することになる。B国法人の計上する譲渡益相当の含み損を米国法人が取得するというスキームである。

事例17－Enron－Project Teresa Synthetic Lease

　この事例は納税者がその連結納税グループ外の子会社を経由してパートナーシップに減価償却資産と関連会社の発行する優先株式をセットで拠出し，優先株式から生じる受取配当の大部分を益金不算入とする一方で，パートナーシップ持分の帳簿価額を益金不算入部分も含めて当該受取配当の金額だけかさ上げし，その後にパートナーシップの清算に伴う減価償却資産の分配を実行して当該受取配当相当金額を含む金額を減価償却資産の税務上の帳簿価額として取得し，その後に当該連結納税グループ外子会社を再び連結納税の対象法人にした上で減価償却費を損金算入するというものである。

　これにより，受取配当の益金不算入部分（80％）相当の課税所得が永久に減額されることになる。

事例18－Phantom Income

　経済的には所得が存在しない状況において，Real Estate Mortgage Investment Conduit（以下「REMIC」）を利用して税務上益金要素と損金要素をつくり出し，それぞれの発生タイミングのズレを利用して課税所得の繰上計上を図るものである。

　具体的には，REMICのエクイティホルダーに（計算上のみの）所得が投資の当初の段階で生じることを利用し，この所得（および所得に対して課せられる税金）を取引する（ファントムインカムに係る税金コストは法人の税務ポジションに応じて異なり得るので取引が成り立つ）ことを通じて税負担を軽減させるものである。

　この事例においては，税務メリットをつくり出す手段としてファントム所得スキームを利用しているが，これによりつくり出すポジションを取引することによりパーマネントな税務メリットを追求するものである。

事例19－Enron－Project Cochise

　この事例においては，まず納税者はプロモーターとともにその100％子会社Hをビークルとして利用する。IRC351の非課税の現物出資の規定を利用して，プロモーターは子会社Hに対して，税務上大きな金額の含み損を生じているREMIC持分証券を拠出する。同時に，納税者は一定の金額の所得がコンスタントに生じる資産（プロモーターが拠出するREMIC持分と同じポートフォリオに係るREMIC通常証券）を拠出する。

　その後にこの法人Hは不動産投資信託（Real Estate Investment Trust：以下「REIT」）となることを選択する。HはREITの地位を選択したことによりエンロンの連結納税グループから外れることになる。この時点で，Hに移転したREMIC持分証券の財務会計上の取扱いと税務上の取扱いとの差異を利用して，納税者は繰延税金資産を計上することにより相当額の財務会計上の利益を計上

した（この時点で，子会社Hは連結納税グループからは外れているが，依然として財務連結の対象となる子会社である）。

　上述の非課税譲渡後，プロモーターはHの普通株式全部を所有することになっていたので，当該普通株式に係る配当の宣言を通じてプロモーターはプロモーターが持ち込むREMIC持分証券からその後に生じるファントム所得全額の分配を受ける。その後，Hは，あらかじめ納税者とプロモーターの間の株主間契約で規定されていた資本構成の変更により2004年に再度納税者の連結納税グループに加入し，先に生じていたREMICのファントム所得を取り戻す形でその後に生じてくる損失を税務上損金計上する予定であった。このスキームは，子会社HのREITとしての連結離脱と連結納税グループへの再加入を通じて，納税者が過年度のファントム所得を自ら計上することなしに2003年以降に生じてくる損失のみを税務申告で控除できるようにするものである。この事例でプロモーターがREMIC持分証券と交換に受け取ったH株式の税務上の帳簿価額は，プロモーターが拠出した同持分証券の帳簿価額を引き継ぐので，拠出前に生じていたファントム所得相当だけ時価を超えることになる。これを利用してプロモーターはH株式の処分により譲渡損を計上して他の課税所得を相殺する。一方で，エンロンは子会社Hの連結申告を通じてHの保有するREMIC持分証券から生じる将来のファントム損失を利用して課税所得を相殺する。本事例はこのような損失の一部二重控除をねらったものである。

　この事例においても，納税者はいわばファントムロスだけを取ることによりパーマネントな税務メリットを追求している。

事例20 – Charitable Remainder Trust

　この事例では，Charitable Remainder Trustから信託受益者への分配に係る課税関係を規定するIRC664の規定に依拠して，実質的に受益者から信託への資産の譲渡に係る譲渡益を含む譲渡対価相当額の支払を信託元本の払戻しとして税務上取り扱うことにより，課税を排除している。

事例21 − Enron − Sec29クレジット − 前払商品取引の利用

米国税務上の特別措置として一定の税額控除が政策的に与えられているものについて，その控除額を増加させるために，商品取引の基準商品を現物引渡しにより精算し，これを商品の売上とした事例がある。具体的には，米国法人である納税者と金融機関とＳＰＶの間で現金前払商品先渡契約（現金前払商品先渡契約とはセラーが将来の特定の日に一定量の商品をバイヤーに引き渡すことを約束し，これに対してバイヤーがセラーに現在時点で現金を支払うという契約）を使って資金を循環させるとともに，納税者が前払いを受けた時点でIRC29に定められた一定の燃料生産に与えられる税額控除の対象となる棚卸資産の売却があったものとして課税所得を計上していた。

4　所得分類変更型

ここでは，資本取引を損益取引に変更（あるいはその逆）する事例を列挙する。

事例1 − Fast − Pay Stock／Step − Down Preferred

この事例は，米国法人と非課税法人がREITを組成し，これを通じて投資を行う。この投資の回収額における元本と成果の構成について，非課税法人に「成果」部分を優先的に配分した後に価値のなくなった非課税法人持分を名目的な価格で償還し，REITが課税法人である米国法人の完全子会社となったところでREITを清算し，残余資産を非課税で米国法人に分配する。経済的には投資に係る回収は合理的に行われるが，分配を受ける資産等の税務上の性格（元本の回収か成果の配当か）を操作することにより，REITのすべての株主が非課税で投資元本および成果の回収を完了するものである。税務上の課税所得が非課税法人にすべて分配されるように仕組むことで，課税所得が米国外に移転するスキームである。

事例2 －Stock Compensation

自社株を用いた報酬制度に係る税務上の取扱いを利用して，報酬に係る損金相当額を二度にわたって計上するスキームである。

この事例でポイントとなるのは，子会社を使って自社株を取得し，この株式を納税者法人の従業員に交付する場合に，米国税務上は当該子会社を納税者の株主とみなし，株主から出資を受けた自社株式を従業員に報酬として付与するという立場をとる点である。

本事例で仮にみなし出資に係る規定が適用されなければ，子会社が納税者株式を納税者に分配し，それを受けた納税者が従業員に譲渡したとされることとなる。もしこのように取り扱われた場合には，納税者が受け取った株式は子会社の利益積立金を限度として配当として取り扱われ（本例では新しく設立されたビークルなので基本的に利益積立金はない），それを超過した部分については出資の払戻しとして取り扱われ，子会社清算時のキャピタル・ロスの計上はできないことになる。

第3編
タックス・シェルターの手法別類型

序
第1章　総　　論
第2章　コーポレート的手法
第3章　コーポレート・ファイナンス的手法
まとめ

序

　本編では第1編第2章の「手法別類型」(15ページ)に従って、タックス・シェルターの「手法」に焦点を当て、手法別にいくつかの種類への分類を試みることにする。本編で分析するタックス・シェルターの事例はここに掲げる手法のうち1つの手法のみを利用したものばかりではなく、いくつかの手法の組合せを利用したものも多くあり、必ずしも1つの事例を1つの手法に対応させて分類できるわけではない。したがって、それぞれの手法の特徴に焦点を当てて事例を分析することを目的として、各事例をそれぞれの「手法」に分類した。本編事例において複数の手法の組合わせを用いている場合には、それぞれの手法をできる限り分解してそれぞれの手法に立ち戻り解説することとする。

　本編では、手法を「コーポレート的手法」と「コーポレート・ファイナンス的手法」の2つに分類している。「コーポレート的手法」とは、法人の組織再編や資本取引に代表される法人の組織的行為を前提として利用した手法であり、「コーポレート・ファイナンス的手法」とは資金調達等のファイナンス取引を利用した手法である。本編で分析する事例は、必ずしもこの2つのいずれかに分類されるというものではなく、またこの2つの分類が相互に排他的な分類であるということではない。手法の焦点がどちらにあるかによる分類であり、例えば優先株式を利用したスキームでも、その主目的が資金調達であればファイナンス的手法であり、組織再編であれば、コーポレート的手法ということになり、必ずしもその線引きは明確ではない。

第1章

総　論

1　ベーシス・ステップアップ

　各個別の事例を研究するに先立って，総論としてのタックス・シェルターの「手法」についての「考え方」をまとめておきたい。本編を通じて「手法」についての分析をしていく上での基本的な考え方として，「帳簿価額」の「かさ上げ」という概念が頻繁に登場する。帳簿価額は「ベーシス」と呼ばれ，かさ上げは「ステップアップ」と呼ばれる。米国の税務上は，「ベーシス・ステップアップ（Basis Step Up）」という表現が使われるが，これは「ベーシス」イコール「将来の損金」という考え方に基づいている。わが国では，タックスベネフィットすなわち税務上のメリットは，「損金算入」する金額を大きくすることを通じて享受するものと考えるので，損金算入限度額を大きくするためにはどうしたらいいかという点に焦点が当てられるが，米国では，資産の帳簿価額が将来的に減価償却や譲渡を通じて損金に算入される点に着目し，「損金算入」できる金額を大きくするために，保有する資産の帳簿価額をどのようにして大きくするか（さらには資産のうちより近い将来に損金算入される資産の帳簿価額を大きくするか），に焦点を当てる。資産の帳簿価額は，税務会計の一般原則として，資産の取得価額であるが，取得価額を売り手の立場から分解すると，「譲渡原価プラス譲渡益」，であり，この帳簿価額が連続性を保っている限りにおいては，経済全体で見れば誰かが資産の帳簿価額の増減に対して益金または損金の算入をしているわけであり，この状況においては課税上の弊害はないということになる。ところが，例えば譲渡益を認識すべき主体が非課税法人で

あったり，外国法人であったりした場合には，この譲渡益に課税されない一方で，これを取得した主体はこの譲渡益に相当する金額を取得原価すなわち帳簿価額に算入し，将来的に損金の額とすることになるので，この譲渡益相当分については経済全体でみれば課税の脱漏が生じてしまうことになる（一方で損金に算入され他方で益金に課税されていないことによる）。あるいは，資産の帳簿価額を非償却資産から償却資産へシフト（移転）することにより，資産の損金化を加速することで課税の繰延によるメリットを享受するというように，帳簿価額に係る調整計算を「手法」の中心として検討している点を，分析の基本コンセプトとして理解しておく必要がある。この帳簿価額すなわちベーシスをステップアップする手法やシフトする手法として組織再編，資本取引，みなし配当，パートナーシップの帳簿価額調整規定等が利用されるわけである。以下ではその帳簿価額を調整する手法について詳細に議論することにする。

2　ベーシス・ステップアップの源泉

　税務上のメリットは，第2編で分析したように課税標準を引き下げるか所得分類を変更して税率を引き下げるか，あるいは税額控除の金額を最大化することにより享受することができるが，本編ではこのうち，課税標準の引下げによる税務上のメリットを中心として分析を進める。課税標準である所得を引き下げるためには，益金の額を小さくし損金の額を大きくすればよい。これを達成するためには，税法が特別に与えている恩典（政策税制）を享受する方法や単純に損金をできるだけ前倒しで計上する方法を利用するといった方法があるが，ここでは主として資産の「帳簿価額」の引上げによる将来の損金の額の最大化による手法に焦点を当てる。先に説明したとおり資産の帳簿価額は，一般的には資産の取得価額である。売り手の観点からは売却価額であり，売却価額の構成要素は，売り手の取得価額プラス譲渡益である（もちろんマイナスの場合もあるがここでは「益」を前提とする）。すなわち，「帳簿価額」を経済全体で見た場合，一方の者の益金の額は他方の者の損金の額（あるいは将来の損金の額）であ

り，帳簿価額は原則として連続性をもっている。したがって，連続性を失わずに帳簿価額を引き上げるためにはこれに対応する「貸方」項目の存在が必要となる（会計的に仕訳を考えてみると，資産の帳簿価額の引上げは「借方」項目であり，この「見合い」が必要という意味）。ここでは，この貸方項目を「ベーシス・ステップアップの源泉」と呼ぶ。ベーシス・ステップアップの「源泉」は，先ほど説明したとおり（自らも含めた誰かの）益金の額かあるいは資本等の増加のいずれかである。

源泉が益金の額の場合に，これを非課税法人（公共・公益法人，非営利法人，外国法人等）が計上すれば，課税法人の帳簿価額が実質的に非課税でかさ上げされることになるので，他者の追加税負担なしに税務上のメリットが享受できることになる。コーポレート的手法の非課税法人の利用はこの考え方に基づいたものであり，このメリットは課税の繰延ではなく恒久的な税負担の削減となる（すなわち経済全体での税負担の削減）。一方，非課税法人ではなく課税法人が益金を計上することによって帳簿価額をかさ上げする場合には，課税法人間の所得の移転であり，繰越欠損金を利用する場合や，税率差が法人間である場合等に利用される。コーポレート的手法の課税法人の利用はこの考え方に基づいたものであり，このメリットは課税の恒久的排除ではなく，所得の移転または課税の繰延である。

ベーシス・ステップアップの源泉が資本等の増加の場合には，他の者が益金の計上をすることなく，帳簿価額を引き上げることができる。詳細な分析は個別の事例で研究することとするが，一般的には資本取引を利用することによって資本等の増加を帳簿価額の源泉とすることができる。例えば，連結納税をしている場合，連結子法人株式の帳簿価額は当該連結子法人の利益積立金の増加額に相当する金額だけ増加し，配当を受け取ればそれだけ減少するが，配当を受け取る前に連結グループから離脱して，その後に配当を受け取れば，当該連結子法人の財産的基礎は配当の金額だけ減少しているにもかかわらず，親会社の保有する子会社株式の帳簿価額は利益積立金に相当する金額だけ，結果的にかさ上げされていることになる（爾後に譲渡すれば譲渡損が計上できる）。あるい

は，含み損のある資産を保有している会社の株式が譲渡され，譲渡人がこの含み損に相当する譲渡損を計上したとしよう。その後に非課税の合併や清算により購入者である親会社が当該会社の資産を受け入れれば，含み損はそのまま親会社に引き継がれ，子会社株式は消滅する。この際，この子会社株式の帳簿価額と引き継いだ資産の帳簿価額との貸方差額（含み損相当）は，資本等であり，益金ではない。購入者はこの資産を処分することにより譲渡損を計上できるので，同じ損が経済全体で2回とれることになる（一時差異ではなく恒久的差異であることに注意）。

　資本等の増加によるベーシス・ステップアップは，納税者自身の資本等を増加させる場合，他の者の資本等の彼我流用をする場合等のバリエーションがある。また，その亜種として，子会社の資本等の増加を利用する場合がある。例えば含み損のある資産を子会社に非課税で現物出資することにより，子会社が時価に比べて高い帳簿価額を引き継ぎ，その貸方項目として子会社の資本等が増加するが，その源泉は親会社の資産の帳簿価額，という類の取引である。この場合には，親会社は子会社株式を現物出資資産の帳簿価額で受け入れ，子会社も当該資産の帳簿価額を引き継ぐので，同じ含み損について，親会社のレベルと子会社のレベルの2回別々に損金算入することができる。ただし，これは恒久的な課税の排除ではなく，当該子会社が清算された時点で原則として子会社株式の譲渡に係る損金算入のメリットは解消されることになるので，課税の繰延であるが，子会社を半永久的に清算しなければ，半永久的な課税の排除となり得る。

　以下に掲げる非課税法人の利用および課税法人の利用は，どのようにして帳簿価額をつくり出すかという手法ではなく，つくり出した帳簿価額の源泉を誰が負担するかという観点からの分析であるのに対し，他の手法は，どのように帳簿価額をつくり出すかという点に焦点が置かれている。したがって，非課税法人の利用および課税法人の利用以外の手法についても，つくり出した帳簿価額の源泉を誰が負担しているかにより，非課税法人の利用および課税法人の利用に分類できるものもある。以下で個別の手法について分析していく。

第2章
コーポレート的手法

1 非課税法人の利用

　非課税法人を利用したスキームは，外国法人や非営利法人等の非課税法人にベーシス・ステップアップの源泉を求め，課税法人が帳簿価額をかさ上げする方法によりメリットを享受する方法である。かさ上げ自体の方法は様々である。(1)High-basis Low-value はもともと含み損のある資産を利用するスキームであり，これは意図的に帳簿価額をかさ上げするわけではなく始めから時価に比べて帳簿価額が高い資産を利用するという最も基本的な手法である。次の(2)から(5)までのスキームは，負債の評価に係る取扱い（負債の受入価額は「時価」ではなく「額面」を用いる）を利用して，資産と負債を抱合わせで取得することにより，実質的に資産を時価より高い帳簿価額で受け入れることで，爾後の損金算入メリットを享受する手法である。負債の引受について，(2)Inflated Basis は負債の引受による資産の取得に係る規定（IRC1012），(3)Section 357(c) Basis Shift は現物出資における負債の引受に係る規定（IRC357），(4)BOSS は配当における負債付資産の受入に係る規定（IRC301），(5)Inflated Partnership Basis はパートナーシップとパートナーとの間の負債の引受に係る規定（IRC752）に依拠している。(6)Installment Sales／Contingent Installment Note（CINS）は割賦販売における割賦基準の規定（IRC453）を利用して，所得を非課税法人に負担させ，課税法人が帳簿価額をかさ上げする手法である。次の(7)から(9)までのスキームは，いずれも投資の果実である配当等と元入れである元本の「いりくり」により，非課税法人に配当等を分配し，課税法人に元

本を返済するという仕組みを利用している。「いりくり」の手法として，(7) Basis Shifting は株式の償還におけるみなし配当に係る関連者間の帳簿価額の付け替え計算の規定（IRC302および304）を利用し，(8)Fast-Pay Stock／Step-Down Preferred は優先配当により非課税法人に利益を配当ですべて払い出し残額を子会社の清算に係る非課税規定（IRC332）を利用して課税法人に分配するという手法を利用し，(9)Charitable Remainder Trust（CRT）は慈善団体への寄付を目的とした信託に係る規定（IRC664）を利用している。

(1) High-basis Low-value[1]

A　スキームの概要

内国法人Aの子会社Bが国外の第三者Cから含み損を抱えた資産の現物出資を受ける。この現物出資はIRC351の適用を受けることで，BはCが拠出した資産に係る税務上の帳簿価額を引き継ぐ。その後にBはその資産を処分して含み損を実現する。（図3-1）

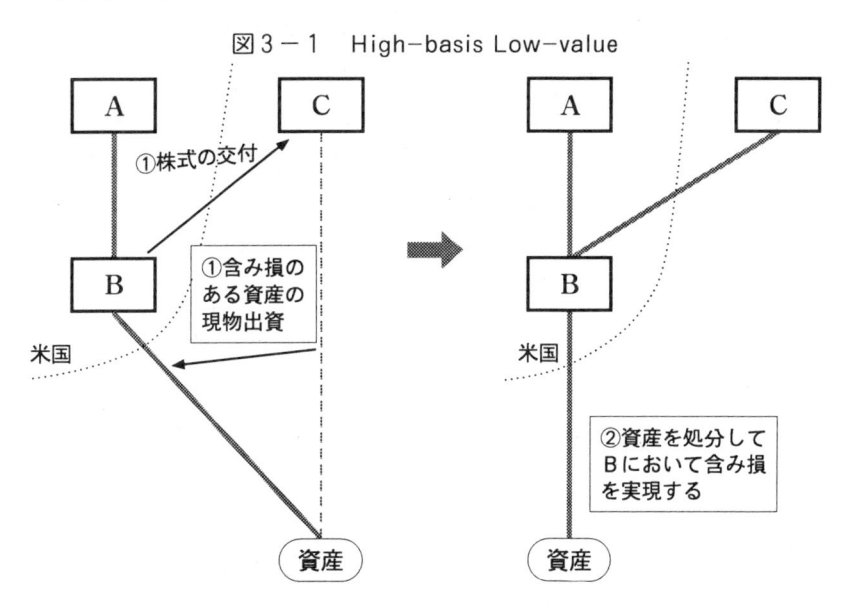

図3-1　High-basis Low-value

B　関連規則

〔資産の現物出資〕

　IRC351は，資産の譲受法人の発行する株式を対価として資産を譲渡した場合で，譲渡法人が譲受法人を支配している場合には，当該資産の譲渡に係る譲渡損益は税務上認識しない旨の規定を定めている。株式の他に金銭等が交付される場合には，当該交付される金銭と譲渡益のどちらか小さい金額を限度として譲渡益を認識する。ただし，譲渡損は認識しない。ここにいう「支配」の定義はIRC368(c)に委ねられており，同条においては80％以上の議決権および価値を表象する株式を保有している場合とされている。したがって，課税の繰延をするためには譲渡法人が資産の譲渡の対価として80％以上の持分を取得しなければならないのであるが，ここにいう譲渡法人は1社である必要はなく複数の法人が共同で資産を拠出しその対価として合計で80％以上の持分を取得すればよいとされている（同条(a)）。また，同条(g)では，譲渡法人が対価として一定の優先株式の交付を受けた場合には，IRC351の課税の繰延の規定は適用されないとしている。ここにいう一定の優先株式とは，償還を受ける権利が株主または発行法人に与えられている，もしくは配当が金利水準に連動している等の現金・受取手形等の有価証券に性質の近いものをいう。

　一方，IRC362は，譲渡法人から現物出資により譲受法人が取得する資産の帳簿価額についての規定を設けている。譲受法人は取得した資産の譲渡法人における税務上の帳簿価額を取得した金融資産の帳簿価額として引き継ぎ，譲渡法人側で譲渡益を認識した場合には譲渡益の金額を当該帳簿価額に加算する。

C　ポイントの解説

　本スキームは，現物出資における帳簿価額の引継ぎの規定を利用して含み損を抱えた資産を当初の帳簿価額で引き継ぎ，これをその後に処分することで譲渡損を損金に算入し税務上のメリットを享受することを目的としている。譲渡法人は譲受法人とは資本関係のない第三者であることを前提としているが，課税の繰延すなわち帳簿価額を引き継ぐためには，①譲渡法人は譲受法人の80％

以上の持分を保有しなければならない点，②譲渡法人は株式ではなく現金を対価として受け取ることを選好する点，③現金性の高い一定の優先株式は株式として取り扱われない点をすべて充足しなければならない。そこで，内国法人Ａは，子会社Ｂを設立する際に同時に第三者から含み損を有している資産の譲渡を受け，「一定の優先株式」以外の優先株式とともに現金を交付する（譲渡法人にとっては実質的に現金対価で譲渡しているのと同じ）ことにより，IRC351の規定を適用する。譲受法人は譲渡法人の帳簿価額に譲渡法人が認識する譲渡益を加算した金額を資産の受入価額とするが本スキームでは含み損を有する資産の譲渡であり，譲渡益は認識されないので，譲渡法人の帳簿価額をそのまま引き継ぐことになる。

わが国の税法の枠組みで考えた場合，含み損を有している資産を適格現物出資等で他の法人に移転すれば，当該他の法人で当該資産を譲渡した時点で譲渡損を損金算入することができるが（ただし，グループ内の適格現物出資の場合にはいわゆる「みなし共同事業要件」を満たさなければ，特定資産に係る譲渡等損失額の損金不算入の規定の適用を受け，譲渡損はないものとされる（法人税法第62条の7）），現金を対価として支払う場合には，適格組織再編の要件を充足しないことになり（法人税法第2条第12の14号他），資産の移転は時価による譲渡とされるので，本スキームと同様のメリットは得られない。ただし，わが国税法は種類株式の利用について特段の規定を設けていないので，現金性の高い優先株式等を利用すること等により現金を対価とする場合と同様の「できあがり」とすることができる可能性がある。

(2) Inflated Basis[2]

A スキームの概要

本スキームは負債の引受の対価として資産を取得する場合に当該負債の額面と時価の差額を利用して取得する資産の帳簿価額をかさ上げし，これを即処分することにより課税の繰延をするスキームである。例えば，外国法人が30年の

長期借入をして国債等の金融資産を購入する。当該金融資産は借入の担保に供される。米国の内国法人である納税者は30年の長期借入債務の一部を引き受けるとともに残余の当該長期借入について外国法人の連帯債務者となり，その対価として外国法人は上記金融資産の一部を納税者に譲渡する。譲渡する金融資産の価額は，当該長期借入の額面の現在割引価値とする（したがって金融資産の価額は長期借入の額面より相当程度に低い金額となる）。さらに納税者と外国法人は，外国法人が長期借入に係る金利の支払を行い，納税者が期日に元本の支払を行うことを別途契約する。納税者が譲り受ける金融資産の帳簿価額は，納税者が長期借入の連帯債務者となることから，その元本の金額の全額となり，爾後に当該金融資産を譲渡すると，帳簿価額と時価との差額が損金に算入されることになる。（図3－2）

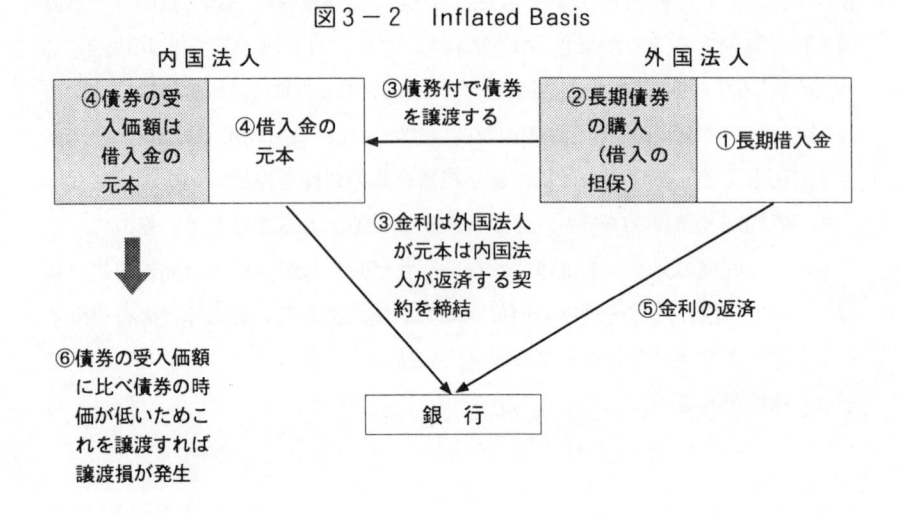

図3－2 Inflated Basis

B 関連規則

〔資産の帳簿価額〕

IRC1012は，資産の取得原価を当該資産の帳簿価額とする旨規定しており，さらに財務省規則1.1012－1(a)は，取得原価（Cost）を，金銭その他の財産の

支払額とし，支払額には債務を引き受けた場合のその引受額も含まれるとしている。ここに引受額とは，将来当該債務が支払われる額である。したがって，債務引受の対価として取得した資産の帳簿価額は，当該債務の支払額（すなわち額面金額）ということになる。

C ポイントの解説

　本スキームは，負債の時価と額面の違いを利用して，取得する資産の帳簿価額をその価値よりも高くし，爾後にその資産を譲渡することにより損金を計上して課税を繰り延べるスキームである。負債の引受をする見返りに資産を取得する場合の資産の取得価額は，資産を取得する者が将来支払わなければならない金額であり，負債の額面金額がその取得価額となる。一方，負債の経済的な価値は将来のキャッシュ・アウト・フローの現在割引価値であるから，元本のみを返済するという形の債務引受の場合における負債の価額は，元本の現在割引価値ということになり，本事例のように30年という長期の債務の場合には，額面金額と経済的な価額は相当程度に乖離することになる。

　また，負債の元本の現在割引価値に等しい価額の資産と当該負債の元本を譲渡し，負債の帳簿価額が譲渡する資産の帳簿価額を超過する場合には，その超過額は資産の譲渡益とされる（IRC357(c)）ので，資産の譲渡人が認識した譲渡益の分だけ，譲受人は資産に高い帳簿価額を付すことができ，全体としては帳簿価額の連続性が保たれるわけであるが，資産の譲渡人が外国法人であったり非課税法人である場合には，譲渡人が認識すべき譲渡益には米国の課税が及ばないことになり，譲受人の認識する爾後の譲渡損のみが認識されることになる。ここにいう外国法人として，いわゆる特別目的会社（SPC）を利用するスキームもある。SPCが借入を行い国債等の金融資産を購入し，このうち一部を元本証券（PO証券）として投資家に売却するとともに借入の元本の返済を当該投資家が行うというアレンジにすると，同様に投資家は取得する元本証券の価値に比べて高い帳簿価額を付すとができるので，爾後の譲渡損を計上することにより，課税の繰延をすることができることになる。

(3) Section 357(c) Basis Shift[3]

A スキームの概要

納税者である米国の内国法人に外国法人または非課税法人が資産と負債（負債付の資産）をセットで移転する。資産の移転は現物出資により，負債の移転は債務引受による。納税者である内国法人はIRC357(c)の適用を受け，負債の帳簿価額が資産の帳簿価額を上回っている場合には，譲渡法人は移転する負債が資産の帳簿価額を超過する金額と同額の譲渡益を認識し譲受法人は資産の帳簿価額に当該譲渡益を加算した額を譲り受けた資産の受入価額とする。通常資産の譲渡益は譲渡法人側で課税されるが，譲渡法人が外国法人や非課税法人の場合には，米国において譲渡益課税が生じない。にもかかわらず，譲受法人での資産の帳簿価額が一方的にかさ上げされるので，この分について米国の税収が一方的に流出するという意味で課税上のループホールが発生することになる。（図3−3）

図3−3 Section 357(c) Basis Shift

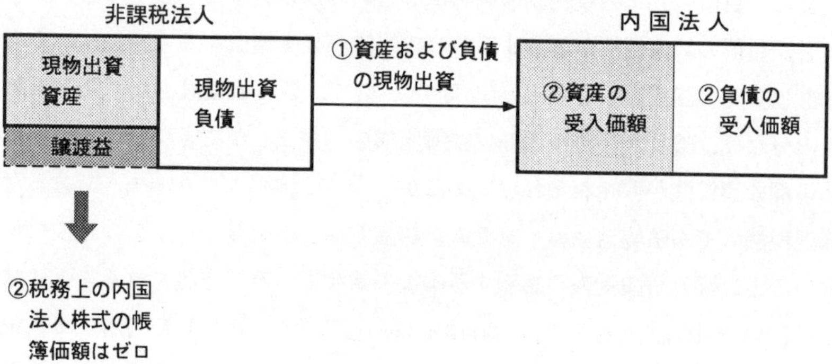

B 関連規則

〔IRC357〕

IRC357は，現物出資に伴う負債の引受についての課税関係を規定している。

現物出資に係るIRC351，361は，譲受法人の株式と交換に資産を譲渡した場合には，一定の要件のもとに譲渡法人に課税関係が生じない旨を規定しているが，その場合に金銭等の交付があった場合には，その金銭等の金額を限度として譲渡益を認識するとされている。IRC357(a)は，負債の引受はこの「金銭等」に該当しない旨を定めている。ただし，譲受法人が譲渡法人の負債を引き受けるということは，譲渡法人が支払うべき負債を譲受法人が支払うことになるのであるから，経済的には当該負債を介して譲受法人から譲渡法人に金銭等の資産を交付しているのと同じ結果になる可能性があることを鑑み，租税回避の意図をもって負債の引受を行う場合には，非課税現物出資に係る規定の適用上，これを金銭等の交付として取り扱う旨が同条(b)に規定されている。わが国の法人税法も現物出資や会社分割においては，資産とともに負債が移転することも想定されており，負債が事業の一部を構成している限りにおいては，当該負債の移転をもって金銭等の交付があったものとはみなされない。ただし，負債の移転が金銭等の交付とみなされるとすれば，当該現物出資や会社分割は税制非適格となり，時価による資産・負債の譲渡として取り扱われることになる。

　さらに，同条(c)では，負債の引受があった場合で当該負債の帳簿価額の方が現物出資の対象となる資産の帳簿価額を上回る場合には，その超過額は譲渡法人における譲渡益として認識し，譲受法人では現物出資の対象となった資産に譲渡益を加算した金額を当該資産の受入価額とする（IRC362(a)(b)）旨規定している。なお，IRC357の適用の対象となる負債の引受には，遡及義務のない負債の引受のみならず，一定の遡及義務のある負債の引受も含まれる。

〔譲受法人の受入帳簿価額〕

　IRC362は，譲受法人の資産の受入価額についての規定を設けており，原則として受け入れた資産の帳簿価額は譲渡法人の帳簿価額に譲渡法人で認識した譲渡益を加算した金額としているが，同条(d)は，これに対する制約として負債の引受をした場合には，帳簿価額のかさ上げは移転した資産の時価を上限とする旨の規定をおいている。

　さらに譲受法人に移転していない資産に担保権が設定されている負債でかつ

遡及義務のない負債が引き受けられ，譲渡法人が譲渡益を認識し，当該譲渡益に対して課税が行われていない場合には，譲受法人の当該資産の帳簿受入価額を算定する際に加算される譲渡益の金額は，担保権が設定されている資産のうち移転した資産に対応する割合を引き受けた負債に乗じて計算された金額とされる。

C ポイントの解説

　本スキームは，資産の現物出資に際して，資産に負債を付けて譲渡する場合の取扱いに着目し，譲渡法人が米国における納税義務者でない状況を前提として，現物出資の対象となる資産の譲渡益に相当する金額の帳簿価額のかさ上げを行うことにより，爾後の資産の譲渡益を圧縮するというスキームである。ここにいう負債の引受は，実際に負債を引き受ける場合のみならず，担保権が設定されている資産を移転した場合には当該担保権設定の対象となっている負債も引き受け移転したものとして取り扱われる。ここで，1つの負債について複数の資産に担保権が設定されている場合の取扱いに解釈の余地があり，担保設定対象資産のうち一部の資産を移転した場合に，当該1つの負債の全額が移転するという解釈も考えられる。このような解釈により，それぞれの資産を別々の譲受法人に移転すれば，それぞれの譲受法人において担保権の設定の対象となっている資産の受入帳簿価額がかさ上げされることになる。例えば，外国の親会社が米国に子会社を3社有しており，100の負債に対して帳簿価額ゼロで時価が100の3つの資産に担保権を設定し，これらの資産をそれぞれの米国の子会社に現物出資した場合には，先の解釈によれば，米国子会社のそれぞれの受入資産の帳簿価額は100となり，爾後の資産の譲渡や減価償却を通じてこれらの金額が損金に算入され節税効果が得られることになる。

(4) Bond and Sales Strategy（BOSS）[4]

A　スキームの概要

　納税者である内国法人が非課税法人または外国法人に現金を拠出し，当該外国法人の株式を取得する。当該外国法人はさらに銀行借入をし当初拠出金と同額の有価証券を購入し，当該有価証券を銀行借入の担保とする。当該担保付の有価証券を内国法人に分配すると，借入の担保となっているので受け取った有価証券の受入価額はゼロとされるとともに内国法人が保有している外国法人の税務上の簿価は当初簿価のままである。ここで，納税者である内国法人が当該外国法人の株式を処分すれば，その実質的価値はゼロ（現金残高と同額の負債があるので純資産価値はゼロ）なので，譲渡収入はゼロである。一方で当初の拠出額に相当する金額が譲渡原価となるので，結果として当初拠出額相当額が損金に算入される。（図3－4）

図3－4　Bond and Sales Strategy（BOSS）

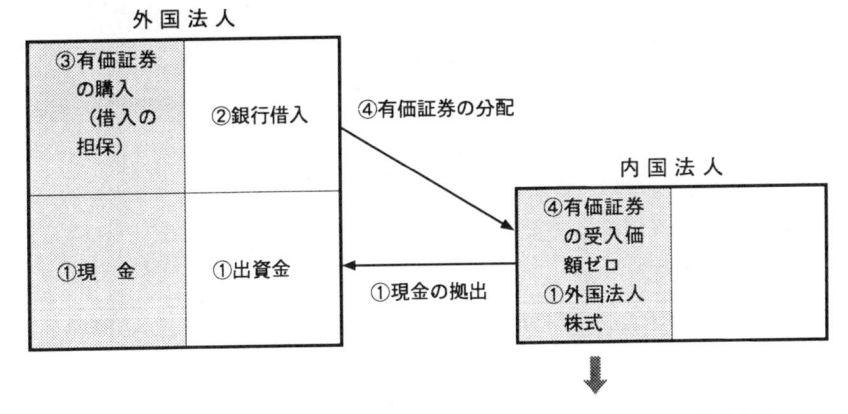

外国法人

③有価証券の購入（借入の担保）	②銀行借入
①現金	①出資金

④有価証券の分配

①現金の拠出

内国法人

④有価証券の受入価額ゼロ ①外国法人株式	

⑤爾後に外国法人株式を譲渡すれば，現金と同額の借入金があるので当該株式の正味価値はゼロであり，譲渡損を認識

B 関連規則

〔IRC301〕

　IRC301は、法人による株主への資産の分配に係る株主の課税関係を規定している。米国税務上は、資産の分配の法的形態（減資、自己株の買受、株式の消却等）にかかわらず、分配はまず利益積立金を原資として払い出され、利益積立金からの分配を配当として取り扱うものとされている（IRC316）。利益積立金を超えて分配される金額はまず投資の回収として処理され、株主は受け取った資産に相当する金額だけ株式の帳簿価額を減額する。株式の帳簿価額がゼロになってもさらに資産の分配がある場合には、この超過額を譲渡益として取り扱う。

　また、同条(b)では、分配された金額は、分配された金銭に分配された資産の価額を加算した額であることを原則とし、資産の分配に伴い株主による負債の引受があった場合または分配された資産が負債の担保となっている場合には、当該負債に相当する金額を分配された資産の価額から控除した金額が分配された金額である旨を定めている。したがって、本規定を本スキームに適用すれば、分配された金額はゼロとなり、したがって、外国法人株式の帳簿価額は減額されることはない。

C ポイントの解説

　本スキームは、経済的には法人から株主に対して資産の分配をしているにもかかわらず、IRC301(b)の規定を利用して、外国法人自体の価値を低くする一方で、外国法人株式の帳簿価額は米国税務上据え置くことにより、当該株式の譲渡損を認識するスキームである。株式の譲渡損を認識するためには実際に株式を譲渡しなくても、有価証券の時価評価の選択（IRC475(f)）や外国法人を外国支店（またはパートナーシップ）として取り扱う選択をすることによるみなし解散（チェック・ザ・ボックス）の規定（財務省規則301.7701－3(c)）の適用によっても同様の課税関係を達成することができる。

　わが国の税法には、IRC301(b)に相当する規定はないので、法人からの資産

の分配に負債が付いていた場合の株主の課税関係についての取扱いは明らかではない。そもそも商法上配当として分配されるのは金銭等の資産のみであり，負債の分配は前提とされていない。また，確定した負債の引受をするのか偶発債務の引受をするかという区別の問題もある。減資・株式の消却・自己株式の買受の対価として資産の譲渡とともに負債が引き受けられるまたは担保権の設定されている資産が移転する場合の課税関係について仮に米国と同様（IRC301(b)）の取扱いを受けるとすれば，株主の受け取る対価の額が税務上ゼロとなり株主には課税関係は生じない一方で，当該法人の経済的価値は実質的にゼロとなるので，これを爾後に譲渡した場合には同様に損金算入のメリットを享受できることになる。ただし，負債が爾後に原債務者である法人によって弁済される場合には，偶発債務は偶発債務のまま消滅して分配されるのは資産のみということになり，法人に利益積立金がなければ投資の回収として株主は株式の帳簿価額を減額しなければならないので，爾後の譲渡損はないことになる。

　米国と同様に取り扱われない場合には，分配を受けた時点で配当または減資等の課税関係が生じることになるが，その後に引き受けた債務が顕在化した時点でその金額が損金算入されることになる（IRC301(b)はこのような損金算入を防止するためにあらかじめ税務上の負債を認識させる規定であり，わが国にこの規定がないということは，この時点で税務上のメリットを享受できることになるということである）。

(5) Inflated Partnership Basis[5]

A　スキームの概要

　本スキームは，パートナーシップがパートナーから引き受ける負債に係る規則を利用して，人為的にパートナーシップ持分の帳簿価額をかさ上げして，爾後の処分を通じて節税効果をつくり出すスキームである。例えば，納税者が銀行から，額面2,000，当初の現金受取額3,000，その分通常の金利水準よりも高率の金利を支払うという条件の借入を実行し，受け取った3,000の現金をパー

トナーシップに拠出するとともに額面2,000の借入をパートナーシップに移転する。後に当該納税者はパートナーシップの持分を譲渡すると，実質価額はゼロなので譲渡収入はゼロであるにもかかわらず，税務上の帳簿価額は3,000から2,000を控除した1,000であるため，1,000の損金算入を通じて節税効果を得ることができる。(図3－5)

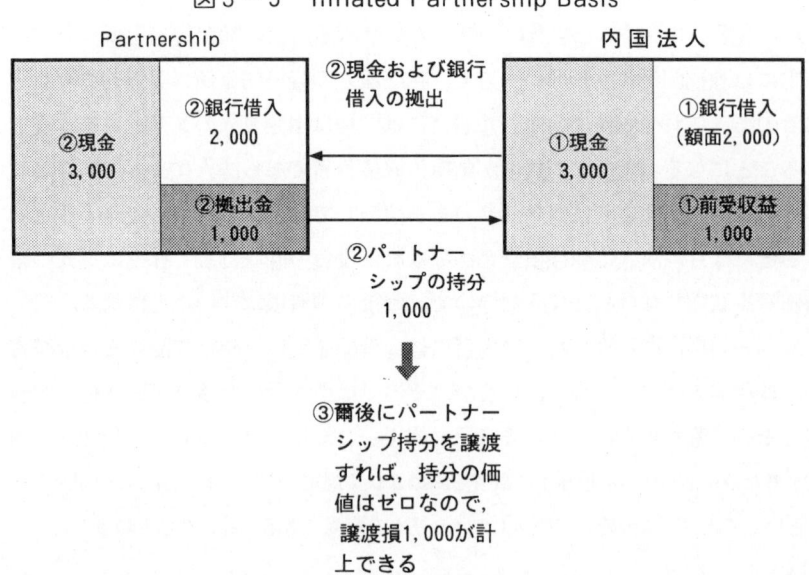

図3－5　Inflated Partnership Basis

Partnership

- ②現金 3,000
- ②銀行借入 2,000
- ②拠出金 1,000

②現金および銀行借入の拠出

②パートナーシップの持分 1,000

内国法人

- ①現金 3,000
- ①銀行借入（額面2,000）
- ①前受収益 1,000

③爾後にパートナーシップ持分を譲渡すれば，持分の価値はゼロなので，譲渡損1,000が計上できる

B　関連規則

〔パートナーおよびパートナーシップ間の負債の移転〕

　IRC752はパートナーシップがパートナーの負債を引き受けた場合には，パートナーシップから当該パートナーに対して金銭等の分配があったものとして，パートナーのパートナーシップに対する持分の帳簿価額を減額するとしている。ここで，パートナーシップが引き受ける負債の金額すなわち金銭等の分配とみなされる額は，将来パートナーが支払をする負債の元本金額であり，上記の例では額面金額ということになる。

C　ポイントの解説

　本スキームはパートナーシップからの分配として取り扱われるパートナーシップによるパートナーの負債の引受が，その時価ではなく額面で測定される点に注目し，パートナーシップに対する持分の帳簿価額をかさ上げすることにより節税効果を得ることを目的としている。これに類似した例として，オプションを利用した事例がある。納税者がほぼ同じ条件のオプションの買建てと売建てのポジションをとり，これをパートナーシップに拠出する。パートナーシップは買建てのポジションに係る支払プレミアムについてはその帳簿価額を引き継ぐが，売建てに係るポジションの受取プレミアムは，将来パートナーシップが支払う金額ではなく，IRC752にいう負債に該当しないため，金銭等の分配とはみなされず，受取プレミアムに相当する金額の帳簿価額の減額をする必要はない。したがって，パートナーシップに対する持分の帳簿価額は買建てのポジションに係る支払プレミアムに相当する金額となり，爾後にこの持分を譲渡すれば，この金額に相当する金額を損金として計上することができることになる。いずれもパートナーシップが引き受ける負債の取扱いに係る不合理を利用した節税スキームである。

　わが国においても課税の対象とならない事業体として組合や信託がある。例えば，本スキームと同様に額面2,000の負債に対して当初3,000の現金を受け取りこれを負債とともに匿名組合に拠出した場合どうなるだろうか。わが国も負債に係る時価評価の規定はなく，したがって現金3,000と借入金2,000が拠出されれば，匿名組合持分は1,000ということになるだろうが，時価はゼロということになるので，同様の手法が利用できる可能性がある。

(6)　Installment Sales／Contingent Installment Note(CINS)[6]

A　スキームの概要

　内国法人Aは非課税の外国法人Bと共同でパートナーシップを組成する。組成時に外国法人Bは内国法人Aに比較して相対的に大きな出資を行い，外国法

人Bはパートナーシップ持分80％を取得する。パートナーシップは価値100の金融商品を購入し、これを一定期間後に延払いの条件で他社に譲渡する。対価の内訳は現金80と手形20（5年満期）とする。この場合割賦基準を適用して5年間毎年均等額の譲渡原価を計上する一方譲渡収入は現金主義で認識する。初年度にはパートナーシップレベルで80の譲渡収入に対して20の譲渡原価が計上され60の譲渡益が計上される。この80％は非課税の外国法人パートナーBに分配される。その次の年にAはパートナーシップに追加出資して持分割合を90％とする。この後にパートナーシップは手形を処分し、処分価額を譲渡収入、80を譲渡原価として、譲渡損が計上される。Aはこの譲渡損の90％の分配を受ける。（図3－6）

図3－6　Installment Sales／Contingent Installment Note(CIN)

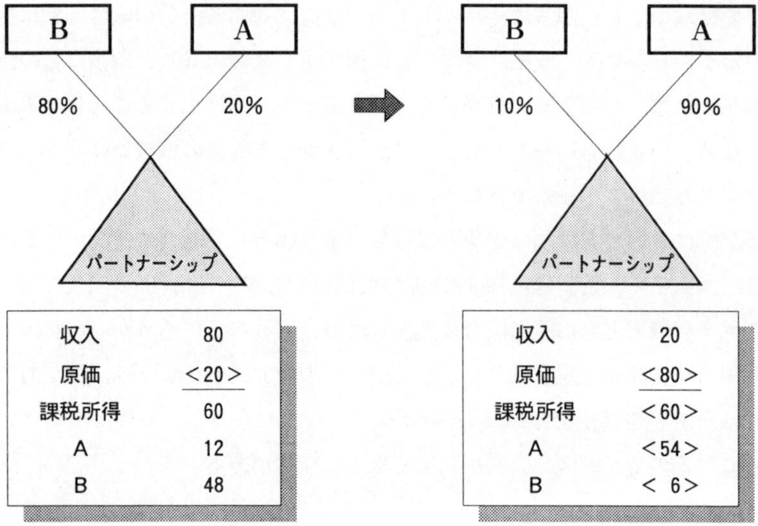

	収入	80
	原価	＜20＞
	課税所得	60
	A	12
	B	48

	収入	20
	原価	＜80＞
	課税所得	＜60＞
	A	＜54＞
	B	＜ 6＞

（左：B 80％／A 20％　パートナーシップ　→　右：B 10％／A 90％　パートナーシップ）

B　関連規則

〔割賦販売〕

IRC453(b)は、割賦販売について「資産の処分であって少なくとも1回の対価の支払が当該処分が行われた事業年度の翌年度以降に行われるもの」と定義

し，同条(a)において，割賦販売に係る所得は，納税者の選択により，割賦基準に従って認識をすることができる旨の規定をしている。割賦基準とは，譲渡収入の総額に占める各事業年度の受取額の割合に基づいて各事業年度の所得の金額を計算する方法である。ただし，譲渡収入の総額が販売時に確定していない場合には，その対価を受け取る期間にわたって譲渡原価を各事業年度に均等に配分することが規定されている（暫定財務省規則15A.453−1(c)(3)(i) (1981)）。

C ポイントの解説

本スキームは，割賦販売に係る所得の認識基準において，譲渡収入の総額が確定していない場合の取扱いを利用して，譲渡原価を各事業年度に均等に配分し，譲渡収入を現金ベースで認識することにより，当初一方の納税者に過大に所得を配分し，後にもう一方の納税者に損金を配分することを目的とした取組みである。このように時期を違えて所得の配分をする手法として，後述のLease Strips 等でも用いられるパートナーシップを用いている。パートナーのパートナーシップ持分比率を変更することにより実質的に一方のパートナーから他方のパートナーにパートナーシップの保有する資産の譲渡をしたのと同じ効果が得られる。

(7) Basis Shifting[7]

A スキームの概要

外国法人または非課税法人が保有する株式を当該株式の発行法人に売却する（当該発行法人の側からは自己株式の取得または株式の償還）。当該株主が受け取る売却収入が実質的に配当である場合には，税務上当該収入は譲渡収入ではなく受取配当として取り扱われる。当該外国法人または非課税法人が売却した株式の帳簿価額は，償還の時点では譲渡原価として損金算入されることなく，同じグループの（同じ銘柄の株式を保有する）別の納税者に引き継がれる。当該納税者はあらかじめ別に保有していた同銘柄の株式を譲渡した時点で，自己が保有

していた株式の帳簿価額に加え，引き継いだ（既に償還されて実際には資産として存在しない株式の）帳簿価額も譲渡原価に算入されるので，その分だけ損金算入額が大きくなり，節税効果が得られることになる。（図3－7）

図3－7　Basis Shifting

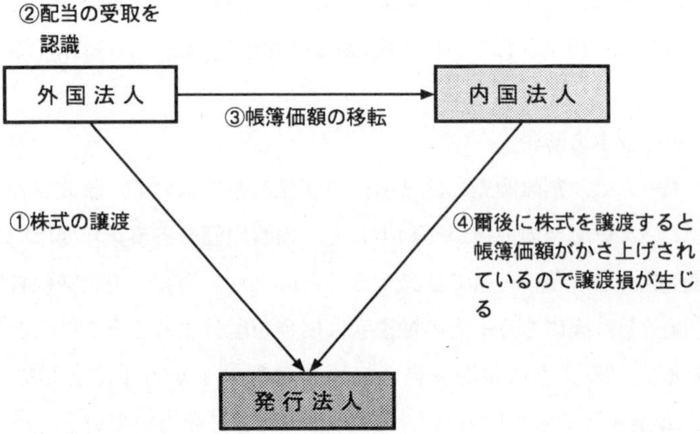

②配当の受取を認識
外国法人　　③帳簿価額の移転　　内国法人
①株式の譲渡
④爾後に株式を譲渡すると帳簿価額がかさ上げされているので譲渡損が生じる
発行法人

B　関連規則

〔実質的に配当である株式の償還〕

　IRC302(a)は，会社が発行する株式の償還（または自己株式の取得）をした場合で当該償還が同条(b)(1)(2)(3)(4)のいずれかに該当する場合には，当該償還に応じた株主は，これを当該株式の譲渡として取り扱う旨の規定を設けている。具体的には，当該償還が実質的に配当の支払ではない場合，当該償還により各株主の持分割合が著しく変動する場合やすべての株式が償還された場合には，これを株式の譲渡として取り扱うとしている。さらに同条(d)では，同条(a)の適用がない場合（すなわち譲渡としての取扱いがない場合）には，IRC301の規定を適用する旨定めており，株式の償還代金の支払は税務上配当として取り扱われることになる。IRC302(c)(1)は，同条(b)に従って償還が各株主の持分割合に応じて行われたかどうかの判定をする際にはIRC318の規定を適用する旨定めており，同一株主グループ内の持分割合は合計ベースの割合をもって同条(b)の判定

を行うことになる。同条では，納税者が家族の持分やパートナーシップ・信託・法人を通じて株式を所有している場合についての当該納税者の株式の持分割合の計算方法が具体的に定められている。例えば，パートナーシップを通じて株式を所有する場合には当該パートナーシップに対する持分割合を乗じた持分を保有しているものとみなし，信託を通じて株式を所有する場合にはその受益者が所有しているものとし，また50％以上の持分を有する法人を通じて株式を保有する場合には，その法人の保有する株式をすべて保有しているものとみなして，納税者の持分割合を算定することとされている。さらに同条(a)(4)では，株式を取得する権利すなわちオプション（あるいはオプションを取得する権利）を保有する者について，株式を保有しているものとみなして持分割合を算定する旨の規定を設けている。この規定を利用すれば，株式を償還するのと同時に同数・同銘柄の株式を取得するオプションを取得すれば，IRC302(b)の著しい持分割合の変動は生じないことになる。

〔帳簿価額の引継ぎ〕

　財務省規則1.302－2(c)は，株式の償還が配当として取り扱われる場合において当該株式の帳簿価額の引継ぎに関する調整をすべき旨の規定を設けている。例えば，ある納税者が株式の償還を受ける場合に，IRC318のみなし持分規定を適用すると，当該納税者はその配偶者の有する株式を保有しているとみなされるため持分割合が著しく変更される償還であると判定されずに，当該償還が配当として取り扱われる。この場合には，当該納税者が有していた株式の帳簿価額はその配偶者に引き継がれることになる。すなわち当該配偶者の有する株式の帳簿価額は従前から当該配偶者が有していた株式の帳簿価額に，配当を受け取ったとみなされた納税者の有していた株式の帳簿価額を加算した金額となる。これは，当該納税者が受け取った金額の全額が受取配当金として課税所得を構成し，当該株式の処分（償還）に際して譲渡原価が控除・損金算入されることがないので，将来の同一グループの納税者が同一銘柄の株式を処分した際に合わせて当該償還された株式に係る帳簿価額を譲渡原価として控除・損金算入することを認めるという趣旨の規定と解することができる。

C　ポイントの解説

　本スキームは，外国法人や非課税法人等の米国納税義務者でない主体の保有する株式に係る帳簿価額を，IRC302の規定を利用して，外国法人や非課税法人と同じグループに属する法人である米国における課税法人に引き継がせることにより，爾後の当該課税法人の株式処分時における譲渡原価の控除・損金算入を通じて税負担を軽減させるものである。当初償還を受ける株主が米国における課税法人である場合には，償還代金は受取配当として課税をされるのであるが，これが米国納税義務者でない主体の場合には，受取配当金について課税されないにもかかわらず，帳簿価額（すなわち将来の譲渡原価）のみが米国納税者に引き継がれるという取扱いの不整合を利用したスキームである。このスキームについて米国内国歳入庁は，帳簿価額の引継ぎをするのは償還を受ける株主が受取金額の全額について受取配当金として課税される場合に譲渡原価の損金が失われることを回避させることが目的であり，そもそも償還代金が受取配当として課税されていない場合には帳簿価額の引継ぎは適切でないという立場をとっており，租税回避を目的とした一連の取引の中での帳簿価額の引継ぎは認められない場合もあるとしている。

　上記に説明した例の他に，IRC304の規定を利用して帳簿価額を引き継がせる方法もある。同条は関連者間における株式の譲渡に係るみなし配当についての規定をしており，例えば，親会社が子会社株式を別の子会社に譲渡した場合には，親会社が株式を買い取る子会社から受け取る株式の譲渡代金は，当該子会社および譲渡される子会社の利益積立金の合計額を限度として配当とみなされるとしている。このような取引は税務上，①親会社による子会社株式の現物出資（IRC351），②子会社株式を買い取った別の子会社による①において発行したとみなした株式の償還（IRC302）という2つの取引があったものとして課税関係が決定されるのであり，②の取引においてIRC302が適用される結果，配当とみなされた金額がある場合には，償還された株式の帳簿価額が引き継がれることになる。例えば，②において受け取る金額の全額が配当とみなされる場合には，譲渡される子会社株式の帳簿価額が現物出資された後に償還された

とみなされ，当該子会社株式の帳簿価額の全額が引き継がれるので，株式を取得する子会社株式の新しい帳簿価額は，従前の当該子会社株式の帳簿価額に譲渡された子会社株式の帳簿価額を加算した額となる。

わが国税法上は，そもそも受取配当課税について，財産の分配の形態にかかわりなく利益積立金までは配当課税をするという規定がなく，自己株式の買受における課税関係は，資本等を超えて払われた金額をみなし配当とし，みなし配当に加えて（みなし配当控除後の）譲渡収入と譲渡原価との差額を譲渡損益として認識するという取扱いであり，（譲渡原価が一度も損金算入されることなくなってしまうことを手当てするために）帳簿価額を移転するという規定を設ける必要はないので，このような手法をわが国に適用することはできない。問題の本質は利益積立金と資本等との区分をどうするかということであり，米国では株式の発行法人からの分配はその法的形式を問わず利益積立金までは税務上配当として取り扱うという割り切りをしているが，これは同じ分配であるにもかかわらず，課税関係が異なるのは不合理であり，そうであるならば課税上の裁定行為（Tax Arbitrage）を許すことになるという考え方に立脚している。このような裁定行為を防止することを目的として導入された規定であることを鑑みれば，わが国税法上は，このような裁定行為をする余地を残しているということができる。例えば，子会社からの資金回収についてこれを配当として受け取るか減資として受け取るかにより，課税関係が異なることになれば，これは課税上有利な方法で資金回収をする方法を選択する余地（すなわち，裁定行為の余地）があるということである。

(8) Fast-Pay Stock／Step-Down Preferred[8]

A スキームの概要

このスキームは課税される事業体で実質的にいわゆる導管として機能するもの（例えばREIT，下記参照）の支払配当金の損金算入制度と非課税法人を利用し，実質的に投資に対する元本とリターンを非課税で受け取るというスキーム

である。例えば，課税法人が非課税法人とともにREITを設立し，課税法人には普通株式を，非課税法人には優先株式を発行する。REITは元入れ資金を金融資産に投資し当初の期間については収益の全額（もしくはほとんど全額）を非課税法人に優先配当として分配する。REITの支払配当金は一定条件の下で損金に算入されるので，REITに課税は生じない。非課税法人は一定期間マーケットレートを上回る投資収益を受け取ることになるが，受取総額が元本とマーケットレートの投資収益を合計した金額に達したところで，優先配当の金額がステップ・ダウンし，ゼロもしくは名目的な金額に減少する。その後当該優先株式は無償に近い金額で償還される。課税法人は100％株主となったところで，REITを清算し残余財産の分配を受けるが，100％子会社からの残余財産の分配は非課税であるので，その時点でのREITの残余財産（当初の投資額に投資収益を加えた金額）を非課税で受け取ることができる。（図3－8）

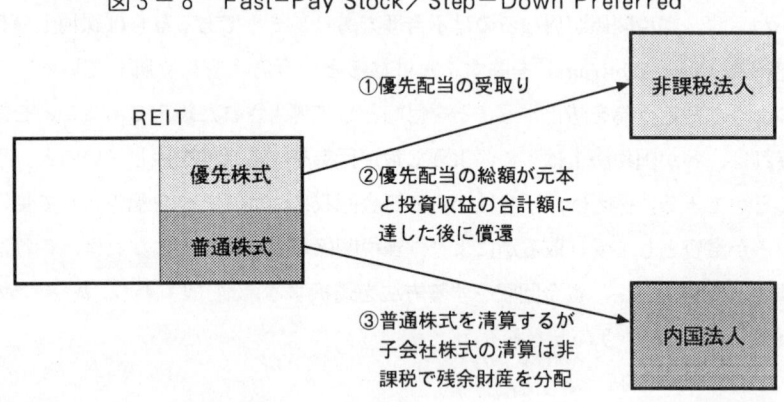

図3－8　Fast-Pay Stock／Step-Down Preferred

B　関連規則

〔導管である納税主体〕

米国では，一定の投資ビークルについて支払配当金の損金算入を認めており，それらのビークルを税務上実質的に導管とする取扱いを設けている。例えばIRC851に規定される Regulated Investment Company（通称RIC），やIRC

856に規定される Real Estate Investment Trust（通称REIT）はその例である。わが国の特定目的会社や投資法人，特定信託に係る税制はこれらの制度を模範としており，概ね同様の制度（例えば90％以上の所得を配当として支払うことを損金算入の要件とする等）となっている。

〔清　算〕

　IRC332は，Complete liquidations of subsidiaries について定めている。原則として清算により分配される残余財産の受取は非課税である旨の規定をしており，その要件として残余財産の受取法人が清算法人の議決権および株式価値の80％以上を有しており，部分清算ではなくすべての株式が償還もしくは消却されすべての財産が分配されることを挙げている。また，IRC334では，受取法人が受け取った残余財産の帳簿価額について，分配法人の帳簿価額を引き継ぐ旨規定されている。

C　ポイントの解説

　本スキームでは，非課税法人の優先配当の受取が経済的には当初の拠出額に係る元本と投資収益の回収であるにもかかわらず，税務上はすべて受取配当金とされるのでより多くの所得が非課税法人に配分されることになる一方で，課税法人は，経済的には投資収益を受け取るにもかかわらず，非課税であるところにポイントがある。経済的には非課税法人も課税法人もマーケットレートに等しい投資収益を享受しているにもかかわらず，非課税法人の受取分はほとんどすべての金額が課税所得として性格付けられ，課税法人の受取分は清算による資産の分配としての元本の受取として性格付けられている。例えば，非課税法人と課税法人が同額を拠出して通常の課税法人であるビークルを設立し金融資産に投資した場合の課税関係はどうなるであろうか。運用益は当該ビークルの段階で課税されてしまう。では，当該ビークルでの課税を避けるために出資ではなく貸付をしたらどうなるかといえば，非課税法人は受取利息に対して課税されないが課税法人は受取利息に対して課税されることになる。そこですべての所得を非課税法人に分配するツールとして優先配当が用いられ，ビークル

の段階での課税を回避するツールとして導管である納税主体例えばREITが用いられたわけである。

　米国財務省規則1.7701(1)-3は，本スキームに対する制約を設けている。Fast-pay stockについて，「その配当が経済的に投資のリターンのみでなく元本の返還部分を含んでいるもの」と広く定義し，Fast-pay stockを用いたスキームについては，税務上，経済的実質を反映させた取引に置き換えて（Recharacterize）課税をする実質課税の原則を適用する旨定めるとともに，このスキームを用いた納税者に取引の報告義務を課している。具体的な取引の置換えについては，非課税法人がビークルに拠出する金額が，ビークルではなく課税法人に金融資産発行の対価として拠出されたものとされ，課税法人がこれをさらにビークルに出資をしたものとする旨置換えをするよう規定されている。その結果，非課税法人がビークルから受け取る配当は一度課税法人が受け取ったものを当該金融資産の投資収益の分配として課税法人から非課税法人に支払われるものとされ，当該課税法人に課税関係が生じることになる。課税法人が非課税法人に対して発行したとされる金融資産が株式なのか債券なのか等の性格付けは，諸々の状況を総合的に勘案して決定される。

(9)　Charitable Remainder Trust（CRT）[9]

A　スキームの概要

　CRTとは，一定の期間にわたって慈善団体およびそれ以外の者である受益者に定期的な分配金の支払を行い，残余財産の受益権を慈善団体に分配することが定められている信託をいう。本スキームは，このような信託を使って，含み益のある資産を譲渡益課税を生じさせることなく現金化するスキームである。含み益のある資産を保有する内国法人は当該資産を比較的短期間の間に高い分配金を支払うCTRに拠出する。CTRは，拠出された資産を直ちには売却せずに借入により資金を調達し，これを慈善団体以外の者である受益者に支払う分配金の原資とする。このような分配は，IRC664(b)(4)の規定に基づいて信託財

産の元本の払戻しとして取り扱われ，当該分配金は非課税とされる。信託期間の終了に際してCTRはその資産を売却または現物のまま慈善団体に分配する。

B 関連規則

〔信託の課税〕

原則として信託は納税義務者となり得るが，収益の受益者への分配金を損金に算入できるので，信託に帰属する収益がすべて受益者に分配される場合には信託に課税所得は生じない。分配金は受益者のレベルで課税される。また，受益者に分配されない部分については，信託に納税義務が生じる。信託の課税所得の計算は通常の個人と原則として同様の取扱いであるが，いくつかの例外がある。例えば，慈善団体への寄付金の損金算入制限は原則としてない（ただし非課税所得を原資として払われるのものはこの限りではない）。一方，受益者は分配金について課税されるが，信託の分配可能利益（Distributable Net Income,「DNI」）を超えて分配される金額については課税されない。DNIは分配金控除前の課税所得に非課税所得，譲渡損失（キャピタル・ロス）等を加算し，譲渡所得（キャピタル・ゲイン）等を減算した金額である（譲渡損益については分配可能利益の考慮外とするという趣旨で分配可能利益の計算から除いている）。

〔Charitable Remainder Trust（「CRT」）〕

IRC664(d)は，CRTについて，「当初の信託財産の公正価値の5％以上50％以下に相当する金額について受益者（慈善団体およびそれ以外の者）に定期的に定額の支払をする信託（Charitable Remainder Annuity Trust）または分配金の支払時の信託財産の公正価値の5％以上50％以下に相当する信託財産の一定率の金額について受益者に定期的に支払をする信託（Charibabel Remainder Unitrust）であり（前者は信託財産の追加拠出はできないが後者はできる），いずれもこれらの分配金を支払い終えた後の残余財産の受益権については慈善団体に分配する旨の定めのある信託（慈善団体に分配される残余財産の受益権は当初の信託財産の公正価値の10％以上でなければならない）」と定義し，同条(c)で，収益事業から生じる所得以外の所得については信託には課税をしない旨の規定を設けて

いる。すなわち，CRTの残余財産の分配は慈善団体への寄付金であり慈善団体への寄付金の損金算入制限はないことから，信託への課税は生じないということである。したがって，慈善団体以外の者が，残余財産の受益者となることはできない。また，同条(a)で，信託からの分配金に係る受益者の課税関係について，以下の順番で分配がなされたものとして取り扱う旨の規定をしている。

- 当期課税所得および過年度の課税所得から成る金額
- 当期の譲渡所得および過年度の譲渡所得から成る金額
- 当期のその他の所得および過年度のその他の所得から成る金額
- 信託財産の元本から成る金額

C ポイントの解説

本スキームは，非課税の慈善信託であるCRTを利用して，内国法人が保有資産の含み益に係る課税を受けずにこれを現金化するスキームである。非課税団体を利用し，利益に相当する金額を元本の金額と組み替えることにより，譲渡益相当額を非課税団体にしわ寄せし，これに相当する金額を元本の返還として税務上取り扱う点は，前出の Fast Pay／Step Down Preferred Stock と同様の考え方である。資本取引と損益取引を実質的に変換している点にポイントがある。

2 課税法人の利用

課税法人を利用した手法も，非課税法人の利用と同様に，ベーシス・ステップアップの源泉を課税法人に求める手法であり，それ自体がベーシスを創造する手法というわけではない。ただし，非課税法人を利用する場合と異なり，取引相手も課税法人であるので，いずれかにおいて課税が生じることになることから，主として課税所得を移転することを目的とした手法といえる。(1)Intermediary Transaction は，事業の買取というコンテクストの中で中間会社を経由することにより，中間会社に所得を移転する手法であり，(2)Phantom

Income は既に含み損のある資産を帳簿価額で移転し、その含み損を利用するという手法である。(3)Project Steele および(4) Project Cochise は(2)を応用したエンロンの事例研究である。

(1) Intermediary Transaction[10]

A スキームの概要

このスキームは通常4つの納税主体（ある会社（T社）の株式の売却を検討しているX社、T社の株式ではなく営業を購入しようと考えているY社および中間会社のM社）が関与することになる。このような状況において、X社はM社にT社株式を売却し、T社はその後に資産をY社に譲渡する。Y社は、購入価額に等しい価額を取得資産の帳簿価額とすることができる。

また、T社を取得したM社に損失が生じている場合には、T社を連結納税グループのメンバーとすることで、T社の資産譲渡益と当該損失を相殺することができる。M社が米国において課税されない場合にはT社を清算した後で資産を譲渡することにより譲渡益が非課税となる。（図3－9）

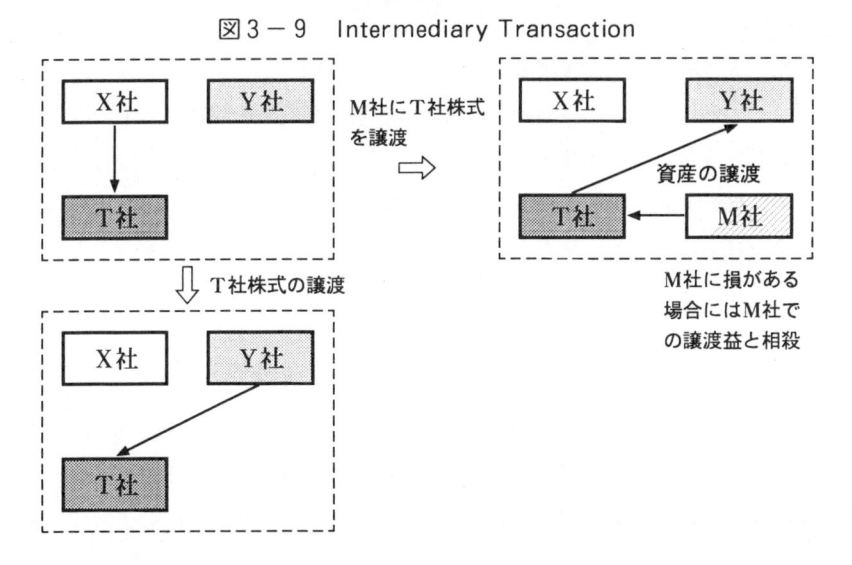

図3－9 Intermediary Transaction

B 関連規則

〔清　算〕

　IRC336は，清算時の残余財産の分配は原則として株主に譲渡したものとして税務上取り扱う旨の規定を設け，この例外としてIRC337(a)で80％以上を保有する株主への残余財産の分配は，譲渡として扱わず課税を繰り延べる旨規定している。ただし，株主が非課税法人である場合には，同条(a)の適用による課税の繰延はなく清算法人が通常の譲渡をしたものとして取り扱われる。例外として，非課税法人の収益事業に帰属する場合には同条(a)の適用がある。

〔株式の取得〕

　IRC338(g)は，ある法人の持分の80％以上を12ヶ月の間に取得した場合には，株式を取得した場合でもこれを当該法人の有する資産を購入したものとして税務上取り扱う選択をする権利を納税者に付与している。この選択をした場合税務上は，当該法人（譲渡法人）が保有する資産・負債が時価で別の法人（譲受法人）に譲渡されたものとして取り扱われる。その結果課税所得が生じる場合には，譲渡法人において課税が生じるとともに，譲受法人は資産を時価で受け入れたものとして取り扱われるので，資産の受入帳簿価額は時価までかさ上げされる。

　また，同条(h)(10)では，譲渡の対象となる法人が別の法人の連結納税グループに属している場合で，当該譲渡の対象となる法人が資産の譲渡としての取扱いを選択した場合には，当該連結納税グループが資産の譲渡をしたものとして取り扱い，株式の譲渡に係る損益を認識しない旨の規定を設けている。この取扱いにより株主のレベルと法人のレベルで2回課税されるのを回避することができる。

C ポイントの解説

　株式または営業（資産）を譲渡する場合の課税関係について，譲渡人には譲渡益課税が少なく，取得者には取得する資産の帳簿価額ができるだけ高い方が節税効果が大きいと一般的には考えられる。すなわち，株式の時価と営業を構

成する資産の時価に差異がないと仮定した場合，譲渡人は株式の帳簿価額（いわゆるアウトサイドベーシス）と資産の帳簿価額（いわゆるインサイドベーシス）を比較し，帳簿価額の大きい方を譲渡した方が課税所得は低くなる。例えば，資産の帳簿価額の方が株式の帳簿価額より大きいので資産の譲渡を選択した場合には，資産の譲渡益に対して法人のレベルで課税を受け，その後当該法人の清算をして，親会社株主に残余財産が分配されても，IRC332の規定が適用され，残余財産の分配前の簿価を引き継ぐことにより，清算に係る課税は生じないので，結果的に株式を譲渡するよりも負担する税額は少ないということになる。逆に株式の帳簿価額の方が資産の帳簿価額より高い場合には，株式を譲渡した方が有利となる。

　一方取得者は，株式を取得する場合にはその法人が所有する資産の帳簿価額を引き継ぎ，資産を取得する場合には新たに取得に要した金額を資産の帳簿価額とする。資産の帳簿価額は爾後の譲渡原価すなわち損金の金額であることを鑑みれば，取得する資産の帳簿価額は大きければ大きいほど節税効果は大きくなるので，税務上の観点から取得者は株式の購入と資産の購入のどちらが有利かを判断する。資産の帳簿価額の方が株式の帳簿価額よりも低いという状況は，暖簾が生じている状況であり，一般的には，株式よりも資産を直接購入した方が取得者にとってはより有利であるケースが多い。

　このように，譲渡人と取得者は別々の観点から事業の購入形態（資産取引か株式取引か）を検討するのであり，必ずしも両者の利害が一致するとは限らない。例えば，譲渡人は株式の帳簿価額の方が高いので株式の売却を望んでいるが，取得者には資産の購入の方が税務上有利であることも考えられる。しかし，IRC338(g)の選択は譲渡法人と譲受法人の双方に同じ取扱いを求めるので，このような場合に，中間法人を介して両者の利害を調整するわけである。中間法人Mは，T株式取得後にTが保有する資産を譲渡すれば，Tにおいて課税所得が発生するので，これに対して税金を支払わなければならないわけであるが，この課税所得を相殺する別の所得があれば，損と益を通算することができるわけである。その意味で，本スキームの本質は，納税者全体ベースでの課税所得

の軽減ではなく，納税者間における株式または資産に係る含み損益相当の課税所得の移転であると捉えることができる。

なお，米国では一定の条件が充足されていれば，株式の取得を資産の取得として取り扱う選択ができる（IRC338(g)）ので，譲渡者は株式を譲渡し，取得者は資産の取得を選択すれば，本スキームによらなくても同様の結果が得られるのではないかという考えもあるが，この場合には譲渡の対象となる法人のレベルで資産・負債の譲渡があったものとみなされるので，この譲渡益に対し課税が生じ，これは（譲渡価格の調整を通じて）譲渡者または取得者により負担されることになる。本スキームの本質的な部分は，譲渡者と取得者以外の者が中間に介在することにより，この課税所得を中間に介在した者が負担することにあるのであり，単なるIRC338(g)の選択のみのケースとは課税関係が異なることになる。

わが国税法においても，資産の取得か株式の取得かどちらが課税上有利かの検討は同様の考え方が適用できる。譲渡人は株式を譲渡したいが取得者は資産を取得したいという場合には，第三者である仲介者が介在することにより，株式と資産のそれぞれの帳簿価額の差額に相当する金額を当該仲介者が引き受けることが可能となる。例えば，仲介者が株式を100％取得しこれを適格合併により消滅させた後，資産を譲渡すれば，資産に係る譲渡損益は仲介者に生じることになるので，これに相当する所得の移転を取引したということになる。ただし，介在者が連結納税を選択しようとすると，わが国の税法上は現金で100％の株式を購入して連結グループに加入した場合には，資産の時価評価が強制されるので，当該譲渡の対象となる法人に課税が生じることになり，このような目的を達成するとはできない。

(2) Phantom Income[11]

A スキームの概要

本スキームは，ペイスルー証券を発行するReal Estate Mortgage Investment Conduit（以下「REMIC」）を利用したスキームである。REMICは，不動産ローンを保有しこれを担保として証券を発行する事業体であり，通常シニア債，劣後債，エクイティ証券等複数の証券を同時に発行する。当初はシニア債の低い金利のみを支払うので，REMICの損益計算上に余剰が生じ，エクイティ証券の所有者に所得が発生するが，後に劣後債へ高い金利を支払うので逆に損失が生じる（通算ではこの余剰はゼロ）。エクイティホルダーに（計算上のみの）所得が投資の当初の段階で生じることを利用し，この所得（および所得に対して課せられる税金）を取引することを通じて税負担を軽減させる。（図3-10）

図3-10 Phantom Income

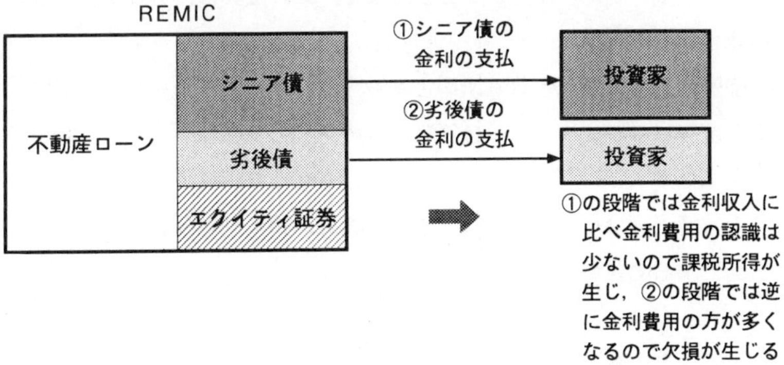

```
REMIC                ①シニア債の
┌────┬──────┐     金利の支払     ┌────┐
│    │ シニア債  │ ──────────→ │ 投資家 │
│不動産│          │                 └────┘
│ローン│──────│     ②劣後債の     ┌────┐
│    │ 劣後債   │     金利の支払   │ 投資家 │
│    │──────│ ──────────→ └────┘
│    │エクイティ証券│
└────┴──────┘     ⇒
```

①の段階では金利収入に比べ金利費用の認識は少ないので課税所得が生じ，②の段階では逆に金利費用の方が多くなるので欠損が生じる

B 関連規則

〔REMIC〕

REMICとはReal Estate Mortgage Investment Conduitの略であり，文字どおり，不動産ローンを担保として証券を発行するビークルである。IRC860Aから860Gにかけてその課税条の取扱い並びに定義規定が設けられている。IRC860Dの定義によれば，REMICは一種類の残余利益を受け取る権利を有する持分証券（Residual Interest）と一種類以上の通常証券（Regular Interest）を発行することができる。REMICとしての取扱いを選択した場合には，REMIC自体は納税者にはならず，証券の保有者が課税の対象となる。通常証

券は，税務上通常の負債証券と同様に扱われ，支払利息に相当する金額はREMICの所得から控除され，残余に相当する所得は持分証券の保有者の課税所得に合算される。

例えば，REMICがシニア債並びに劣後債および持分証券を発行している場合，当初のキャッシュ・フローはシニア債の金利の支払に充当される。シニア債は信用リスクが低い分，金利水準も低く設定されるので，REMICの残余所得は比較的大きな金額となり，当初は持分証券保有者がこの残余所得に対して税金を支払うことになる。一方，キャッシュ・フローが劣後債の金利や元本の支払に充当される時期には，支払利息に相当する金額が大きくなるので，REMICは計算上損失を計上することになり，この損失は持分証券保有者の所得と通算される。

持分証券保有者に通算される所得とキャッシュ・フローは一致する必要はなく，例えばキャッシュ・フローは通常証券の金利の支払に充当され，持分証券の保有者にはキャッシュ・フローがない場合も起こり得る。この場合には，持分証券の帳簿価額はその分だけ増加する。また，持分証券保有者は納税資金を別途手当てする必要が生じる。

C ポイントの解説

本スキームは，REMICの持分証券に生じる受取利息と支払利息のタイミングのミスマッチから生じる計算上の所得（Phantom Income）およびそこから生じるであろう租税債務を取引するものである。上記のとおり，計算上の所得が生じた場合には，そこに課税が生じ，その後に計算上の損（Phantom Loss）が生じるので，これを購入する者は一時的に税負担をすることになるのであり，理論上持分証券は，この租税債務の一時的な負担に係るコストに等しい金額で取引されることになる。このコストは法人により異なる場合がある。例えば，ある法人が繰越欠損金を有する場合などは，計算上の所得が生じても繰越欠損金と通算することで実際の税負担は生じないことになる。あるいは，法人により資金調達コストも異なるので，一時的に支払うべき納税額に係る調

達コストも異なることになる。このように，法人間で納税コストが異なることを利用して，このようにつくり出した計算上の所得を取引することに意義が生じるわけである。

(3) Project Steele[12]

A 取引の概要

エンロンは，リミテッド・パートナーシップDを組成した。Dは「チェック・ザ・ボックス規則」により連邦課税上「法人」（a corporation）として取り扱われることを選択した。Dはエンロンの子会社Eから51.2百万ドルを借り入れ，その借入資金でプロモーターXから高格付の社債を購入した。

エンロンは，48百万ドルの現金，93.5百万ドルのエンロン子会社Fの優先株式，リースに供された航空機の信託受益権（時価42.6百万ドル，税務上の帳簿価額はゼロ）を42.6百万ドルの債務付でDに拠出し，Dの95％の持分を取得した。

DはEに借入金の返済として50.5百万ドルを支払った（残高700,000ドル）。プロモーターXは関連会社Yを通じ，4.5百万ドルの現金，含み損のあるREMIC持分証券（residual interests）（時価7.6百万ドル，税務上の帳簿価額233.8百万ドル）をDに拠出し，Dの優先持分の5％とDの4.5百万ドルの債務証書を取得した。プロモーターXは，エンロンから1,000ドルでプット・オプション（XがDの持分をエンロンに売却する権利）を購入した。

資産の拠出を受けた後，DはREMIC持分証券（時価7.6百万ドル，税務上の帳簿価額233.8百万ドル），51.2百万ドルの社債，2百万ドルの現金，リースに供された航空機の信託受益権（時価42.6百万ドル，税務上の帳簿価額ゼロ，42.6百万ドルの債務付）およびエンロン子会社Fの優先株式全部を所有することになった。（図3-11）

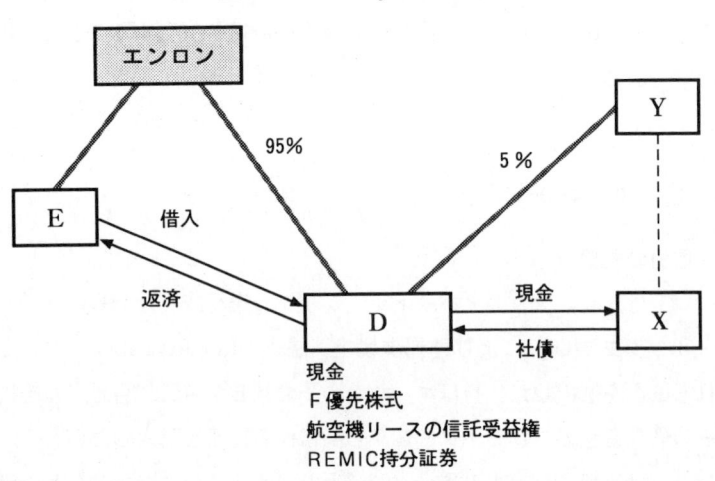

図3-11　Project Steele

[図：エンロンから95%でD、Yから5%でD、エンロンからEへ借入、EからDへ返済、DとXの間で現金・社債のやり取り、YとXは点線で接続。Dの下に「現金／F優先株式／航空機リースの信託受益権／REMIC持分証券」と記載]

B　ポイントの解説

　本スキームは、エンロンが現金とリース資産（の信託受益権）を、プロモーターXが現金と含み損を有する資産を、それぞれ新設法人Dへ非課税譲渡し、エンロンはDの議決権および価値の80％超を保有しDを連結納税グループに留保したまま、プロモーターXの拠出した資産の含み損から生じる実現損失をエンロンの課税所得と相殺することを目的としていた。

　また、プロモーターXは、Xが取得するD株式の税務上の帳簿価額が拠出した資産の帳簿価額を引き継ぐので、Xの当該株式の税務上の帳簿価額は時価を著しく超えることとなり、Xはこれを爾後に処分することにより、譲渡損を計上することができる。

(4)　Project Cochise[13]

A　取引の概要

　プロモーターXの連結納税グループのNY法人Yは、保有しているREMIC

通常証券の一部をXに2.7百万ドルで売却した。Yは同一種類のREMIC通常証券で保有している残りの部分をエンロンに24.8百万ドルで売却した。エンロンは、このYから購入したREMIC通常証券を子会社Hに拠出してシリーズA優先株式39,000株およびシリーズB優先株式572株を取得した。エンロンは、当初から保有していたHの普通株式全部をプロモーターXに100ドルで売却した。Xは、Yから購入したREMIC通常証券および従来から保有していたREMIC持分証券をHに拠出して、H普通株式1,000株（1.25百万ドルの価値）およびH発行の20年ゼロクーポン債（元本約5.4百万ドル、時価1.6百万ドル）を取得した。エンロンとXは、Hの株主として株主間契約を締結して、次の事項を取り決めた。

(ⅰ) 将来の一定期日にエンロンはシリーズB優先株式の全部を償還、シリーズA優先株式を普通株式と交換し、XはH普通株式および20年ゼロクーポン債を等価の10年利付証書と交換する資本再構成（結果としてHの普通株式の100％をエンロンが再び保有）をすることができる。

(ⅱ) Hは将来の一定期日までREITの地位を継続的に選択し、REITとして税制上適格（支払配当の損金算入要件を満たす）であり続ける取扱いをする。

(ⅲ) Xは、HがXに同意配当（IRC565条）を支払ったものとし、したがってXが当該同意配当に等しい額の現金配当をHから各課税年度に現実に受け取ったものとして税務上取り扱うことに合意する（これによりIRC857(b)(2)(B)によりREITは同額の損金を計上する）。

Xは、エンロンから10年利付証書に係るプット・オプション（Xが上記のHの資本再構成において受け取った10年利付証書を資本再構成の後2年経過以降または78ヶ月経過以降いつでも売却できる権利）を1,000ドルで購入した。エンロンとXは、エンロンが保有するH優先株式につきプット・オプション契約とコール・オプション契約を締結した。これはHがREITとして適格であること、またはREMIC持分を保有すること、または同意配当を支払うことのいずれかを妨げる法律改正があった場合に、契約上定める時価で、エンロンがXに対して当該

H優先株式を売却する権利およびXがエンロンから購入する権利を定めるものであった。

　REMIC持分証券に係るファントム所得の計上により，XがHに拠出したREMIC持分証券の税務上の帳簿価額は，120百万ドルとなり，その時価（165,000ドル）を大きく超えることになった。さらにREMIC持分証券の帳簿価額は持分証券の期間にわたり268百万ドル増加することが見込まれていた。このスキームでは，HはシリーズAおよびB優先株式につき現金配当を支払い，Hに残る課税所得は現金配当および同意配当を通じてその全額をH普通株式の保有者であるXに分配することが予定されていた。

　エンロンとXの株主間契約に従い，一定期間後に資本再構成を実施すれば，REMICの持分証券は，先に全額Xに分配されたファントム所得に対応する損失がエンロンに生じ始めることになる。エンロンはこの時点でHのREIT選択の取消またはREITの税制適格の要件を欠くことにより，Hをエンロンの連結納税グループに再加入させて，Hが保有するREMIC持分証券の生ずるファントム損失を税務上損金計上する予定であった。（図3－12）

図3－12　Project Cochise

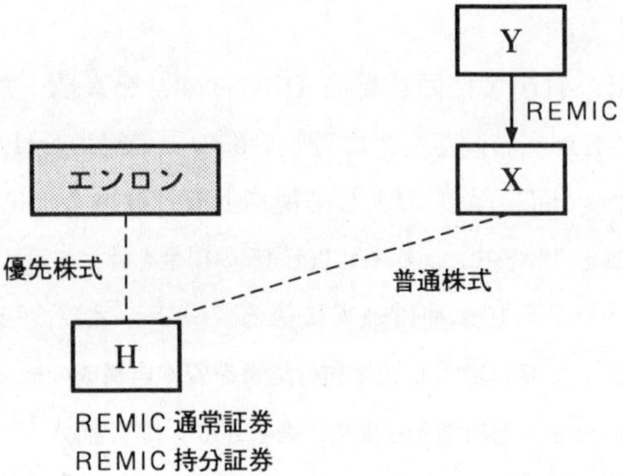

B　ポイントの解説

　このスキームは，プロモーターXが税務上大きな含み損を生じている資産

（REMIC持分証券）を，エンロンが一定の所得が生じる資産（プロモーターXが拠出するREMIC持分と同じポートフォリオに係るREMIC通常証券）を，それぞれエンロンの子会社Hに非課税譲渡（IRC351(a)）し，その後子会社Hは「不動産投資信託」（Real Estate Investment Trust : REIT）として扱われることを選択する。この時点で，Hに移転されたREMIC持分証券の財務会計上の取扱いと税務上の取扱いとの差異についてエンロンは繰延税金資産を計上することにより財務会計上の利益を計上した。HはREITの地位を選択したことによりエンロンの連結納税グループから離脱する。上述の非課税譲渡後，プロモーターXはHの普通株式全部を所有することになっていたので，当該普通株式に係る配当を通じてプロモーターXはREMIC持分証券から生じるいわゆるファントム所得全額の分配を受ける。さらに，子会社Hは，あらかじめ株主間契約で規定されていた資本構成の変更により将来再度エンロンの連結納税グループに加入し，先に生じていたREMICのファントム所得を取り戻す形でその後に生じるファントム損失を税務上損金計上する予定であった。このスキームは，エンロン子会社HのREITとしての連結離脱の取扱いと連結納税グループへの再加入の予定に基づいて，エンロンが過年度のファントム所得を自ら計上することなしにファントム損失を控除できるようにするところにポイントがある。

また，このスキームでは，XがREMIC持分証券と交換に受け取ったH株式の税務上の帳簿価額は，Xが拠出したREMIC持分証券の帳簿価額を引き継ぐので，時価を著しく超えており，プロモーターXはH株式の処分により譲渡損を計上し，さらにエンロンは子会社Hの連結納税を通じてHがREMIC持分証券から生じる将来のファントム損失を計上という点において，損失の二重計上を予定していた。

3 非法人の利用

　非法人の利用は主としてパートナーシップやS法人等米国税務上法人としての課税を受けない事業体を利用した手法である。パートナーシップに係る規定のうちパートナーシップに財産を拠出するときおよびパートナーシップが財産を分配するときにおける課税繰延の取扱いおよびこれに伴う資産の帳簿価額の調整のメカニズムに係る規定（IRC756）を利用することにより資産の帳簿価額を非償却資産から償却資産に移転することにより将来の減価償却を通じた税務上のメリットを享受する手法，あるいは自己株式から償却資産へ帳簿価額を移転し損益取引を資本取引に変換することによってベーシス・ステップアップの源泉を得るといった手法が用いられる。

(1) Project Tomas[14]

A　スキームの概要

　エンロンの100％子会社Aはリース資産（時価280百万ドル，税務上の帳簿価額8百万ドル，170百万ドルのノンリコース債務付）のポートフォリオを所有していた。AはP銀行から250百万ドルを借り入れた（エンロンの債務保証）。Aは，そこの資金250百万ドル全額を拠出して100％子会社Bを設立，Bはエンロンに対し250百万ドルを貸し付けた。

　AはプロモーターXの関連会社であるYおよびZとともにリミテッド・パートナーシップRを組成した。AはRにリース資産およびB株式100％を拠出し，リミテッド・パートナー持分の95％を取得，Aのリミテッド・パートナー持分は，一定の優先利益分配を受ける権利および2年後にパートナーシップから離脱する権利を有していた。

　プロモーターサイドでは，YがRに現金9百万ドルを拠出し，4％のゼネラル・パートナー持分を取得し，Zが現金2百万ドルを拠出し，1％のゼネラル

・パートナーシップ持分を取得した。RはAからP銀行に対する250百万ドルのリコース債務を引き受けた。AによるRへのB株式の拠出前に、エンロンは借入の返済としてBに現金250百万ドルを支払い、BはXに対して250百万ドルを貸し付け、次にXはRに250百万ドルを貸し付けた。以上、エンロン、A、B、RおよびXの間の借入と返済の結果として、エンロン子会社BがプロモーターXに対して250百万ドルの貸付債権を有することとなった。

この後2年以内に、AはRから離脱する意図を表明した。AのパートナーシップR持分は清算され、パートナーシップRは、AにB株式を分配した。B株式の価値はパートナーシップにおけるAの持分に対応する資本勘定よりも大きいので、この差額を調整するためにAはRの債務を引き受けた。この引き受けた債務の額は、B株式の価値のうちAの資本勘定を超える部分の額にほぼ等しいものであった。

パートナーによるパートナーシップの負債の引受に係る規定により、分配されたB株式の帳簿価額は、清算において引き受けた債務相当額を減額調整した後のAのパートナーシップR持分の帳簿価額に等しいものとなるので、Aが保有するB株式の帳簿価額は、その金額まで引き下げられる。

これを受けてパートナーシップRは、IRC754の選択を行い、B株式分配後の残余資産であるリース資産の帳簿価額を引き上げる。Bが保有する資産（Xへの貸付債権）の帳簿価額はBを清算してAに残余財産を分配する際にB株式の帳簿価額の引下げに対応して引き下げる必要はなかったため、B株式の帳簿価額が低かったことは特に問題とはならなかった。（図3－13）

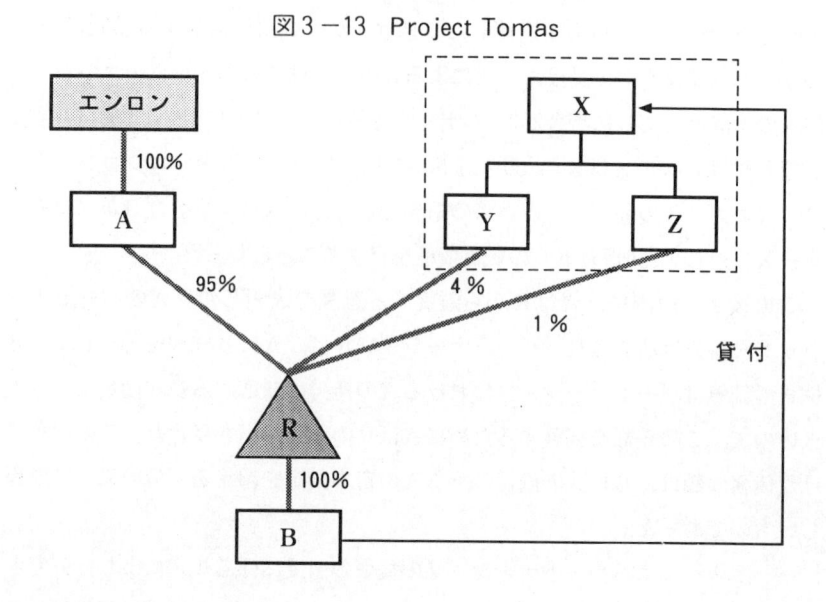

図3-13 Project Tomas

B 関連規則

〔パートナーシップに拠出された資産の分配および偽装売却〕

IRC704(c)(1)(b)およびIRC737は，パートナーが含み益または含み損を有する資産をパートナーシップに拠出し，そのパートナーが拠出後7年以内にパートナーシップから他の資産の分配を受け取る場合には拠出時の含み益相当の課税所得が認識される旨規定している。ただし，IRC737(d)は分配を受けるパートナーがパートナーシップに拠出した同一の資産の分配にはこの収益認識が適用されない例外規定を設けている。この例外規定は，株式の分配について，株式を拠出した後当該株式の発行法人に含み損のある資産を拠出されたことにより当該株式の価値が増減した場合には適用がない。

また，パートナーシップへの資産の拠出とパートナーシップからの資産の分配が原則として非課税として取り扱われることから，IRC707(a)(2)(b)は，この規定を利用して非課税で実質的に資産の譲渡をすることを防止するために，パートナーとパートナーシップの間で資産の拠出と別の資産の分配が関連して

行われそれが実質的に譲渡である場合には，これを資産の譲渡として取り扱う旨規定している。さらに，財務省規則1.707-3(d)は，資産の移転とその資産のパートナーシップへの拠出が2年を超えて行われる場合には資産の譲渡ではないとする推定規定を定めている。

〔パートナーシップ資産の帳簿価額の調整〕

パートナーシップからパートナーに資産が分配されるときには課税されず，資産の帳簿価額はパートナーに引き継がれ，パートナーシップに残った資産の帳簿価額についても調整を行わないのが原則であるが，IRC756は，パートナーシップに分配される資産およびパートナーシップに残る資産の帳簿価額について調整する選択をすることを認めている。この選択をした場合，IRC734(b)に従って，パートナーシップは，分配された資産についてパートナーが認識した益金の額および分配を受けた資産の帳簿価額が分配を受けたパートナーのパートナーシップ持分の帳簿価額を超える金額をパートナーシップに残った資産の帳簿価額に加算し，分配された資産についてパートナーが認識した損金の額および分配を受けたパートナーのパートナーシップ持分の帳簿価額が分配を受けた資産の帳簿価額を超える金額をパートナーシップに残った資産の帳簿価額に減算する調整をする。

C ポイントの解説

本スキームにおいては，まず時価が高く税務上の帳簿価額が低い，すなわち含み益が生じているリース資産を有するエンロンの子会社Aとプロモーター Xの子会社とがパートナーシップRを組成し，エンロン子会社Bはこのパートナーシップ Rへ含み益を有する減価償却資産と別の子会社Bの株式をセットで拠出して95％のパートナーシップ持分を取得する。その後パートナーシップRは子会社Aのパートナーシップ持分を償還して子会社Aをパートナーシップから離脱させ，別の子会社Bの株式およびパートナーシップRの債務でB株式の時価のうちパートナーシップRにおける子会社Aの持分に対応する資本勘定を超える部分に相当する金額をAに分配する。この結果，当該B株式の帳簿価額

はAが有していたパートナーシップR持分の帳簿価額を引き継ぐことにより引き下げられる。この際にパートナーシップRは，IRC754の選択を行い，その残余財産であるリース資産の帳簿価額を株式の帳簿価額が引き下げられたのと同額だけ引き上げる。このパートナーシップRは，上記の償還を経て残りのパートナー（Xの子会社）のみによって所有されることになり，エンロンはこのパートナーシップRの保有するリース資産にもはや持分を有しなくなる。その後，パートナーシップRを通じてXの子会社はそのリース資産を売却するが，税務上の帳簿価額が引き上げられているので，この税務上の帳簿価額に等しい価額で売却される場合には全く課税所得は生じないことになる。

　本スキームの目的はリース資産の譲渡代金をXから受け取る際に，譲渡益課税を避けるために，リース資産およびXへの貸付債権を有するBの株式と貸付債権と同額の債務をRへ拠出し，このうちB株式だけを分配により取り戻すことにより（債務のみをパートナーシップに残すことにより）間接的に代金の受取をしていることになる。この際に，リース資産の帳簿価額が低かったため，分配を受けるB株式の帳簿価額はパートナーシップ持分の帳簿価額を引き継ぐため，これと同程度に低くなるが，Bを清算する際には，子会社の清算に係る帳簿価額引継規定が適用されるので，Bの有するXへの貸付債権の帳簿価額はそのまま引き継がれることになり，結果的に非課税でリース資産を譲渡したのと同じことになる（Bが保有する資産の帳簿価額は，B株式がパートナーに分配されB株式の帳簿価額が引き下げられるのに合わせて引き下げられるべきかという論点がある。パートナーがパートナーシップ持分に付していた低い帳簿価額を引き継いで分配された資産の帳簿価額の引下げをすれば，Xに対する貸付債権の帳簿価額が引き下げられることになるので，これを回収した時点で回収益が発生し，節税効果は完全に減殺されてしまう。この防止規定は1999年になってIRC732(f)に規定が設けられた）。

(2) Project Condor[15]

A 取引の概要

エンロンとエンロンの100％子会社Dは，リミテッド・パートナーシップEを組成し，翌日，Dは保有するバメル資産（天然ガス・パイプラインおよび関連貯蔵施設）をEに拠出し99.89％のリミテッド・パートナー持分と0.01％のゼネラル・パートナー持分を取得した。同時にエンロンは1百万ドルをEに拠出し0.10％のリミテッド・パートナー持分を取得した。Dの拠出したバメル資産（時価930百万ドル，税務上の帳簿価額30百万ドル）は，直ちにDに18年間の契約でリースバックされた。

また，エンロン（ゼネラル・パートナーおよびリミテッド・パートナー）と第三者M（リミテッド・パートナー）との間の既存のリミテッド・パートナーシップFはエンロンの優先株式約1,000百万ドルを保有しており，一方DはEのリミテッド・パートナー持分99.89％をFに拠出し，Fのリミテッド・パートナー持分とゼネラル・パートナー持分を取得した。

DがEに拠出したバメル資産は，拠出時に時価930百万ドルに対し税務上の帳簿価額が約30百万ドルと少額であるため，IRC704(c)の特別配分に係る規定に基づき，Eはバメル資産を時価930百万ドルと前提して15年にわたり150％の定率法を用いて減価償却することを選択した。Eの損益のほとんどは99.90％持分を有するFに配分されることになるが，この特別配分の選択の結果，償却の基礎となる金額930百万ドルを前提とした減価償却費のほとんどがFに配分され，一方実際の帳簿価額は30百万ドルであり，この差額に相当する特別配分すなわちその他の所得もFに配分されることになった（930百万ドルを基礎とした減価償却費とほぼ同額のその他の所得が両建てでFに配分される）。

この損益の配分を受けるFのパートナーシップ契約には，Fの損益のうちバメル資産の減価償却費の100％をエンロンに，バメル資産に係る益金の額と損金の額の100％をエンロンとDに，それぞれ配分することとする特別な条項が含まれており，バメル資産の減価償却期間にわたりエンロンが保有するパート

250 第3編 タックス・シェルターの手法別類型

ナーシップFの持分の税務上の帳簿価額は930百万ドル減少し，Dの保有するF持分の帳簿価額は，930百万ドル増加することになる（ただし連結納税上は影響なし）。このスキームでは，このようにしてDの保有するF持分の帳簿価額を増加させた上で，16年後に同持分を償還してバメル資産をDに分配することを予定していた。IRC732(b)の規定に基づき，Dはパートナーシップからの損益の分配を通じて引き上げられたパートナーシップの税務上の帳簿価額をそのまま分配されたバメル資産の帳簿価額として引き継ぐ。その結果，バメル資産の税務上の帳簿価額は，ゼロから930百万ドルにかさ上げされる予定であった。一方，Fはパートナーシップの残余資産の帳簿価額を同額だけ引き下げなければならないが，このスキームでは，Fの唯一の残余資産はエンロンの優先株式だけなので，エンロン優先株式の帳簿価額は，930百万ドルだけ下方に調整されるが，IRC1032を適用し，自社株式の譲渡に係る譲渡益の認識を回避する予定であった。（図3－14）

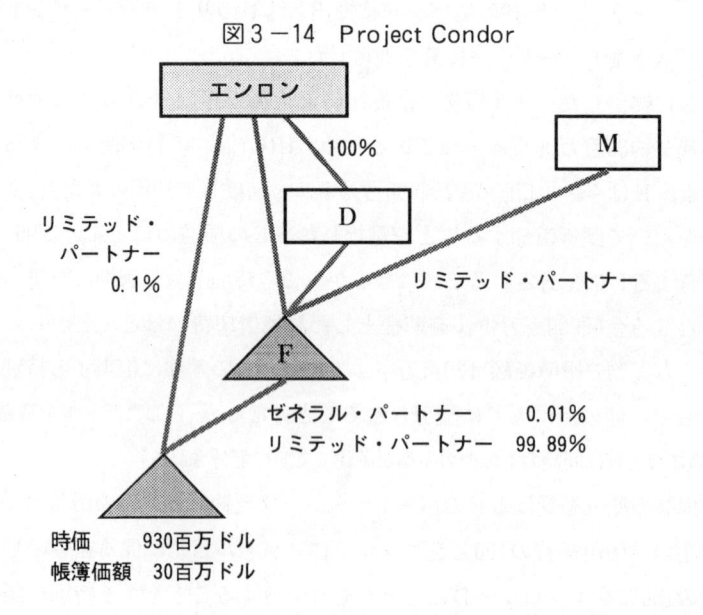

図3－14 Project Condor

```
                     エンロン
                    /  |  \
                   /  100%  \
                  /    |     \      M
       リミテッド・    D       \     |
       パートナー              \    |
         0.1%                    リミテッド・パートナー
                       F
              ゼネラル・パートナー    0.01%
              リミテッド・パートナー  99.89%

        時価        930百万ドル
        帳簿価額     30百万ドル
```

B 関連規則

〔パートナーシップの損益の特別配分〕

IRC704(c)(1)(a)は，パートナーシップへの拠出資産について拠出前に既に潜在的に生じていた損益（含み損益）に係る課税関係がパートナー間で移転することを防止するために設けられた規定であり，拠出資産に係る減価償却費や譲渡原価等の配分に当たっては，パートナーシップで引き継いだ当該拠出資産の帳簿価額とその時価との差額を考慮に入れてパートナー間に配分されなければならない旨を規定している。財務省規則1.704-3では，具体的に3つの方法（Traditional Method, Traditional method with curative allocation, Remedial method）を合理的な方法として挙げている。

C ポイントの解説

このスキームのねらいは，経済的支出なしに税務上の損金（930百万ドル）を計上することである。この損金に対応する経済的な費用の負担は生じないので，この損金算入による節税は，法人税等調整額を通じて会計上の利益を改善することになる（実際の税額の減少は16年後にバメル資産の減価償却を開始した時点で生じるが，会計上はこれを当期に認識する）。

本スキームでは，16年後にFパートナーシップ持分の償還によりバメル資産をDに分配することを予定している。パートナーシップ持分の償還に伴って分配される資産の帳簿価額に係る規定に基づき，Dはそのパートナーシップ持分の税務上の帳簿価額をバメル資産に引き継ぐことにより，バメル資産の帳簿価額をゼロから930百万ドルにかさ上げし，これを基礎として再びバメル資産の減価償却を開始することができる（Fパートナーシップ契約ではバメル資産の減価償却費の100％をエンロンに配分する特別配分（a special allocation）はパートナーDの課税所得の増加を生ずるので通常の場合には当該パートナーDに不利益になるのであるが，エンロンとDは双方とも，エンロン連結納税グループの一部であるため，このような特別配分はこの関連者グループの連結所得に影響しない）。上記償還後のFの唯一の残余資産はエンロン優先株式であり，その株式はバメル資産の上方修正額

(すなわち930百万ドル）だけ下方修正することになる。エンロンは，IRC1032（株式と交換に資産を取得する場合に損益を認識しないことを規定する規定）に基づきエンロン優先株式について譲渡益の認識を回避できる。Ｆが仮にエンロン株式以外の残余資産を保有する場合にはこのスキームがもたらすメリットは所得の繰延だけで財務諸表上に税効果会計上の利益は生じない。

(3) Project Tammy[16]

A　スキームの概要

　エンロンおよびその連結納税グループ会社がパートナーシップＪを組成した。ＪはＡ種持分，Ｂ種持分およびＣ種持分発行している。Ｊの業務執行パートナーであるエンロンはＡ種持分を取得し，エンロンおよびエンロン連結納税グループの会社はＢ種持分を取得し，第三者であるＫが現金500百万ドルを拠出してＣ種持分を取得した。エンロンおよびグループ会社は，Ｂ種持分の対価として多額の含み益を有する資産（例えば，エンロンはＡ社株式（税務上の帳簿価額41百万ドル，時価486百万ドル（462百万ドルの債務付）），グループ会社はＢ社株式（税務上の帳簿価額200百万ドル，時価550百万ドル（524百万ドルの債務付））を１ドルで購入できるオプション及びＣ社株式（時価550百万ドル（523百万ドルの債務付）））をＪに拠出した。その他にも時価260百万ドル（119百万ドルの債務付），帳簿価額14百万ドルの株式，99百万ドル（94百万ドルの債務付），帳簿価額21百万ドルのパートナーシップ持分が拠出された。これらを合計すると，エンロンおよびグループ会社は，税務上の帳簿価額約500百万ドル，時価約1,945百万ドル（約1,722百万ドルの債務付）の資産を拠出したことになる。債務については，IRC752に規定するみなし現金分配の取扱いを回避するために引き続きエンロンおよびエンロングループが債務を負う。

　エンロンとグループ会社は，別のグループ会社ＬにＢ種持分の95％（時価95.3百万ドル）を拠出しＬ普通株式を取得した。残りの５％については引き続き保有し，また，上記と同様の理由により，引き続き債務を負っていた。

B種持分のLへの移転後，Jは含み益のある資産を売却し，売却によって生じた売却益のほとんどはIRC704(c)の規定により，（含み資産を拠出した）Lに配分され，LはB種持分の帳簿価額を売却益相当額だけ増額調整した。

その売却収入で，Jはオフィス・ビルおよび新規発行のエンロン優先株式を取得し，C種持分を償還した。その後，Jはパートナーシップ持分の清算においてオフィス・ビルをLに分配し，IRC732(b)の規定を適用し，LのB種持分の帳簿価額をオフィス・ビルに引き継ぎ，将来の減価償却を通じてこれを損金に算入する。一方，Jに残った資産であるエンロン優先株式はIRC754の規定により帳簿価額が引き下げられることになるが，IRC1032の適用によりこれを処分しても譲渡益は生じない。(図3－15)

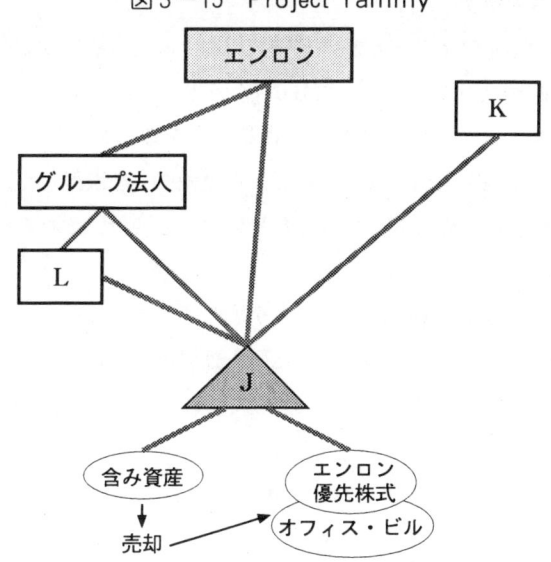

図3－15 Project Tammy

B ポイントの解説

本スキームも，Project Condorと同様に，パートナーシップ持分の清算分配に係る帳簿価額の付替え計算の規定（IRC754）を利用し，減価償却資産の帳簿価額をかさ上げすることを目的としている。かさ上げされた金額に相当する

金額はエンロンの優先株式の帳簿価額を減額することで補塡されるが，後にエンロンの優先株式をグループ内で処分しても，この処分に係る差額は譲渡益ではなく資本取引（わが国の資本積立金に相当）として取り扱われるので，課税所得は生じない。一連の取引を総合的に勘案すれば，帳簿価額がかさ上げされた金額を譲渡益ではなく資本積立金として取り扱うよう取引を仕組むことにより，税務上のメリットを享受し，延いては繰延税金資産の計上を通じて会計上の認識することを目的とした取引といえる。

(4) Project Teresa[17]

A スキームの概要

エンロンは，①オフィス・ビルのリース契約上の賃借権，②航空機の持分，③エンロンの関連会社Sが発行した1,097百万ドルの借入証書，④現金10,250ドルを拠出して，Rの普通株式75％と優先株式を取得し，第三者であるUは22.4百万ドルの現金を拠出し普通株式25％と優先株式を取得した。エンロンおよびUの普通株式と優先株式を合計したRに対する持分はそれぞれ98％および2％であった。

エンロンの子会社Tに対し，エンロンが別の子会社B株式（Bの保有するBの子会社株式を含む）を，RがSの発行した借入証書と現金10,250ドルを拠出し，それぞれT普通株式の80％，T普通株式20％およびT優先株式10,000株（1,000百万ドル相当）を取得した。

さらにRは，エンロンの子会社Cと第三者であるUとともにリミテッド・パートナーシップVを設立した。Rは①オフィス・ビルのリース契約上の賃借権，②現金22.4百万ドル，③T優先株式（1,000百万ドル相当）を拠出し98％のリミテッド・パートナー持分を取得し，Cは現金と米国財務省証券合計で10.4百万ドル相当を，Uは現金10.4百万ドルを拠出して，それぞれ1％のゼネラル・パートナー持分および1％のリミテッド・パートナー持分を取得した。

エンロンの子会社Dは，VからT優先株式1,980株を198百万ドルで購入し，

これをIRC304に従って，（DおよびBとその子会社の利益積立金を限度として）税務上はDからのVへの配当として取り扱った。Vはパートナーシップであるので，パートナーであるRはその持分98％に応じた金額を受取配当として扱うが，Rはエンロンの連結納税グループ外の法人であるので，受取配当の一部（80％相当）は益金不算入とされ，Rは受取配当の20％部分についてのみ課税所得を認識する。一方，RのVに対する持分の帳簿価額は受取配当（の98％）に相当する金額だけその価値が高くなっていることを反映してかさ上げされる。

エンロンは，上記のようにしてRを通じて，配当の益金不算入規定を利用した非課税所得を受け取る一方でV持分の帳簿価額をかさ上げする取引を数回に分けて行い，最終的にVを清算し，Vに残存する資産であるオフィス・ビルおよび現金（優先株式の譲渡代金相当）をVのパートナーであるRに分配する。RのV持分の帳簿価額は当初の拠出額に比べ受取配当の金額だけ高くなっており，IRC754の規定に従い，Rに分配されるオフィス・ビルの帳簿価額はこの分だけかさ上げされることになる。エンロンはRの議決権を追加取得し，Rを連結納税グループに納めた後，Rの保有するオフィス・ビルの減価償却費を将来年度に損金算入することで節税効果を得ることができる。（図3－16）

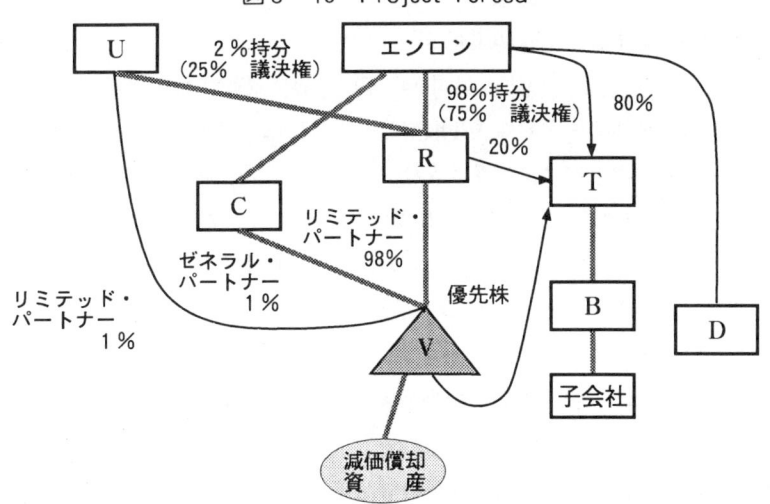

図3－16 Project Teresa

B 関連規則

〔受取配当金の益金不算入〕

　IRC243(a)は法人株主が受け取る内国法人からの配当金は、その持分割合に応じて一定の割合の配当金を益金不算入とする旨規定している。80％以上の議決権および価値を表象する株式を保有している場合には受取配当金の100％が、20％以上の議決権および価値を表象する株式を保有している場合には受取配当金の80％が、それ以外の場合には、70％がそれぞれ益金不算入となる。法人がパートナーシップを通じて株式を保有している場合の持分割合の算定についての取扱いは、明文による規定はされていないが、Rev.Rul 71-141, 1971-1 C.B.211によれば、外国税額控除の規定の適用上の持分割合に係る取扱いは、パートナーシップではなくそれぞれのパートナーの個別の持分割合を基準とする旨通達されており、これを援用すれば、受取配当の益金不算入に係る取扱いも、それぞれのパートナーの持分割合を基準とするものと解される。

　なお、連結納税グループ内の法人から配当を受け取った場合には、グループ内取引であるので課税関係は生じないが、これに伴い、配当の受取法人は支払法人株式の帳簿価額について、受取配当に相当する金額だけ減額するという調整をしなければならない。

〔関連法人株式の譲渡に係るみなし配当〕

　IRC304(a)(1)は、2つの法人が同一の者によって支配されている場合において、一の法人が他の法人の株式を取得した場合には、当該一の法人が当該他の法人の株式を現物出資により受け入れ、その後に当該一の法人が現物出資により発行した（とみなされた）株式を償還により払い戻したものとして取り扱う旨を定めている。IRC304における「支配」の有無は議決権または価値の50％を基準としている（同条(c)）。

〔異常配当ルール〕

　IRC1059(a)(1)は、法人が異常配当（株式の帳簿価額の10％以上（優先株式の場合には5％以上）に相当する配当）を受け取った後2年以内に、この株式を処分した場合には、当該株式の配当受取後の帳簿価額は受取配当の益金不算入に相当

する金額だけ引き下げられる旨を規定している。これは法人が配当の直前に株式を取得し，受取配当益金不算入後，その株式を売却して譲渡損を認識する「配当ストリップ取引」(dividend strip transaction) を防止するための措置である。この規制の対象となる配当にはIRC304に規定するみなし配当も含まれる。

〔連結納税グループにおける利益積立金の調整〕

IRC316(a)は，配当の支払は利益積立金を限度として税務上配当として取り扱う旨を規定している。連結納税上は，それぞれの法人の利益積立金はその傘下の法人の利益積立金の合計額とされる。

C ポイントの解説

本スキームは，エンロンが実質的に支配するパートナーシップを利用して非減価償却資産（T優先株式）から減価償却資産（オフィス・ビルその他のリース資産）に税務上の帳簿価額をシフトすることによって生じる税務上および会計上のメリットを得ることを目的としたストラクチャーである。その手法として，関連法人株式の譲渡によるみなし配当と受取配当金の益金不算入に係る規定が利用された。

まずはじめに，連結納税グループ内の法人から配当を受け取った場合には，グループ内取引であるので課税関係は生じないが，これに伴い，配当の受取法人は支払法人株式の帳簿価額について，受取配当に相当する金額だけ減額するという調整をしなければならない。したがって，本スキームの目的であるパートナーシップの持分に係る帳簿価額のかさ上げを達成するためには，エンロンの連結納税グループ外の法人が配当を受け取らなければならない。そこで，Rに対する事実上の支配を維持しつつ同社を連結納税グループ外とするようエンロンはR株式の価値の98％および議決権の75％を所有することとし，残りのR株式の価値の2％および議決権の25％を有する第三者であるUに保有させた。

IRC304(a)の規定により，DがT優先株式の譲渡対価としてVに対して行う支払は，税務上D社株式の償還の対価をVに支払ったものとして取り扱うこと

になる。したがって、Vは、DおよびT並びのその子会社の利益積立金を限度として受取配当金を認識することになる（同条(b)(2)）。なお、同条における「支配」の有無は議決権または価値の50％を基準としているので（同条(c)）、R、VおよびDは、同じ連結納税グループに入っていないが、同条の適用上は、同一の者によって支配されていることになる。また、本スキームでは配当として取り扱われる金額を大きくするため（すなわちTの利益積立金を大きくするため）、TにB社およびその子会社の株式を現物出資している。この現物出資によってTの利益積立金は、Bおよびその子会社の利益積立金の合計額に相当する金額だけ増加する。

パートナーシップが受け取った配当は益金不算入とされる一方で、パートナーのパートナーシップ持分の帳簿価額はその分だけ上方修正される。最終段階でパートナーがパートナーシップから財産の分配を受けるときに、上方修正された分だけ減価償却資産の帳簿価額がかさ上げされ、将来の減価償却を通じてこの税務上のメリットを享受するということである。この一連の取引をエンロングループ一体としてみるとどのような取引と性格付けられるだろうか。連結納税を選択している場合、連結親法人の連結子法人株式に係る帳簿価額は、子会社が稼得した所得に相当する金額だけ増額調整される。この調整は連結親法人の利益積立金とともに調整される。したがって、配当が連結親法人に支払われると、利益積立金が減額されることになるので、配当に相当する金額だけ連結子法人株式の帳簿価額は減額調整される。本スキームのポイントの１つは、この増額調整をした後、連結子法人を連結グループから離脱させ、その後に（減額調整を受けずに）配当を受け取りその80％に相当する金額を益金不算入として取り扱い、配当を支払ってその分だけ価値の低くなった連結子法人の株式を高い帳簿価額のまま持ち続けるところにある。ここで、この株式を処分してしまえば、その分だけ譲渡損を計上でき、受取配当が益金に算入されない一方で、譲渡損が損金算入されるので、税務上のメリットが享受できるわけであるが、ここでは、株式の譲渡損を計上せずに、当該株式の帳簿価額をパートナーシップが有する減価償却資産に振り替えることによって、減価償却資産の将来

の償却を通じたメリットを享受している。

4 組織再編成の利用

　組織再編成は株式を対価とした資産の移転であり一般的に資本取引としての性格をもち合わせ，課税の繰延および帳簿価額の引継ぎを認めている規定が多い。これらの規定のうち，(1)Killer B は株式交換，(2)Liquidating REIT は清算，(3)Contingent Liability は現物出資（あるいは会社分割）に係る課税繰延の規定を利用した手法である。(4)Project Tanya and Valor は(3)を応用したエンロンの事例研究である。

(1) Killer B[18]

A　スキームの概要

　上場企業である内国法人Aは子会社のデラウエア法人B，外国法人持株会社Cを経由して外国事業会社Dに少数持分を有している。AはDの利益積立金を原資として自己株式の買入をしたいと考えている。ただし，IRC956は外国関係会社が米国における資産を購入する場合（投資をする場合）には，利益積立金を原資とする投資額については税務上配当とみなして取り扱う旨の規定をしているので，米国での課税を受けずにこれを実行するのは困難である。本スキームは，この規定の適用を受けずに実質的に自己株式の買受を可能にする取組みである。

　Aは完全子会社Eを国外に設立する。Eは銀行借入を原資として市場から親会社Aの株式を購入する。この時点でEは利益積立金を有していないので，同条のみなし配当の規定は適用されない。次にEはCとの間でいわゆる（三角型）B型再編を行いBが保有するCの株式と（Eの親会社である）A株式を交換する。さらにBは取得したA株式とAの保有するE株式を交換する。その結果として，A＞B＞E＞Cという株式の保有関係ができ上がるとともに，市

場から買い入れたA株式は米国法人Aに移転する。この再編の後EはDの有する利益積立金を原資として配当を受け取り、これを銀行借入の返済に充当する。一連の取引により、米国でのみなし配当課税を回避しAは自己株式を買い入れることができる。（図3-17）

図3-17 Killer B

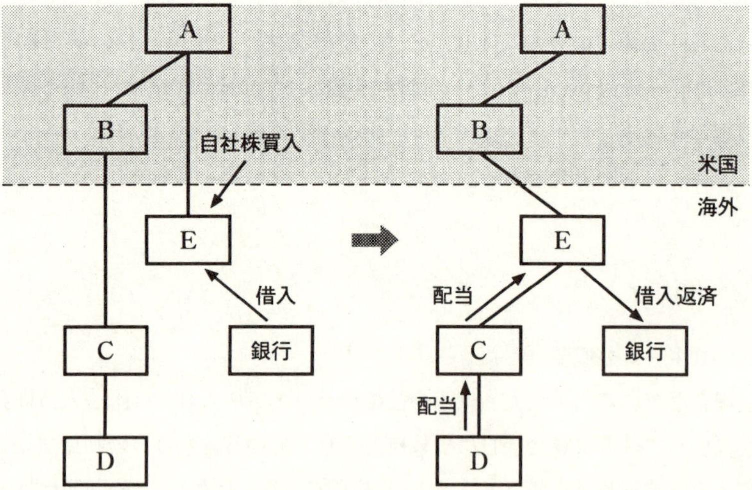

B　関連規則

〔米国資産への投資に係るみなし配当〕

IRC951以下において、米国株主の外国関係会社の利益積立金に関する合算課税の規定が設けられている。これはわが国の特定外国子会社等の留保金課税（いわゆるタックス・ヘイブン税制）に相当するものであり、米国の株主が外国関係会社の一定の所得（サブパートF）を合算することについて定められている。サブパートF所得とは、いわゆるパッシブな活動から生じる所得（例えば、配当、利子、使用料等のいわゆる「逃げ足の速い」所得）であり、これ以外の所得については、軽課税国に留保された場合でも米国で課税されない。この所得が米国に配当として還流する場合には、米国における配当課税の対象となるが、

軽課税国の外国関係会社が配当をせずに米国資産に直接投資をする場合，米国において課税をすることができないことに配慮し，このような課税の繰延を防止するためにIRC956は，米国資産の購入に使用される外国関係会社の利益積立金について，配当があったものとみなして課税関係を決定する旨の規定を設けている。

〔組織再編税制〕

　米国における組織再編税制は，IRC368(a)(1)において，「組織再編」の定義をして，IRC354(a)で「組織再編」において株式の交付を受ける株主に係る課税の繰延の規定を，IRC361(a)で「組織再編」において株式と交換に資産を移転した法人に係る課税の繰延の規定を設けている。組織再編の定義は，A型からG型まで規定されている。E型は，資本の再構成，F型は法人の組織変更（実体の変更を伴わない登記や法人格の変更等），G型は連邦破産法11条（民事再生手続に係る規定）その他の規定の適用による資産の移転（ただし，譲受法人の株式を対価としたものに限る）と定義されており，A型からD型がいわゆるわが国の税法における組織再編に相当するものである。

　A型は「会社法上の合併」，B型は「一方の法人が他方の法人の株式を当該一方の法人（または当該一方の法人を支配している法人）の議決権株式のみを対価として取得し，（取得直前に当該一方の法人が当該他方の法人を支配していたかどうかにかかわらず）取得の直後に一方の法人が他方の法人の支配をしている場合における当該取得」としていわゆる株式交換および三角株式交換について定義している。ここにいう「支配」とは，同条(c)において，「議決権株式およびすべての種類の株式の株式数の80％以上を所有すること」と定義されている。また，C型は，同様に「一方の法人が他方の法人の実質的にすべての資産を当該一方の法人（または当該一方の法人を支配している法人）の議決権株式のみを対価として取得する場合の取得における当該取得（ただし他方の法人の負債の一方の法人による引受は，議決権株式のみを対価とする要件を満たしているかどうかの判断に影響を与えないものとする）」，D型は，「一方の法人が他方の法人に資産の移転をし，当該一方の法人およびその株主が当該移転の直後に当該他方の法人を支配し，

かつ当該他方の法人がIRC354，355または356に規定する方法で株式の交付をする場合における当該移転」と定義されている。また，IRC356(a)(2)(d)では，A型の合併において，合併法人を支配している法人の株式を対価とする場合について，「一方の法人が，当該一方の法人を支配する法人の株式を対価として，他方の法人の実質的にすべての資産を取得する場合（次に掲げる要件を満たすものに限る），A型に定める合併に該当するものとして取り扱う」旨の規定を設け，その要件として①当該一方の法人（合併法人）の株式が対価として用いられていないこと，②当該合併が当該一方の法人を支配する法人を合併法人とする合併である場合に，A型に該当すること，の2つを挙げている。さらに，同条(a)(2)(e)では，A型の合併において，被合併法人を支配している法人の議決権株式を対価とする場合について，「被合併法人を支配している法人（支配法人）の株式を対価として合併を行うことを理由として，A型に該当しないものとして取り扱うことはない（次に掲げる要件を満たすものに限る）」旨の規定を設け，その要件として，①合併法人は実質的にすべての資産および実質的にすべての合併法人の資産（当該支配法人の株式を除く）を当該合併後に有すること，②合併法人の株主が保有する（「支配」を構成するのに十分な）株式と交換に当該支配法人の議決権株式を取得すること，の2つを挙げている。同条(a)(2)(g)では，C型に係る要件として，資産を移転した法人（すなわち株式を取得した法人）が当該株式およびその他の資産を組織再編の計画に従って分配することを挙げており，同条(a)(2)(h)ではD型に係る取扱いとして，①IRC354(b)(1)(a)および(b)の要件を満たす場合におけるD型について，「支配」は（IRC368(c)ではなく）IRC304(c)に定める「支配」を用いること（すなわち80%ではなく50%の持分関係を基準とする），②IRC355（および同条に関連してIRC356）の要件を満たす場合におけるD型について，株式を分配する法人の株主が分配された当該株式を処分することまたは分配された株式を発行する法人が追加で新株を発行することは，D型の要件を満たしているかどうかの判断をする上でこれを考慮しない旨の規定を設けている。

IRC354では，IRC368(a)(1)で定義された「組織再編」を引用し，組織再編に

おいて，保有する株式と交換に組織再編の当事者である法人 (a party to reorganization) の株式が交付される場合には，株式の譲渡に係る損益は認識しない旨の規定が設けられている。ただし，換金性の高い優先株式 (IRC351(g)(2)) については，株式として取り扱われない (IRC354(a)(2)(c)) ので課税の繰延の適用はない。また，IRC355(a)(1)では，一方の法人（支配法人）が支配をしている法人（被支配法人）の株式を株主に分配する場合または当該株主が保有する株式と交換する場合における課税関係について，租税回避目的でないこと，支配法人および被支配法人ともに当該分配後に事業に従事していること等の要件を充足していることを前提として，株式の交付を受けた株主に係る課税の繰延の規定を設けている。同条(a)(2)では，当該分配が株主の保有する株式数に応じた分配でなくても課税の繰延の規定の適用がある旨，株式を分配する法人の株式と交換でなくても課税の繰延の規定の適用がある旨およびIRC368(a)(1)(d)に規定する組織再編に関連した株式の分配でなくても課税の繰延の規定の適用がある旨を規定している。また，IRC354における株式の交付と同様に，換金性の高い優先株式 (IRC351(g)(2)) については，株式として取り扱われない（同条(a)(3)(d)）。なお，株式を分配する法人についても，組織再編における株式の分配かどうかにかかわらず原則として課税関係は生じない（同条(c)(1)）。

　株式以外の資産の交付（以下「交付金等」）がある場合について，IRC356(a)は，当該交付金等がなければIRC354または355の規定の適用がある場合，当該交付金等の金額を限度として，課税所得を認識する旨の規定を設けている。また，当該交付金等が配当の性質を有するものであれば，これを配当所得として認識し，配当所得の金額を超える場合（利益積立金の金額を超える場合）にはこれを譲渡益として認識する旨の規定をしている。

　IRC358は，資産と交換により株式および交付金等を取得した株主の当該株式の取得価額について，原則として交換に供した資産の帳簿価額を引き継ぎ，交付を受けた交付金等の公正価額および当該交換において認識した譲渡損の合計額を控除し，配当所得および譲渡益として認識した金額の合計額を加算した金額とする旨の規定をしている。

IRC361(a)は，組織再編の当事者である一方の法人が，組織再編の当事者である他方の法人の株式と交換に当該一方の法人の資産を譲渡した場合には，当該一方の法人は当該資産の譲渡に係る課税所得を認識しない旨の規定をしている。また，同条(b)では，当該一方の法人が資産の譲渡の対価として株式の他に交付金等を取得した場合，当該交付金等を組織再編の計画に従って速やかに株主に分配する場合には資産の譲渡益は認識せず，当該交付金を分配しない場合には，当該交付金の公正価額を限度として譲渡益を認識する旨の規定をしている。また，法人が組織再編において取得した資産の受入価額について，IRC362(b)は，資産の移転法人の帳簿価額および当該移転法人が認識した譲渡益の合計額を資産の受入価額とする旨の規定をしている。

C ポイントの解説

本スキームは，Dが直接A株式を購入した場合に課税されたであろうみなし配当所得を生じることなしに，経済的にはDが購入した場合と同じことを達成することを目的としている。そのために利益積立金のない外国法人Eを設立し，Eを通じてA株式を購入し，後にEはその購入原資をDから配当として調達する。ポイントはEがA株式を購入する段階で利益積立金を有していないことおよびEがDから配当を受け取るときにサブパートF所得の合算課税の適用を受けないことである。サブパートF所得にはいくつかの例外規定が設けられており，外国関係会社が同じ国の外国関係会社から配当を受け取った場合には，この例外規定が適用され，したがって，EがDから受け取るサブパートF所得についてはAはこれを合算する必要はない。

(2) Liquidating REIT[19]

A スキームの概要

納税者がREIT（Real Estate Investment Trust）を設立し，金融商品等の資産を拠出する。REITはそこで生じた所得を当該納税者に分配する。当該分配

がREITの清算に伴う分配であれば，IRC332により，REITの持分の80％以上を保有する株主は課税所得を認識する必要がなく，一方，REITも支払配当の損金算入ができる。その結果REITで生じた所得はREITのレベルでも株主のレベルでも課税されない。

B 関連規則

〔REIT〕

米国税法は，IRC856から859において，REITについての定義，課税上の取扱い等についての規定を設けている。IRC856の定義によれば，REITとは100人以上の持分保有者が存在すること，内国法人であること，持分が譲渡可能であること等の要件を満たした法人，信託等のビークルであるとされる。その主たる機能は不動産，不動産ローン等の資産を保有しそこから生じる利益を持分保有者に分配することであり，その所得の75％以上が不動産関連所得（家賃，不動産ローンに係る金利，不動産譲渡益等）であり，所得の90％以上が不動産関連所得及び金融所得から成らなければならない。

REIT自体は法人所得課税の納税者となるが，90％以上の所得を配当等として分配する，しかるべき帳簿記録を備え置く等の一定の条件を満たした場合には，支払配当を損金に算入することができ（IRC857)，配当支払後の剰余金に対して法人課税される。

〔清　算〕

IRC332は，Complete liquidations of subsidiaries について定めている。原則として清算により分配される残余財産の受取は非課税である旨の規定をしており，その要件として残余財産の受取法人が清算法人の議決権および株式価値の80％以上を有しており，部分清算ではなくすべての株式が償還もしくは消却されすべての財産が分配されることを挙げている。

〔清算時のREITからの残余財産の分配〕

IRC562(b)(1)(b)は，法人等を完全に清算する場合において，清算計画を策定してから24ヶ月以内に行われる残余財産の分配は，支払配当の損金算入金額を

計算する際には，配当とみなす旨規定しており，1998年に税法が改正される前までは，IRC332の子会社の清算に係る非課税規定は法人等の清算一般について広く適用されていた。したがって，REITの支払配当の損金算入規定および非課税清算の規定の両方が適用されると，REITで稼得した所得についてはREITのレベルでも株主のレベルでも課税されないことになる。このIRC332の規定は1998年に改訂され，RIC，REITの清算については適用されない旨の規定が追加された（IRC332(c)）。

C ポイントの解説

　本スキームは，REITの支払配当損金算入規定と残余財産分配に係る非課税規定のミスマッチを利用したスキームである。支払配当は支払う側で損金に算入される場合には受取側で益金に算入されるのが通常の取扱いであり，REITの株主が受け取った場合には受取側で益金に算入されるはずであるが，受取側では，この受取を配当ではなく残余財産の分配と捉え，IRC332の規定を適用して非課税の取扱いをするわけである。このスキームは，不動産ローンを多く有する金融機関に多く用いられた。不動産ローンをREITに拠出してこの利益を分配する段階で，REITの清算計画を策定し24ヶ月の間に利益を株主に分配することによって，実質的に不動産ローンに係る所得に対して永久に課税が生じないことになる。

(3) Contingent Liability[20]

A スキームの概要

　資産および税務上未だ認識されていない負債（例えば退職給付債務等）の両方を現物出資し対価として譲受法人の株式を取得する。現物出資される資産の帳簿価額と時価は大きく乖離していないものとする。株式の時価は資産から負債相当の金額を控除した金額である。一方同株式の税務上の帳簿価額は，現物出資法人の当該資産の帳簿価額を引き継ぐが，負債については税務上認識されて

いないのでこれに相当する金額を資産の帳簿価額から控除することはないので，結果として当該資産の帳簿価額がそのまま引き継がれることになる。したがって，その後に当該株式を譲渡すれば，時価に比べて帳簿価額が高くなっているために譲渡損を損金に算入することにより節税効果が得られることになる。また，譲受法人においても，引き受けた負債に係る支払をした時点で，譲受法人において負債が生じたものとしてこれを損金に算入することができる。（図3−18）

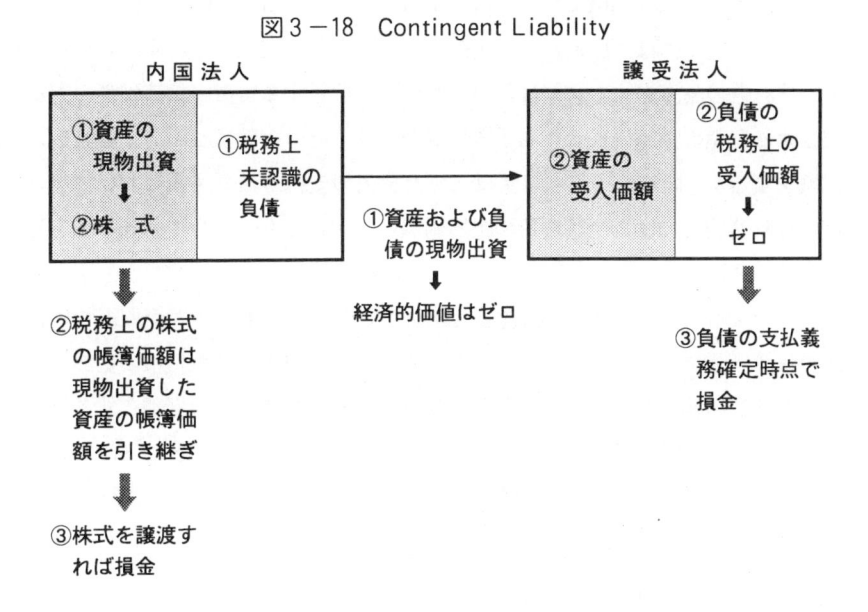

図3−18　Contingent Liability

【内国法人】
①資産の現物出資
↓
②株　式

①税務上未認識の負債

②税務上の株式の帳簿価額は現物出資した資産の帳簿価額を引き継ぎ

③株式を譲渡すれば損金

①資産および負債の現物出資
↓
経済的価値はゼロ

【譲受法人】
②資産の受入価額

②負債の税務上の受入価額
↓
ゼロ

③負債の支払義務確定時点で損金

B　関連規則

〔資産の現物出資〕

IRC351は，資産の譲受法人の発行する株式を対価として資産を譲渡した場合で，譲渡法人が譲受法人を支配している場合（80％以上の持分を取得）には，当該資産の譲渡に係る譲渡損益は税務上認識しない旨の規定を定めている。株式の他に金銭等が交付される場合には，当該交付される金銭と譲渡益のどちら

か小さい金額を限度として譲渡益を認識する。ただし，譲渡損は認識しない。

IRC358は，譲渡法人が取得する譲受法人の株式の帳簿価額についての規定を設けている。譲渡法人における譲渡資産の帳簿価額を取得した譲受法人の株式の帳簿価額として引き継ぐこととし，譲渡法人側で譲渡益を認識した場合にはその譲渡益の金額を当該受入帳簿価額に加算する。

〔負債の取扱い〕

IRC357は，IRC351の現物出資において資産とともに負債が移転した場合の，譲渡法人に係る課税関係について規定をしている。負債の移転は，租税回避の意図がない場合には，原則として金銭等の交付として取り扱われず，したがって，譲渡益の認識をする必要はない。ただし，移転する負債の帳簿価額の方が譲渡する資産の帳簿価額よりも大きい場合には，その差額について，譲渡益の認識をするが（同条(c)(1)），引き受けられた負債の支払が譲受法人において損金算入される場合には，当該負債の帳簿価額はなかったものとして同条(c)(1)を適用する（同条(c)(2)）。

IRC358(d)は，譲受法人が負債を引き受けた場合の，譲渡法人が取得する株式の帳簿価額に係る規定を設けている。原則として引き受けた負債の金額を譲渡した資産の帳簿価額から控除した金額を取得した株式の帳簿価額とする旨定めている。ただし，譲受法人において損金に算入される類の負債（IRC357(c)(2)）については，資産の帳簿価額から控除しない。

C　ポイントの解説

本スキームのポイントは，譲渡法人において損金算入されていない費用（すなわち税務上の資産）について，現物出資を通じてこれを株式に転換して当該株式を譲渡することにより，間接的に当該税務上の資産を損金に算入するところにある。仮に譲渡法人において既に当該費用が損金に算入されていれば，譲受法人の発行する株式の帳簿価額は，譲渡した資産から当該損金に係る負債を控除した金額であり，この場合には，譲受法人の発行する株式を譲渡しても税務上の譲渡損は計上できない。すなわち，税務上認識されていない負債を資産に

付随させて現物出資することにより，税務上含み損のある資産をつくり出し，当該含み損を譲渡法人と譲受法人の両方で損金算入するところにこのスキームのポイントがあるといえる。

　わが国の税法の枠組みで考えた場合にも，概ね同様のことが当てはまる。例えば，現物出資法人が資産と負債を会計上の帳簿価額（概ね時価に一致しているものと仮定）で現物出資した場合，これが税制非適格現物出資であれば，時価での移転ということになるので，発行される株式の帳簿価額は資産と負債の差額となるが，税制適格の場合には，税務上の帳簿価額で現物出資されることになるので，取得する株式の税務上の帳簿価額は，税務上の資産と負債の帳簿価額の差額となる。ここで，税務上は会計上認識した費用を税務上否認している場合には，税務上の純資産の価額は会計上の純資産価額よりも高くなり，現物出資の後に当該株式を譲渡した時点で，間接的に以前に否認した費用すなわち税務上の資産が損金算入されることになる。被現物出資法人においても，現物出資された資産と負債は税務上の帳簿価額で引き継がれるので，仮に時価で資産と負債を処分したとすると，現物出資法人において否認されて金額が損金に算入されることになる。このことは，含み益のある資産を税制適格現物出資した場合には，含み益が現物出資法人と被現物出資法人の両方で生じることと反対の状況であり，含み損を有する資産をつくり出しそれを現物出資することにより，同一の費用について全体で損金を2回計上する機会をつくることができるわけである。この2回計上される損金は，将来の時点で清算や減資等により株式が償還される時点で，1回分の損金算入効果が解消され，通算での損金算入は1回分であるが，清算や減資等による株式の償還が半永久的になければ，2回分の損金算入効果は半永久的に得られることになる。

(4) Project Tanya and Project Valor

A 取引の概要

〔Project Tanya〕[21]

　エンロンは，子会社Aに2枚の約束手形（帳簿価額120.84百万ドル，満期20年の約束手形と帳簿価額67.7百万ドル，満期10年の約束手形）を拠出し，議決権付優先株式20株（帳簿価額188.555百万ドル）を取得した。子会社Aはエンロンの未確定債務（エンロンの退職給付債務67.7百万ドル，退職後医療・生命保険・死亡給付債務120.8百万ドル）を引き受けた。この優先株式は9％の配当が予定されており，子会社Aの純資産額のうち40,000ドル相当を表象するものであった。さらに，この優先株式は，子会社Aの純資産額の増加分の3％（最高34万ドルまで）を受け取る権利を有していた。エンロンは子会社Aの優先株式20株を自社の社員MとNの2人に40,000ドルで売却し譲渡損188.515百万ドル（譲渡対価40,000ドルから帳簿価額188.555百万ドルを差し引いた額）を計上した。子会社Aの優先株式の譲渡契約に係る条件として株主に5年後のプット・オプションおよびエンロンに6年後のコール・オプションがそれぞれ与えられていた（後にエンロンは子会社Aを清算し子会社Aが引き受けた退職給付債務等をエンロンが再び引き継ぐことが予定されていた）。

　エンロンが計上した188.515百万ドルの譲渡損は，会計上の損ではないので，これに伴う税効果に相当する額65.8百万ドル（188.515百万ドルに35％の連邦税率を乗じた金額）が会計上利益として計上された。

　一方，子会社Aは引き受けた債務に関して，実際に債務が確定した事業年度において，それぞれの金額を損金計上した。また，エンロンの社員Mが退職した時点で，A優先株式10株は他の社員Nに85,000ドルで売却された。将来エンロンはNに対しコール・オプションを行使し，A株式20株を440,000ドルで買い戻す予定であった。（図3－19）

図3−19 Project Tanya

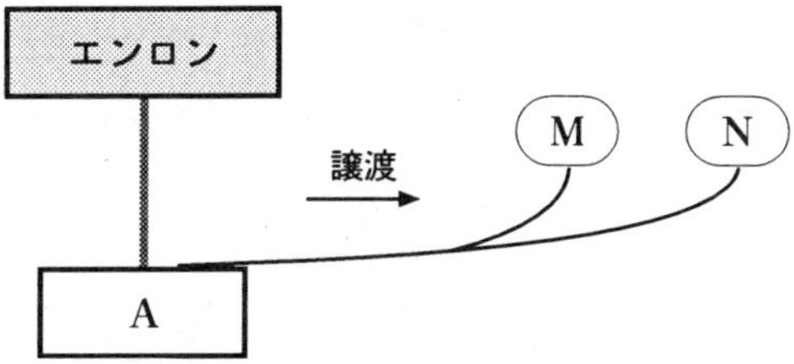

```
         ┌─────────┐
         │ エンロン │
         └────┬────┘
              │         譲渡    ⓂⒶ   Ⓝ
              │        ─────→
         ┌────┴────┐
         │    A    │
         └─────────┘
```

約束手形	120.84百万ドル	負 債	120.8百万ドル
約束手形	67.7百万ドル	負 債	67.7百万ドル
		資 本	20株：40,000ドル

〔Project Valor〕[22]

　エンロンの子会社Bは，天然ガスおよび電力の売買を行い，この事業活動を支えるため非関連者と多様なスワップ，オプション，先渡契約を締結していた。子会社Bは，子会社Cに2枚の約束手形（帳簿価額217百万ドル，満期10年の約束手形と帳簿価額50.32百万ドル，満期10年の約束手形）を拠出して議決権のある優先株式（帳簿価額は235.367百万ドル）40株を取得した。この際子会社Cは子会社Bの一定の未確定債務（Bのクレジット・リザーブ5.01百万ドルおよびBの価格リスク管理契約債務262.27百万ドル）を引き受けた。C優先株式は，9％の配当を予定しており，Cの純資産額のうち40,000ドル相当を表象し，Cの純資産の増加分の4％（最高価額2百万ドルまで）を受け取る権利を有していた。

　Bは自社の社員O，PおよびQの3人にC優先株式40株を40,000ドルで売却した。子会社Bは，この株式の売却による譲渡損235.327百万ドル（譲渡対価40,000ドルから帳簿価額の235.367百万ドルを差し引いた金額）を計上した。C優先株式の売買契約書上で，株主に5年後に行使できるプット・オプション（Cに対し株式の償還を請求する権利）および子会社Cに6年後に行使できるコール・オプション（株主から株式を買い取る権利）が与えられた。

　Cは，引き受けたクレジット・リスク管理債務に関して，爾後に債務が確定した金額についてそれぞれの事業年度で損金を計上した。Oは後に退職し，C

はO所有のC優先株式30株を30,000ドルで償還し，これをPとQにそれぞれ15,000ドルで売却した。（図3－20）

図3－20　Project Valor

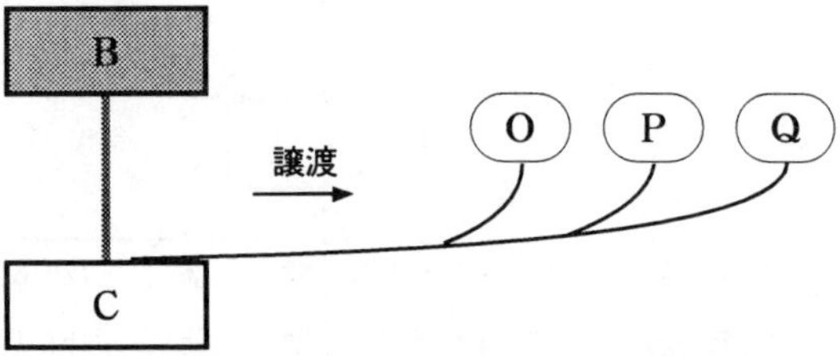

約束手形	217百万ドル	負 債	5.01百万ドル
約束手形	50.32百万ドル	負 債	262.27百万ドル
		資 本	40株：40,000ドル

B　ポイントの解説

　本スキームは，「未確定債務」（contingent liability）を拠出することにより，エンロンの子会社株式の帳簿価額をその経済価値に比べて高くし（すなわち意図的に含み損を有する株式をつくり出し），子会社株式を従業員に売却することで譲渡損を計上し，一方債務を引き受けた子会社は，この債務が確定した時点で，これを損金算入することにより，同じ債務について二度損金を計上することを目的としている。

5　グループ会社・持株会社等の利用

　グループ会社を利用したタックス・シェルターの目的は多岐にわたっている。(1)Foreign Factoring は外国法人を利用して所得を海外に移転することを目的としており，(2)Reinsurance Arrangement は保険会社に政策的に認められている特別の恩典を享受することを目的としており，(3)Stock Compensation は関連会社間のみなし出資規定を利用して損益取引を資本取引に変換する手法を利用している。関連会社を利用する場合には，IRC482の「独立企業間原則」の制約を受けることに注意する必要がある。

(1)　Foreign Factoring[23]

A　スキームの概要

　内国法人Aは資本関係のない外国法人Bと共同でタックス・ヘイブンに売掛債権のファクタリングを行う会社Cを設立する。例えば，AはCに当初出資金として5を拠出し無議決権株式を取得する。Bは銀行からCの売掛債権を担保に95の借入を行う。Bはこの95と自己資金の5の合計100をCに当初出資金として拠出し，議決権付優先株式を取得する。AはCが調達した105の資金を対価として5年間にわたって売掛債権をCに売却する。この売却の際にはAはCに対して2％の割引料を支払う。Cはその米国子会社として債権回収を業とする会社を設立しこれに債権回収業務を行わせる。5年後にこの取組みは解消され，AはCの株式を売却して対価を受け取る。Bは5年間にわたってAが提供する2％の割引の一部を原資として優先配当を受け取る。AがCに譲渡する債権は信用リスクの非常に低い債権であり，Bはこの与信の対価として配当を受け取る。Aは5年間にわたってCに譲渡した債権の割引料に相当する損金を計上するが，5年後にこの損金に相当する金額の一部を回収する金額でC株式を売却する。この結果Aは課税所得の繰延ができる。(図3-21)

図 3-21　Foreign Factoring

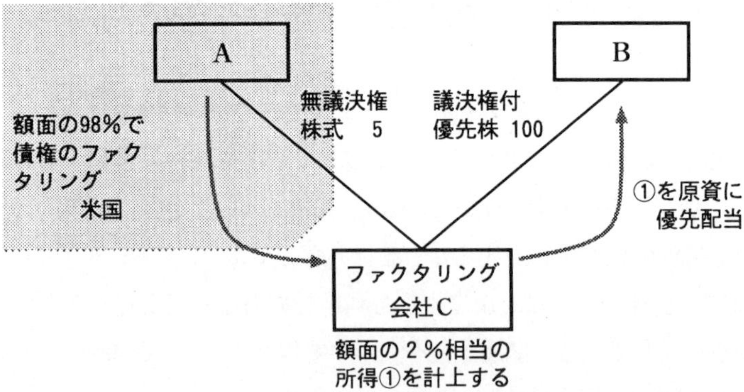

```
        A                           B
   無議決権              議決権付
   株式   5              優先株 100

額面の98%で                          ①を原資に
債権のファク                          優先配当
タリング
米国
                ファクタリング
                会社 C

            額面の 2 %相当の
            所得①を計上する
```

B　関連規則

〔サブパートF所得〕

　IRC951以下において，米国株主の外国関係会社の利益積立金に関する合算課税の規定が設けられている。これはわが国の特定外国子会社等の留保金課税（いわゆるタックス・ヘイブン税制）に相当するものであり，米国の株主が外国関係会社の一定の所得（サブパートF）を合算することについて定められている。サブパートF所得とはいわゆるパッシブな活動から生じる所得（例えば，配当，利子，使用料等のいわゆる「逃げ足の速い」所得）である。同条に規定する外国関係会社とは，米国株主により50％超の持分を保有されている外国法人と定義され，さらに米国株主について，当該外国関係会社の10％以上の持分を有する米国納税者とされている。したがって，本スキームにおいて設立されるBは外国関係会社に該当しないので，サブパートF所得の合算の問題は生じない。

　サブパートF所得の合算に係る規定とは別に，パッシブな活動から生じる所得を主として稼得する外国投資法人（Passive Foreign Investment Company,「PFIC」）の所得に係る合算課税の規定がある。本スキームでは，外国ファクタリング会社はIRC954(h)(4)(b)の貸金業に該当し，PFICには該当しないという解釈に依拠している。

C ポイントの解説

本スキームでは，米国税務上非課税の第三者を共同出資者としてファクタリング会社Cを設立することによりCに計上される所得はAにとって合算課税の対象にならないように構成されている。Aは優良な売掛債権を割引してファクタリングに出すことにより，5年間にわたって割引料相当額の一部の所得をCに移転し，5年後にCの株式を売却して割引料の一部に相当する金額を回収する。合算課税に加えて，移転価格税制の適用による損金不算入の可能性についての吟味も必要である。外国会社Cは，Aと資本関係による支配関係はないものの，実質的に支配関係があるとみなされる場合には，IRC482の規定により，独立企業原則に従って，所得の再配分が行われる。わが国税法上も同様の規定があり，本スキームを適用する場合には独立企業原則による制約がある。

(2) Reinsurance Arrangement[24]

A スキームの概要

自動車の販売業を営む内国法人Aがその顧客に対して自動車の損害保険契約を販売する。Aはこの保険商品の販売に関しては，第三者である保険会社Bの販売代理店として取引を行うものであり，成約した保険契約に関して受け取る保険料の一定割合を販売手数料としてBから受け取る。Aは別途米国外に（典型的には所得に係る税金のないタックス・ヘイブン国に）子会社Cを設立し，Bとの間で再保険を引き受ける。Aはその顧客から受け取った保険料のうち手数料相当額を控除した残額をBに支払う。Bは保険契約上生じるクレーム，契約に係る間接税，Bの利益をそれぞれ控除した残額を再保険料としてCに支払う。Cは米国連邦税法上内国法人としての取扱いを選択する。その際損害保険会社に与えられる免税措置を利用して課税所得を減少させる。この結果，Aが販売した保険契約から生じる所得のうち一部がCの免税所得として米国税務上課税されないことになる。（図3-22）

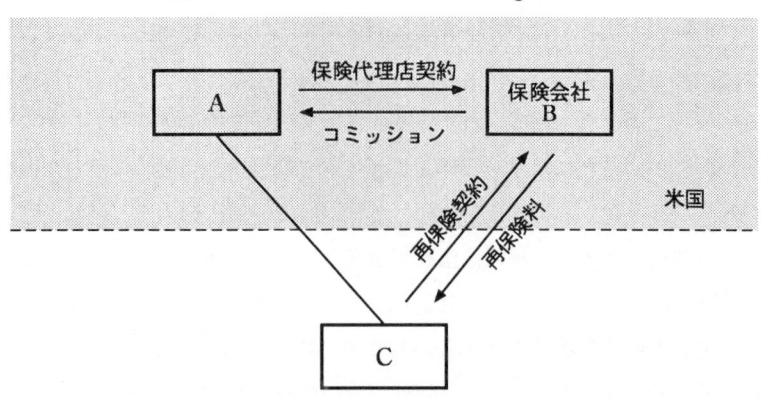

図3-22 Reinsurance Arrangement

```
         保険代理店契約
    A  ──────────────→  保険会社
       ←──────────────     B
          コミッション
                                    米国
       再保険契約  再保険料
         ↓           ↑
            C
```

B 関連規則

〔内国法人としての取扱いの選択〕

　IRC952(a)(1)において，外国関係会社が受け取る保険料収入は，サブパートF所得として規定されている。さらにIRC953において，保険料収入の詳細な定義が設けられており，同条(d)で，一定の条件のもとに，外国関係会社を税務上内国法人として取り扱う選択をすることができる旨を規定している。この取扱いを選択した場合，サブパートF所得の合算課税の規定は適用されず，保険会社に認められている各種の税務上の恩典を享受することができる。

〔受取保険料〕

　IRC806は，受取保険料15百万ドル以下の一定の生命保険会社に一定の所得控除を供与している。また，IRC501(c)(15)は，生命保険以外の保険会社が受け取る保険料が35万ドルを超えない場合には保険料収入が免税とされる規定を，IRC831(b)は生命保険会社以外の一定の保険会社で受取保険料が35万ドルから1.2百万ドルの場合には，投資所得についてのみ課税する等の優遇措置を設けている。

C ポイントの解説

本スキームは，保険業法の規制の緩やかな外国に子会社を設立して，その子会社に米国親法人から所得を移転し，米国税務上は米国法人として課税されることを選択して，米国法人保険会社に与えられている各種優遇措置を利用し，米国の税金負担を回避するものである。本スキームにおいてもAが支払う保険料についてIRC482の独立企業原則の制約があることに注意が必要である。

(3) Stock Compensation[25]

A スキームの概要

本スキームは自社株を用いた報酬制度に係る税務上の取扱いを利用したスキームである。納税者は，連結納税グループ外の第三者とともに現金を拠出して子会社を設立する。子会社が納税者の連結納税グループに入らないようにするために，納税者は子会社の持分を80％未満におさえる。当該子会社は，納税者と第三者から払い込まれた現金を用いて，納税者の発行する株式を他の株主から購入する。当該子会社は，納税者の従業員の株式報酬制度に従って，取得した株式を納税者の従業員に交付する。数年の後に当該子会社は，納税者の発行する株式でそのときにおいて交付していない株式を売却処分し清算する。当該子会社が納税者の従業員に交付した株式は，税務上子会社から納税者に一度拠出された後に納税者が従業員に交付したとみなされる（みなし出資）。したがって，納税者は子会社株式の帳簿価額を減額せず，一方子会社が有する納税者株式の1株当たりの帳簿価額は，従業員に交付された株式数に応じて大きくなる（全体の帳簿価額は変わらないが株数は減少するので1株当たりの帳簿価額は高くなる）。納税者が子会社からのみなし出資を受けた時点で納税者に課税所得は生ぜず，従業員に株式が交付された時点で，納税者は当該従業員が個人の所得の申告において課税所得とした金額の合計額を納税者の所得から控除することができる。また，子会社が清算して残余財産を納税者に分配する時点において，子会社の有する資産は交付せずに残った納税者株式のみであり，納税者の子会

社株式の帳簿価額（当初の拠出時から修正されていない）に比べて少額となっているので，この差額を譲渡損として認識する。子会社のレベルにおいても資産を処分した時点で譲渡損を計上する。(図3－23)

図3－23 Stock Compensation

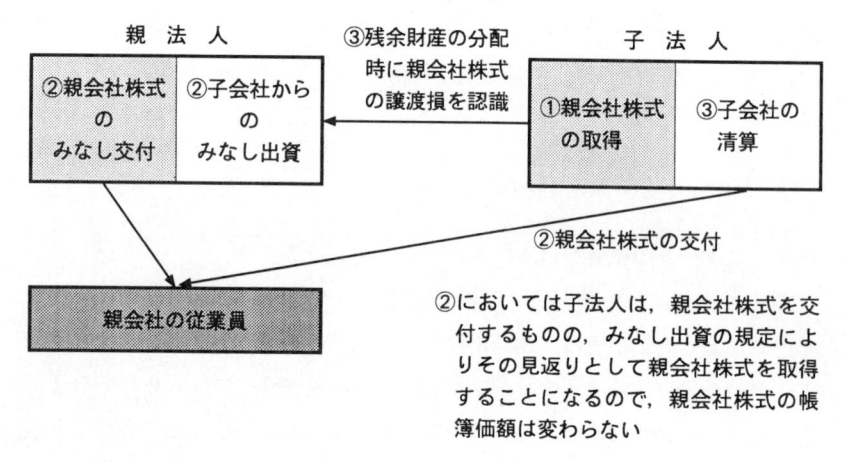

親法人
②親会社株式のみなし交付
②子会社からのみなし出資

③残余財産の分配時に親会社株式の譲渡損を認識

子法人
①親会社株式の取得
③子会社の清算

②親会社株式の交付

親会社の従業員

②においては子法人は，親会社株式を交付するものの，みなし出資の規定によりその見返りとして親会社株式を取得することになるので，親会社株式の帳簿価額は変わらない

B 関連規則

〔みなし出資〕

IRC83(h)は，従業員に対して役務の提供の対価として資産が交付され，当該従業員が課税所得に含めてその額を申告する場合には，資産を交付した雇用者はその金額を控除できる旨規定している。この場合において，財務省規則1.83－6(d)は，雇用主の株主がその従業員に資産を交付した場合には，株主が一度雇用主に当該資産を拠出し，当該雇用主が直ちに従業員に交付したものとみなす旨の規定を設けている。

〔資本取引〕

IRC1032は，法人が金銭等の拠出を受けその対価として株式を交付した場合には，当該法人に損益は生じないとしている。この場合の受入資産の帳簿価額は，IRC362の規定に従い，資産の譲渡者の帳簿価額に損益を加減した金額となる。

〔清算に係る課税関係〕

IRC331は，清算に伴い残余財産が分配された場合には，当該残余財産の分配は，配当ではなく株式との交換取引とされる旨の規定を設けている。したがって，残余財産の分配を受けた株主は配当課税ではなく譲渡損益課税を受けることになる。

C　ポイントの解説

本スキームは財務省規則1.83－6(d)を利用して，設立されたビークルである子会社を納税者の株主とし，株主の地位を利用してみなし出資の規定を適用することを目的としたスキームである。みなし出資に係る規定が適用されなければ，子会社が納税者株式を納税者に分配し，それを受けた納税者が従業員に譲渡したとされるところである。もしこのように取り扱われた場合には，納税者が受け取った株式は子会社の利益積立金を限度として配当として取り扱われ（本例では新しく設立されたビークルなので基本的に利益積立金はない），それを超過した部分については出資の払戻しとして取り扱われる。したがって，納税者のレベルでは，子会社株式の帳簿価額が減額され，一方子会社のレベルでも納税者株式の1株当たりの帳簿価額の付替え計算は必要なくなるので，上記のような課税関係（子会社清算時の譲渡損）は生じないことになる。納税者株式の交付がみなし出資として扱われる場合，子会社の観点からは，出資した資産（納税者株式）の対価として納税者の株式の交付を受けたとみなされるので，保有する納税者株式の帳簿価額は，みなし出資の金額だけ増加することになり，結果的にみなし出資した額とみなし交付を受けた額が等しいことになる一方で，保有する株式数は減少するので，1株当たりの帳簿価額の付替え計算を行う必要が生じる。1株当たりの価値は変わらないにもかかわらず，帳簿価額だけがかさ上げされるので，これを処分すると譲渡損が計上されることになる。この譲渡損は，みなし出資の規定が適用されると，実際には保有する資産を費用化している取引が税務上は資産の譲渡対価として株式の交付を受けたとみなされるのであるが，実際には当該子会社は株式の交付を受けないので，その分の財産

的基礎がなくなることに基因している。

　また，納税者の観点からは，子会社からのみなし拠出は，配当ではないので，受け取った株式の対価として自社株式を交付するという取引とみなされ，損益は生じず子会社株式の付替え計算も必要ない。子会社の価値自体は減少しているにもかかわらず，帳簿価額が変わらないので，納税者はこれを処分した時点で損金を計上することができることになる。別の見方をすれば，納税者が子会社から資産を譲り受けこれを従業員に交付する過程で，譲り受ける部分は資本取引として益金を認識せずに，交付する部分を損金として認識するために，納税者は損金のみを計上することができることになる。子会社の観点からは子会社で損金に算入すべき金額を納税者に付替えて納税者のレベルで損金に算入しているので，子会社自体の財産的基礎は帳簿価額よりも低くなる（すなわち，みなし出資により保有株式の帳簿価額のみがかさ上げされた状態になっている）ので，株式を譲渡した時点で初めて損が生じることになる。

　わが国においては子会社が親会社の株式を取得することは一定の場合を除き商法において禁止されている。また，財務省規則1.83－6(d)に相当するみなし出資の規定もない。この規定は，一般的には（本スキームのように子会社が親会社の従業員に株式を交付する場合を想定しているものではなく）親会社が子会社の従業員等に親会社株式を交付した場合の取扱いについて定めた規定であり，親会社が子会社の従業員に親会社株式を交付した場合には，親会社が発行する株式は親会社の費用ではなく子会社への投資であり，子会社はこの出資を受け入れこれを直ちに従業員へ交付して費用として処理するというものである。わが国においては，そもそも商法の解釈の問題として役務の提供の現物出資が認められていないこともあり，会計上自社株の交付を費用として処理することができるかという問題もある。財務省規則1.83－6(d)の趣旨である親子間の所得の移転の防止，の問題とともにわが国制度として速やかに対応すべき事項である。

〔注〕
1) The New Market in Corporate Tax Shelters, Dr.Joseph Bankman, Tax Notes, June 21, 1999, p.1775
2) IRS Notice 2002－21
3) The Problem of Corporate Tax Shelters, Department of the Treasury (July 1999), p.138
4) IRS Notice 99－59, IRS Notice2000－44
5) IRS Notice 2000－44
6) Court Case ASA investerings partnership v.commissioner
7) IRS Notice 2001－45
8) Treasury Regulations §1.7701(I)－3
9) Federal Register Vol.64, No.203 Prevention of Abuse of Charitable Remainder Trust
10) IRS Notice 2001－16
11) Tax Notes, October 23, 2000, p.440
12) 本スキームの記述は米国上院財務委員会の租税委員会（Joint Committee on Taxation）が2003年2月に公表した「Report of Investigation of Enron Corporation And Related Entities Regardign Federal Tax and Compensation Issues, and Policy Recommendations」（以下「エンロン・レポート」）におけるProject Steeleに基づき取引を要約したものであり，取引ステップの中には省略されている部分もある。
13) 本スキームは「エンロン・レポート」におけるProject Cochiseに基づき取引を要約したものであり，取引ステップの中には省略されている部分もある。
14) 本スキームは「エンロン・レポート」におけるProject Tomasに基づき取引を要約したものであり，取引ステップの中には省略されている部分もある。
15) 本スキームは「エンロン・レポート」におけるProject Condorに基づき取引を要約したものであり，取引ステップの中には省略されている部分もある。
16) 本スキームは「エンロン・レポート」におけるProject TammyI and TammyⅡに基づき取引を要約したものであり，取引ステップの中には省略されている部分もある。
17) 本スキームは「エンロン・レポート」におけるProject Teresaに基づき取引を要約したものであり，取引ステップの中には省略されている部分もある。
18) Tax Notes Today, May 15, 2000
19) The Problem of Corporate Tax Shelters, Department of the Treasury (July 1999), p.135

20) IRS Notice 2001−17
21) 本スキームは「エンロン・レポート」における Project Tanya に基づき取引を要約したものであり，取引ステップの中には省略されている部分もある。
22) 本スキームは「エンロン・レポート」における Project Valor に基づき取引を要約したものであり，取引ステップの中には省略されている部分もある。
23) Tax Notes, June 5, 2000, p.1315
24) IRS Notice 2002−70
25) IRS Notice 2000−60

第3章
コーポレート・ファイナンス的手法

1 投資と融資の選択

　コーポレート・ファイナンス的手法の基本は投資と融資の選択である。例えば海外の子会社に資金を融通する場合，これを資本として送金するか貸付として送金するかにより課税関係は大きく異なる。通常資本の場合には，子会社は配当の支払を損金に算入できないが，貸付の場合には，支払利息を損金算入できる。一般的には税率の高い国への資金提供は貸付により支払利息の損金算入メリットをとり，税率の低い国への資金提供は出資により現地に利益を留保する手法によるのが税務上は効率的である。ここでは，このような基本的な投資と融資の選択ではなく，一方の国では投資として他方の国では融資として取り扱われる取引について分析する。このような金融商品を一般に「ハイブリッド・インストラメント」という。資金の受け手の国において借入とされた場合には，受け手は支払利息の損金算入メリットが享受でき，他方で資金の出手の国においては出資として取り扱われれば，支払利息に相当する金額は受取配当となり，益金不算入や外国税額控除を通じて，追加的な税金コストの負担を低く抑えることができる。(1) Foreign Tax Credit はハイブリッド・インストラメントを用いて外国税額控除を最大化する手法であり，(2) Project Valhalla はエンロンがアコモデーション・パーティとなりハイブリッド・インストラメントを用いた取引についての事例研究である。

(1) Foreign Tax Credit[26]

A　スキームの概要

〔その1〕

米国法人Aが10ドルを出資してX国に子会社Nを設立する。子会社NはAの非関連者であるX国のFから年7.5％の利率で90ドルの借入を実行する。これらにより調達した資金100ドルをNは別の非関連者の発行する年10％の利付債に投資する。X国の税務上は一定の理由によりNによるFからの資金調達は出資とみなされて年7.5％の支払は損金計上できないが、米国連邦税法上は間接税額控除の計算上損金に算入される。NのX国における税務上は毎年10ドルの受取利息が生じ、これに対応する損金は生じない。Xにおける法人所得税率を30％とすると、毎年3.0ドルの課税となる。米国税務上はNにおいては毎年0.25ドル（10－90×7.5％－3）の利益積立金が生じる。これを全額Aに配当すると、米国税法上は3ドルの外国税額を負担する0.25ドルの配当が還流したものとして処理されるので、外国税額控除限度額に余裕があることを前提とすれば、米国における税額が減額されることになる。（図3－24）

図3－24　Foreign Tax Credit

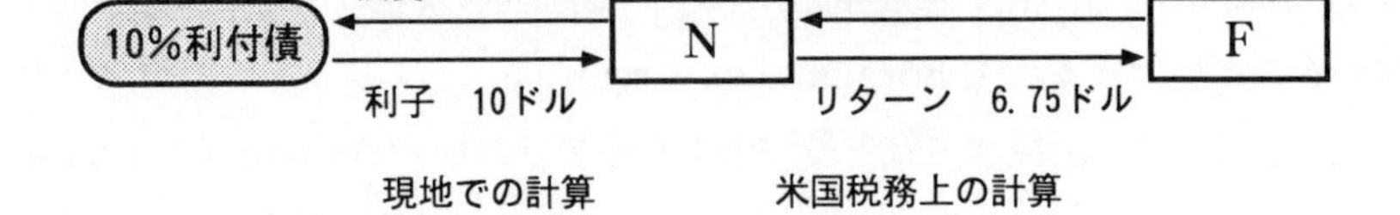

```
                        ┌───┐
                        │ A │
                        └─┬─┘
─────────────────────────┼─────────────────────────
米国                      │
                    出資 10ドル
          投資 100ドル              ハイブリッド証券に
                                    よる調達 90ドル
 ┌──────┐  ←──────  ┌───┐  ←──────  ┌───┐
 │10%利付債│            │ N │            │ F │
 └──────┘   利子 10ドル └───┘ リターン 6.75ドル └───┘
```

現地での計算		米国税務上の計算	
課税所得	10	受取利子	10
税率	30％	支払利息	6.75
税額	3	課税所得	3.25
		税額	3
		税率	92％

〔その 2〕

　米国法人Aは100ドルを出資してX国に子会社Nを設立する。Nは米国税務上支店として扱われる。NはAの非関連者であるX国の法人Fから年8％の利率で900ドルの借入を実行する。これらにより調達した資金1,000ドルをNはY国の別の非関連者の発行する年10％の配当利回りの優先株式に投資する。配当はY国において25％の源泉税の対象となる。

　X国の税務上，Nはパートナーシップとみなされ，Fからの資金調達は借入ではなくパートナーシップへの出資とみなされる。したがって，FはX国の税務申告上，Nの負担するY国源泉税の90％について外国税額控除をとる。一方，米国税務上はFからの資金調達は負債でありAは100％Nを保有しているので，Y国源泉税の100％について外国税額控除をとる。したがって，AとFの両方が同じ外国税額について控除していることになる。Aの税務上は，100ドルの配当から支払利息72ドルを控除した28ドルの所得に対して25ドルの外国税額の負担が生じていることになる。

B　関連規則

〔外国税額控除制度〕

　IRC901から908にかけて，外国税額控除制度についての規定が設けられている。IRC901ではいわゆる直接税額控除（直接米国法人が外国税額を支払った場合の米国における税額控除），IRC902では間接税額控除（外国の子会社等を通じて支払った外国税額の米国における税額控除）を定めており，IRC904では，控除限度額について規定している。外国税額控除は，9つの異なる種類のバスケット（例えば，パッシブ所得，高課税の利子所得，金融サービス所得，船舶所得，10％以上50％以下の持分を有している関連会社からの配当所得，その他一般所得等）ごとに計算される。50％超の持分を有する外国子会社から受け取る配当，利子，家賃および使用料については，これらの所得を直接上記のバスケットに分類するのではなく，これらの支払の元になった当該外国子会社の所得をそれぞれのバスケットに分類する（Look Thru rule）。この取扱いは，サブパートF所得につ

いても同様に適用される。

C ポイントの解説

スキームその1は，いわゆるクレジットハイピング（Credit Hyping）と呼ばれる取組みである。外国の所得に対する外国税額の負担を米国税務上の計算においてのみ引き上げ，外国子会社からわずかの金額の配当を受け取ることにより，米国において，外国で支払った税額を控除するという仕組みである。米国において控除限度額に余裕があることが前提である。外国で支払った税金の税率が米国の連邦税率よりも低い場合には外国に所得を留保した方が全体としての税負担は低く抑えることができるが，これが米国の連邦税率よりも高い場合には，米国に利益積立金を配当等として還元し，外国税額控除をとることにより，実質的にこの税率差に相当する金額を取り戻した方が有利ということになる。この際，よりわずかの配当等で多くの外国税額を控除しようという試みがこのクレジットハイピングである。わが国の外国額控除制度では，50％を超えて負担した外国税額については，控除対象外国税額に含まれないので，米国のように無制限にハイピングをすることによりそのメリットを享受することはできない。

スキームその2は，米国とX国の税務上の資本と負債に係る取扱いの違いを利用して，同じ外国税額（Y国源泉税）を両方で控除する仕組みである。Fの観点からは，外国税額控除が取れる分だけ，低いレートでNに資金を提供することができるわけであり，結果的にFおよびAでこの二重控除のメリットを分け合う形となる。

スキームその1およびその2ともに，米国と外国における資本と負債の取扱いに係る差異を利用した仕組みである。米国の内国歳入庁は，ある取引から生じる外国税額控除に対して，その取引から期待される経済的な利益が非常に小さい場合にその外国税額控除を否認することとしている。

(2) Project Valhalla[27]

本スキームは、ドイツの銀行がドイツにおいて税務上のメリットを得るために、エンロンがいわゆるアコモデーション・パーティとして取引に参加した事例である。

A スキームの概要

エンロンとその米国関連会社Aは、デラウエアLLCであるBを組成した。エンロンは、67.5百万ドルを拠出してBの95％の持分を取得し、Aは3.5百万ドルを拠出してBの5％の持分を取得した。Bは、米国税法上、パートナーシップとして取り扱われることを選択した。

次に、Bはドイツ法人であるCを組成し、71百万ドルを拠出してCの普通株式全部を取得した。Cはさらに、ドイツ法人であるDにその71百万ドルを拠出してDの普通株式を取得した。Dは、エンロンからの7.7％の約定金利で106万ドルを借り入れた。CとDは、ドイツ税法上は法人として取り扱われるが、米国税法上パススルーとして取り扱われることを選択した。

C、Dおよび第三者であるドイツ法人Eは、利益参加契約を締結し、Eは2,000百万ドルでDの利益参加権を取得した。Eは、銀行業・金融サービス業を営むドイツ法人であり、ドイツ税法上のドイツ居住者であり、米独租税条約の適用を受ける。Eは、議決権を有しないが、以下の利益参加権（満期35年）を有していた。

- Dの普通株式について行った利益の分配と同等の分配を受ける権利
- Dが分配可能利益を有している範囲で年利7.7％の分配を受ける権利
- Dの持分割合に応じた残余財産の分配を受ける権利

Eが利益参加権を取得した後、B、CおよびEはプット・オプションおよびコール・オプション契約を締結した。この契約では、Eが5年内に利益参加権をエンロン・グループに売り戻す権利、EとCの間で利益参加権をCに売る権利、およびBとEの間でBが利益参加権を取得する権利がそれぞれ与えられた。

この利益参加権が米国税法上エクイティとして取り扱われる場合，Dのパススルーとしての取扱いが否認され，エンロン・グループに対する追加税負担が生じる可能性があるので，プット・オプションまたはコール・オプションに関する条件は，利益参加権の実質的な所有権がEに移転することを妨げるように構成されている。

　エンロンの米国関連会社Fは，金融商品のヘッジ取引を業としている。Dは，Cからの資本とエンロンからの借入，およびEの利益参加権の付与の対価として受け取った資金で次の2種類のF優先株式を取得した。
- 　第1種は，議決権も利益参加権（ただし年利7.54％）もなく，他の種類への転換ができない。
- 　第2種は，議決権はあるが，利益参加権（ただし年利7.54％）はない。

　Bは，Dに対し優先株式の当初発行価格またはプット行使日の当初ドイツマルク建て価格に相当する米国ドルのいずれか大きい方の価格で優先株式をBに売却する権利を与えた。

　エンロンはこの資金で，EのNY支店に1,950百万ドルを貸し付けた。この手形の期日に，Eに対し毎年8.74％のクーポンの支払を約定している。この手形の8.74％の金利と利益参加権の7.7％の金利とのスプレッドは，このスキームにおけるエンロンのアコモデーション・フィーである。（図3－25）

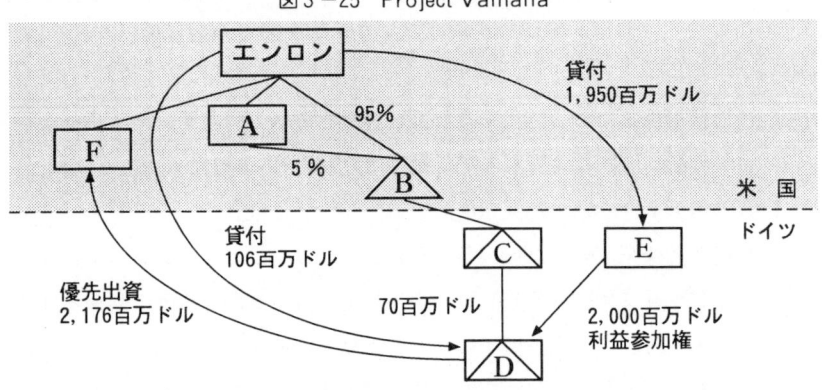

図3－25　Project Valhalla

B 関連規則

〔チェック・ザ・ボックス〕

　財務省規則301.7701は，独立した主体[28]とみなされる外国事業体を，「当然法人」(Per se corporation) と「適格組織」(eligible entity) とに分け，後者について納税者が，米国税務上当該外国事業体を法人として扱うか支店またはパートナーシップとして扱うかを選択できる旨について規定（チェック・ザ・ボックス）している。納税者が一度法人かパススルーかについての選択を行うと，その後60ヶ月間は，特殊な事情がない限り，その取扱いの変更はできない。また，税務上は，パススルーを法人に変更する場合にはみなし現物出資，法人をパススルーに変更する場合にはみなし解散の取扱いを受ける。

C ポイントの解説

　このスキームは，ドイツの銀行EがDから利益参加権のリターンとして受け取る金額がドイツ税法上は配当所得（益金不算入）となる一方でEがエンロンから借り入れた資金に係る支払利子がEにおいて損金算入できるよう仕組むことによって，Eに税務上のメリットを与えることを目的としている。この目的を達成するために，エンロンはドイツ税法上法人として取り扱われるが米国税法上パススルーとして取り扱われることを選択することができるドイツ法人を組成した。このドイツ法人は，Eから受け取った現金でエンロン関連会社の優先株式を購入し，この優先株式からの受取配当をもって利益参加権に係る分配の資金とする。エンロンからみると，手形と利益参加権との間の有利なレート・スプレッドが，ネットの受取利子を生じ，実質的にはエンロンのアコモデーション・フィーとなる。エンロンは，チェック・ザ・ボックス規則に従ってDを米国税務上パススルーとして取り扱う選択をしたので，利益参加権に係る支払を支払利子としてエンロンの課税所得から控除することができるが，手形について受け取る利子を益金の額に算入する必要がある。またエンロンは，Dにおいて生じる税額を外国税額控除制度を通じて控除することができる。

2 循環金融・迂回融資の利用

　循環金融・迂回融資を利用した手法は，グループ内で資金循環をさせ，一方で支払利息を損金算入し，他方で受取利息の益金算入を回避することにより，グループ内で経済的支出を伴わない損金を創出する等の手法である。(1) Project Apache および(2) Project Renegade はともにエンロンの事例研究である。(1) Project Apache は，循環金融の手法に加えて，非課税法人の利用により，課税法人の課税所得を非課税法人に移転することにより恒久的な課税の排除をしている。(2) Project Renegade は，エンロンがアコモデーション・パーティとなり，循環金融を通じて他の納税者の便宜を図っている事例であり，課税法人の利用による手法ともいえる。(3) COLI は，積立型の生命保険を利用して支払利息を損金に算入するスキームであり，グループ内の資金の循環ではなく第三者である保険会社を利用したスキームであるので純粋な循環金融とはいえないが，実際の資金の移動が取引額に比べて僅少であるところから，循環金融の亜種ともいえる手法である。これらの事例の他にも Project Valhalla 等の事例もグループ内での循環金融による手法を用いている。

(1) Project Apache[29]

　本スキームは循環金融を利用した手法であるが，Step Down／Preferred Stock のスキームにおいて説明した非課税法人の利用も組み合わされている。

A 取引の概要

　エンロンは，第三者であるAとデラウエアLLCであるPを設立した。エンロンはPに748.5百万ドルを拠出し，Pの99.8％の持分を取得し，AはPに1.5百万ドルを拠出し，Pの0.2％の持分を取得した。Pは連邦税法上パートナーシップとして扱われることを選択した。Pは，新設ルクセンブルグ法人Qに

750百万ドルを拠出し100％の持分を取得した。Qは，米国税法上，法人として扱われるので，IRC957に規定する外国関係会社（Controlled Foreign Corporation）に該当する。第三者であるオランダの銀行Bは，新設オランダ法人Cに150百万ドルを拠出し100％の普通株式を取得した。Cは外国銀行シンジケート団から485百万ドルを借り入れた。Qは750百万ドル，Cは500百万ドルをそれぞれ拠出し，オランダの事業体R（オランダとルクセンブルグの双方で税務上パートナーシップとして扱われる）を設立し，それぞれ普通出資証券と優先出資証券を取得した。Rは，チェック・ザ・ボックス規則により，米国税法上法人として扱われることを選択した。エンロンはPとQを通じて間接的にRの持分の50％超を所有するので，米国税法上，Rはエンロンの外国関係会社となる。エンロンが間接的に保有する普通出資証券は，優先出資証券に係る配当が未払いの間は収益の分配を受け取ることができず，優先出資証券は，500百万ドルの残余財産優先分配権および累積的優先配当権を有し，10年後に償還される。Rは，優先出資証券を早期に償還する権利を有する。500百万ドルの残余財産優先分配権については，累積される未払配当に相当する金額だけ増額し，実際に支払われた配当の金額について減額するという調整が行われる。

　Rは，拠出を受けた資産1,250百万ドルのうち1,230百万ドルをFinancial Asset Securitization Investment Trust（以下「FASIT」）であるSの発行する優先債務証書（「インテリム証書」）に投資した。満期が来て払い戻されると，Rは払戻金を他のインテリム証書に再投資し受取利息・割引料を稼得した。Sは，インテリム手形の発行により取得した資金でエンロンの米国関連会社から売掛債権を割引購入（ファクタリング）した。Sは，購入した売掛債権が早期に回収される場合には，その資金でエンロンが発行するコマーシャルペーパーを購入することで資金運用をした。エンロンとその関連会社およびSとの取引により，エンロンは連結納税申告において，ファクタリングにおける割引料相当およびコマーシャルペーパーの割引料相当を損金に算入した。エンロンはSのサービサー（回収業者）としての役割も果たしていた。

　Rが将来的にCの優先出資証券を償還する権利を行使し，利益のすべてを優

先出資証券に優先配当として分配した後に，RとQを清算し残余財産として当初の投資額および一定のリターンに相当する金額を非課税で回収することを予定していた。この優先配当がIRC302の適用上配当として取り扱われるためにはIRC318(a)(4)のみなし所有に係る規定に基づいてエンロンがCとRの全株式の所有者である必要があったが，この要件は，PがBからCの発行済株式全部を購入するオプションを取得することで充足された。(図3－26)

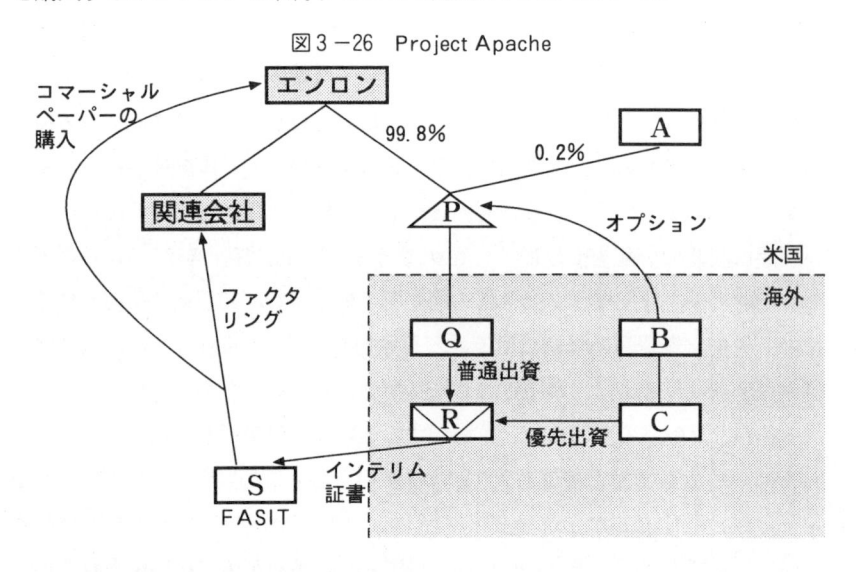

図3－26　Project Apache

B　関連規則

〔サブパートF所得〕

　IRC951(a)は，外国関係会社の米国株主は外国関係会社のサブパートF所得およびIRC956に規定するみなし配当を所得に合算しなければならない旨の規定を定めている。サブパートF所得の合算は持分割合に応じて行われるのが原則であり，財務省規則1.951－1(e)(2)は，数種の株式を発行している場合における合算すべきサブパートF所得はそれぞれの種類の株主に分配すべき金額である旨の規定をしている。IRC956の適用上もこれと同様の解釈をすれば，それぞれの株主に分配される金額に基づいてそれぞれの株主に対応する利益積立

金の金額(すなわちみなし配当の金額)が決定されることになる。

なお、租税裁判所は、外国関連会社 (foreign personal holding company) 制度に基づいて生じた類似の問題について Barnette v.Commissioner (63TCM (CCH) 3201 (1992), reh'g denied, 64TCM (CCH) 998 (1992)) において次のような判決を下している。

納税者はパナマ外国関連会社に優先株式を発行させ、優先株式に係る配当が未払いである場合には納税者の普通株式には分配が行われないとした。財務省規則では、外国関連会社が優先株式と普通株式の双方を発行し普通株式につき分配が行われる前に優先株式が優先配当を分配する場合、外国関連会社の所得は最初に優先株式について分配されるものとして取り扱われる旨定めている (Reg.1.951-2(c))。この規則に基づいて、納税者は外国所得は自己の保有する普通株式には全く配分されないという解釈をしたが、これに対し、内国歳入庁は租税回避以外にこの優先株式を発行する理由がないので、その所得全部を納税者の普通株式に配分すべきであると主張した。租税裁判所は、優先株式の発行や関連取引について租税動機があることを認識したが、外国関連会社の所得は納税者には分配されるべきではないという趣旨の判決を出した。その要点は、「優先株式の発行の唯一の目的が租税回避であったとしても、この株式の存在は無視できない。問題の取引は納税者の財務上のポジションに影響を与えるので「租税動機以外の目的」は必要ではない。言い換えれば、外国関連会社の所得の配分規則は文理解釈すべきであり、「租税動機以外の事業目的」が全くないという取引についても税法の適用関係を尊重すべきである」という内容であった。

〔アーニング・ストリッピング・ルール〕

IRC163(j)は、非適格支払利息 (Disqualified Interest) について、超過支払利息 (Excess Interest Expense) を上限として、損金不算入とする旨の規定をしている(ただし、資本負債比率が1:1.5を超過していない場合には、この限りではない)。いわゆる過少資本税制である。非適格支払利息とは、関連者に対する支払利息のうち米国連邦所得税が課されていないものをいい、超過支払利息と

は，調整後課税所得（減価償却費，純支払利息，繰越欠損金等控除前の課税所得（概ね，営業利益から生じる純キャッシュ・フローに相当））の50％を超過する純支払利息（受取利息控除後の支払利息）をいう。租税条約により支払利息に係る源泉税率が軽減されている場合の非適格支払利息の計算は，条約による税率の国内法による税率（30％）に対する割合を支払利息に乗じた金額による。超過支払利息が調整後課税所得に50％を乗じた金額（損金算入限度額）に満たない場合には，その差額は損金算入限度余裕額として翌期に繰り越される。同様に損金不算入額も翌期に繰り越され，損金算入余裕額が生じた期に損金に算入される。繰越期間の制限はない。この規則は，単体ベースではなく連結ベースで適用される。

C ポイントの解説

本スキームは，米国法人であるエンロンの関連会社に資金を貸し付けるオランダの事業体を設立し，エンロンと第三者の貸主がそれぞれ60％，40％を拠出しそれぞれ普通出資証券と優先出資証券を取得し，優先出資証券にすべての利益を配分することにより，優先出資証券保有者から普通出資証券保有者へ所得の種類をシフトしていくことを主目的の1つとしている。すなわち，優先出資証券保有者は通常の2倍の配当所得を受け取り通常の配当所得に相当する譲渡損を認識する一方，普通出資証券保有者は通常の配当の2倍に相当する金額の譲渡益を認識することになる。ただし，80％以上の持分を所有する関連会社を清算する場合には，譲渡益は非課税とされるので，結局この部分には課税は生じないということになる。

上記の目的はオランダの事業体が証券の発行によって得た資金をエンロン・グループに貸付をせずに，外部で運用して利益を稼得する場合でも達成できるが，本スキームにおいては，オランダ事業体はエンロン・グループに貸付をした。エンロンの資金調達の観点からはこの資金の40％相当部分を外部から調達していることになるので，通常であればこの40％部分に対応する支払利息を損金に算入することができることになるが，実際には，自己から循環してくる60％部分についても支払利息を損金に算入している。すなわち，オランダの事業

体を利用して，利益を全部Cが保有する優先出資証券に分配し，エンロンが間接的に保有する普通出資証券には利益の分配がなくなるようRの資本構造を仕組むことによって，米国内で支払利息を認識し，受取利息は海外で認識する一方，米国における合算課税を回避するという手法によって，自己から循環してきた資金についても支払利息を損金に算入することができたわけである。ここでオランダ事業体が受け取った利息は上記の手法を通じてエンロンに非課税で還流されることになるので，このスキームを総合的に勘案すれば，自己資金に相当する60％部分について運用益に相当する金額を非課税で受け取り，かつ控除できないはずの支払利息を支払利息として損金算入したことになる。

当初のデザインでは，循環金融による支払利息の損金算入をするためRがエンロンに直接貸し付けるスキームであったが，直接貸付の利子はアーニング・ストリッピング・ルールの適用対象となるので，エンロンは自己とRとの間に非関連者であるFASITのSを挿入することによってこの規定の適用を回避するスキームにした。エンロンは，FASITに係る規定（IRC860H‐860L）に基づき，エンロンがFASIT最大の投資家であり，サービス契約によってFASITの日常管理を行い，財務会計上はFASITを連結しているという事実にもかかわらず，エンロンがFASITのわずかな持分しか所有していないという形式に着目し，FASITはエンロンの非関連者であるという解釈をした。

(2) Project Renegade[30]

本スキームは，取引先である投資銀行が税務上のメリットを得るために，エンロンがいわゆるアコモデーション・パーティとして取引に参加している事例である。

A スキームの概要

プロモーターである投資銀行Xが，エンロンの100％子会社Aに25年満期の手形貸付320百万ドルをし，Aはその資金を7日間Xの口座に預けた後，Aは

子会社Bに貸付をした。さらにBはこのうち312百万ドルでCのA種持分（72百万ドル），B1種持分（40百万ドル），B2種持分（40百万ドル）およびC種持分（160百万ドル）を取得（合計で98％相当の持分）し，残りの8百万ドルをエンロンに貸し付けた。Xは8百万ドルを拠出してA種持分（2％に相当）を，1,000ドルでO種持分を取得した。その後，Cはこの320百万ドルでXからAの発行する25年満期の手形320百万ドルを購入した。

Cは税務上 Financial Asset Securitization Investment Trust（以下「FASIT」）としての取扱いを選択した。CのLLC契約は，FASITに係る規定に基づき，A種持分およびB種持分を通常持分とし，O種持分を所有者持分とすると定めた。このLLC契約により，Cの資産（320万ドルのAへの貸付債権）から生じたキャッシュ・フローは，次の順番で充当される。

- A種持分の分配金と元本を支払うこと
- B1種持分，B2種持分のそれぞれの分配金
- B1種持分，B2種持分のそれぞれの元本
- O種持分

エンロンは，自己の税務メリットを得るためではなく，プロモーターXがCに320百万ドルの手形を売却することにより課税所得を生じさせることを目的としてこの取引に参加した。（図3-27）

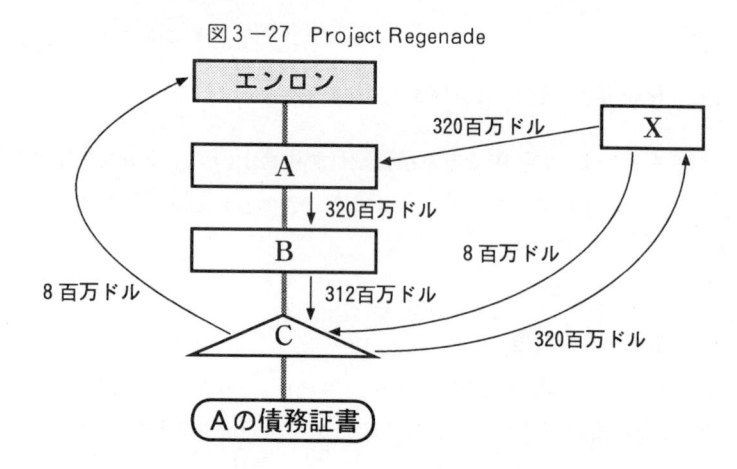

図3-27 Project Regenade

B 関連規則

〔FASIT〕

IRC860Hから860Lにおいて、FASITについての取扱いが規定されている。FASITは、Financial Asset Securitization Investment Trustのことであり、いわゆる金融商品の証券化を目的とした特別目的会社のことであり、それ自体が納税義務者となることはなくいわば導管である。持分は通常持分（Regular Interest）と所有者持分（Ownership Interest）の2種類があり、前者は債務として取り扱われ、後者の保有者に、FASITの資産・負債・損益等に係る課税関係が帰属する。持分保有者のFASITへの資産の拠出時に直ちに課税所得が生じる。一般に、課税所得の計算は拠出された資産の時価に基づいて計算されるが、流動性の低い負債性金融商品の場合には合理的に見積もられる将来キャッシュ・フローの現在価値に基づいて計算される。ここで用いられる割引率は半年複利の連邦適用利率（Applicabel Federal Rate）の120％または財務省規則に定める率とされている（IRC860I(d)(1)(a)）。

C ポイントの解説

本スキームは、プロモーターXに課税所得を発生させることを目的として、循環金融およびFASITの拠出時における負債性金融商品の評価に係る規定を利用したスキームである。プロモーターXが有するAへの25年満期の手形貸付を、FASITに譲渡する際に、Xは時価の算定をIRC860I(d)(1)(a)の規定に基づいて、将来の金利収入および元本の償還を連邦適用税率の120％で割り引くことにより、課税所得を計上することができることになる。この課税所得の増加は、一時差異であり、将来のFASITからXへの分配金および元本の支払を通じて、Xの課税所得を減少させることが予想される。

(3) Corporate Owned Life Insurance (COLI)[31]

A　スキームの概要

　内国法人Aは保険会社Bとの間でその従業員を被保険者，A自身を保険金の受取人とする生命保険契約に加入する。保険契約の価値は保険料の払込および払込金の運用益（inside build up）により上昇していくが，この運用益については発生主義による課税はなく将来に繰り延べられる。また，死亡保険金の給付を受けても課税所得にはならない（IRC101(a)）。当初3年間の保険料の支払にはポリシーローンが利用される。ポリシーローンとは保険契約の価値を担保にして保険会社から保険契約者に提供される貸付であり，被保険者の死亡保険金の給付がある場合には，この給付を減額することにより返済される。当初3年間の保険料の支払において，AはポリシーローンによりBから資金を調達する。この資金は年間保険料の支払およびポリシーローンの金利の支払に充当される。このような取引に係る資金の流れを相殺した上でAとBの間でその残高について決済が行われるので，Aの現金支出額はこれらの差額のみである。IRC264の規定により支払保険料の損金性の制約から4年目以降はポリシーローンの供与はできないので，Aの保険料の支払およびポリシーローンの利子の支払に充当する資金はローディングディビデンドと呼ばれる資金により賄われる。

　例えば，Aが4年目以降支払う保険料を100とすると，このうち5のみが保険金として支払われ，残り95はBの費用の支払として処理される。この95のうちBの実際の費用は5であり，残り90がローディングディビデンドとして即時にAに返還される。Aは別途ポリシーローンに係る金利に相当する資金を保険契約から引き出す。Aはこれらの資金を保険料とポリシーローンの支払利子に充当し不足額を現金で決済する。以上より，Aは4年目以降もわずかな現金支出で保険契約を継続することができる。（図3-28）

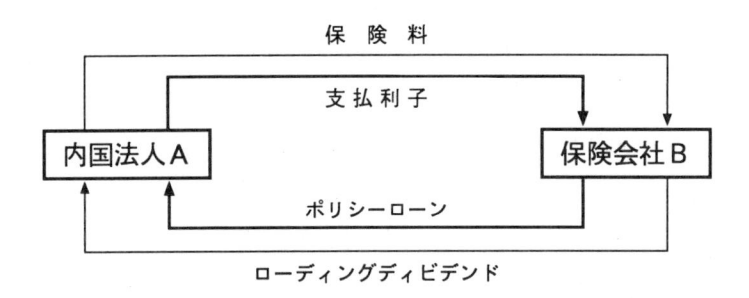

第3章　コーポレート・ファイナンス的手法　299

図3-28　Corporate Owned Life Insurance（COLI）

```
                    保　険　料
         ┌─────────────────────┐
         │      支 払 利 子    ↓ ↓
   ┌──────────┐              ┌──────────┐
   │ 内国法人A │              │ 保険会社B │
   └──────────┘              └──────────┘
         │      ポリシーローン    │
         └─────────────────────┘
              ローディングディビデンド
```

B　関連規則

〔支払保険料〕

　雇用者である法人が従業員を被保険者として支払う保険料は，それが報酬の一部でありかつ合理的な範囲の金額であり，法人が受給者ではない場合において損金算入が認められている。また，団体定期保険において法人が支払う保険料も，損金算入が認められており，一方で従業員は提供される保険金額が50,000ドルを超過した金額についてこれを所得に含めなければならない。

　IRC163は原則として負債の利子の損金性を認めているが，IRC264(a)(2)は「単一保険料契約」に係る保険料の支払に充当するための借入に係る支払利子の損金算入を原則として制限している。「単一保険料」とは，保険契約から4年間のうちにほとんどすべての生命保険料が支払われる保険契約，または保険会社に将来の支払保険料に相当する金額が預けられる保険契約をいう。同条(a)(3)では，単一保険料契約以外の保険契約で，積立金の価値の増加に連動して借入が増減するタイプの保険料支払のための借入に係る支払利子の損金算入を制限しているが，同条(d)において例外として，借入による保険料の支払が契約当初7年間のうち3年以内に限定される場合には利子の損金算入を認めている。

C　ポイントの解説

本スキームは，積立型の生命保険商品に係る資産運用から生じる収益の認識と保険金を支払うための資金調達（保険資産を手当てとした借入）に係る支払利息の損金算入のタイミングの違いを利用したスキームである。すなわち，保険契約の運用益は発生段階では課税されず，また被保険者の死亡による死亡保険金の給付時にも課税されることはないのに対して，ポリシーローンの支払利息は一定の条件のものと発生主義に基づいて損金算入できる。

本スキームは，契約者にとって，支払利子に係る損金の算入による税務上のメリットの他，保険契約に係る積立金を担保とした資金調達や流動性資金の手当てのために利用されることもあった。また，会計上は死亡保険金の給付は利益として取り扱われたが，税務上は益金に算入されないので，実質税負担率の引下げにも活用された。

3　リース取引の利用

リース取引を利用したスキームは，一般にリース資産に係る減価償却を通じて税務上のメリットを享受する仕組みが多い。ここでは事例として取り上げられていないが，国境を越えたリース取引において，ファイナンス・リースとオペレーティング・リースの取扱いに係る各国の規定の差異を利用して，資産の貸手と借手の両方で減価償却を計上する（一般的にダブルディッピングといわれる）ことを通じて税務上のメリットを享受するスキームなどはその代表例である。ここでは，(1) Lease Strips として，リース資産に係る将来リース料債権をリース資産から分離しリース資産の経済的価値を低くした後で高い帳簿価額のリース資産を取引することにより減価償却のメリットをとる事例を研究している。上記のダブルディッピングの考え方を応用した手法である。(2) Lease-in／Lease-out（LILO）では，リース料の収益認識基準に係る規定を利用し，支払リース料を前倒しで損金に計上することを目的とした手法である。

(1) Lease Strips[32]

A　スキームの概要

リース資産を保有する法人Ａ（典型的には非課税法人または多額の繰越欠損金を有する法人）が当該リース資産に係る将来リース料収入を受け取る権利を現在時点で他の者に譲渡する（Ａは譲渡益を計上）。Ａはその後に当該リース資産を，IRC351等の適用により帳簿価額で別の法人Ｂに移転する。当該リース資産から生じるリース料収入は他の者に譲渡しており，当該リース資産の経済的価値は実質的にないので，Ｂはほとんど価値のないＢ株式（種類株式を利用）と交換に当該リース資産をＡの帳簿価額で受け入れ，当該帳簿価額を基礎として減価償却費を損金に計上することにより税務上のメリットを享受する。（図3-29）

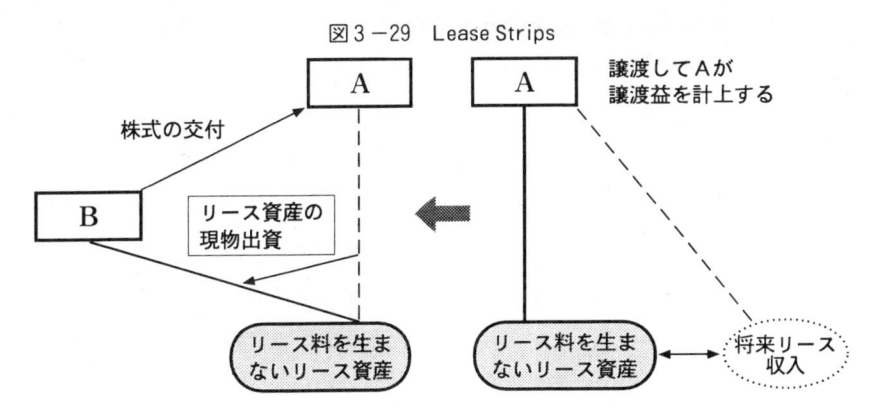

図3-29　Lease Strips

B　関連規則

〔リース取引〕

リース取引を税務上資産の譲渡とするか賃貸借とするかにより誰が減価償却費を計上するか，誰が支払利息を計上するか等の課税関係は大きく異なるが，この判定は判例や課税当局の公表する通達をよりどころとして経済実態に基づいて個別に行われる（Rev Proc.2001-28, Rev Proc.2001-29）。

C ポイントの解説

　本スキームも資産の含み損をつくり出すために，リース資産から当該リース資産に係る将来リース料債権を分離し，経済的に価値のなくなったリース資産を現物出資することにより帳簿価額を引き継ぎ，将来の減価償却等を通じた損金算入メリットを享受することを目的としている。これと類似のスキームとしてパートナーシップを利用するスキームがある。例えば，パートナーシップがリース資産を保有し，当該リース資産に係る将来リース料債権を譲渡し，その譲渡所得をパートナーに配分する（パートナーは繰越欠損金を有している等の理由で課税所得が生じない状況を前提）。パートナシップは当該リース資産を留保し，後にパートナーはパートナーシップ持分を譲渡して当該リース資産の減価償却の計上による損金算入はこの持分を新しく取得した者が配分を受けることにより，上記のスキームと類似の効果が得られる。また，リースの対象となる資産は動産に限られず，無形資産やその他の資産で将来キャッシュ・フローが予測できるものであれば，同様のスキームに用いることができる。

　わが国においては，リース取引が譲渡か賃貸借かの規定が米国に比べて明確に定義されており，上記のスキームにわが国税法を適用すれば，当該リース資産に係るリースがファイナンス・リースである場合には，既に将来リース料債権が貸借対照表上に認識されているので，将来債権を譲渡しても譲渡益は生じない。一方，オペレーティング・リースである場合には，将来リース料債権の譲渡による収入は，資金の借入とされるのであり，この場合にも譲渡益は生じない。また，（法律上リース資産をリース料債権と切り離して譲渡できるかどうかは別として）税務上リース資産をリース料債権と分離した後にこれを譲渡した場合，適格現物出資等を利用して資産だけを譲渡した場合には，経済的価値がないにもかかわらず帳簿価額だけ引き継がれることになる。

(2) Lease-in／Lease-out（LILO）[33]

A　スキームの概要

　内国法人Aは非課税外国法人Bが国外に保有する100百万ドル相当の不動産についてリース契約（ヘッドリース）を締結すると同時に，同物件についてBにリースバックする契約（サブリース）を締結する。ヘッドリースの期間は40年，サブリースの期間は当初20年としさらに追加20年間のリース契約を更新するオプションがAに与えられている。ヘッドリースのリース料はリース期間開始時に89百万ドル，契約終了時に8百万ドル支払う。Aはこの支払リース料を税法の定めに従って89百万ドルを最初の6年間で，契約終了時に支払うことになっている8百万ドルを残り34年間で均等に損金に計上する。一方サブリースのリース料については最初の20年間とそれ以降の契約更新オプションを実行した場合のリース期間（更新期間）について，それぞれ異なる均等額のリース料を支払う。最初の20年間のリース料は，更新期間のリース料に比べて相当程度に低い金額として設定され，更新期間のリース料は，現在時点で見積もった更新期間における見積リース料の時価の90％に設定する。

　Bは，最初の20年経過した時点で行使可能となる「固定額支払オプション」を有している。これは現在時点で見積もったヘッドリースの残存リース料の公正価値をAに支払うことによりAとのヘッドリース契約を解除できるというものである。この場合Aの8百万ドルの支払義務も解除される。このオプションを設定することにより実質的にAは追加リース期間における損害リスクをヘッジする。

　本スキームを資金の動きの面からみると，Aがヘッドリースについて支払うことになる89百万ドルのうち，60百万ドルは銀行Cから借り入れ，29百万ドルは自己資金で調達する。借入条件は期間20年固定金利で元利均等返済である。この資金の動きはBからAへのサブリース料の支払と一致している。一方Bはリース料の89百万ドルのうち60百万ドル（Aの借入と同額）を銀行Cに預金する。この資金はBからAへのリース料の支払に充当され，更にAの借入の返済に充

当される。さらに、BはAの指示により20年後の固定額支払オプションのための資金を確保するために89百万ドルのうち15百万ドルを低リスクの債券に投資する（20年後の支払オプション料に相当）。リース契約が更新された場合には、Bは銀行からの保証をAに供与する（AのBに対する信用リスクのヘッジ）。

　Aは、Bからのリース料の支払が滞るリスクを回避するとともに、Aの銀行借入の返済資金をBからのリース料の支払で賄うことになる。すなわち、当初の20年間のAの契約上の債権と銀行からの借入債務に係る信用リスクは相殺される形でヘッジされる。Aはリスクなしで金利とリース料を損金算入することにより、税務上のメリットを享受する。（図3－30）

図3－30　Lease-in Lease-out（LILO）

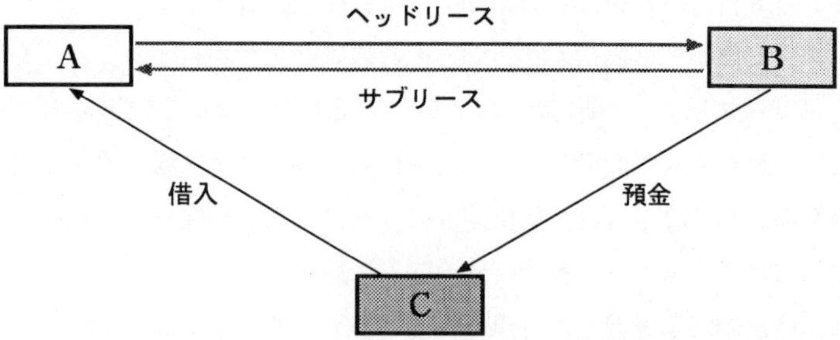

B　ポイントの解説

　本スキームは、相対的に大きな損金をリース期間の早い時期に計上し、その後の期間に益金を計上することでAにとっての税金の繰延効果をねらったものである。Aは当初の89百万ドルのリース料のうち60百万ドルを借り入れ、残りの29百万ドルについてBに信用供与していることになる。20年後にリース資産の残余価値がオプションの行使価格より高ければ、Bはオプションを行使して行使価格をAに支払い、残余価値のオプションの行使価格より低ければ、Aがオプションを行使して、リース契約を更新する（更新期間のリース料は高めに設定されている）。Aにとっては、実質的に「カラー」によって、リスクが限定されていることになる。

4　ストラクチャード・ファイナンスの利用

　ストラクチャード・ファイナンスの利用は，税務上のメリットを追求するばかりでなく会計上の取扱いに配慮したものが多い。(1)多段階優先証券のスキームは支払利息の損金算入メリットを享受するために税務上は負債として取り扱われるが会計上は自己資本を手厚くするために資本として取り扱われるという，税務と会計で取扱いが非対称的な金融商品であり，(2)投資ユニット証券は負債にオプションが組み込まれたいわば複合金融商品であり，税務上はこの複合金融商品を発行することにより実質的に保有資産の価格変動リスクをヘッジし，売却益相当額が確定しているにもかかわらず，この売却益の認識を繰り延べることを目的とした商品であり，(3)前払商品取引は商品の先渡契約における決済の方法を通じて所得の認識のタイミングを調節することを目的としつつ会計上の取扱いにも配慮をすることが可能なスキームである。

(1)　多段階優先証券[34]

A　スキームの概要

　ゴールドマン・サックスは，税務上は支払利子の控除が認められる「デット」として扱われ，会計上は「エクイティ」として扱われるように設計されたMIPS（Monthly Income Preferred Securities）という金融商品を開発・販売し，メリル・リンチは同様のコンセプトでTOPrS（Trust Originated Preferred Securities）を開発・販売していた。ここで利用されるSPV（Special Purpose Vehicle）について，MIPSは税務上パートナーシップを利用し，TOPrSは税務上信託を利用した。共通の特徴は，SPVが「課税法人」（taxable corporation）でない点にある。これらの金融商品では，究極の借主がSPVを組成し，SPVは税務上借主とは別個の事業体として取り扱われるが，それ自体は課税されないパススルーとして取り扱われる。一方連結財務諸表上，SPVは借主

と合算されるので，借主と別個のエンティティとされない。このスキームでは，SPVが借主に名目的な価値の議決権証券を発行し，投資家には議決権のない優先証券を発行する。その後，SPVは優先証券の発行による資金を借主に貸し付け，長期債務証書を受け取る。優先証券に係る分配は，借主がSPVに交付した債務証書に係る支払利子を原資として行われる。SPVの借主に対する貸付金が満期になると，SPVは現金で優先証券を償還する。税務上は，SPVは借主と別個の事業体として取り扱われるため，その借主はSPVに交付する債務証書に係る支払利子を控除できる。連結財務諸表上は，SPVは別個の事業体として取り扱われないため，債務証書は相殺消去され，借主は投資家に優先証券を直接発行したものとして会計処理される。エンロンは，上記のMIPSおよびTOPrSを含む多段階優先証券を発行して800百万ドル超を調達した。

B 関連規則

〔税務上のデットとエクイティとの判定基準〕

　内国歳入庁はハイブリッド金融商品の発展に伴い，証券が税務上デットとされるかエクイティとされるかの判別に当たって考慮すべき点として次の8要素を掲げている（IRS Notice94-47（1994-1 C.B.357））。

- 要求払いかまたは合理的に予想できる将来の一定の満期日に一定の額を支払うという約束があるか
- 証券の保有者が元利の支払を強制する権利を有するか
- 証券の保有者の権利が発行者の一般債権者の権利に劣後するか
- 証券はその発行者の経営に参加する権利を保有者に与え得るか
- 証券の発行者は過少資本になっているか
- 証券の保有者と発行者の株主との間に同一性があるか
- 当事者が証券にどのようなラベルを付けるか
- 証券の目的は租税以外の目的（規制，格付機関，財務会計目的等）であるか

金融商品が税務上デット，エクイティ，または他の種類の資金取引のいずれ

として取り扱われるかは，現行法では関係のある事実と状況に基づいて決定される。金融商品が「エクイティ」として扱われる場合には発行者は一般に支払配当を損金算入できず，保有者はこの受取配当を益金に算入しない（法人所有者は配当額の70％以上を益金不算入とすることができる）。金融商品が「デット」として扱われる場合には発行者は一般に発生した利子を損金算入することができ，保有者は受取利子を益金に算入する。現行法では，財務省に法人の持分をデットとするかエクイティとするかを決定する裁量権を付与している（IRC385条）。

C ポイントの解説

多段階優先証券取引は，税務上は利子が損金算入できる点で有利であるが，財務会計上は債務が株価や格付を引き下げる影響をもち得る点で不利であるというジレンマを解消することを目的として考案された。一般に，企業は，財務会計上は税引後利益を分配する「エクイティ・ファイナンス」を選好するが，税務上は税引前利益を分配する「デットファイナンス」を選好する。資金の借主が多段階優先証券取引のもつタックス・ベネフィットを享受するには，少なくとも次の条件を満たす必要がある。

- この取引に利用するSPVが税務上借主と別個のエンティティとして認められること
- SPVが発行する優先証券の収入を対価として借主がSPVに発行する債務証書が税務上「債務」として認められること

エンロンは，多段階優先証券について，税務上は別個独立のSPVに対して債務証書を発行し，その債務証書の支払利子を損金算入することとし，会計上はSPVが連結財務諸表において合算されるのでこの債務証書を相殺消去し，エンロンが外部投資家に優先証券を直接発行したもとのして取り扱った。貸借対照表上，この優先証券は負債ではなく，「メザニン・エクイティ」として位置付けられ，優先証券の保有者に対するイールドの支払を「子会社の優先株式に係る配当」として取り扱った。

(2) 投資ユニット証券[35]

A スキームの概要

エンロンはユニット当たり21.75ドルの発行価格で10百万ドルの投資ユニット証券を発行した。4半期払いの約定金利を6.25％とし、満期3年、満期時に証券の元本はエンロン子会社Aの普通株式またはあらかじめ定められた以下の転換比率により換算された現金で償還される。

〔転換比率〕

投資ユニット証券の満期におけるA普通株式の株価が
① 26.32ドル以上である場合には、投資ユニット当たりA普通株式0.8264株に相当する現金
② 21.76ドル以上ドル26.31ドル以下である場合には、投資ユニット当たり21.75ドル
③ 21.75ドル以下である場合には投資ユニット当たりA普通株式1株に相当する現金

エンロンは、投資ユニット証券の発行と同時に、公募でAの普通株式約3,000万株を内外の株式市場で発行した。この発行によってエンロンのA株式所有割合は80％から54％に減少した。A普通株式の購入者は価値下落によるダウンサイドおよび価値上昇によるアップサイドの両方を得るが、エンロン投資ユニット証券の購入者はダウンサイドを負うものの、アップサイドは限定されている。投資ユニット証券の6.25％の約定金利が、A普通株式の予定配当0.6％を著しく超えているのはこのためである（オプション料に相当）。エンロン投資ユニット証券は、無担保であり、エンロンの無担保債務と同じ弁済順位を与えられていた。エンロンは保有するA株式を売却しまたは担保に入れ処分することについて制限されていない。

この証券は、利付債務およびA普通株式の特約付先渡契約の複合商品であり、エンロンは、この証券を発行することにより、実質的にA普通株式の値下がりリスクをヘッジすることができた。実際に、3年後の満期時にはA普通株式の

株価は15.56ドルに値下がりし，上記の転換比率でエンロンは当該投資ユニット証券と交換にA普通株式1株を引き渡すことによりこの投資ユニット証券取引を終了した。

B 関連規則

〔投資ユニットの分類〕

投資ユニット証券については，まだ明確な取扱指針が定められていないが，概ね次の3つの考え方がある。

① 不確定払債務（contingent payment debt instrument）
② 前払先渡契約（prepaid forward contract）
③ 前払いでない先渡契約と利付債務の複合契約

①および②は，単一要素の商品であるが，③は先渡契約要素と債務要素の2要素が混在している。実際には，満期時に一定額を支払う無条件の契約ではないので，①の不確定払債務として取り扱うのは妥当でない。②の前払先渡契約は，負債ではないにもかかわらず発行者が一定の利子を支払う点で整合的でない。③は取引の基礎である経済実体を最も明瞭に反映しているが，単一の金融商品を税務上その構成要素に分解する法的根拠が明確でないという問題点がある。

〔みなし売却〕

IRC1259は，株式，パートナーシップ持分または一定の債務証書の含み益のあるポジションが一定の取引をして実質的に利益が確定した場合には，そのときに収益を認識しなければならないという旨の規定をしている。この場合，納税者は当該ポジションが取引日に時価で売却され直ちに買い戻されたものとして取り扱う（同条(a)(1)）。

一般に，納税者（または一定の状況で納税者の関連者）が次のいずれかを行う場合には，当該時点で含み益のあるポジションのみなし売却を行うものとして取り扱われる（IRC1259(c)(1)）。

① 同一または実質的に同一の資産の空売りを行う。

② 同一または実質的に同一の資産についてこれを相殺する想定元本契約を締結する。
③ 同一または実質的に同一の資産を引き渡す先物契約または先渡契約を締結する。

IRC1259(c)(1)(e)は，財務省規則に，みなし売却をしたものとして取り扱うことができる，これらの取引と実質的に同様の効果をもつ取引の範囲について規定できる権限を委任している。先渡契約は，その先渡契約が実質的に一定額の資産を一定の価格で引き渡しまたは精算することを定めている場合にのみ含み益を生じているポジションのみなし売却の取扱いを要する（IRC1256(d)(1)）。

売却類似の取引を税務上売却として取り扱う「みなし売却」は，資産の実質的な固定価格の引渡しを定める先渡契約にしか適用されないので，契約条件によって大きく変わり得る資産の額の引渡しを定める先渡契約には適用されない。従って，満期の払戻額が参照証券（A普通株式）の価値に基づいて変化する場合，「みなし売却」を適用することができない。

〔不適格債務〕

IRC163(1)は，法人が発行した債務証書の利子または割引料で発行者または関連者（IRC267(b)およびIRC707(b)）の株式で支払われるものは，支払利子として控除することができないと定めている。元本もしくは利子が発行者もしくは関連者の株式の価値を基準に決定されるか，または発行者もしくは関連者のオプションにより決定される場合には，債務証書は株式で支払われるものとして取り扱われる（IRC163(1)(3)(b)）。株式の価値を基準に支払額が決定されると考えられる場合には，株式で支払われるものして取り扱われる。

投資ユニット証券には債務の特徴（満期時に一定額を支払うという無条件の約束）が欠如しているので，これを不確定払債務証書として取り扱うことは妥当ではないが，エンロンは債務要素は先渡契約要素と異なり資本調達の対価として扱われるべきではないという理由で，不適格債務に係る利子控除否認ルールが適用されるべきではないと解釈した。

〔ストラドル〕

　IRC1092(c)はストラドルについての規定を設けている。ストラドルとは，資産に係る両建てのポジションをいい，他のポジションを保有することで1つのポジションを保有することから生じる損失のリスクを著しく減少させる場合，そのポジションを「両建て」という。ポジションとは，資産（Personal properties）の持分（先物契約，先渡契約またはオプションを含む）である。納税者はストラドルにおいて含み損を生じているポジションを処分した場合，もう一方のポジションの含み益を超えた金額についてのみ税務上損失を認識することができる。繰り延べられた損失は翌期以降も同じ制限を受ける。また，資産の取得に伴って，ストラドルのポジションを保有した場合（例えば資産の取得に伴って支払利息が発生しそれに対してストラドルのポジションをとった場合）には，これに係る損失は，損金に算入せずに資産の取得原価に算入することとされている（IRC263(g)(1)）。

C　ポイントの解説

　投資ユニット証券の原型は，1993年，アメリカン・エキスプレス・カンパニーが，普通株式と交換できる債務（debt exchangeable for common stock：DECS）を発行したものである。DECSは，発行法人が現金または参照株式のいずれかの引渡しによって払戻しをする短期・中期の利付債務証書として発行された。

　一般に，DECSは単一証書として発行日の参照株式の時価に等しい価格で発行される。DECSは，参照株式の先渡契約（DECSの発行法人が標準株式を投資家に売却する契約）と通常の債務証書の複合金融商品である。投資ユニット証券は，債務の性質とエンロン子会社の普通株式の売却に係る先渡契約の性質を組み合わせ，単一の金融商品に合成することによって，エンロンは実質的にA普通株式投資のリスクをヘッジするが，現実に株式の処分をせず，この株式における将来の値下がりによる損失リスクを回避している。エンロンは，投資ユニット証券に係るイールドの支払を支払利子として損金算入している。財務会

計上は，投資ユニット証券を長期債務証書として報告し，Ａ普通株式の株価の変化に基づく投資ユニット証券の価値の変化を損益としている。このように，投資ユニット証券の税務上の取扱いと財務諸表上の取扱いの差異を「資産または帳簿価額と株式売却との差異」として，実効税率の調整に係る脚注で説明している。

　また，証券の発行は参照証券（Ａ普通株式）に係る損失リスクを著しく減少させることから，参照証券についてストラドルの規定に基づいて損失を繰延の対象となる可能性があることに注意が必要である。2001年1月，財務省は，ストラドルに係る損失の取得原価算入について，証券の発行者がその証券について行う利子の支払にも適用する旨の規則案を公表した。

　この種類の金融商品は満期に支払う元本が参照証券の価値に連動するため，満期に一定額の払戻しを定めていないことを理由として税務上負債には該当せず，以下のいずれかとして取り扱うこととされた。

① 　参照証券に係るカラー（プット・オプションとコール・オプションとの組合せ）
② 　約定利子付の参照証券に係る想定元本契約
③ 　参照証券に係る前払先渡契約
④ 　それ以外の規則が適用される独自の金融商品

　この種類の金融商品は，発行者が参照証券の「ショート・ポジション」を保有（投資ユニット証券の発行）していることを理由に，「ロング・ポジション」の保有（子会社株式の保有）の損失リスクを著しく減少する点でストラドル・ルールの損失繰延規定の対象となる。また，発行者が証券償還以降も引き続き拠出された資金を運用するものとして，約定利子の支払が資産の取得原価に算入されるものとして取り扱われる。

(3) 前払商品取引[36]

A スキームの概要
〔基本的なストラクチャー〕

　取引をアレンジする金融機関が組成したビークル（SPV）は，将来の特定の日に一定量の商品を金融機関に引き渡すことを約束し，これに対して金融機関がSPVに現在時点で現金を支払うという前払商品先渡契約（prepaid forward contract）を金融機関との間で締結する。金融機関がSPVに支払う現金の額は，将来の引渡日における参照商品（reference comodity）の将来予定価格（先渡価格）に等しい。同時に，SPVは，エンロンが将来の特定の日に一定量の同参照商品をSPVに引き渡し，SPVがエンロンに現金を支払うという同一内容の前払商品先渡契約をエンロンとの間で締結する。後者（エンロンとSPVとの契約）の条件は，前者（SPVと金融機関との契約）の条件と同じである。

　これら2つの前払商品先渡契約と同時に，エンロンは金融機関との間で商品スワップ契約（commodity swap contract）を締結する。このスワップ契約に基づいてエンロンが金融機関に商品と交換で固定額を支払うことにより金融機関の価格変動リスクをヘッジされている。

　この取引の手仕舞い時に，SPVはエンロンから参照商品の引渡しを受け，金融機関はSPVから参照商品の引渡しを受ける（先渡契約に従って同一の商品がエンロンによってSPVに引き渡される）。金融機関はスポット市場でこの商品をエンロン関連会社に販売する。これらの取引には，参照商品の現物による決済と差金による決済の両方があった。

〔クレジット・リンク・ファイナンス〕

　前払商品取引に対する資金調達の方法として，金融機関から調達する方法と信託を通じて外部投資家に証券を発行する方法がある。後者の方法は，「ヨセミテ取引」（the Yosemite transactions）と呼ばれる。ヨセミテ取引においては，証券を発行して調達した資金はSPVに貸し付けられ，SPVは，この資金でエンロンとの間で締結した前払先渡契約の決済をする。信託の発行する証券は，エ

ンロンの信用リスクに連動している（エンロンが債務不履行になった場合には証券が償還されない）。このようにエンロンの信用リスクに連動した証券を発行することによって，前払商品取引におけるエンロンの信用リスクは，証券保有者である外部投資家が負担することになる。

B 関連規則

〔前払商品販売（prepaid sales of goods）〕

　財務省規則1.451－1(a)は，現実の代金を受け取るか受け取ったとみなされた時点を収益認識の基準とする旨の規定をしている。すなわち，収入を受け取る権利が確定しその金額が合理的に算定できる時点が所得の認識の基準とされる。一般に収入を受け取る権利は，

① 必要な債務が履行されたとき
② 債務履行に対する支払の期日が到来したとき
③ 支払が行われるとき

のいずれか早い時点で確定するとされる（Rev. Rul.74-607, 1974-2 C.B.149）。財務省規則では，納税者が後年度に引き渡される商品の販売に係る前渡金を受け取る場合，一定の状況で課税所得の認識を繰り延べることを認めている（財務省規則1.451－5）。この前渡金は，①受取年度または②納税者の会計方法によりこの受取が益金に算入される事業年度もしくは財務報告のためにその受取が収益として認識される事業年度のいずれか早い事業年度，のいずれかにこれを認識することができる（同規則1.451－5(b)(1)）。

〔前払先渡契約（prepaid forward contracts）〕

　先渡契約の損益は，一般に，契約の決済日まで確定しない。先渡契約の課税関係についての明確な規定は存在しないが，取引に係る損益はそれが確定するまで認識しないという判例法における一般原則が適用されると解釈される。

〔想定元本契約（notional principal contracts）〕

　財務省規則1.446－3(c)(1)(i)は，想定元本契約を，一方の当事者が他方の当事者に一定の間隔で行う支払で想定元本を基礎として計算されるもの金融商品

または類似の金額を支払う契約と定義している。金利スワップ，商品スワップ，金利キャップおよびフロア，通貨スワップその他の類似の契約がこれに該当する。典型的な金利スワップ契約では，一方の当事者が固定金利に基づいて定期的に支払を行うことに合意し，他方の当事者が変動金利に基づいて定期的に支払を行うことを合意する。商品スワップは，金利の代わりに商品価格が指数として用いられることを除けば，金利スワップに類似しており，想定元本として「金額」でなく，特定の「商品単位」が基礎となる。想定元本取引の支払は，定期的な支払（Periodic Payment）と非定期的な支払（Non-periodic Payment）に分類される。定期的な支払とは，想定元本契約期間において，一年以内の間隔で定期的に行う支払をいい，受払時に所得を認識する。一方，非定期的な支払とは，想定元本取引に係る定期的な支払，契約終了時の支払以外の支払をいい，例えば，キャップやフロアにおけるプレミアムの支払やスワップ取引におけるアップフロントフィー等はこれに該当し，期間の経過とともに所得を認識する。また，契約終了時の支払（Termination Payment）は，契約が終了した時点で所得を認識する。

　想定元本は，実際には当事者によって交換されないので，想定元本契約による支払は，「利子」として分類されない。ただし，経済的に貸付と同様の性質をもつもの（例えば最初に一括で一方の当事者が支払をし，他方の当事者は分割で支払う類のスワップ）は，金銭の貸借の対価である金利の要素も含まれており，税務上は利子として取り扱われる。財務省規則1.446-3(g)は，「特別な非定期的支払」（Significant non-periodic payment）については，市場レートのスワップと貸付（元利均等払い）に分けて課税関係を決定する旨規定している。この規則が該当するかどうかについて具体的な数値基準は示されていないが，同規則における解説例では，一括支払がスワップ期間の支払総額の10％を超えなければ，「特別な非定期的支払」には該当しないが，40％以上である場合にはこの規定が適用される，とされている。

C ポイントの解説

このスキームの目的は，①IRC29（燃料生産の税額控除）を利用するために課税所得を前倒し計上すること，または②財務諸表作成日の直前に現金収入を計上し，これを財務会計上「財務活動からのキャッシュ・フロー」でなく「営業活動からのキャッシュ・フロー」として報告すること，である。エンロンは，財務会計上は，前払商品取引を営業上の契約として取り扱い，この取引からのキャッシュ・フローを「営業活動からのキャッシュ・フロー」として処理していた。エンロンは，この取引からの収入について所得の認識を繰り延べ，参照される商品がエンロンと金融機関との契約に基づいて引き渡されたときに所得を認識した。

これに対して，税務上はその目的に応じて前払商品取引の取扱いを変えていた。例えば，前払商品取引をIRC29の税額控除の利用のために課税所得を前倒しで認識する必要がある場合には，「棚卸資産の売却」として取り扱い，前払を受けた収入を受取年度の課税所得として認識した。この取引を「商品の売却」として取り扱う場合には，契約を現金決済ではなく現物決済とした。金融機関が現物決済を敬遠する場合には，エンロンが金融機関の代わりに決済時のスポット価格で現物を即時に売却し，この売却代金を金融機関に支払うことで，現金決済と実質的に同様の結果となるようにした。

これと逆に，財務諸表上はキャッシュ・フローを生じるが，当期の課税所得を認識しないことを目的とする場合には，財務省規則1.451－5に基づいて収益の認識基準を選択し，前受金を受け取った時点での収益認識をしない取扱いをした。この場合には，適用する収益認識基準が異なることになるので，税額控除をとるために用いた会社とは別の会社を取引の主体とする必要がある（会計方針の継続性への配慮）。また，現金決済による場合には，前受金に係る収益認識基準の適用はなく，金融取引として取り扱われ，決済時の支払は借入の返済とされる。

5　デリバティブ取引の利用

　デリバティブ取引を利用した手法は，ストラドル等のポジションを組成しデリバティブ取引の時価の変動を利用して含み益のあるポジションを処分し，含み損のあるポジション（すなわち，「帳簿価額」の創出）を利用して，これを移転することにより受入法人で損金算入メリットを享受するという類の手法である。移転の手法は現物出資やパートナーシップ持分の償還および追加出資（実質的にはパートナーが保有している資産を譲渡しているのと同じであるが，パートナーシップへの拠出およびパートナーシップからの分配は非課税で行われるので，この規定を利用するためにパートナーシップを取引のビークルとして利用する）等を利用する。(1) Notional Principal Contract はデリバティブ取引を利用した最も基本的な手法で想定元本取引の所得認識基準に係る規定を利用して損金を先取りする手法であり，(2) Passthrough Entity Straddle および(3) Partnership Straddle はデリバティブを利用してストラドルを組成し，ストラドルによる含み損を利用する手法である。(4) Debt Straddles は，デリバティブを利用した手法ではないが本質的にストラドルの手法を踏襲しており，(2)および(3)の亜種として位置づけられる。(5) Project NOLy はエンロンの事例研究であり，所得を前倒しで認識するためにデリバティブが用いられている。

(1)　Notional Principal Contract[37]

A　スキームの概要

　本スキームはスワップ等の想定元本取引において，支払レグについては定期的に支払を行い，支払った時点でその支払を損金に算入する一方で，受取レグについては受取のタイミングを将来に繰り延べ，益金の計上を先送りすることにより課税の繰延をするスキームである。例えば納税者が，定期的に変動若しくは固定金利水準に連動した支払（定期的支払）を行い，取引の相手方は期間

の終了する時点で，一括の支払（非定期的支払）をするという契約をし，その一括の支払は，当初から支払額の確定しているもの（金利水準に連動するもの）とそうでないもの（例えば株式に連動するもの）から成るものとすると，納税者の支払は定期的に損金に算入され，受取は最後に一括で益金に算入されるので，この想定元本取引を通じて課税が繰り延べられる。

B 関連規則

〔想定元本取引〕

財務省規則1.446－3には，想定元本取引に係る規定が設けられている。財務省規則における想定元本取引とは，金利スワップ，通貨スワップ，ベーシス・スワップ，金利キャップ，金利フロア，商品スワップ，株式スワップ，株式指数スワップ等，一定の想定元本に基づいて相互に受払いを行う金融商品をいう。IRC1256において時価評価の対象となる先物や先渡契約またはオプション契約は，ここにいう想定元本取引からは除かれている。

想定元本取引の支払は，定期的な支払（Periodic Payment）と非定期的な支払（Non-periodic Payment）に分類される。定期的な支払とは，想定元本契約期間において，一年以内の間隔で定期的に行う支払をいい，期間の経過とともに損益を認識する。一方，非定期的な支払とは，想定元本取引に係る定期的な支払，契約終了時の支払以外の支払をいい，例えば，キャップやフロアにおけるプレミアムの支払やスワップ取引におけるアップフロントフィー等はこれに該当する。非定期的支払は，経済的実体に応じて，想定元本取引の契約期間に応じて損益を認識する。

C ポイントの解説

本スキームは，想定元本取引に係る受払いのうち，支払レグを先に損金として認識し，受取に係るレグの認識を先送りすることにより課税を繰り延べるスキームである。上記のとおり，想定元本取引のうち一定のものについては時価評価（期末で譲渡したものとみなして損益を認識する）の適用を受けるので（IRC

1256)，このスキームは利用できないが，それ以外の想定元本取引は時価評価の対象外であり，想定元本取引の受払いに係る損益の認識の時期をずらす余地が生じる。本例では，非定期的支払について経済実体に合わせて損益を認識するという点を捉え，受取額の一部について金額を固定せずに株式に連動する金額とするなどして，経済実体に合わせて，最後に金額が確定した時点で損益を認識するという考え方をとっている。

ただし，経済実体に合わせて損益を認識するのは，金額の確定していない部分のみであり，当初から金額の確定している部分については，定期的支払と同じように時の経過とともに損益を認識するのであるという考え方もあり，この場合には益金が繰り延べられる額は限定的なものとなる。また，財務省規則1.446-3(i)は，想定元本取引を用いた租税回避行為の包括的否認規定を設けており，上記のような意図をもって取引を行う場合には，行為・計算が否認される可能性もある。

(2) Passthrough Entity Straddle[38]

A スキームの概要

本スキームは，パススルーである事業体を利用して損を先取りし課税を繰り延べるスキームである。まず，納税者が他の納税者とともに法人を設立し，当該法人の所得をその株主が持分に応じて発生年度において合算するＳ法人の取扱いを選択する。当該納税者は当初少数持分を保有する。当該Ｓ法人は例えば為替予約等の両建てのポジション（ストラドル）をもち，このうち益の生じているポジションを処分する。益は各株主に分配され，各株主はこれを所得として合算し，その分の株式の帳簿価額をかさ上げする（ただし，資産の分配はこの時点ではないものとする）。その後，当該納税者を除く株主は株式を償還し，当初の拠出額を受け取る（Ｓ法人の持分の経済的価値はストラドル取引によっては増減しない）。これにより，帳簿価額がかさ上げされている分だけ償還損が生じ，通算すると株式を償還した株主の累計所得はゼロとなる。株式償還後，Ｓ法人

は損の生じているポジションを処分し，この損はすべて唯一の株主である当該納税者に分配される。当該納税者は損に相当する金額を株式の帳簿価額から減額するが，減額する金額がなくなる場合（損の金額の方が当初の帳簿価額より大きい場合）には，あらかじめ当該納税者からＳ法人に追加出資や貸付金をして帳簿価額を大きくしておく。最終的に当該納税者が株式を処分した時点もしくは金銭の分配を受けた時点で所得が認識され，通算では所得はゼロとなるが，その時点まで損を先取りすることにより，課税の繰延をすることが可能となる。同様のことはパートナーシップを利用しても行える。（図3－31）

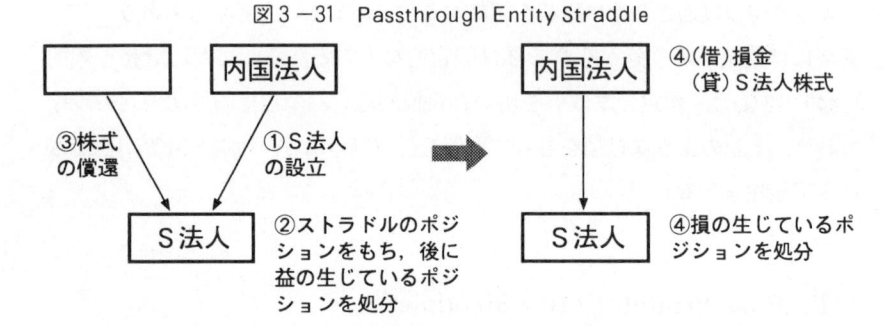

図3－31　Passthrough Entity Straddle

B　関連規則
〔Ｓ　法　人〕

内国歳入法典はSubchapter SにおいてＳ法人の定義を与え，Ｓ法人およびその株主に係る課税関係を規定している。IRC1361は，Ｓ法人をIRC1362に従ってＳ法人としての取扱いを選択をした「小規模法人」であると定義している。全株主の同意によりＳ法人としての取扱いを選択した場合には，Ｓ法人は課税対象とはならずに株主の持分に応じてその株主に課税関係が帰属することになる。「小規模法人」とは，①75人超の株主がなく，②個人以外の株主がなく，③非居住者の株主がなく，④2種類以上の株式を発行していない法人で，金融機関や保険会社等の一定の法人を除いた法人である（IRC1361(b)）。

Ｓ法人としての取扱いを選択した場合には，Ｓ法人で生じる所得は株主に帰

属し，所得を認識する場合にはその分だけ当該株式の帳簿価額を増額し，逆にS法人が損金を計上する場合にはその分だけ帳簿価額を減額する。また，S法人から金銭等の分配があった場合にも帳簿価額を減額し，帳簿価額を超えて金銭等が分配される場合には所得を認識する。

〔ストラドル〕

IRC1092は複数のポジションのうち損が生じているポジションを処分した場合には，それを相殺するポジションに係る益を超過する金額を限度として損金を計上できる旨の規定を設けている。また，明らかに両建てとなっているストラドルの場合には，一方のポジションを処分して生じた損はもう一方のポジションが処分されるまで繰り延べられる旨の規定をしている。

〔時価評価〕

IRC1256は，一定の上場先物，外国為替，株式以外の上場オプションおよびディーラーの取り扱う上場株式オプション並びに上場有価証券先物については，事業年度末にこれを譲渡したものとして所得を計算する旨の規定を設けている。したがって，この規定が適用される金融商品は，期末にすべて時価評価されるので，ストラドルにより損を先に認識することができないため，IRC1092に定めるストラドルの規定（上記）は適用されない。

C ポイントの解説

通常の法人に対する持分を有している場合には，当該法人が所得を計上した時点では，株主には課税関係は生ぜず，配当を受け取っても株式の帳簿価額は修正されない。一方，S法人等のパススルー事業体に対する持分の場合には，パススルー事業体が所得を計上した時点で，持分を有する者は所得を合算するとともに持分の帳簿価額を増額させ，配当を受け取った時点で帳簿価額を減算する。このパススルー事業体の特徴を利用して，パススルー事業体自体に損を計上させ，その損を合算し，爾後に金銭等の分配を受け取るまで課税を繰り延べることができる点に着目したのが本スキームである。損を先に合算するだけであれば，ストラドルのうち損の生じているポジションを先に処分しこれを合

算すればいいわけであるが，ストラドルの規則により，損を生じているポジションは先に処分しても処分損を損金計上できないので，他の法人を利用して益の出ているポジションを先に処分し含み損をつくって，これをその法人から取得するという方式としたわけである。ただし，時価評価の対象となる金融資産は損と益を認識する時期をずらすことができないので，時価評価の対象外となる取引を利用しなければならない。

(3) Partnership Straddle[39]

A スキームの概要

本スキームはストラドルを用いてパートナーシップに含み損を生じさせ，当該含み損を利用して課税を繰り延べるスキームである。例えば，ある法人がパートナーシップを設立（UTP），UTPがさらにパートナーシップを設立（LTP），LTPがストラドルのポジションをとり，益の出るポジションを処分する。LTPで認識された益は各パートナーに分配され，各パートナーの持分の帳簿価額はその分かさ上げされる。当該法人がUTPの持分を別の内国法人（納税者）に時価で譲渡すると，当該持分の経済的価値自体は増加していないので，分配された益と同額の譲渡損が認識される。その後当該納税者はUTPの保有するLTP持分を購入する。UTPは納税者により50％超を保有されているので，購入した時点でUTPに譲渡損は認識されない。LTPが損の出るポジションを処分した時点で，損は納税者に分配される。また，納税者が後にLTPの持分を譲渡すると，LTPの帳簿価額が分配された譲渡損の金額分だけ低くなっているので，譲渡益が生ずるが，先に繰り延べられたUTPの損も実現してこれと相殺できるので，課税所得は生じず納税者は損のみを認識することができる。その後納税者がUTPの持分を処分する時点まで課税の繰延が可能になる。（図3－32）

図3−32　Partnership Straddle

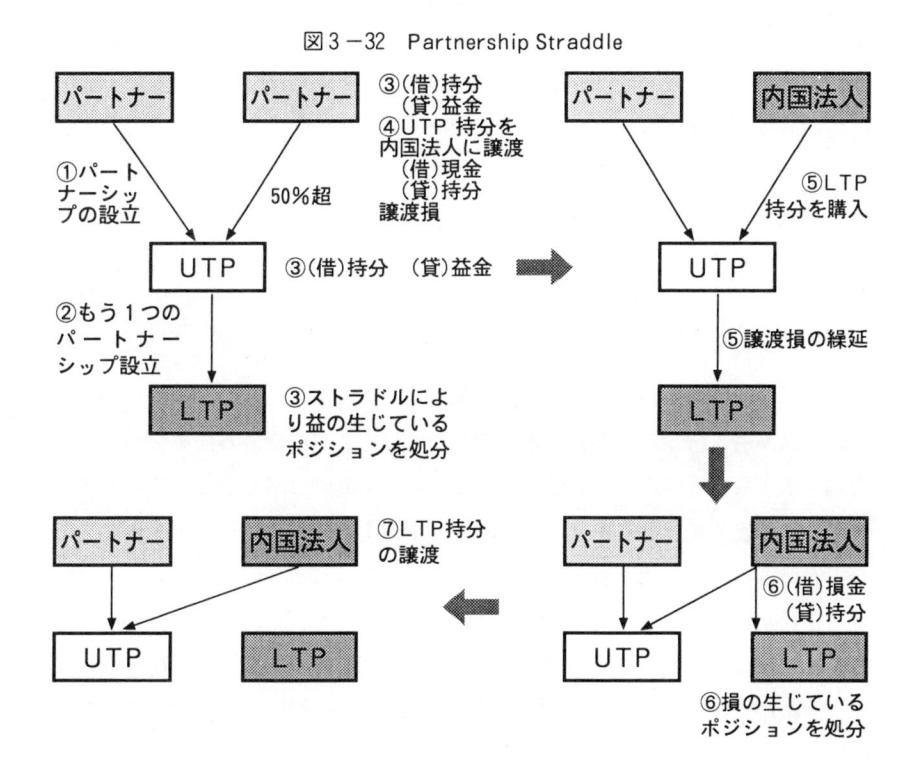

B　関連規則

〔パートナーとパートナーシップとの取引〕

　IRC707(b)(1)は，パートナーシップの持分を50％超保有するパートナーと当該パートナーシップの間の資産の譲渡または同一の者により50％超の持分を保有されているパートナーシップ間の資産の譲渡により損が生じた場合には，その金額は資産の譲渡の時点で損金に算入されず，資産を譲り受けた者が第三者に当該資産を譲渡した時点で損金算入が認められる旨の規定をしている。

〔パートナーシップの保有する資産の帳簿価額の修正〕

　一般的にパートナーがパートナーシップの持分を譲渡しても，パートナーシップの保有する資産の帳簿価額は修正されないが，IRC754は，パートナー

がパートナーシップの持分を譲渡した場合に，パートナーシップがその資産の帳簿価額を修正することを選択する権利を与えている。修正の方法はIRC743に従い，持分を譲り受けたパートナーの持分の取得価額とその持分に相当するパートナーシップの資産の帳簿価額の差額をパートナーシップの資産の帳簿価額に加減する。ここでは，この選択はせず，したがってパートナーがパートナーシップの持分を譲渡した時点でパートナーシップの資産の帳簿価額は修正されない。

C ポイントの解説

このスキームは含み損を有する資産をつくり出し，その含み損を2つの階層のパートナーシップにもたせることにより2つの階層のパートナーシップでそれぞれ損の実現を異なるタイミングで認識するところにポイントがある。ストラドルは含み損を有する資産をつくるために利用される。パートナーシップではなく通常の法人でも，例えば含み損を有する資産を現物出資すれば，現物出資をした法人は資産の価値に比べて高い帳簿価額の株式を取得し，被現物出資法人も帳簿価額を引き継ぐので資産の価額に比べ高い帳簿価額を付すことができる。したがって，現物出資法人のレベルでも被現物出資法人のレベルでも含み損を有することになり，それぞれのレベルでこれを実現すれば，損を2回計上することができることになる。単純に含み損を有する資産を譲渡した場合は損を一度だけ認識できるので，その場合と比べると一度多く損を計上できることになる。本例では，そもそも含み損を有する資産があったわけではなく，ストラドルを用いて含み損を有する資産をつくったので，納税者であるパートナーが実際に損が生じていないにもかかわらず，損を取ることができる，すなわちパートナーシップを二階層にしたために実際の損より一度多く損を取ることができるわけである。法人を利用した場合には，含み損を実現した法人に損が生じ法人レベルで他の益と通算しなければならないが，パートナーシップを利用することによりパートナーは損を直接取り込むことができるので，法人を利用する場合よりも損益の通算がしやすい。

なお，本事例においてパートナーである納税者が計上する損は永久的に計上される類の損ではなく，UTPの持分を処分する時点で解消される課税の繰延である点に注意が必要である。すなわち，納税者のUTPに対する持分の帳簿価額は，納税者がLTP持分を譲渡し，UTPが認識した損が納税者に分配された時点で，その分だけ納税者のUTPに対する持分は減少することになる一方で，持分の価値自体は取得時と変わらないので，これを処分した時点で処分益が生じることになる。ただし，UTPの持分をそのまま保有し続ければ，課税は繰り延べされたままということになる。これは，先の法人による損の二重計上の場合にも同じことがいえる。例えば，現物出資法人が帳簿価額100，時価80の資産を被現物出資法人に現物出資したとする。被現物出資法人で含み損を実現させこれを相殺する所得がない場合には，資産を処分した後の被現物出資法人の純資産価額は80となり，現物出資法人で残余財産の分配を受けた時点で一度だけ20の損が計上できるだけとなるので，これでは現物出資をしない場合と同じである。そこで，被現物出資法人に20の損を相殺するだけの所得が20あると仮定する。この場合，被現物出資法人での課税所得はゼロであり，かつ現物出資法人は含み損20をそのまま温存することができる。被現物出資法人株式を実際に譲渡した時点で，この損を取ることができるので，現物出資法人と被現物出資法人は同じ損をそれぞれ取ることになる（損がなければ，被現物出資法人は20の所得がある分だけ株式の価値が増大することになるので現物出資法人に譲渡益が生じることになるが含み損があるので譲渡益は生じないことになる）。一方で株式を取得した法人は100の価値のものを100で取得することになるのでこちらでも爾後の課税関係は生じない。含み損20がない場合は，被現物出資法人の所得20に対して税率を40％とすると8の税金が生じ，現物出資法人が株式を譲渡すると8の譲渡益が生じることになるが，株式を譲り受けた法人は8の剰余金を配当として受け取ればこれに対して税金は生ぜず，108で取得した株式を配当を受け取った後に100で譲渡すれば8の譲渡損が生じることになる。通算でみると，8の譲渡益と8の譲渡損が相殺され，20の所得が含み損によって相殺されたのと同じ結果であり，二重階層にしない場合と同じ結果となるが，損を認識する

時期を前倒しすることができる点が異なる点といえる。

(4) Debt Straddle[40]

A スキームの概要

このスキームは，2つの異なる金融資産の価値が，ある事象を契機としてそれぞれ反対の方向に概ね同額変動するという仕組みをつくり，当該事象が生じた後に先に損の生じている金融資産を処分し，益の生じているポジションから所得が生じる時点まで課税を繰り延べるというスキームである。例えば，額面百万ドル，満期10年，クーポン5％で，ある事象（例えば，200Ｘ年12月31日の為替レートが120円以上であること）が生じた場合にはクーポンが以降10％になり生じなかった場合には0％になるという特約が付いた債券Aと，逆に同様の事象が生じた場合にはクーポンが0％になり生じなかった場合にはクーポンが10％になるという特約がついた債券Bという2つの債券を取得し，当該事象発生後にクーポンが0％になった方の債券を先に譲渡すれば，形式的には当該債券には含み損が生じていることになるので，譲渡損が発生し，含み益を有するもう一方の債券の元利金の受取まで課税が繰り延べられることになる。

B 関連規則

〔損金算入規定〕

IRC165(a)は，課税期間に生じた損失で，保険等によりカバーされていないものついては，損金に算入することができる旨を規定している。更に，財務省規則1.165-1(b)はより具体的な規定を設け，IRC165(a)に従って損金算入できる損失は，完結した取引から生じたもので，なおかつ本当の意味での経済的損失ではなくてはならず，取引の形式ではなく実質で判断されるとしている。

〔統合金融商品〕

財務省規則1.1275-6は，1つの債券ともう1つの金融商品（ヘッジ手段）のキャッシュ・フローを組み合わせると，通常の利付債券のような金融

商品となる場合には、これらの2つの別々の金融商品は税務上1つの金融商品（「統合債券」）として取り扱う旨の規定をしている。ここにいう「ヘッジ手段」とは、いわゆるデリバティブのみではなく債券・借入れ等の金融商品一般を広く含み、上記のような取引における債券もこの「統合債券」に該当する。統合債券に該当した場合には、これを構成する一方の金融商品（債券またはヘッジ手段）を満期前に売却・処分した時点で当該統合債券自体が売却・処分されたものとして取り扱われ、その時点において益を生じている資産についてもその評価益を課税所得として認識しなければならない。

〔包括的否認規定〕

　財務省規則1.1275－2(g)は、支払利息や債券の償還差益・発行差金の損金算入についての包括的否認規定を設け、債券の組成目的に経済合理性がなく租税回避を主たる目的としている場合には、課税当局に適切な課税関係が生じるように取引の形式を変更する権限を与えている。上記のストラドルに係る規定があるにもかかわらず、このような包括的否認規定を設けたのは、債券とヘッジ手段の満期や額面・想定元本を変えることにより、統合債券の要件を回避することを防止するためである。

C　ポイントの解説

　このスキームは、経済的には損益のでない取引を人為的に「損」と「益」が生じる取引に分解するところにポイントがある。したがって、債券だけではなく、オプションやその他のデリバティブを用いても同様の結果を達成することができる。ただし、上記のような特約付債券に比べると、含み損の金額が相場に左右され、場合によっては規模が限定的となる点（特約付債券の場合には特約を事由に決定できるので含み損に制限はない）や取引によってはオプション自体が時価評価の対象になるので場合によっては含み益も課税所得に含まれてしまう可能性のある点（債券は原則時価評価の対象外であり含み益には課税されない）などの相違がある。

　包括否認規定の適用を受ける場合には、どのようなスキームにしても節税効

果は否認されてしまうが，それだけにどの程度の取引にこの規定を適用すべきかの判断は難しい。財務省規則1.1275－2(g)では，「課税関係が不合理」かどうかは，事実関係を総合的に勘案した上での判断をするものとしつつも，取引の結果税額が著しく減少しているかどうか，条件付き債券等を用いずに他の方法でも同じ結果が得られるかどうかについては十分に検討を要するとしている。

　また，一方に損失が生じ他方に利益が生じる類の取引は上記のように課税所得の繰延をする場合だけでなく，繰越欠損金の使用期限が迫っている状況や外国税額控除制度における控除限度額が不足しているために外国税額控除超過額の繰越期限が差し迫っている状況においては，逆に課税所得や国外源泉所得を早期に計上するための手段として用いられる場合にも同様の検討が必要であろう。

(5) Project NOLy[41]

A スキームの概要

　エンロンの100％子会社Aは，通常の業務として，第三者との間で天然ガスおよびその他の商品の価格に関するスワップ，先物契約，オプション，先渡契約を含むデリバティブ契約を締結していた。ISDAマスター契約に準拠して，Aは100％子会社Bとの間で反対ポジションの契約を締約し，これらの取引に係るリスクをすべてBに移転した。Bとその100％子会社Cは，14のデラウェアLLC（D1からD14）を組成した。D1からD14までのLLCは，いずれも米国税務上パートナーシップとして取り扱われることを選択していた。Cは，D1からD14の各社に少額の現金を拠出し，各LLCの0.01％の持分を取得した。Bは，現金および当該反対ポジションに係る契約と同じ内容のスワップ契約（「Bスワップ」）を拠出し，各LLCの99.99％の持分を取得した。Bスワップは拠出時点で合計5,600百万ドルの含み益を有していたが（すなわち，Bスワップ期間にわたって，BからDへの支払が行われる状況），Bはこの含み益を税務上は認識していないので，その帳簿価額はゼロであり，BのD持分の帳簿価額は拠出

した現金の額に相当する金額となる。

　AとAの100％子会社Eは，デラウエアLLCであるFを組成した。Aは，Fの持分の99.99％を取得し，EはFの持分の0.01％を取得した。BはFとの間でISDAマスター契約に基づいて，BのD1からD14における持分の価値に係るトータル・リターン・スワップ（Fスワップ）を締結した。Fスワップにより，BはFからFスワップ締結日におけるD持分時価相当額を受け取る一方，FはBからFスワップ終了時におけるD持分時価相当額および契約期間中にDから受ける分配の合計を支払うことになっていた。

　Fスワップを取り組むことにより，BはIRC1259に規定する「みなし売却」の対象となり，5,600百万ドル（Bが保有しているD持分の帳簿価額と時価との差額）の所得を認識した。

　Dは翌年度に清算され，Dの資産（Bからの受取債権，Bスワップおよび現金）をBに分配した。Bはみなし売却益を認識していたのでみなし売却益に相当する金額のD持分に対する増額調整をしている。したがって，前年に認識した5,600百万ドルとほぼ同額の譲渡損を生じる。譲渡損は前年度に支払った税額の繰戻還付に使用された。（図3-33）

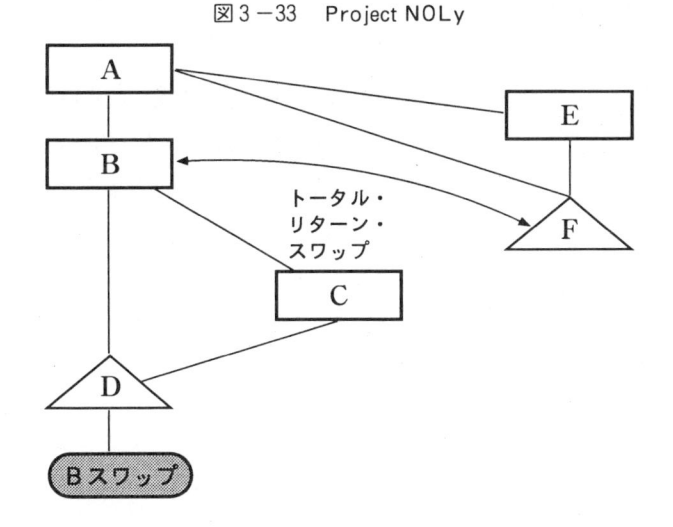

図3-33　Project NOLy

B 関連規則

〔パートナーシップの組成〕

　パートナーシップの組成に際して資産を拠出しパートナーシップの持分を取得する場合，このような取引からはパートナーは損益を認識しない（IRC721）。取得したパートナーシップ持分の帳簿価額は拠出された資産の帳簿価額を引き継ぐことになっている（IRC722）。パートナーが自らを債務者とする負債をパートナーシップに拠出する場合，当該パートナーの持分の帳簿価額は増加しない（Rev.Rul.80-235）。

〔パートナーシップ資産の分配〕

　一般に，パートナーは，パートナーシップからの資産の分配につき損益を認識せず（IRC731(a)および(b)），分配された資産のパートナーシップにおける帳簿価額を引き継ぎ（IRC732(a)），パートナーのパートナーシップ持分の帳簿価額を同額だけ減額する（現金，売掛債権，棚卸資産，その他の資産の順序で資産の分配があったものとみなして持分の帳簿価額を減額をする）。パートナーシップ持分の清算において分配された資産の場合には，パートナーは，清算直前のパートナーシップ持分の帳簿価額（から現金の分配額を控除した価額）を分配された資産に引き継ぐ（IRC732(b)）。

　ただし，分配された現金が分配直前のパートナーのパートナーシップ持分を超える場合，パートナーは当該超過額相当の所得を認識しなければならない（IRC731(a)(1)）。この所得は原則として譲渡所得とされる（IRC741）。一方，パートナーシップ持分の清算の場合で，清算に伴い分配される資産が現金，売掛債権および棚卸資産以外にない場合には，当該パートナーの清算直前のパートナーシップ持分の税務上の帳簿価額が分配された現金およびIRC732に従って計算された売掛債権および棚卸資産の受入価額の合計額を超える金額について損失を計上する。

C ポイントの解説

　本スキームは，税務上パートナーシップとして取り扱われるLLCをビークルとして，これにデリバティブ取引により一定のポジションをとらせ，これにIRC1259のみなし売却ルールが適用されるようにし，その結果として生じる譲渡所得を使って，繰越欠損金を一掃し，譲渡所得に相当する金額の損を翌年度以降に認識して欠損金を将来年度へ繰り延べることを目的としている。この取引では，デリバティブ取引に係る含み益を利用したため，デリバティブの市場価格が変動するためみなし売却により認識できる譲渡所得の金額が流動的であったため，14のLLCを設立し，できるだけ正確にみなし売却による益金の額を予測して繰越欠損金を相殺するのに必要な金額を認識するために必要なLLCの数を調節し，またIRC1259(c)(3)に規定するみなし売却益の認識に係る例外規定を利用した。この例外規定は，スワップを取り組んだ日の属する課税年度の終了後30日以内に終了するスワップに関して，含み益のあるポジションをスワップ契約の終了後60日経過する前に再保有し，かつそのポジションがヘッジされていない場合に適用される（すなわちみなし売却規定がその事業年度末で適用されない）。この規定を適用するためにエンロンは事業年度終了後30日以内にすべてのＦスワップ契約を早期決済し，必要な譲渡所得の金額を計算した後に，60日間経過する前に必要な譲渡所得の金額を実現するのに必要なＦスワップを再契約した。

ま　と　め

　本編ではタックス・シェルターの事例についてその手法を中心として検討をしてきた。特に手法の中でも，帳簿価額のかさ上げすなわち「ベーシス・ステップアップ」をどのように達成するかが主たる論点であった。そこでベーシス・ステップアップの「源泉」に着目し，ベーシス・ステップアップの源泉が利益なのか資本等の増加なのかという分類をし，さらに源泉が利益の場合にはその利益を誰が負担しているのかによって，非課税法人が負担している場合には課税排除型のタックス・シェルター，課税法人が負担している場合には所得移転型または課税繰延型と整理した。一方，源泉が資本等である場合には基本的に課税排除型のタックス・シェルターであり，その資本等の増加が自己のものなのかまたは親会社等の関連会社のものなのかという分類を試みた。他の者の利益によりベーシスがステップ・アップしている場合には，（非課税法人も含めたところで）経済全体で見た場合に，課税所得の減少は生じていないが，資本等の増加によりベーシスがステップ・アップしている場合には，経済全体で見た場合にも課税所得の減少が生じている点が特徴である。資本等の増加をベーシス・ステップアップの源泉とするためには資本取引を利用しなければならないわけであるが，組織再編税制や連結納税制度と受取配当金の益金不算入の規定，自己株式の処分差益等が主として利用された。また，ベーシス・ステップアップとは直接関係のないタックス・シェルターとして，損金算入のタイミングを単純に前倒しにする課税繰延型のタックス・シェルターや税法が政策上特別に認めている恩典を利用するタイプのタックス・シェルターがあった。例えば，前者にはグループ会社を利用したファクタリングやリース取引を利用したスキーム等があり，後者には再保険会社を設立するスキームや前払商品取引における税額控除等がある。本編で検討した事例のほかにも研究の対象とすべき事例は枚挙にいとまがなく，またすべてのタックス・シェルターがこのフ

レームワークによって分類できるというわけではない。また，ここに用いられている手法は，米国の税務上既に防止規定が整備され，現在ではそのままでは利用できないものも多く含まれている。また租税回避のみを目的として取り組まれたものは包括否認規定の対象となり，合理的な事業上の目的がないものは原則として利用できない。本編での分析は，合理的な事業目的の有無や防止規定の適用関係には立ち入らずに，タックス・シェルターの技術的な手法に焦点を当てることを目的として検討を進めた。したがって，これらの事例がそのままの形で実際に現在でも利用できるというものではない。またどこまでが租税回避でどこまでが許容されるべきかの線引きについては，合理的な事業目的を勘案する等の立ち入った検討を要する。

―――――――――

〔注〕
26) IRS Notice 98-5 Foreign Tax Credit Abuse
27) 本スキームは「エンロン・レポート」における Project Valhalla に基づき取引を要約したものであり，取引ステップの中には省略されている部分もある。
28) 契約による場合等については，それが単なる資産の共同所有，費用の共同負担等である場合には，独立の主体とはされず，一方，事業目的を有しそこから生じる利益を契約参加者に分配するような場合には，独立した主体とされる。(財務省規則第301.7701-1(a)(2))
29) 本スキームは「エンロン・レポート」における Project Apache に基づき取引を要約したものであり，取引ステップの中には省略されている部分もある。
30) 本スキームは「エンロン・レポート」における Project Renegade に基づき取引を要約したものであり，取引ステップの中には省略されている部分もある。
31) court documents ; court opinion, 2002 Tax Notes Today 161-10 re IRS v.CM Holdings
32) IRS Notice 95-53 Accounting for lease strips and other stripping transaction
33) Internal Revenue bulletin No.1999-13, March 29, 1999, Rev.Rul.99-14, Rev.Rul.2002-69
34) 本スキームは「エンロン・レポート」における Tierred Preferred Securities に基づき取引を要約したものであり，取引ステップの中には省略されている部分もあ

る。
35) 本スキームは「エンロン・レポート」における Investment Unit Securities に基づき取引を要約したものであり，取引ステップの中には省略されている部分もある。
36) 本スキームは「エンロン・レポート」における Commodity Prepay Transactions に基づき取引を要約したものであり，取引ステップの中には省略されている部分もある。
37) IRS Notice 2002−35
38) IRS Notice 2002−65
39) IRS Notice 2002−50
40) IRS Revenue Ruling 2000−12
41) 本スキームは「エンロン・レポート」における Project NOLy に基づき取引を要約したものであり，取引ステップの中には省略されている部分もある。

第4編

タックス・シェルター対抗措置

序
第1章　立法上の対抗措置
第2章　行政上の対抗措置
第3章　判例理論の形成と確立した判例原則

序

　米国議会両院課税合同委員会（Joint Committee on Taxation : JCT）は，2003年に「エンロン社および関連事業体の連邦税および報酬問題に関する調査報告ならびに政策勧告」（以下「エンロン・レポート」という）[1]を公表した。IRSの税務調査が進行中で結論が出ない段階で米国議会が公表したエンロン・レポートでは，現行税法に照らし，政府（財務省またはIRS）が「タックス・シェルター」（tax shelter），「濫用的タックス・シェルター」（abusive tax shelter）あるいは「節税」（tax saving），「租税回避」（tax avoidance），「濫用的租税回避」（abusive tax avoidance）または「脱税」（tax evasion）のいずれに該当するかの判別をしていない多くのスキームを一括して「租税動機取引」（tax-motivated transactions）[2]と呼んでいる。概念を整理すると，次の図のようになる。

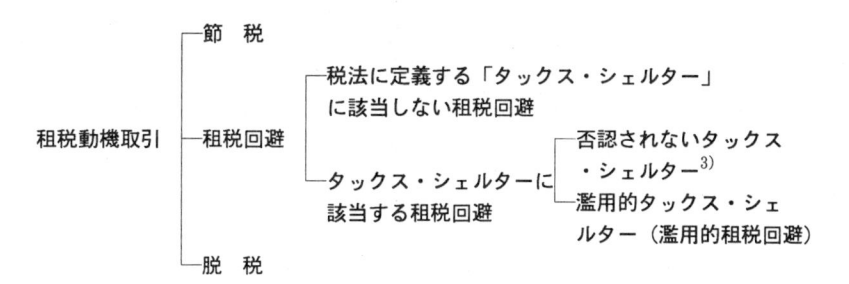

```
                ┌─ 節　税
                │
                │            ┌─ 税法に定義する「タックス・シェルター」
                │            │   に該当しない租税回避                    ┌─ 否認されないタックス
租税動機取引 ───┼─ 租税回避 ─┤                                          │   ・シェルター[3]
                │            │─ タックス・シェルターに ─────────────────┤
                │                該当する租税回避                        └─ 濫用的タックス・シェ
                │                                                           ルター（濫用的租税回避）
                └─ 脱　税
```

　米国税法の思想をみるに，米国の租税政策は，すべての租税動機取引を禁止・抑制する意図を示すものでなく，米国企業の国際的競争力を高め，または米国市場が繁栄できるよう，米国企業が節税のため法人（課税法人または非課税法人），非法人または外国事業体を自由に選択できる制度を「議会の意図した節税」として明文化し，これらが外国企業の米国投資を奨励する効果をもつことも許容している。税法の明文に沿った節税はもとより，税法に明文の規定がな

い場合に，納税者が税法のループホールを利用してタックス・ベネフィットを享受すること（税負担の減少を図ること）は，広く「租税回避行為」として捉えられ，租税法律主義の原則の下で，「税法が命じる以上の税負担を強いられることはない」という納税者の基本的な権利を保護する観点から，原則として何人も否定できない。このようなループホールの利用によるタックス・ベネフィットが「議会の意図したタックス・ベフィット」を超える場合には，「議会の意図」である「税法の趣旨・目的」に照らしてこの「租税回避行為」は否認すべきものとされる。個別の条文において「議会の意図」「税法の趣旨・目的」が明文化されていない場合には，その解釈をめぐって税務当局と納税者の間で齟齬が生じる可能性が大きく，税負担の減少を目的とする取引は「否認されるかもしれない租税回避」[4]として不安定な状態に置かれる。米国の租税政策は，経済取引が米国から逃避しないように，税法において「議会の意図」を明文化することにより納税者に法的安定性と予測可能性を与えることとし，「タックス・シェルター」の定義を明文化した。この規定により，税務上の問題取引である「租税回避行為」は，「タックス・シェルター」に該当するものと該当しないものに区分される。タックス・シェルターに該当する租税回避行為は，税法上または税務行政上の判定基準により「濫用的タックス・シェルター」に該当するものと該当しないものに区分される。濫用的タックス・シェルターは，課税上，否認されるべき濫用的租税回避行為とされる。

　1999年財務省タックス・シェルター白書が述べるように，米国では，自主申告制度により同じ税法の下で優秀な頭脳をもち洗練された法技術と会計技術を駆使する弁護士，会計士および企業内租税専門家を利用して複雑なスキームを仕組んで租税回避を行う納税者とただ誠実に税法を遵守している大多数の納税者との間に生じている「課税の不公平」を是正し，これによって生じる税法不信や税務行政不信に陥った一般納税者のタックス・コンプライアンスを回復し，「議会の意図しない歳入ロス」によって引き起こされる深刻な税収不足の問題に対処するため，タックス・シェルターに対抗すべく立法，行政および司法が緊密に協働している。米国ではタックス・シェルター・ビジネスは，巨額の報

酬を生み出す産業であり，税法を立案する租税政策者やタックス・シェルターの審理・解明に当る税務調査官とプロモーター，タックス・オピニオンのライター，これらを利用する企業内租税専門家たちとの頭脳を競うゲームとなっている。財務省タックス・シェルター白書は，優秀な頭脳が生む複雑怪奇なスキームが外国情報の入手可能性と専門家の守秘義務を楯に税務調査を困難にしていることなど，これらの租税専門家たちのIRSに対する優越性を認めている[5]。米国の財務省は，その苦悩を議会証言でも，この白書においても，率直に告白し，実体法における個別的否認規定の追加努力，実態把握・公開制度の充実，タックス・シェルター番号の付与，登録義務や投資家リスト保存義務の懈怠に対する制裁の強化等，様々な措置を講じている。

　翻ってみると，日本では，税務調査の基本方針は「不正発見」に重点を置き，「期間損益」を相対的に軽くみる嫌いがある。しかし，税収確保の観点から見ると，査察調査の成果である増差税額に比して「課税繰延型タックス・シェルター」の生ずる税収ロスは余りにも巨額であり，非課税法人や赤字法人および外国法人への「所得移転型タックス・シェルター」は所得移転という点で一種の「課税繰延型タックス・シェルター」に分類されやすいが，移転先が課税されない「非課税法人」「赤字法人」「外国法人」であるが故に実質的には「課税排除型タックス・シェルター[6]」といわなければならず，このようなスキームを単なる「期間損益」型の問題として軽く扱うことは間違いである。このような事業体について税務調査の充実強化を図らなければ，この種の頭脳ゲーム的な複雑なスキームの全体像を解明することは不可能であろう。

　現在までの米国タックス・シェルター対抗措置を検討し，潜在的に日本の当面している類似の問題取引に迅速かつ適切に対抗する上で示唆となる事項を抽出することにする。

〔注〕
1） 本庄　資「エンロンの利用した租税動機取引の分析と米国の対抗措置」『税経通信』Vol. 58, No. 9 〜 No. 15, 2003, Joint Committee on Taxation of U.S. Congress Report of Investigation of Enron Corporation and Related Entities regarding Federal Tax and Compensation Issues and Policy Recommendations, 2003
2） 本庄　資『アメリカン・タックス・シェルター　基礎研究』税務経理協会, 2003, pp.27, 54−56
3） 同『国際的租税回避　基礎研究』税務経理協会, 2002, pp. 6, 15
4） 同, 前掲書, pp. 6 − 7, 15
5） 同『アメリカン・タックス・シェルター　基礎研究』税務経理協会, 2003, p.15
6） 同, 前掲書, pp.72 − 73, 75 − 76, 中里　実『金融取引と課税』有斐閣, 1998, pp.15 − 33

第 1 章

立法上の対抗措置

　米国は、租税実体法と租税手続法の両面においてタックス・シェルター対抗措置を講じている。

1　タックス・シェルター実態把握のための制度の整備[7]

　財務省およびIRSは、公開こそ最善のタックス・シェルター防止策と考え、潜在するタックス・シェルターの発見と新規のタックス・シェルターの把握と内容の審査を可能にする立法措置をとり、一定の基準でIRSに登録を義務づけ、登録されたスキームについてIRSが審理により「濫用的タックス・シェルター」を識別することにより、それ以外のタックス・シェルターを保護するメカニズムを構築した。

　1984年に①タックス・シェルター登録制度（IRC6111(a)）、②タックス・シェルター開示制度（IRC6111(b)）、③投資家リスト保存義務（IRC 6112）、④これらの義務懈怠に対するペナルティ（IRC6707, 6708）を導入し、1997年に⑤「秘密の法人タックス・シェルター」の登録義務（IRC6111(d)）を追加した。

(1)　タックス・シェルター登録制度[8]

　すべてのタックス・シェルターのオルガナイザーは、タックス・シェルター持分（interest）を販売する場合、最初のオファーの日以前に財務長官に登録しなければならない。「オルガナイザー」とは、①タックス・シェルターの組

成に主として責任がある者，②タックス・シェルターの組成に参加する者，③投資商品の販売またはマネジメントに参加する者をいう。

(2) タックス・シェルター開示制度[9]

タックス・シェルター持分の販売者は，これを購入するすべての投資家に財務長官が付与した「タックス・シェルター識別番号」を通知しなければならない。投資家は，タックス・シェルターによる所得控除，税額控除その他のタックス・ベネフィットを申告するとき，財務長官が付与した「タックス・シェルター識別番号」を申告書に記載しなければならない。

(3) 投資家リスト保存義務[10]

①潜在的濫用的タックス・シェルターのオルガナイザーおよび②タックス・シェルター持分の販売者は，タックス・シェルター持分の購入者（投資家）リストおよび財務長官の要求する情報を保存しなければならない。「潜在的濫用的タックス・シェルター」とは，①IRC6111に基づき登録を要するすべてのタックス・シェルター，および②財務長官が租税回避または脱税が潜在すると財務省規則で定めるすべてのエンティティ，投資プランその他のプランまたは契約をいう。投資家リスト保存義務者は，投資家リストを7年間保存し，これをIRSの税務調査において利用させなければならない。

(4) 秘密の法人タックス・シェルター
   (Confidential Corporate Tax Shelter)[11]

「秘密の法人タックス・シェルター」は，1997年納税者救済法により，登録を要することになった。「秘密の法人タックス・シェルター」とは，次の要件を満たすすべてのエンティティ，プラン，契約または取引をいう。

① 法人である直接・間接の参加者にとってストラクチャーの重要な目的が所得税の回避または脱税であること
② 秘密を条件にすべての潜在的参加者にオファーされること
③ タックス・シェルターのプロモーターの報酬が100,000ドルを超えること（「プロモーター」とはタックス・シェルターの組成，マネジメントまたは販売に参加する者または関連者をいう）

次の取引は，「ストラクチャーの重要な目的が所得税の回避または脱税であるとみなされる取引」として特定される（暫定規則301.6111-2T）。

① IRSが租税回避取引（a tax-avoidance transaction）と決定しかつ指定取引（a Listed transaction）として識別した特定の種類の取引と同じかまたは類似する取引
② 参加者が合理的に見込む取引からの「税引前利益の現在価値」がその取引から予想される「タックス・ベネフィットの現在価値」に比較して取るに足りない取引
③ 取引の意図する結果の重要な部分がタックス・ベネフィットを生ずるように仕組まれた取引でプロモーターが複数の潜在的参加者に提示すると合理的に見込まれるもの

IRSは，「指定取引」として識別した個別の取引のリストを公表し，各取引は「重要な租税回避目的を有する取引」とみなされ，意図したタックス・ベネフィットは否認される。

2　否認理論の明確化

(1)　租税法律主義と租税回避行為の否認[12]

米国では憲法（Constitution of the United States, 1787）原理として租税法律主義を採用し，租税を賦課徴収する権限は議会がこれを有するものとし（Article I Sec.8），1913年修正憲法は所得に対する租税を賦課徴収する権限は議

会がこれを有すると規定している。歴史的にみれば，この憲法原理は納税者を政府（行政）の恣意的な課税から保護する機能をもつとみられているが，現代的意義は人的・物的課税管轄における取引に対する課税について法的安定性と予測可能性を保障することにあると解される。企業がその立地場所を自由に選択できる時代において，租税法律主義の現代的意義に照らし，租税が企業活動を阻害せず，かつ，経済活動（投資活動を含む）にとって魅力を維持するため，租税動機取引のうち，租税回避行為を税務上否認する場合のルールを法定し，または「法律の委任」によって財務省規則で否認要件や否認基準をポジティブまたはネガティブに明確化する必要がある。

税法における租税回避行為の否認規定[13]には，一般的否認規定，包括的否認規定および個別的否認規定がある。一般的否認規定は，租税回避行為の否認を一般的に認める規定をいい，その代表例としてドイツ租税通則法第42条が挙げられる。日本ではこれに属する否認規定はないが，租税回避行為を容認した場合には「税負担を不当に減少させる結果となると認められるものがあるとき」はその行為計算を否認できるとする不確定概念[14]による包括的否認規定が同族会社，法人組織再編成および連結納税について定められている。不確定概念については，①終局目的ないし価値概念を内容とする不確定概念と②中間目的ないし経験概念を内容とする不確定概念があり，課税要件明確主義に反するか否かという観点から，金子宏教授は①は内容が余りに一般的で不明確であり「解釈」によってその意義を明確にすることができないため課税要件明確主義に反し無効と解すべきであり，②は内容を法の趣旨・目的に照らしその意義を「解釈」により明確にすることができるため必要性と合理性が認められる範囲で課税要件明確主義に反しないと解すべきであると説いている。同教授は，税務当局の恣意的な裁量による法の濫用について，①についてはその危険性があり，②については税務当局の自由裁量を認めるものでなく「解釈」について裁判所の審査を受けることができるとの判断を示している。包括的否認規定は，②に属する不確定概念を用いるものとして課税要件明確主義に反しないとする通説のよりどころは，「税負担を不当に減少させる結果となる」と認めるかどうか

を裁判所で審査される「解釈」の問題と解する点にあるが，自主申告制度の税制において時間的価値とコスト・ベネフィットを重視する企業にとって，その経済活動（投資活動を含む）について「租税回避行為の否認の是非」が税法の明文規定や税務行政の通達で事前に予測できず，企業の解釈と税務当局の解釈が相違する場合もただ事後的に「解釈」の問題として裁判所の判断に委ねざるを得ないという制度では，予測可能性を欠くことになるため，取引の場所としてそのような制度の国を忌避する行動をとる[15]。企業がその居住地国や取引の場所を自由に選択できる時代に企業立地や企業取引の場所として魅力ある国であるために，租税法律主義のもつ機能の1つである予測可能性の保障機能を積極的に活用しなければならない。したがって，行政や司法に解釈を委ねる包括的否認規定の立法は，必要最低限度にするよう慎重にすべきであり，租税回避行為の否認については，外見上税法の複雑化を引き起こす欠点より企業の予測可能性を重視して，できる限り個別的否認規定を立法すべきであると考える。すなわち，租税動機取引について，企業は①節税取引，②否認されない租税回避行為，③否認される租税回避行為および④否認されるかもしれない租税回避行為の区分を税法の明文のルールや行政の解釈の明文化によって事前に知ることができなければ，いたずらに④の範囲が広く，そのような課税管轄では安心して取引できないことを考慮して，米国は一般的否認規定によらず，基本的に租税回避の新規スキームを発見した都度税法のループホールを埋める個別的否認規定の立法で対抗するとともに，未発見スキームに迅速に対抗するため，税法の個別条文ごとに「法律の委任」規定で財務長官に「規則制定権」を付与し，財務省規則はIRSに具体的な否認要件や否認基準を定める権限を付与している。そのため，財務省およびIRSが行政レベルで現行税法の個別的否認規定では対処できない事案に遭遇した場合その経験を立法にフィードバックして個別的否認規定を補強し，コモンロー原則による判例原則（利益動機原則，経済実体原則，事業目的原則，ステップ取引原則など）を包括的否認規定として税法や財務省規則において明文化し，税務当局としてはその否認に当たって直に「判例原則」を適用するのではなく，税法や財務省規則の条文を適用することにしている。こ

れによって，米国は，実際には税務当局に大きな裁量権や解釈権を与えながら，「法律の委任」に基づく財務長官の規則制定権や財務省規則に基づくIRSの取扱ルールやスタンダードの制定権によりその解釈の内容や取扱ルールを明文化することによって行政の自由裁量の余地をなくする努力を示している。

(2) 租税回避行為の否認

税務当局は，企業の租税回避行為について対処する場合，いくつかの方法が認められている。

① 一般的否認規定による否認

例えばドイツ租税通則法第42条は，「租税法は法の形成可能性の濫用によって回避することはできない。濫用が存する場合には経済事象に適合した法的形成の場合と同様の税負担が課される」と規定している。法の形成可能性の濫用とは，税負担の減少を目的として異常な法形成を選択することとされているが，企業が有利な方法で自由に法形成をすることを認める以上，税法上どういう場合を「濫用が存する場合」と認定するか，言い換えれば，法律の委任により政省令で否認要件を明らかにしなければならない。否認要件が明らかでないときは，その規定の「濫用」の意義や「濫用の存否の判断」は一時的に税務当局の解釈と裁量に委ねられ，最終的判断を司法に委ねることになる。清永敬次教授によれば，ドイツでは否認要件として（ⅰ）租税回避の目的・意図が存在すること，（ⅱ）納税者の選択した法形成がその達成目標に比較して不相応であること，（ⅲ）税負担の減少があることを挙げているが，（ⅱ）の要件は抽象的で不明確であり，その「不相当性」をめぐって納税者と税務当局の「解釈」の相違からいたずらに紛争を引き起こす要因となる。したがって，何らかの方法で否認要件が明示されない限り，一般的否認規定の下では，企業の予測可能性は十分保障されることにはならない。

② 包括的否認規定による否認

日本の税法では同族会社，法人組織再編成，連結法人などの行為計算の否

認規定がある。これらは，特定の事業体や特定の経済事象ごとに適用対象を個別に限定している点では①の一般的否認規定ではないが，例えば同族会社の行為計算の否認規定が同族会社の行為計算の全般を対象とするなどそれぞれの事業体や経済事象など適用範囲が大きい一般的・共通的な否認規定であるという点で，企業の個別の行為計算を否認対象とする個別的否認規定と区別されるべきであり，これを包括的否認規定という。

　この包括的否認規定は，適用対象に個別具体的な事象のみでなく，立法時点で予見できない将来の租税回避行為を含めるため，立法技術面から不確定概念を含む規定とならざるを得ない。例えば，日本の同族会社の行為計算の否認規定では「税負担を不当に減少させる結果となると認められる」という不確定概念を含む。企業にとって「不当性の判断基準」が明示されない限り，取引に対する課税について予測可能性を保障されない[16]。前述のように，不確定概念の解釈を裁判所で審査できる場合には構成要件明確主義に反しないと考えるにしても，「不当性の判断基準」について判例は（ⅰ）非同族対比説と（ⅱ）合理性基準説に分かれ，異なる解釈が対立している。学説もまた分かれている。ここで，両説の対立の迷路に深く立ち入ることは控えるが，非同族対比説が非同族会社を経済人として合理的な行為をする存在として比較対象とする場合には合理性基準説との差異は余りなくなり，現実に非同族会社も租税回避行為を行うことを認識して合理性基準説を主張する場合にはそれは非同族会社にも適用されるべき基準というべきである。いずれにせよ，合理性基準説による判例は，「同族会社の行為計算の否認規定は客観的合理的基準に従う否認権限を税務署長に与えるものであって，一般的，包括的，白地的な課税処分権を与えるものとして憲法第84条に違反するということはできない」というが，「客観的合理的基準」とはその原審のいう「経済的実質的見地において純経済人の行為として不合理，不自然なものと認められるか否かを判定する基準」をいい，「経済的合理性」「純経済人の行為として不合理不自然なもの」という不確定概念の言い換えに終始しているだけであり，企業が取引を行うに当たって「否認されない租税回避行為」「否認される租

税回避行為」と「否認されるかもしれない租税回避行為」を事前に予測する明確な基準になり得ない。したがって，包括的否認規定による否認については，納税者と税務当局の間で解釈の相違をめぐり紛争を引き起こしやすい。
③ 個別的否認規定による否認

　個別的否認規定は，個別の租税回避行為の類型ごとに対処する規定である。税務当局も個別的否認規定の否認要件に従ってこの要件に該当する租税回避行為を否認することができる。企業は，個別的否認規定に明示された否認要件・否認基準によって予測可能性を保障される。もっとも，個別的否認規定が不確定概念を含む場合には，上記のように，その解釈が財務省規則やIRS通達によって明示されないとき，解釈の相違をめぐり，納税者と税務当局の間で紛争を生ずることになる。

(3) 仮装行為の認定[17]

　租税回避行為が「仮装行為」(sham transaction) と認定される場合には，その行為は私法上無効であり，真実には存在しない故に納税者が期待した租税回避の効果は生じない。仮装行為と認定することは，納税者の表面的な行為が真実には存在せず，納税者が行う意思のない表見的な行為の法的効果を生じなかったことにするので，租税回避行為の否認と類似の結果を生じるが，さらに仮装行為の裏側で真実の意思による課税要件事実が隠蔽されている場合には，その仮装隠蔽行為は，単なる租税回避でなく，脱税となる。

(4) IRSによる事実認定

　個別的否認規定がない場合，租税回避行為について，税務当局は，実質主義 (substance over form)[18]，租税以外の事業目的 (non-tax business purpose) の有無[19]，経済実体 (economic substance)[20]，当事者の真実の意思などの事実認定により，租税回避行為が，(ⅰ) 表面的形式的な法形式とは実質的には

異なる法形式の取引であること，(ⅱ) 租税回避のみを目的とする取引であって，租税以外の事業目的を有しないこと，(ⅲ) 利益動機がない取引であること，(ⅳ) 経済実体がないこと，(ⅴ) 当事者の真実の意思が表面的形式的な契約と異なる契約であることなどを認定し，真実の法的関係や真実の当事者の意思に即して課税を行う。この事実認定により，租税回避行為の否認と類似の結果を生じるが，事実認定をめぐって納税者と税務当局の間で紛争が生じる。

(5) 税法の趣旨解釈・目的論的解釈[21]

　税法の解釈は，原則として文理解釈によるべきものとされる。租税法規は，公権力の行使に係る強行法規としての性格を有するので，納税者の権利を保護するため，厳格に解釈すべきであって，拡張解釈や類推解釈は許されないと解されている。個別的否認規定がない場合，税法の規定の文理要件をメカニカル・ルールとして利用する一連のステップから構成される租税回避取引については，どのステップ取引も文理解釈上合法的であるため，それぞれは「節税」となるようにみえるが，一連のステップ全体を1つの取引としてみた場合には「法律の潜脱行為」または「脱法行為」と認定できるとき，各ステップ取引のもつ見せ掛けの法形式と異なる法形式の取引や虚偽表示であると認定することができる。これは一種の事実認定の問題であるが，税法の規定の文理解釈によってはその規定の意味内容を明らかにすることが困難である場合には，その規定の趣旨・目的に照らして，その意味内容を明らかにする趣旨解釈・目的解釈により「明示されていない否認規定」を導き出し，これを適用することにより租税回避行為を否認することができる。しかし，「明示なき否認規定」を導き出す解釈については，納税者と税務当局の間で紛争が生じる。

3 個別的否認規定の整備[22]

米国では租税回避行為に対し絶えず租税実体法において個別的否認規定を追加整備する方針をとってきた。税法では租税回避行為を防止するため、①税務会計ルールを定め、②特定の事業体や経済事象などに共通の包括的否認規定、③個別的否認規定が定められている。その主要なものについては、本書第1編第5章で取り上げているが、現段階の整備状況を要約する。

(1) 税務会計ルール[23]

① 明瞭な所得の反映（clear reflection of income）原則[24]

租税法律主義の下で租税回避行為の課税上の取扱いについて納税者の権利を保護するだけでなく、納税者に予測可能性を保障しつつ、租税回避行為に対抗するためには、私法上の原則を修正する公法上の原則として法律に各種の租税回避行為の否認要件を明文化する必要がある。米国では自主申告をする納税者に税法をもって「所得を明瞭に反映する会計方法」を要求し（IRC 446(b)）、所得を明瞭に反映するために税務上私法上の行為計算を否認し所得再計算を行う包括的権限を税務当局に付与している（Reg.1.446-1(a)(2), (b)(1), (c)(1)(ii)(C)）。

② 利子に関する会計方法[25]

発生期間中に発生する利子または支払のうち発生利子の部分を算定するルールを定める（Reg.1.446-2(a)(1)）。発生利子は、納税者が規則的に用いる会計方法に基づいて算定される。適格明示利子（qualified stated interest）は、その帰属する発生期間にわたり明示利率で比例的に発生する（Reg.1.446-2(b)）。それ以外の利子は、割引債の償還差益の発生ルール（IRC1272, 1275）に類似するルールに基づいて算定される（Reg.1.446-2(c)）。借入金に基づく支払は、期日に発生したが未払いの利子の範囲で利子

の支払として取り扱われる（Reg.1.446-2(e)(1)）。
③　想定元本契約（notional principal contract：NPC）[26]

　想定元本契約の経済実体を反映する会計方法を規定することによって想定元本契約からの所得および所得控除の明瞭な反映を可能にする（Reg.1.446-3(b)）。当期における想定元本契約からの純所得および純所得控除は，当期の総所得の計算上算入される。当期における想定元本契約からの純所得または純所得控除は，当期の想定元本契約からの定期的支払と非定期的支払との合計額に相当する（Reg.1.446-3(d)）。IRSは，取引または一連の取引の効果が財務省規則（Reg.1.446-3）の適用を回避するものである場合，偽装想定元本契約（disguised NPC）の対抗措置として，その取引の性質を再分類することができる（Reg.1.446-3(g)(1)）。納税者が直接または間連者を通じ他の想定元本契約，先物契約，先渡契約，オプション契約その他の金融契約により想定元本契約に係るリスクを減らす場合，納税者はスワップの代替方法やキャップおよびフロアの代替方法を用いることはできない。このようなポジションが，これらの契約からの所得の妥当な計上時期または性質を回避するために得た場合には，IRSは想定元本契約の下に納税者が支払または受け取る金額をその取引全体の経済実体に合致する方法で取り扱うよう要求することができる（Reg.1.446-3(g)(2)）。納税者が所得の重要な歪みを生ずることを主目的として想定元本契約を締結する場合，想定元本契約の濫用による租税回避に対抗するため，IRSはこの取引の損益計上の妥当な時期を反映するために必要と認めるときは財務省規則（Reg.1.446-3）によらない取扱いをすることができる（Reg.1.446-3(i)）。
④　ヘッジ取引（hedging transaction）[27]

　ヘッジ取引にはReg.1.446-4が優先適用される。納税者がヘッジ取引に関して用いる会計方法は，（ⅰ）ヘッジ取引の損益計上時期と（ⅱ）ヘッジされる項目の損益計上時期とが合理的に一致するものでなければならない。一定のヘッジ取引については，損益を実現した期間に計上することができる。

⑤ 現金主義の制限[28]

(i)C法人，(ii)C法人をパートナーとするパートナーシップまたは(iii)タックス・シェルターについては，課税所得計算上，現金主義の利用は禁止される（IRC448(a)）。

⑥ 割賦方法（installment method）[29]

割賦販売（installment sale）からの所得は，割賦方法に基づいて計上される（IRC453(a)(1)）。発生主義の納税者は，割賦販売からの所得に対し割賦方法を禁止される（IRC453(a)(2)）。割賦方法が租税回避取引のために利用することを防止するため，財務長官に必要かつ妥当な規則制定権が付与されている（IRC453(j)(1)）。財務長官には（ⅰ）総利益または契約価格合計額が計算できない取引における比例的ベース回収に関する規則制定権（IRC453(j)(12)），（ⅱ）非ディーラーの特則（特に課税繰延に係る利子）について不確定払，短期課税年度およびパススルー・エンティティに適用する規則制定権（IRC453A(c)(6)），（ⅲ）関連者，パススルー・エンティティまたは介在者を通じ，課税繰延の利子チャージを回避する取引について割賦方法の利用を否認し，パートナーシップその他のパススルー・エンティティの持分の販売を当該パートナーシップその他のパススルー・エンティティの資産の比例的シェアの販売として取り扱う規則制定権（IRC453A(e)(1), (2)）が付与されている。債権その他要求払債務証書は，将来支払われるべき割賦債務でなく，受領年度における支払として取り扱われる。債務証書が受領年度における支払として取り扱われる場合，この支払により実現した額は，納税者の会計方法に従って決定される。現金主義を用いる納税者については，実現した額は債務証書の時価であり，発生主義を用いる納税者については，実現した額は債務証書の額面であり，利子クーポンの添付された債務証書または譲渡性のある債務証書の受領につき実現した額は満期時の明示の償還価格から割引債の償還差益を差し引いた額であり，または償還差益がない場合には実現した額は満期時の明示の償還価格である（Reg.15A.453-1(e)(2)）。割賦債権の処分または満足から生ずる損益の全額は，その処分または満足の課税年度に認識さ

れ，納税者が割賦債権を受け取った資産の売却・交換から生じるものとみなされる（Reg.1.453-9(a)）。この損益の額は，債権のベーシスと(i)額面価値以外の満足の場合もしくは売却・交換の場合に実現した額または(ii)処分時の債権の時価との差額である。子会社の全部清算（IRC332）に従って行われる分配を受ける者の段階で割賦債権のベーシスがIRC334(b)(1)によって決定される場合，この割賦債権の分配について分配法人は損益を認識しない（Reg.1.453-9(c)(1)）。子会社の全部清算において，親会社に分配される資産に係る不認識の規定（IRC337）の要件を満たす法人の全部清算計画に従って行われる分配につき，割賦債権の分配について分配法人は損益を認識しない（Reg.1.453-9(c)(ii)）。法人に対する一定の譲渡（IRC351, 361），パートナーによるパートナーシップへの資産の拠出（IRC721），パートナーシップによるパートナーへの分配（IRC731）などの例外規定に該当する割賦債権の分配については損益は生じない（Reg.1.453-9(c)(2)）。

(2) 包括的否認規定[30]

米国では(1)の会計方法ルールのほか，「特定の所得または損失」や「特定者間取引」などに共通の基本的な否認規定（控除制限規定および減免適用制限規定などを含む）を定めている。これは，ドイツ租税通則法第42条のような一般的否認規定と区別する意味で，個別的否認規定としての範疇に入れることも可能であるが，本書では狭義の個別的否認規定と区別して「包括的否認規定」という概念を用いる。その主たるものとしては，（ⅰ）価格操作に係る所得移転による租税回避に対する「移転価格税制」（IRC482），（ⅱ）投資所得の蓄積防止に関する「同族持株会社税」（IRC541-547），（ⅲ）配当課税の回避の防止に関する「留保収益税」（IRC531-537），（ⅳ）過少資本による利子控除の防止に関する「過少資本税制」（IRC385），（ⅴ）トリーティ・ショッピングによる米国源泉所得の侵食防止に関する「支店利益税」（IRC884），（ⅵ）タックス・ヘイブンへの所得移転・所得留保に対抗するCFCルールとしての「サブパートF所

得」(IRC952) などがある。1970年代のノン・リコース・ファイナンスなど個人責任を負わない債務の創出を利用した租税回避の流行に対しては，「投資利子控除の制限」(IRC163(b))，「危険負担原則」または「アット・リスク・ルール」(IRC465)，租税優遇措置を最大限に利用するタックス・シェルターに対抗する「代替的ミニマム・タックス」(IRC55-59)，1980年代初期に多くの租税優遇措置を設ける一方で「議会の意図しない租税回避行為」を防止するため租税手続法においてタックス・シェルターの登録義務・公開義務，タックス・シェルター識別番号制度，投資家リスト保存義務，これらの義務違反に対するペナルティ規定など多数の対抗措置を定めたが，その後も重要な包括的否認規定として，「パッシブ活動ルール」または「パッシブ・ロス・リミテーション・ルール」(IRC469)，「関連者またはパススルー・エンティティを利用した迂回融資による租税回避防止規定」(IRC7701(f))，「アーニング・ストリッピング・ルール」(IRC163(j))，「パートナーシップ濫用防止ルール」(Reg.1.701-2)，「連結納税濫用防止ルール」(IRC1502)，「優先株式による利益の抜取り防止規定」(IRC306)，「法人分割による利益の抜取り防止規定」(IRC355) などを定めた。

これらのうち，主要な包括的否認規定の例としては，次のようなものがある。
① 代替的ミニマム・タックス（Alternative Minimum Tax：AMT）[31]

米国は，1978年に代替的ミニマム・タックスを導入した（IRC55-59）。これは，所得控除や免税により多額の節税を行う高額所得の法人や非法人に少なくとも最低限の所得税を確実に支払わせる「通常の税」(regular tax) の取戻制度である。

② 留保収益税（Accumulated Earnings Tax：AET）[32]

すべての法人（同族持株会社，非課税法人およびパッシブ外国投資会社を除く）は，その利益を配当等として分配せず留保することにより株主の税負担を減少させるために設立されまたは利用される場合には通常の法人所得税のほかに「留保課税所得」(Accumulated Taxable Income：ATI) に対し，個人所得税の最高限度税率で課税される（IRC531-537）。

③ 同族持株会社税（Personal Holding Company Tax：PHCT）[33]

同族持株会社は，これを投資所得の貯蔵所として利用することを防止するため，通常の法人所得税のほかに「未分配同族持株会社所得」（Undistributed Personal Holding Company Income：UPHCI）に対し，個人所得税の最高税率で課税される（IRC541）。

④ 連結納税（Consolidated Return）制度[34]

連結納税制度は，導入当初，超過利潤税（Excess Profits Tax）の累進税率課税を回避するための子会社の設立による所得分割を利用した租税回避に対抗するために，強制適用された（IRC1501–1505）。

⑤ 移転価格（Transfer Pricing：TP）税制[35]

移転価格税制は，関連者間取引における価格操作を通じて行われる所得移転，架空売上・架空仕入，利益の抜取りなどによる租税回避または脱税を防止し，真正な所得を明瞭に反映させるよう私法上の契約，行為計算を課税上否認し，これを無視して「独立企業間価格」により課税する権限を税務当局に付与した（IRC482）。

⑥ タックス・ヘイブン対策税制[36]

タックス・ヘイブン対策税制は，タックス・ヘイブン所在の関連会社への所得移転と所得留保を利用した租税回避に対抗するために，被支配外国法人（Controlled Foreign Corporation：CFC）の米国株主に「サブパートF所得」の1つである外国基地会社所得（foreign base company income：FBCI）のプロラタ部分を合算課税する（IRC951）。

⑦ 過少資本税制[37]

過少資本（Thin Capital）税制は，負債に対する利子の損金算入を利用して法人における持分を株式でなく負債とする租税回避に対抗するため，負債資本比率により，利子控除を否認する規則の制定権限を財務長官に付与した（IRC385）。しかし，財務省規則はまだ制定されていない。

⑧ 危険負担原則による損失控除制限（アット・リスク・ルール）[38]

ノン・リコース・ファイナンス（個人的に返済の責任を負わないローン）を通

じてタックス・シェルター投資に対するファイナンスを受ける投資家やスキームに対抗するため，危険負担原則（at-risk rule）による損失控除制限（at-risk limitation on losses）制度を導入した（IRC465）。これにより，投資家のタックス・シェルターが投資からの損失を控除するとき，損失控除は「投資家がアット・リスクに有する投資」（投資家が拠出した金額，投資家が拠出した資産の調整ベーシス，投資家が借入金で拠出した金額でその借入につき個人的に責任を負うもの）に限定される。

⑨　パッシブ活動ルール（Passive Activity Rule）またはパッシブ・ロス・リミテーション・ルール（Passive Loss Limitation Rule）[39]

投資家は，パッシブ活動損失とパッシブ活動税額控除を控除できるのはパッシブ活動のみに限定される（IRC469）。ここで「パッシブ活動」（passive activity）とは，一般に投資家がマネジメントに実質的に参加しないが，他の者がマネジメントする活動に単に資金を投資する活動をいう。

⑩　外国税額控除の制限[40]

外国税額控除は，米国源泉所得に対する米国税を侵食しないように，外国源泉所得に対する米国税に限定される（IRC901, 904）。外国税額控除限度額は，カテゴリー別に異なる種類の外国源泉所得ごとに適用される（バスケット方式）。

(3)　個別的否認規定

米国では多数の個別的否認規定がある。税法の各条文（Section）ごとにそのメカニカル・ルールを利用する租税回避に対して濫用防止規定（anti-abuse rule）を定めているといっても過言ではない。これらの濫用防止規定は，各時代に流行したタックス・シェルターに対処するため，利用された事業体，ストラクチャー，ファイナンス手法，特定条文のループホールに個別に対応するものである。したがって，米国の租税政策では，立法段階ですべての将来の租税回避行為を想定することは不可能であるが故に，「税法の不完全性」を認め，

財務省およびIRSが現行税法で対抗できない新規タックス・シェルターの実態を把握したときは，柔軟かつ迅速に個別的否認規定を追加しなければならない。米国では，世界経済における米国企業と米国市場の優位を保つため，多様な方法で税制を活用することに躊躇していない。企業の法形態の選択（LLCなどの課税上の法人としての地位とパススルー・エンティティとしての地位の選択），連結納税の選択（繰越損失の引継，内部損益の消去，加入・脱退の自由度の利用），法人組織再編成における資産ベーシスの引継，選択による課税法人の非課税法人化（Ｓ法人，RIC，REITなど），などや非居住者の利子の非課税，特別目的事業体（RIC，REIT，REMIC，FASITなど）の利用による外資導入の奨励，租税条約による相互減免の拡大など「議会の意図したタックス・ベネフィット」が米国の国益のために租税政策として認められている。しかし，これらの諸制度は，濫用防止規定がなければ，文理要件をクリアする法解釈技術によって容易に租税回避のみのためにも利用することができるものである。そのようなメカニカル・ルールの解釈の余地を封殺するには，時間とコストを要する裁判で解釈を争う方法でなく，個別的否認規定の追加により税法レベルまたは少なくとも行政立法レベルで迅速に対処することが必要である。これらの個別的否認規定のうち主なものを例示すれば，次のようなものがある。

① Ｓ法人の損失控除制限[41]

株主の損失または所得控除の額は，株主のＳ法人株式の取得原価とＳ法人が株主に負う債務との合計額に制限される（IRC1366(b)(1)）。株主はアット・リスク・ルール（IRC465）を適用され，株主の損失控除は一定の活動で危険を負担する額（一定の活動に出資した資金と無担保資産の取得原価との合計額）に制限される。また，株主はパッシブ・ロス・リミテーション・ルール（IRC469）を適用され，そのパッシブ活動による損失はパッシブ活動による所得のみと相殺することができる。

② パートナーシップの損失控除制限[42]

パートナーシップの損失はパススルーされた時点でパートナー段階でこれを控除することができるが，パートナーにおける損失の控除は課税年度末の

パートナーシップ持分の調整ベーシスを限度として制限される（IRC704(d)）。損失の控除はアット・リスク・ルールとパッシブ・ロス・リミテーション・ルールを適用される。

③　パートナーシップを通じた資産の偽装売却（disguised sale）の否認[43]

パートナーがパートナーシップに現金その他の資産を移転しパートナーシップが当該パートナーに現金その他の資産を移転する場合，この2つの移転を資産の課税売却・交換とする否認規定を定めた（IRC707(a)(2)(b)）。この2つの移転が2年内に行われる場合には，この移転は売却と推定される（Reg.1.707－3(c)(1)）。

④　人的役務法人（Personal Service Corporation：PSC）の濫用防止規定[44]

「人的役務法人」（主たる活動がサービスの提供でありそのサービスの提供が従業員－株主（employee-owners）によって行われる法人）は，その課税所得に対し35％の比例税率で課税される（IRC269A）が，PSCの利用目的が租税回避または脱税であると認められるときは，税務当局は従業員－株主とPSCとの間で所得，所得控除，税額控除その他の減免などの租税項目を再配分することができる。

⑤　債権ストラドルの濫用防止規定[45]

ある債権とそのヘッジ手段としての他の金融商品のキャッシュ・フローの組合せにより通常の利付債券などの金融商品と認められる場合にはこれらの別個の金融商品を「統合債権」として一金融商品として取り扱い，一方の金融商品を満期前に処分すると，統合債権を処分したものとして扱い，その評価損益を認識すべきものとする（Reg.1.1275－6）。この統合債権ルールを回避するため，債権とヘッジ手段の満期，額面，想定元本契約に差異を設ける場合，債権の償還差益・発行差金の損金算入について債権の組成目的が経済的合理性を欠く租税回避目的であると認められる場合には，税務当局はこれを否認することができる（Reg.1.1275－2(g)）。

⑥　法人所有生命保険（company-owned life insurance：COLI）の利子控除制限[46]

　すべての個人の生命にかける生命保険，保険年金または基金契約に係るすべての債務につき支払いまたは発生した利子については，いかなる控除も認められない（IRC264）。自然人以外の納税者については，納税者の支払利子のうち，生命保険，保険年金または基金契約の借入のない証券の現在価値に配分される部分についてはいかなる控除も認められない。

⑦　不適格負債（disqualified indebtedness）の利子控除否認ルール[47]

　法人が発行した債務証書の利子または割引料で発行者または関連者の株式で支払うべきものは，控除することができない（IRC163(l)）。元本の重要な部分または利子が発行者または関連者の株式の価値を参考に決定されるまたは発行者または関連者のオプションにより決定される場合には，債務証書は株式で支払われるべきものとして取り扱われる。

⑧　赤字法人の購入による租税回避の防止規定[48]

　赤字法人を購入して購入法人の事業所得と相殺するための外形を仕組む慣行を阻止するために，ある者が法人の支配を取得しまたはある法人が直接・間接に取得法人もしくはその株主によって直接・間接に支配されない法人の資産を取得する場合，その主目的が所得控除，税額控除その他の租税項目を利用して租税回避または脱税であるとき，財務長官はこの租税回避または脱税を排除するため必要な範囲でそのタックス・ベネフィットを否認することができる（IRC269）。ここで「支配」とは，法人の株式の議決権または価値の50％を所有することをいう。取得法人が株式購入を資産取得として取り扱わない場合または被取得法人が取得後2年以内に採用された清算計画によって清算される場合であって，タックス・ベネフィットの享受を主目的とするとき，法人による他の法人の株式購入にも，この規定が適用される。

⑨　投資負債利子控除制限[49]

　法人以外の納税者の投資利子の控除は，純投資所得の金額に制限される（IRC163(d)）。

⑩　利益動機なき活動の経費控除制限[50]

　個人やＳ法人が行う活動が利益を得るためのものでない場合にはいかなる経費も控除することができない（IRC183）。

⑪　一定の農業経費の控除制限[51]

　農業シンジケートについては，飼料の種子，肥料その他類似の農業供給品のために支払った金額の控除は，現実に使用されまたは消費された課税年度にのみ認められる（IRC464）。

⑫　受取配当控除（dividends-received deduction：DRD）の制限[52]

　法人が借入金により取得したポートフォリオ株式について支払利子を損金算入し，受取配当控除を受ける節税に対抗するため，受取配当控除は，借入金の支払利子の損金算入額に制限される（IRC246A）。

⑬　関連外国法人あてに発行した割引債（Original Issue Discount：OID）の利子控除制限[53]

　外国関連者あてに発行した割引債の利子経費については，発行者は満期日に実際の支払が発生するまで損金算入を認められない（IRC163(e)(3)）。

⑭　関連者またはパススルー・エンティティの介在による迂回取引に対抗する措置[54]

　外国親会社その他の関連会社が米国子会社等に投資・融資する場合，租税条約締結国に所在する第三者を介在させて利子・配当等の支払の際における米国源泉所得税を回避または軽減させるための租税回避行為（トリーティ・ショッピング）の防止規定を定めた（IRC7701(f)）。

⑮　支店利益税（Branch Profit Tax）[55]

　米国支店は，法人所得税を課されるが，税引後利益は米国源泉所得が総所得の50％以上でない限り課税されずに本国に送金され，米国子会社と比較して不公平であるという理由で，米国支店に対し法人所得税のほか支店利益税を課される（IRC884）。

⑯　評価益のある資産の分配に係る収益不認識ルールの否定[56]

「ゼネラル・ユーティリティ原則」は，法人が株主に評価益のある資産を分配するとき収益を認識しないとするルールであるが，税法上，法人はその株主に対する資産の分配につき損益を計上しないと定めていた（IRC311(a)）が，1986年税制改革法によりこのルールを廃止した。したがって，清算分配か非清算分配かを問わず，法人の評価益のある資産が売却または分配されるとき，法人段階で収益が認識されることとされた。非課税エンティティにすべての資産を譲渡しまたは課税法人から非課税エンティティに転換する法人は，当該資産を時価で売却したものとみなされ，損益を計上しなければならない（Reg.1.337(d)-4）。子会社の清算において80％分配受領者への資産の分配については，清算子会社は損益を認識しない。受領者が非課税エンティティまたは外国法人である場合には損益不認識ルールは否定される。

また，受領者はその分配された資産につき損益を認識しないが，外国親会社には不認識ルールは適用されない。連結納税投資調整ルールの利用によってゼネラル・ユーティリティ原則廃止の結果を回避する行為を防止するため，「子会社株式否認ルール」を適用し（Reg.1.337(d)-1，1.337-2，1.1502-20），子会社株式の売却その他の処分からの損失を否認する。

⑰　キャピタル・ゲイン優遇税制の廃止[57]

納税者が通常の所得をキャピタル・ゲインに所得分類を転換する多様なスキームが案出されてきたが，1986年税制改革法は法人所得税率と個人所得税率を逆転させるとともに，キャピタル・ゲイン優遇税制を廃止した。その結果，「株主が法人利益を法人に留保させその法人の株式を売却することにより未分配利益をキャピタル・ゲイン税率の低課税で現金化するスキーム」の有利性は失われることになった。

⑱　短期債券の負債利子の計上時期[58]

発生主義の納税者が課税年度末直後に満期となる短期債券を購入する場合，購入資金を借り入れ，その利子は当期に発生するが，利子所得はこれを受け取るまで収益計上しないという所得認識の繰延スキームに対抗するため，発

生支払利子と発生利子所得の計上時期の一致を要求することにした（IRC 1281)。

⑲　全部清算における分配資産の損益計上と損失の控除制限[59]

　法人の全部清算における株主への資産の分配は売却とみなされ，法人は損益を認識しなければならない（IRC336)。(ⅰ)関連者に対する清算分配による一定のもの（分配が均等でない場合または分配資産が「不適格資産」である場合)，(ⅱ)株主に対する分配（IRC351の交換または贈与により取得した資産につき清算法人の損失計上を目的とするスキームの一部である場合）および売却・交換から生じるビルト・イン・ロスについて，損失の控除は制限される。

⑳　所有権変更後の営業純損失の繰越とビルト・イン・ロスの制限[60]

　法人が非課税取引によって他の法人の資産を取得した場合，買収法人が被買収法人から引き継ぐもののうち，営業純損失の繰越額は重要であるが，租税回避目的の企業買収を防止するため，旧損失法人の所有関係変更前の損失のうち新損失法人が変更後の所得から控除できる額を制限している（IRC 382)。控除限度額は，旧損失法人の評価額に長期利率を乗じた金額であるが，この制限を回避または損失控除の増加を目的とする所有関係変更前の出資は，「偽装出資」防止のため損失法人の価額の決定に当たって無視される（IRC382(1)(1)(a))。所有関係変更前2年以内の出資は，租税回避計画の一部と推定される。所有関係変更の時点で損失法人がビルト・イン・ゲインを有する場合には，変更から5年の期間に計上されたビルト・イン・ゲインだけ控除限度額が増加される（IRC382(h))。ビルト・イン・ロスの控除も，同様に制限される。

㉑　他法人の買収前損失の利用制限[61]

　法人は一定の株式または資産の取得後5年の計上期間に取得時のビルト・イン・ゲインを他の法人の買収前の損失と相殺することを制限される（IRC 384)。買収前の損失は，買収時のビルト・イン・ゲイン以外の所得または買収から5年以上経過した後で計上された買収時のビルト・イン・ゲインとのみ相殺することができる。

第1章　立法上の対抗措置

㉒　外国関連会社への支払利子の控除制限[62]

　法人の外国関連会社への支払利子で受取側が米国で課税されないものは，その法人の純利子経費額（支払利子－受取利子）がその法人の課税所得の50％および過去3年間の限度額未使用分の合計額を超過し，かつ，負債対資本の比率が1.5：1を超える場合には，控除を制限される（IRC163(j)）。これは，アーニング・ストリッピング・ルールという。この規定は，関連会社間の直接的な貸借契約に止まらず，銀行等の金融機関を介在させた貸借契約であっても親会社等関連会社が債務保証をしている場合にも適用される。

㉓　金融取引を利用した所得分類変更の防止規定[63]

　キャピタル・ゲイン・ロス・リミテーション・ルールが適用されるので，所得はキャピタル・ゲインとし，損失は通常の損失とするため，金融取引を利用して所得分類を変更することを防止する規定を定めた（IRC1258）。

㉔　課税規定を利用したベーシスのステップ・アップの防止規定[64]

　現物出資の際の債務引受額が出資される資産の帳簿価額を超える場合にその超過額はキャピタル・ゲインとして認識され，課税されるが，当該資産の帳簿価額がステップ・アップされる（IRC357(c)）。これは，現物出資の際の債務引受を利用した課税繰延に対抗する規定であるが，外国法人が米国子会社を設立する際，この課税規定を利用して帳簿価額のステップ・アップを行い，当該資産の譲渡益を圧縮する租税回避を防止するため，キャピタル・ゲインが認識される資産の帳簿価額を時価に制限することにより帳簿価額のステップ・アップを制限することにした（IRC357(d)）。

㉕　パッシブ外国投資会社の繰延防止規定[65]

　外国法人は，課税年度の総所得の75％以上がパッシブ所得でありまたは資産の50％以上がパッシブ所得を生じる資産もしくはパッシブ所得を生じるために保有される資産である場合，「パッシブ外国投資会社」と定義され（IRC1297），その米国株主が代替的所得算入ルールを適用される（IRC1291，1293－1295，1296）。

4 財務長官への規則制定権の付与

　米国では，税法の各条文において財務長官に規則制定権を付与する「法律の委任」規定を明文化し，租税法律主義を遵守している。現実に，財務省規則は，膨大な量に達しており，行政立法はその内容において一般的基本的ルールから税法の具体的な解釈・適用および適用事例まで広範な領域をカバーしている。その中でも解釈・適用の基礎となる税法上の用語の定義規定，執行手続規定，執行における認定基準や否認基準および具体的な計算規定が重要な部分を占める。租税法律主義において租税回避行為の否認の法的根拠の有無について解釈上の疑義を生じないよう行政立法が果たす役割は大きい。

　租税回避行為の認定要件や否認要件およびその要件の該当性を判定する場合の認定基準や否認基準を明文化することは，財務長官の「税法の趣旨・目的」の解釈や個別事案への税法の適用の仕方をきわめて具体的に周知することに役立っている。このように，租税回避防止規定を税法の個別条項に規定するために税制の複雑化という犠牲を払っても税制の透明性を高め解釈の余地を減らすことが訴訟社会といわれる米国では特に必要であり，この要請に応じるために財務省規則は税法を補完する必要かつ有効な機能を果たしているといえる。

(1) 財務省規則の一般的基本的ルール[66]

　「法律の委任」を受けて財務長官が制定する財務省規則には一般的基本的ルールが含まれている。この一般的基本的ルールが余りにも広範かつ強大な権限を財務長官に留保するものである場合には，より明確な否認要件や否認基準を示さない限り，財務長官に一般的否認権限を与える規定になる。例えば，税法は，税務会計につき課税所得の計算は納税者が規則的に用いる「明瞭に所得を反映する会計方法」によることを原則とする（IRC446(a)）が，例外規定を設け，納税者が規則的に用いる会計方法がない場合や納税者が用いる会計方法が

明瞭に所得を反映しない場合に「財務長官の意見」により「明瞭に所得を反映するとされる方法」に基づいて課税所得の計算をすべきものとしている（IRC 446(b)）。この税法の規定を受けて、財務省規則は「納税者は選択により自己の最適と考える会計方法を用いることができるが、財務長官がその会計方法が明瞭に所得を反映すると認めない場合にはいかなる方法も課税上受け入れられない」と定めている（Reg.1.446-1(a)(2), (b)(1), (c)(1)(ii)(C)）。想定元本契約の会計方法についてその主目的が「所得の重要な歪み」（a material distortion of income）を生じることである場合にはIRSがその損益の妥当な時期を反映するため必要と認めるときは財務省規則によらない取扱いを行うことができると定める財務省規則（Reg.1.446-3(i)）は、想定元本契約の濫用による租税回避行為に対抗する広範な権限をIRSに付与している。税法が詳細な個別項目ごとに財務省規則制定権を付与する例としては割賦方法を挙げることができる。割賦方法について、税法は「必要かつ妥当な規則」を定める権限（IRC453(j)(i)）、総利益または契約価格合計が計算できない取引における ratable basis recovery 規則を定める権限（IRC453(j)(2)）、非ディーラーの特則（課税繰延に係る利子）について不確定払い、短期課税年度およびパススルー・エンティティに関する規則を定める権限（IRC453A(c)(6)）、関連者、パススルー・エンティティまたは介在者を通じ課税繰延の利子チャージを回避する取引について割賦方法の利用を否認し、パートナーシップその他のパススルー・エンティティの持分の販売を当該パートナーシップその他のパススルー・エンティティの資産の比例的シェアの販売として取り扱う規則を定める権限（IRC453A(e)(1), (2)）を財務長官に付与している。租税回避防止規定の基本三法ともいうべき移転価格税制、過少資本税制およびタックス・ヘイブン税制についてみると、税法は、財務長官が脱税の防止または明瞭な所得の反映のため必要と認める場合に納税者の行為計算を否認して所得、所得控除、税額控除その他の減免などの租税項目を取引の当事者間に再配分することができるとする「移転価格課税」（IRC 482）の権限を規定しているが、米国の「移転価格税制」は実際にはすべて財務省規則において制定されている（Reg.1.482-0から1.482-8）。これは、徹

底した行政立法の典型ともいえる。過少資本税制では，税法は，法人持分を税務上株式として扱うべきか負債として扱うべきかを決定するために必要かつ妥当な規則を定める権限を財務長官に付与し，この規則にその判別要件とすべき要素を定めている（IRC385）が，現在まだ財務省規則は制定されていない。タックス・ヘイブン対策税制では，移転価格税制に比較してきわめて詳細な規定を法律自体において定めている（IRC951-964）。

　タックス・シェルター・スキームに利用される事業体の代表であるパートナーシップについて，財務省規則は一般的な濫用防止ルールを定めている（Reg.1.701-2）。サブチャプターKは，納税者が事業体段階で課税されず柔軟な経済的アレンジメントを通じて事業・投資を行うことができるようにする意図を有しているが，財務省規則はこのサブチャプターKの意図を明確にし（Reg.1.701-2(a)），そのサブチャプターKの意図しない租税回避行為を判例で確立した諸原則（実質主義，事業目的，明瞭な所得の反映などのルール）により防止する一般的な性質をもつルールを定めた。また，連結申告納税（Consolidated Returns）については，税法は，明瞭な税額とその税額算定に必要な要素を反映し租税回避を防止するため財務長官が関連グループの申告，計算，賦課徴収および調整に必要とみなす規則の制定を財務長官に義務づけている（IRC1502）。この委任を受けて，財務省規則は，連結申告納税につき，移転価格税制を上回る膨大かつ詳細なルールを定めている（Reg.1.1502-0から1.1504-4(h)）。タックス・シェルター・スキームに利用される取引の代表である法人の設立から清算までおよび法人組織再編成についても，財務省規則は膨大かつ詳細なルールを定めている（Reg.1.351-1から1.383-2）。

(2)　財務省規則の個別的否認規定

　財務省規則の否認規定は，法律の委任があるとはいえ，一般的・抽象的な内容でなく，なるべく個別的・具体的な内容を明確化するものでなければならない。さもなければ，財務省規則は，用語の定義，解釈の統一，適用要件，その

要件を満たすかどうかを判定するための基準，各種の計算方法，事実認定の方法などを明らかにする機能を十分に果たすことができない。これらの機能に即して，数多くの個別否認規定が定められる。米国では，議会における証言などから，財務長官をはじめ財務省高官が「税法の不完全性」を自覚し，新規に出現しIRSが発見したタックス・シェルターにつき今後法的根拠に基づいて否認することが可能になるよう税制改正のために迅速に対応していることが分かる。税制改正までのタイムラグを考慮して，法律は財務長官に個別事項につき広く規則制定権を付与し，財務省はIRSの個別事案の審理を通じてより迅速に対応する態勢をとっている。それでもなおIRSは往々にして法的根拠の明確でない判断をしなければならないことがある。このようなケースを示す例としては，リースの課税上の取扱いが好例となろう。形式上のリース契約が税務上賃貸借取引（リース），金銭貸借取引（ファイナンス）または売買取引のいずれに区分するかについて問題が生じたが，リース資産の所有権の帰属，減価償却費の控除の認否，借入金利子の控除の認否など困難な問題が多い。そこで，その区分基準は何かをめぐって，IRSは多数のレベニュー・ルーリングやレベニュー・プロセデュアを発している。この区分によって所得分類が異なるものとなり，所得分類に応じて定められた課税ルールの適用により，課税上の取扱いが異なるので，IRSの取扱いの統一を図り，企業に予測可能性を付与するため，財務省規則において区分基準を明文化することが望ましい（タックス・シェルター・スキームでは，レバレッジド・リース，ファイナンス・リースのみでなく，オペレーティング・リースが利用され，「合成的リース・アレンジメント」(synthetic lease arrangement) が流行している。このため，IRSはリース・ガイドラインを発している）。

5　制裁制度の整備[67]

　1999年財務省タックス・シェルター白書において，財務省はタックス・シェルターによって享受できるタックス・ベネフィットに比してプロモーター，投資家および租税専門家のコストが低いことがタックス・シェルター発展の要因であると分析し，これに対抗するため，これらの参加者のコストを引き上げなければならないと判断した。

　そのため，訴訟手続法における対抗措置である各種のペナルティの強化を図るべきであると考え，問題のある取引を「報告すべき取引」とし，これを「指定取引」と「指定取引以外の取引」に区分し，登録義務，開示義務，投資家リスト保存義務のペナルティの引上げを行うことにした。

(1)　申告書における開示，登録および投資家リスト保存に関する「報告すべき取引」の定義の確立

　IRSが公表ガイダンスで特定した租税回避取引である「指定取引」，例えば法人については単一年度につき1,000万ドル以上，複数年度につき2,000万ドル以上の「損失取引」，保有期間が45日未満で250,000ドルを超える税額控除を生じる「短期資産保有期間の取引」，「帳簿と課税との差異が1,000万ドル以上の取引」，個人，パートナーシップ，S法人もしくは信託については課税所得が250,000ドル以上，法人については課税所得が500,000ドル以上減少する「秘密の条件で販売される取引」を「報告すべき取引」と定義し，開示，登録および投資家リストの保存義務を強化する。

(2) パートナーシップ，S法人，信託および高額所得者個人に対する「報告すべき取引」の開示

潜在的濫用的租税回避取引の開示は，法人に限定せず，すべての者に要求する必要がある。

6 国際金融センター（タックス・ヘイブン）との情報交換[68]

いかなる国であろうと，IRSから所得を隠匿するためのセーフ・ヘイブンとしてサービスできないように，米国は情報交換を可能にする協定を締結してきた。「有害な税の競争」(harmful tax competition) を排除するためにタックス・ヘイブンとの租税条約を締結しないという考えがOECD勧告として示されているが，米国はタックス・ヘイブンとの情報交換協定の必要性を認め，既にケイマン諸島，アンチグア・バーブーダ，バハマなどのタックス・ヘイブンとの情報交換協定に署名した。

〔注〕
7) 本庄 資『アメリカン・タックス・シェルター 基礎研究』税務経理協会，2003，pp.305-309
8) 同，前掲書，p.306
9) 同，前掲書，pp.306-307
10) 同，前掲書，p.307
11) 同，前掲書，pp.307-309
12) 同，前掲書，pp.179-181，北野弘久『税法学原論（第五版）』青林書院，2003，pp.127-130，215-220
13) 金子 宏『租税法（第九版）』弘文堂，2003，pp.126-127
14) 金子 宏，前掲書，pp.82-83，日本税理士会連合会編，山本守之・守之会著『検証税法上の不確定概念』中央経済社，2000，pp.123-136

15) 本庄　資『国際的租税回避　基礎研究』税務経理協会，2002，p.4
16) 金子　宏，前掲書，pp.382-386，荻野　豊『実務国税通則法』大蔵財務協会，1994，pp.88-99，日本税理士会連合会編，山本守之・守之会著，前掲書，pp.125-134，清永敬次『租税回避の研究』ミネルヴァ書房，1995，p.385，北野弘久，前掲書，pp.127-128
17) 金子　宏，前掲書，p.138，金子　宏「租税法と私法―借用概念および租税回避について」『租税法研究』6号，1978，pp.133-134，水野忠恒『租税法』有斐閣，2003，pp.24-26，中里　実『金融取引と課税』有斐閣，1998，pp.241-242，251，北野弘久，前掲書，pp.125，216-219，荻野　豊，前掲書，pp.50-54
18) 本庄　資，前掲書，pp.293-287，金子　宏，前掲書，pp.132-133，金子　宏『租税法（第九版）』弘文堂，2003，pp.168-169，水野忠恒，前掲書，pp.96-102，中里　実，前掲書，pp.224，251，U.S.Department of the Treasury, ibid, vii-viii, 46-54，北野弘久，前掲書，pp.116-136，荻野　豊，前掲書，pp.41-80
19) 本庄　資，前掲書，p.297，中里　実，前掲書，pp.228，245，U.S.Department of the Treasury, ibid, pp.viii, 54-55
20) 本庄　資，前掲書，pp.298-299，U.S.Department of the Treasury, ibid, pp.v，viii，12，56-58
21) 本庄　資，前掲書，pp.180-181，300，泉美之松『税法条文の読み方（平成版新訂）』東京教育情報センター，2000，pp.94-97
22) 本庄　資，前掲書，pp.179-180，182，金子　宏，前掲書，p.127，中里　実，前掲書，pp.182-185，222，
23) 本庄　資，前掲書，pp.181-238，242-243
24) 同，前掲書，pp.182，190，193
25) 同，前掲書，pp.183-184，201，213，226-227，230-232，270，281，285，288
26) 同，前掲書，pp.48-50，105，184-189
27) 同，前掲書，pp.189-194
28) 同，前掲書，pp.194-197
29) 同，前掲書，pp.197-213
30) 同，前掲書，pp.240-242
31) 同，前掲書，pp.243，276-277
32) 同，前掲書，pp.98，250，80-281
33) 同，前掲書，pp.97-98，250
34) 同，前掲書，p.99，水野忠恒『租税法』有斐閣，2003，pp.401-511，増井良啓『結合企業課税の理論』東京大学出版会，2002，pp.103-219，中里　実，前掲書，pp.312-315
35) 本庄　資，前掲書，pp.100，247-249，増井良啓，前掲書，pp.161-192

36) 本庄　資，前掲書，pp.100−101，249−250，占部裕典『国際的企業課税法の研究』信山社，1998，pp. 3−127
37) 本庄　資，前掲書，pp.249，272，水野忠恒，前掲書，pp.95−108
38) 本庄　資，前掲書，pp.219−224，244−245，274−276，安岡克美「租税回避行為の否認のあり方について−任意組合等を利用した租税回避スキームを中心として」『税務大学校論叢』39号，pp.232−235，240−242
39) 本庄　資，前掲書，pp.233−238，245−246，281−282，安岡克美，前掲書，pp. 235−242
40) 本庄　資，前掲書，pp.258，289−291
41) 同，前掲書，pp.251−252
42) 同，前掲書，p.257
43) 同，前掲書，p.80
44) 同，前掲書，p.98
45) 同，前掲書，p.103
46) 同，前掲書，pp.106−114
47) 同，前掲書，pp.45，164−165
48) 同，前掲書，p.30
49) 同，前掲書，pp.243−244
50) 同，前掲書，pp. 4−5，270−271
51) 同，前掲書，p.273
52) 同，前掲書，pp.279−280
53) 同，前掲書，p.281
54) 同，前掲書，p.281
55) 同，前掲書，p.285，同『アメリカの租税条約』大蔵省印刷局，1997，pp.464−471
56) 同『アメリカン・タックス・シェルター　基礎研究』税務経理協会，2003，pp.282−284
57) 同，前掲書，p.284
58) 同，前掲書，p.285
59) 同，前掲書，pp.285−286
60) 同，前掲書，pp.286−287
61) 同，前掲書，p.287
62) 同，前掲書，p.288
63) 同，前掲書，pp.288−289
64) 同，前掲書，p.289
65) 同，前掲書，p.291

66) 同，前掲書，pp.42-43, 182-183, 189, 199-200, 224-233, 237
67) 同，前掲書，pp.312-314
68) 同，前掲書，pp.322-323

第2章 行政上の対抗措置

　1999年財務省タックス・シェルター白書において，財務省はタックス・シェルター発展の要因として税務調査割合の著しい低下を挙げている。タックス・シェルターを抑止するには税務調査割合の低下を食い止め，さらに引き上げる必要がある。IRSに対し優越した優秀な頭脳をもち洗練された法技術や会計技術を駆使するタックス・シェルター参加者（プロモーター，タックス・オピニオン・ライター（弁護士・会計士），投資家）に向き合うには，タックス・シェルターについて特別な専門知識と経験をもつ人材，組織機構を用意しなければ，話にならない。米国では，次のような対抗措置をとっている。

1　IRSの執行体制の強化

(1)　IRSタックス・シェルター分析室[69]

　IRSは，新しいタックス・シェルターに迅速かつ効果的に対処するため，「タックス・シェルター分析室」を設置し，タックス・シェルターに関する情報の収集，分析および対処する体制を整えている。納税者にとって合法的に税負担の減少を図ることは権利であると認め，すべてのタックス・シェルターを否認するのでなく，「濫用的タックス・シェルター」として識別されたタックス・シェルターを否認することを基本方針とするので，IRSは「濫用的タックス・シェルター」の識別を重要な使命と考える。

　この識別作業のインフラとして，IRSはすべてのタックス・シェルターの登録，開示，投資家リストなどの情報を有効に活用しなければならない。IRSの

使命が租税回避による歳入ロスの回収や防止のみでなく，「合法的な事業取引を行う納税者の節税行為または濫用的でない租税回避行為」まで否認されないように保護することであるというポジションをとる場合，IRSとしては，メカニカル・ルールやスタンダードを利用して合法性を装う租税回避行為を「節税行為」「否認されない租税回避行為」（税法のタックス・シェルターの定義に該当しない租税回避行為および濫用的でないタックス・シェルター）と「否認される租税回避行為」（濫用的タックス・シェルター）に識別し，「否認されるかもしれない租税回避行為」の範囲を狭める努力をしなければならないのである。識別した「濫用的タックス・シェルター」は，「指定取引」に分類する必要がある。

(2) 潜在的租税回避取引の早期調査[70]

IRSは濫用的タックス・シェルターを迅速に識別するため，早期調査を実施しなければならない。IRSは，そのための特別調査対象選定プログラムを定めた。

(3) 濫用的タックス・シェルター対策[71]

IRSは，濫用的タックス・シェルターをその他のタックス・シェルターと識別してこれを潰すために，「濫用的タックス・シェルター対策」を開発する組織を設置し，調査グループと徴収グループに1以上の「濫用的タックス・シェルター担当グループ」を設置して①濫用的タックス・シェルター・スキーム，②マネー・ロンダリングおよび③脱税・租税詐欺のみを担当する管理職を新設する。IRSは，①濫用的タックス・シェルター・スキームの広告をインターネットその他のメディアによりモニターすること，②濫用的タックス・シェルター・スキームの違法性を教育すること，③プロモーターを撲滅することを目標として努力する。

2 タックス・オピニオン・ライター対策[72]

　企業がタックス・シェルター投資の際に判断の基礎とするタックス・オピニオンについて，既にサーキュラー230を発行しているが，さらにタックス・オピニオンの適正化を図るため法律意見等を出す実務家やプロモーターに対しスタンダードを明瞭化した上，厳格に遵守させる必要がある。

3 IRSへの情報開示[73]

　すべての関係情報がIRSに提出されるようにスタンダード・フォームを作成する。納税者に対し，「報告すべき取引」についてIRSが審理し評価するため必要な関係情報（例えば取引，参加者，タックス・ベネフィット，プロモーター）の開示を要求する。

4 プロモーター対策[74]

　IRSは，①潜在的租税回避取引に参加する投資家を把握し，これを税務調査の対象とするため「投資家リスト」を入手すること，②劣悪なプロモーター活動を抑制しノン・コンプライアンスを罰すること，を目的とするプロモーター対策を講じる。その対策は，①ソフトレターによる投資家リストや登録要件の遵守に関する情報の要求，②司法省の協力体制を強化し投資家リストその他の資料提出の召喚状による強制，③ペナルティ調査の実施などがある。

5 濫用的タックス・シェルターの判定と開示

　ビジネスとして繁栄しているタックス・シェルター産業を抑止するには「情報開示」こそが最善の方策であると考え，IRSは「濫用的タックス・シェル

ター」と判定したスキームについて Notice を発し，類似のスキームに挑戦することを警告する。

　例えば，ノーティス2001－45（株式償還における分配（IRC302）により自己株式を取得する際に価額操作を行い不当にベーシスを移転する取引），ノーティス2002－21（資産の過大なベーシスを創出するため債務引受を利用する取引）などがある。これらを含め，IRSと財務省は，既に次の27の濫用的タックス・シェルターを識別し，「指定取引」としている。

① 集合的に取引された福祉ベネフィット・ファンド（Notice 2003－24）
② オフショア繰延報酬アレンジメント（Notice 2003－22）
③ Ｓ法人従業員持株制度（Employee Stock Ownership Plan：ESOP）の濫用（Rev.Rul. 2003－6）
④ 生産者所有再保険会社（Notice 2002－70）
⑤ 1120－Ｓパススルー・エンティティ・ストラドル・タックス・シェルター（Notice 2002－65）
⑥ パートナーシップ・ストラドル・タックス・シェルター（Notice 2002－50）
⑦ 従業員ベネフィット・プラン控除（Rev.Rul. 2002－46）
⑧ 想定元本契約（Notice 2002－35, Rev.Rul. 2002－30）
⑨ 一定の Inflated Basis "CARD" 取引（Notice 2002－21）
⑩ Sec. 302 Basis-Shifting 取引（Notice 2001－45）
⑪ Sec. 351 不確定債務取引（Notice 2001－17）
⑫ 仲介取引（Notice 2001－16）
⑬ 家族リミテッド・パートナーシップ＝ストック・オプションの関係者への移転（Notice 2003－47）
⑭ 相殺ポジションと課税上無関係な当事者の利用＝コモン・トラスト・ファンド・ストラドル・タックス・シェルター（Notice 2003－54）
⑮ リース・ストリップとその他のストリップ取引（Notice 2003－55）
⑯ Sec.401Ｋアクセラレーター（Rev.Rul. 2002－46, 2002－73）

⑰　グアム信託（Notice 2000-61）

⑱　株式報酬取引（Notice 2000-60）

⑲　Inflated Partnership Basis 取引（Notice 2000-44, TD 9062, Reg 106736-00, CCN 2003-20）

⑳　負債ストラドル（Rev.Rul. 2000-12）

㉑　ファースト・ペイまたはステップ・ダウン・プリファード取引（Reg 1.7701(1)-3）

㉒　BOSS 取引（Notice 99-59）

㉓　リースイン・リースアウトまたは LILO 取引（Rev.Rul. 2002-69, 99-14）

㉔　慈善信託の一定の分配（Reg 1.643(a)-8）

㉕　外国税額控除取引（Notice 98-5）

㉖　雇用主福祉ファンド（Notice 95-34）

㉗　適格現金・繰延アレンジメントへの拠出金の前倒控除（Rev.Rul. 90-105）

〔注〕
69)　本庄　資『アメリカン・タックス・シェルター　基礎研究』税務経理協会, 2003, p.309
70)　同, 前掲書, pp.309-310, 319
71)　同, 前掲書, pp.310-311, 319
72)　同, 前掲書, pp.317-318
73)　同, 前掲書, pp.314-317, 321-322
74)　同, 前掲書, pp.320-321

第3章
判例理論の形成と確立した判例原則

　租税回避行為について，米国で確立された重要な判例原則は，税法のメカニカル・ルールの文理要件を満たす「節税行為」の外見をもつ取引について，これを否認する根拠となる個別的否認規定がない場合において，基本的には事実認定や当事者の意思の認定および税法の趣旨解釈・目的論的解釈により税法の個別的否認規定の適用による否認と同様の結果を引き出す判例理論が生み出したものである。この原則（doctrine）としては，実質主義（substance over form）原則，ステップ取引（step transaction）原則，事業目的（business purpose）原則，経済実体（economic substance）原則，利益動機（profit-motive）原則などがよく知られている。

1　実質主義（Substance Over Form Doctrine）[75]

　納税者は取引を行う場合私法上の法形式を選択しこれによって生ずる税務上の効果を選択するが，租税回避行為については取引の「実体」が納税者の選択した「法形式」と異なるものである。この場合，当該取引の「法形式」と異なる「実体」である「他の法形式」を事実認定することができるとき，実質主義はある取引につき納税者が選択した「法形式」でなくその取引の「実体」として事実認定した「他の法形式」に従って税務上の効果を決めるべきであるという考えを「実質主義」原則という。

　個別的否認規定がないとき実質主義の適用により租税回避行為の税効果を否定してその取引の実体として他の法形式を認定し，当該他の法形式の税効果が生ずるとしたグレゴリー判決（Gregory v.Helvering, 293 U.S.465（1935））が

リーデイング・ケースとなっている。このケースでは，納税者は100％所有法人の有する含み益のある証券を配当課税を回避する方法で抜き取るために，①100％所有法人に含み益のある証券を現物出資させて新しく子会社を設立させ，②その子会社の納税者へのスピンオフを行わせ，③この子会社を清算させその清算分配により納税者が当該含み益のある証券を受け取るという一連の取引を行ったが，裁判所は納税者の選択した「法形式」でなくこの取引の「実体」として「他の法形式」（100％所有法人から納税者に対する含み益のある証券の分配）という事実認定を行い，この取引の税効果は納税者の選択した「子会社の清算によるキャピタル・ゲインの課税」でなく「通常の所得の課税」であると判示した。このケースにおける「実体」が何であったかの事実は物証や人証によって立証されるべきであろうが，それが困難な場合には，当事者の真実の意思を追求し契約の解釈と事実認定を合わせて「実体」を認定しなければならない。

2　ステップ取引原則 (Step Transaction Doctorine)[76]

　実質主義の適用に当たって一般にステップ取引原則が採用される。形式的に別個のステップごとの取引は，これらのステップを結合することにより取引の「実体」を正確に反映すると認められる場合，課税上単一の取引として取り扱われるべきであるという考えを「ステップ取引」原則という。ステップ取引原則の適用について，判例はその適否の判定基準として，①バインディング・コミットメント・テスト，②エンド・リザルト・テスト，③ミューチュアル・インターデペンデンス・テストを認めてきた。

　①　は，第一ステップで納税者が後のステップに続くことを約束している場合のみに別個のステップの統合を認める（Commission v.Gordon, 391 U.S.83 (1968))。

　②　は，ステップが特定の結果を生じたために最初から意図された単一のスキームの一部であると認められる場合に別個のステップを組み合わせて単一の取引とする。

③　は，客観的事実の解釈に基づいて1つの取引がつくり出す法的関係が一連の取引の完了なくしては効果がないといえるほど相互依存の関係にあるか否かを問題にする。

3　事業目的原則 (Business Purpose Doctrine)[77]

　納税者は租税回避以外に取引を行う事業目的を有することが必要であるという考えを「事業目的原則」という。この原則もグレゴリー判決で明確にされた。この原則は，①租税回避以外の事業目的の有無についての事実認定と②税法の非課税規定や軽課規定の立法の趣旨・目的に照らして適用範囲を厳格に解釈し，この立法の趣旨・目的と全く無縁な「租税回避のみを目的とする取引」または「租税回避以外の事業目的のない取引」を適用範囲から除外する解釈技術を結合するものである。このリーディング・ケース以後，事業目的原則は，多様な法人取引（例えば企業分割，企業買収，非課税設立，分配，支配権の取得等）の要件とされた。個人タックス・シェルターについても，ゴールドスタイン判決 (Goldstein v.Commissioner, 364 F 2 d 734（2 nd Cir.1996), 285 V.S.1005 (1967))のほか，1970年代や1980年代に不動産開発や映画制作など損失の早期控除を目的とするパートナーシップ形態を利用したタックス・シェルターの出現に，IRSと裁判所はタックス・ベネフィット以外の事業目的や経済実体がないとする理由で対抗してきた。

4　経済実体原則 (Economic Substance Doctrine)[78]

　IRSは，特定のタックス・シェルター取引のタックス・ベネフィットに対抗するため，成文法にないスタンダードとして経済実体原則を適用してきた。理論的には，納税者の選択した取引の経済実体の有無についての事実認定とその取引の経済実体がない場合に「当事者の真実の意思」を追求して経済実体に照らしてこれを認定しいかなる法形式の取引を行うことを意図したかを確認して

経済実体に応じた税効果を生ずるものとする考えを「経済実体原則」という。実務的には，IRSは納税者の選択した取引の経済実体がその取引の法形式の税効果として生じるタックス・ベネフィットに比較して全く取るに足りない場合にはこのタックス・ベネフィットを認めないこととしている。この原則の適用事例は，納税者の経済効果を抑制するためこれと相殺する負債の利用や循環金融などのスキームである。資産の購入と販売を同時に行う取引によるタックス・ベネフィットについても，適用されている。この原則は，財務省規則においても，会計方法ルールを例にとれば，想定元本契約などに明文化されるようになった。判例もIRSの考えを支持するものが少なくない。その例としては，債務証書のレバレッジド購入に関する Sheldon v.Commissioner（94T.C.738（1990）），資産の購入と販売の同時取引に関する ACM Partnership v.Commissioner（3 T.C.M（CCH）2189（1997），157，3 d Cir.1998）を挙げることができる。

〔注〕

75) 本庄　資『アメリカン・タックス・シェルター　基礎研究』税務経理協会，2003，pp.293－297, U.S.Department of the Treasury, ibid, pp.vii－viii, 46－54, Waterman Steamship Corp.v.Commissioner, 430 F 2 d 1185（5 th Cir.1970), cert.Denied, 401 U.S.939（1971), Litton Industries, Inc.v.Commissioner, 89 T.C.1086（1987) acq.in result in part 1988－2 C.B. 1，Commissioner v.Court Holding Co., 324 U.S.331（1945), Esmark v.Commissioner, 90T.C. 171（1981), aff'd per unpublished order, 886 F 2 d 1318（7 th Cir.1989), ASA Investerings Partnership v.Commissioner, 76 T.C.M（CCH）325（1998), Lee A.Sheppard, *Colgate's Corporate Tax Shelter Showdown*, 71 Tax Notes 1284, 1284（June 3，1996), Lee A.Sheppard, Substance Over Form In Subchapter C, 44 Tax Notes 642, 645（August 7，1989)

76) 本庄　資，前掲書，pp.295－296, U.S.Department of the Treasury, ibid, pp.viii, 49－54, King Enterprises, Inc.v.United States, 418 F 2 d 511（Ct.Cl. 1969), Commissioner v.Gordon, 391 U.S. 83（1968), Kanawha Gas & Utils.Co.v.Commissioner, 214 F 2 d 685, 691（5 th Cir.1954), Atchinson,

Topeka & Santa Fe R.R.Co.v.United States, 443 F 2 d 147, 151 (10th Cir. 1971), Associated Wholesale Groceries, Inc.v.United States, 927 F 2 d 1517, 1523 (10th Cir.1991), American Bantam Car Co.v.Commissioner, 11 T.C. 397 (1948), aff'd per curiam, 177 F 2 d 513 (3 d Cir.1949), cert, denied, 339 U.S.920 (1950)

77) 本庄　資, 前掲書, p.297, U.S.Department of the Treasury, ibid, pp.ⅷ, 54－56, Gregory v.Helvering, 293 U.S.465 (1935), Basic Inc.v.United States, 549 F 2 d 740 (Ct.Cl.1977), Goldstein v.Commissioner, 364 F 2 d 734 (2 d Cir.1966), cert. Denied, 385 U.S.1005 (1967), Sochin v.Commissioner, 834 F 2 d 351 (9 th Cir.1988), cert.Denied, 488 U.S. 824 (1988), Lukens v.Commissioner, 945 F 2 d 92 (5 th Cir.1991)

78) 本庄　資, 前掲書, pp.298－299, U.S.Department of the Treasury, ibid, pp.ⅷ, 56－58, Goldstein v.Commissioner, 364 F 2 d 734 (2 d Cir.1996), cert.Denied, 385 U.S.1005 (1967), Sheldon v.Commissioner, 94 T.C. 738 (1990), Glass v.Commissioner, 87 T.C.1087 (1986), Yosha v.Commissioner, 861 F 2 d 494 (7 th Cir.1988), Lerman v.Commissioner, 939 F 2 d 44 (3 d Cir. 1991), cert, denied, 502 U.S. 984 (1991), ACM Partnership v.Commissioner, 73 T.C.M. (CCH) 2189 (1997), aff'd in part, rev'd in part, 157 F 3 d 231 (3 d Cir.1998), cert.Denied, 119 S.Ct 1251 (1999)

索　引

A

abusive tax avoidance …………337
abusive tax shelter …………337
Accumulated Earning Tax …………354
Accumulated Taxable Income ……354
ACM Partnership
　v.Commissioner …………35
AET …………354
ALR …………62
Alternative Minimum Tax …………354
AMT …………354
anti-abuse rule …………356
arm's length price …………62
arm's length range …………62
ATI …………354

B

Basis Shift …………15
Basis Shifting
　…………63, 114～116, 148, 178, 189, 223
basis shiftingスキーム …………96
basis-shift transactions …………26
best method rule …………62
bond and sales strategy …………105
BOSS …………15, 63, 105, 146, 188, 217

C

CFC …………169～171, 355
CFCルール …………62
Charitable Remainder Trust
　…………17, 114, 116, 172, 197, 230
CHCC …………42
CINs …………106, 221
closely family corporation …………60
closely held C corporation …………42
COLI …………26, 88, 114, 115, 170, 185, 298
company-owned life insurance ……88
comparable profit method …………62
comparable uncontrolled
　price method …………62
comparable uncontrolled
　transaction method …………62
Consolidated Return 制度 …………355
contingent installment note ………106
Contingent Liability
　…………16, 101, 113, 116, 123, 192, 266, 272
contingent liabilityスキーム …………102
contingent payment sale …………79
Controlled Foreign Corporation
　…………62, 169, 171, 355
Corporate Owned Life Insurance
　…………114, 115, 170, 185, 298
cost plus method …………62
CP …………62
CPM …………62
Credit Hyping …………286
CRT …………230～232
CUP …………62
CUT …………62
C法人 …………59

D

debt exchangeable for
　common stock …………311
Debt Straddle
　…………17, 83, 85, 114, 115, 158, 187, 326
deconsolidation strategy …………43
DECS …………311
deferral of tax …………78
deferral strategy …………43
distributable net income …………45

disguised notional principal
  contracts ·····83
DNI ·····45, 231
Domestic Tax Planning ·····14

E

economic performance ·····84
economic performance rule ·····51
economic substance ·····82
eligible entity ·····289
employee-owner ·····60
Enron-Project Tanya/Project Valor ···113
exclusion of tax ·····91

F

FASIT ·····41, 291, 295〜297
fast-pay ·····26
Fast-Pay Stock/Step-Dowm
  Preferred ···15, 63, 91, 93, 94, 114〜116,
              116, 149, 179, 189, 198, 227
FBCI ·····355
Financial Asset Securitization
  Investment Trust ·····41, 291, 296, 297
fiscally transparent entity ·····45
foreign base company income ·····355
foreign entity ·····42
Foreign Factoring
  ·····15, 63, 89, 114, 115, 164, 177, 186, 273
foreign grantor trust ·····47
Foreign Tax Credit ·····17, 114, 284
foreign trust ·····46

H

HC ·····44
hedging transaction ·····83
High-basis Low-value
  ···16, 99, 113, 115, 116, 126, 181, 193, 209
high-basis low-valueスキーム ·····98
holding company ·····44

I

Inflated Basis
  ·····17, 114, 116, 155, 194, 211
inflated basisスキーム ·····96
Inflated Partnership Basis
  ·····15, 77, 113, 116, 132, 190, 219
inflated partnership basisスキーム
  ·····97
installment sales ·····106
Installment Sales/
  Contingent Installment Note
  ···15, 63, 77, 79, 114〜116, 168, 176, 185, 221
Intermediary Transaction
  ·····15, 115, 179, 233
International Tax Planning ·····14
IRC306条株式 ·····71
IRC351の非課税取引 ·····68
IRC357(c)Basis Shift ·····63
IRC357(c)ベーシス・シフト
  (basis shift) スキーム ·····95
IRC357(c)ベーシス・シフト取引 ·····26
IRSタックス・シェルター分析室 ·····373
IRSの執行体制の強化 ·····373

J

JCT ·····27, 337
JCTの税制改正の勧告 ·····28

K

Killer B ···16, 105, 114, 116, 169, 194, 259

L

Lease -in/Lease-out ·····303
Lease Strips
  ·····17, 63, 113, 116, 128, 195, 301
lease stripsスキーム ·····103
Lease-in/Lease-out
  ·····17, 63, 92, 114, 115, 166, 186

lease-in lease-out transactions 26
LILO
　　......17, 26, 63, 90, 114, 115, 166, 186, 303
limited liability company 39
Liquidating REIT
　　..................15, 26, 114, 116, 153, 190, 264
LLC ....37〜40, 98
long-term contract 84

━━━━ M ━━━━

MIPS 305
Monthly Income Preferred
　　Securities 305

━━━━ N ━━━━

NOL 17
Notional Principal Contract
　　..............17, 82, 83, 114, 115, 157, 187, 317
NPC 82

━━━━ O ━━━━

OFL 43
overall foreign loss 43

━━━━ P ━━━━

Partnership Basis Shifiting
　　..........................15, 77, 97, 138, 191
Partnership Basis Shifting/
　　Project Tomas 113, 116
Partnership Straddle
　　............15, 77, 86, 113, 115, 135, 183, 322
Passive Foreign Investment
　　Company 274
Passthrough Entity Straddle
　　......15, 76, 86, 113, 115, 116, 133, 182, 319
Per se corporation 289
percentage of completion method ...84
permanent tax saving 97
Personal Holding Company ...60, 355

personal service corporation 42, 60
PFIC 274
Phantom Income
　　..................17, 114, 116, 166, 196, 236
phantom incomeスキーム 100
phantom loss 100
PHC 60
PHCT 355
PMS 62
profit split method 62
Project Apache
　　......77, 91, 94, 114, 115, 162, 176, 181, 290
Project Cochise
　　......100, 113, 114, 116, 128, 167, 196, 240
Project Condor
　　............77, 87, 113, 115, 136, 180, 184, 249
Project NOLy
　　..................77, 83, 114, 115, 159, 187, 328
Project Renegade 295
Project Steele
　　..................99, 113, 116, 127, 193, 239
Project Tammy 252
Project Tammy I 77
Project Tammy I and (Project)
　　Tammy II 104, 113, 116, 140, 191
Project Tammy II 77
Project Tanya 102, 192, 270
Project Tanya/Project Valor ...116, 125
Project Teresa 77, 103, 254
Project Teresa Synthetic Lease
　　..................................113, 116, 141, 195
Project Tomas 77, 97, 138, 191, 244
Project Valhalla 287
Project Valor 102, 192, 270, 271
PSC 42, 60

━━━━ R ━━━━

Ratable Basis Recovery Rule
　　..................................79, 106, 169, 176

Real Estate Investment Trust
　　……………………40, 100, 149, 167, 196
Real Estate Mortgage Investment
　Conduit ……………41, 100, 166, 196
redemption transaction ……………103
Regulated Investment Company
　　……………………………………40, 228
Reinsurance Arrangement
　　………16, 92, 114〜116, 171, 177, 194, 275
REIT ……40, 92, 93, 101, 129, 149, 153, 154,
　　　　167, 228, 229, 243, 264, 265
REITの清算 ………………………………153
REMIC ……41, 100, 129, 166, 168, 196, 237
REMIC残余持分 ………………100, 101
REMIC通常持分 ……………………100
REMIC持分 ……………………………127
reorganization …………………………72
resale price method ………………62
revocable trust …………………………45
RIC …………………………………40, 228
RP ……………………………………………62

―――― S ――――

S corporation ……………………………41
Section 357(c) Basis Shift
　　………………113, 115, 122, 178, 188, 214
SPC ……………………………………………213
SPE ………………………………………46, 77
special purpose entity ………………46, 77
Stock Compensation
　　…………………15, 114, 116, 151, 199, 277
Subchapter S ……………………………320
Synthetic Lease ……………17, 103, 142
S法人
　　……41, 59, 75, 85, 132〜135, 182, 319, 320
S法人タックス・シェルター ……………76
S法人の損失控除制限 ……………357

―――― T ――――

Tax Arbitrage ……………………………227
tax avoidance ……………………………337
tax evasion ………………………………337
tax saving …………………………………337
taxable entity ……………………………45
tax-indifferent party ………………26, 29
tax-motivated transactions ……27, 337
Thin Capital ……………………………355
TOLI ……………………………………………88
TOPrS ………………………………………305
transfer pricing …………………………61
trust ……………………………………………45
Trust Originated Preferred
　Securities ………………………………305

―――― U ――――

unspecified method ……………………62

―――― あ ――――

アーニング・ストリッピング・ルール
　　…………………28, 53, 293, 295, 354, 363
アウトサイドベーシス ………139, 179, 235
赤字法人 ………………………38, 63, 100, 103
赤字法人の購入による租税回避の
　防止規定 ……………………………………359
アコモデーション・パーティ
　　………………14, 27, 29, 30, 177, 185, 287, 295
アコモデーション・フィー ……………288
アット・リスク・ルール
　　…………………………20, 50, 54, 354, 355

―――― い ――――

異常な法形式 ……………………………3, 4, 30
異常配当ルール ………………28, 143, 256
委託者 …………………………………………46, 47
一課税管轄内での課税排除 ……………91
一課税管轄内の租税計画 …………………14

索　引　387

一段階課税 …………………………75
一定の農業経費の控除 ……………52
一定の農業経費の控除制限 ……360
一般的タックス・シェルター基準 …19
一般的否認規定 …………344, 346
移転価格 ……………………………61
移転価格税制 ……………61, 353, 355
移転価格利用型 ……………………175
意図する事業目的 …………………30
イノベーティブな金融商品 ………30
インサイドベーシス ……139, 179, 235
インフレーテッド・パートナー
　シップ・ベーシススキーム ………97
インフレーテッド・ベーシス
　スキーム …………………………96

――― う ―――

迂回投資による租税回避防止規定 ……354
迂回取引 ……………………………16
迂回取引に対抗する措置 …………360
迂回融資 …………………………290
受取配当金の益金不算入 ……256, 257, 332
受取配当控除 ……………16, 104, 143
受取配当控除の制限 ……………360
受取レグ ……………………157, 187, 317

――― え ―――

映画タックス・シェルター …………20, 21
エクイティ証券 ……………100, 129, 237
エクイティ・ファイナンス …………307
エンロン・レポート ………………27, 237

――― お ―――

オフショア海運会社 ………………44
オフショア金融会社 ………………44
オフショア・サービス会社 …………44
オフショア資産管理会社 …………44
オフショア統括本部会社 …………44

オフショア・トリーディング・
　カンパニー ………………………44
オフショア持株会社 ………………44
オフショア・ライセンス・カンパニー …44
オペレーティング・リース …………302
オランダ・エンティティ ……………94
オランダ（の）事業体
　…………162〜164, 176, 182, 291, 294
オルガナイザー ……………………341

――― か ―――

会計上の帳簿価額 ………………269
外国関連会社への支払利子の
　控除制限 ………………………363
外国関連会社への支払利子の
　損金算入 …………………………53
外国基地会社所得 ……………63, 355
外国グランター・トラスト …………47
外国事業体 ……………38, 42, 44, 289
外国信託 ……………………………46
外国信託の識別基準 ………………46
外国税額控除 ……………42〜44, 173, 356
外国税額控除限度額 ……43, 57, 284, 285
外国投資法人 ……………………274
外国プロジェクト ………………42, 44
外国法人 ………95, 105, 122, 126, 155, 213,
　　　　　　　　214, 217, 223, 226
外国持株会社アレンジメント ………16
会社から株主への資産の分配 ……144
解釈 ………………………………344
拡張解釈 …………………………349
確定した負債の引受 ……………219
過少資本 …………………………355
過少資本税制 ……………293, 353, 355
過少資本による利子の控除 ………52
課税規定を利用したベーシスの
　ステップ・アップの防止規定 ……363
課税繰延 ……14, 62〜64, 78, 86, 87, 92, 93
課税繰延型 ………………………332

課税繰延戦略 ……………………………16
課税繰延取引の利用 ……………………78
課税軽減 …………………………………14
課税控除 …………………………………97
課税上透明な存在 ………………………45
課税上の裁定行為 ……………………227
課税逃れ商品 ……………………………8
課税の繰延
　………………207, 211, 213, 259, 263, 320, 325
課税排除 ……………14, 63, 91, 94, 98, 99
課税排除型 ………………175, 188, 332
課税標準の引下げ ……………………119
課税法人 …………………15, 93, 176, 332
課税法人の利用 …………………207, 232
課税要件明確主義 ……………………344
仮装行為 ………………………………348
家族信託 …………………………………58
家族内リースバック取引 ………………59
家族内ローン ……………………………59
家族パートナーシップ …………………58
合算課税 ………94, 105, 163, 165, 260, 264, 274, 276, 355
割賦債権の譲渡 …………………………81
割賦販売 …………………79, 106, 222, 223
割賦方法 ……………………………79, 352
割賦方法による不動産の販売 …………80
割賦方法の利用 …………………………79
合併・買収のブーム ……………………35
株式交換 ………………………………259
株式の償還 ………………96, 144, 148, 224
株式配当 …………………………………70
間接外国税額控除 ………………………43
間接税額控除 …………………………285
関連外国法人あてに発行した
　割引債の利子控除制限 ……………360
関連外国法人あてに発行した
　割引債の利子の控除 ………………53
関連会社間の債務保証 …………………53
関連会社間の所得分割 …………………61

関連グループ ……………………………61
関連者 ……………………………………55
関連者間取引の損失の控除 ……………55
関連者償還ルール ……………………104
関連法人株式の譲渡によるみなし配当
　…………………………………………257

─── き ───

議会の意図 ………………………………8
議会の意図した節税 …………………337
議会の意図しない租税回避行為 ……354
企業の法形態の選択 …………………357
危険負担原則 …………………………354, 356
危険負担ルール …………………………20
規制投資会社 ……………………………40
偽装出資防止 ……………………………56
偽装想定元本契約 …………………83, 351
偽装売却ルール ……………………38, 76
規則制定権 ……………………………345
客観的合理的基準 ……………………347
キャッシュ・フロー …………………238
キャピタル・ゲイン課税 ………………75
キャピタル・ゲイン優遇税制の廃止 …361
居住者信託 ………………………………92
キラーＢ ………………………………105
キントナー原則 …………………………16
金融技術革新 ……………………………34
金融資産証券化投資信託 …………29, 41
金融取引を利用した所得分類変更の
　防止規定 ……………………………363

─── く ───

グアム居住者信託スキーム ……………92
偶発債務の引受 ………………………219
グランター・トラスト・ルール ………45
繰延税金資産 …………………………142
繰延戦略 …………………………………43
グループ会社を利用した
　タックス・シェルター ……………273

グレゴリー事件 ……………………75
グレゴリー判決 ……………………378
クレジットハイピング ……………286
クレジット・リンク・ファイナンス …313
グローバリゼーション ………………34

——— け ———

経済実体 ………………27, 29, 82, 127, 348
経済実体原則 …………………345, 380
経済的（な）価値のない（税務上の）
　帳簿価額 ………………………120, 121
経済的パフォーマンス ………………84
経済的パフォーマンス・ルール …51, 84
経費控除を利用するスキーム ………51
原価基準法 …………………………62
現金主義 …………………………78, 80
現金主義の関連者に対する
　経費・利子の控除 ………………52
現金主義の制限 ……………………352
現金主義の利用 ……………………78
現在割引価値 ……………156, 212, 213
現物出資 ……………98, 121～126, 128,
　　　　　　　216, 259, 267, 268
現物出資に伴う負債の引受 ………214
現物出資の簿価引継ルール …………99
権利濫用の法理 ……………………5

——— こ ———

公開パートナーシップ ………………38
広義の節税 …………………………7
恒久的施設 …………………………17
恒久的収益繰延 ……………………97
合成リース ………………………103
合理性基準説 ……………………347
コーポレート的手法 …15, 203, 206, 208
コーポレート的法技術 ………………16
コーポレート・ファイナンス的手法
　………………………15, 16, 203, 283
コール・オプション ………270, 271, 288

コール・オプション契約 …………241
子会社設立による所得分割 ………61
子会社の清算 ………………………69
国外所得移転 ………………………63
国際租税計画 ………………………14
国際的二重課税 ……………………17
個人用タックス・シェルター ………25, 33
古典的タックス・シェルター ………20
個別的否認規定
　………………5, 6, 25, 344, 348, 350, 356, 357
個別的否認規定の整備 ……………350
コモンロー原則 …………………7, 345
コモン・ユニット ………………94, 162
コンセント配当 ……………………101
コンプレックス・トラスト …………46

——— さ ———

債権ストラドル ……………………85
債権ストラドルの濫用防止規定 ……358
最適方法ルール ……………………62
再販売価格基準法 …………………62
財務会計上のベネフィット（利益）
　……………………………27, 28, 142
財務省規則の一般的基本的ルール …364
財務省規則の個別的否認規定 ……366
財務長官への規則制定権の付与 …364
債務（の）免除 …………………65, 67
債務免除益 ………………………65, 73
先物契約 …………………………160
先渡契約 ……………………160, 161
サブチャプターK ………………77, 366
サブチャプターS …………………134
サブパートF所得
　………62, 63, 94, 105, 163, 169, 170, 260,
　　　　264, 274, 276, 292, 353, 355
サブパートF所得の配分ルール ……28
サブリース ………………90, 166, 186, 303
参照商品 …………………………313
残余財産の分配 …………150, 152, 234, 265

— し —

残余持分 ……………………………41

時価評価 ………………………………321
事業体 ……………………………………37
事業体分類原則 …………………………16
事業目的 ……………………………27, 30
事業目的原則 …………………………345, 380
事業持株会社 ……………………………44
自己株式の取得 ……………96, 144, 148, 224
自己株式の処分差益 ……………………332
自己金融 ………………16, 94, 95, 162, 176, 182
資産拠出者に支配される法人 ……………67
資産拠出者の非課税資産の取得原価 ……66
資産のベースの引継ルール ………………87
自社株 …………………………………151
自主申告制度 ……………………………345
子女の雇用 ………………………………58
実質主義 ……………………………7, 348, 378
指定取引 ……………………………368, 376
指定取引以外の取引 ……………………368
支店利益税 …………………………353, 360
シニア債 …………………100, 129, 237, 238
支配 …………………………………64, 210, 262
支配要件 …………………………………65
支払レグ ……………………………157, 187, 317
資本拠出 …………………………………69
資本取引 …………………………………278
収益の繰延 ………………………………78
従業員—株主 ……………………………60
従業員—所有者 …………………………42
修正配分(する)ルール …131, 137, 141, 180
受益者 ………………………………45〜47
趣旨解釈 …………………………………349
受託者 ………………………………45〜47
手法別類型 ………………………………15
種類株式 …………………………………211
循環金融 ……………………16, 98, 162, 164, 290
循環金融を利用した手法 ………………290

純粋持株会社 ……………………………44
償還取引 …………………………………103
小規模事業法人 …………………………75
小規模法人 …………………………134, 320
譲渡者の支配する法人に対する
　資産の譲渡 ……………………………64
譲渡法人の帳簿価額 ……………………215
商品スワップ契約 ………………………313
情報交換協定の必要性 …………………369
商法上の匿名組合 ………………………132
ショート・ポジション …………………312
所得移転 ……………………14, 61, 62, 93
所得移転型 …………………………175, 332
所得移転・所得分割を利用する
　スキーム ………………………………57
所得帰属主体の変更 ………………………14
所得繰延 ………………………………14
所得繰延型 …………………………175, 181
所得源泉の変更 …………………………14
所得年度帰属の変更 ………………………14
所得の重要な歪み …………………83, 365
所得分割 ………………………………14, 61
所得分類の変更 …………………………14
所得分類変更型 ……………………175, 198
所有権変更後における
　営業純損失の繰越 ……………………56
所有権変更後の営業純損失の繰越と
　ビルト・イン・ロスの制限 …………362
進行基準 …………………………………84
信託 ……………………………45, 230, 231
信託保有生命保険アレンジメント ……88
人的役務法人 ………………………42, 60
人的役務法人の濫用防止規定 …………358
人的役務法人の利用 ……………………60
シンプル・トラスト ……………………46

— す —

スタンダード ……………………………374
ステップ取引原則 ………………………379

ストラクチャード取引 ……………………7
ストラクチャード・ファイナンス ………16
ストラクチャード・ファイナンスの
　利用 ………………………………………305
ストラクチャーの重要な目的が
　所得税の回避または節税であ
　るとみなされる取引 ………………343
ストラドル ………………………311, 321
ストラドルポジション ………………158
スピンオフ ……………………………73, 75
スプリットアップ ……………………73, 75
スプリットオフ ………………………73, 75

――――― せ ―――――

税額控除を利用するスキーム ……………57
清算 ……………………………259, 265, 279
清算REIT ………………………………26
清算REITスキーム ……………………92
清算分配 …………………………………70
税制適格現物出資 ………………………269
税制非適格現物出資 ……………………269
税法の不完全性 ……………………30, 367
税法の複雑性 ……………………………34
税務会計ルール …………………………350
税務上の帳簿価額
　………119～121, 123～134, 136～141, 143,
　　143, 147, 148, 152, 154, 155, 161, 210,
　　243, 266
税務上のデットとエクイティとの
　判定基準 …………………………………306
税務上無関係な当事者 ………26, 29, 30, 34
税務調査リスク …………………………34
石油・ガス・タックス・シェルター …20
節税 ……………………4, 5, 7, 17, 18, 27, 31, 337
節税取引 …………………………………345
設備リース・タックス・シェルター
　…………………………………………20, 21
設立地基準 ………………………………46
ゼネラル・パートナー ……………………38

ゼネラル・パートナーシップ ……………38
ゼネラル・ユーティリティ原則 ………361
1969年税制改革法 ………………………48
1971年税制改革法 ………………………50
1973年税制改革法案 ……………………50
1976年税制改革法 ………………………50
1978年税制改革法 ………………………50
1981年税制改革法 ………………………50
1982年税制改革法 ………………………50
1984年税制改革法 ………………………51
1986年税制改革法 ………………33, 34, 51, 71
1999年財務省タックス・シェルター
　白書 ……………25, 26, 29, 31, 32, 368, 373
潜在的租税回避取引の早期調査 ………374
潜在的濫用的タックス・シェルター …342
全世界ベースの課税排除 ………………91
全部清算 …………………………………69
全部清算における分配資産の
　損益計上と損失の控除制限 ………362

――――― そ ―――――

想定元本契約 ……………82, 160, 314, 351
想定元本契約の会計方法 …………82, 365
想定元本取引 ……………………157, 318
想定元本取引の支払 ……………………318
相当の投資 ……………………………9, 10
贈与の利用 ………………………………57
遡及立法禁止の原則 ……………………6
組織再編成 …………………………15, 72
組織再編税制 ……………121, 261, 332
組織再編成の利用 ………………………259
租税以外の事業目的 ………………27, 348
租税回避 …………………………3, 6, 337
租税回避行為 ……………5, 7, 17, 18, 350
租税回避行為合法説 ……………………5
租税回避行為の構成要素 ………………4
租税回避行為の否認 ……………5～7, 346
租税回避行為の否認規定 ………………344
租税回避行為の否認の法的根拠 ………364

租税回避行為否認説 …………………… 5
租税回避手段 …………………………… 7
租税回避と節税を区別する基準 ……… 4
租税回避取引 …………………………… 25
租税回避取引のエンジニアリング …… 32
租税回避の意図 ………… 121〜124, 215, 268
租税回避の法的効果 …………………… 5
租税回避防止規定 ……………………… 27
租税裁定取引 …………………………… 8
租税条約 ………………………………… 17
租税条約の特典 ………………………… 18
租税条約の特典を享受する
　資格のない者 ………………………… 18
租税条約の濫用 ………………………… 18
租税政策 ……………………………… 7, 48
租税専門家 ……………………………… 25
租税動機取引 ……………… 27, 28, 337, 345
租税法規の複雑さ ……………………… 33
租税法律主義 …………………… 5, 6, 343, 364
租税法律主義の現代的意義 …………… 344
その他の方法 …………………………… 62
損失控除を利用するスキーム ………… 54
損失の創造 ……………………………… 14
損失の二重計上 ………………………… 243
損失の二重控除 …… 14, 28, 99, 100, 102, 130

――― た ―――

代替的ミニマム・タックス …………… 354
多段階優先証券 ………………………… 305
タックス・オピニオン・ライター対策
　………………………………………… 375
タックス・シェルター … 3, 7, 8, 16, 27, 337
タックス・シェルター・オルガナイザー
　………………………………………… 10
タックス・シェルター開示制度 ……… 342
タックス・シェルター識別番号 …… 10, 342
タックス・シェルター市場 ………… 25, 33
タックス・シェルター実態把握の
　ための制度の整備 …………………… 341

タックス・シェルター・スキームに
　利用される事業体 …………………… 366
タックス・シェルター専門家 ………… 32
タックス・シェルター登録制度 ……… 341
タックス・シェルターに利用される
　事業体 ………………………………… 37
タックス・シェルターに利用される
　媒体 …………………………………… 37
タックス・シェルターの参加者 ……… 30
タックス・シェルターの特性 ………… 14
タックス・シェルターの秘密性 ……… 30
タックス・シェルターの類型 ………… 14
タックス・シェルター・プロモーター … 11
タックス・シェルター利用の
　インセンティブ ……………………… 31
タックス・シェルター割合 …………… 9
タックス・スペアリング・クレジット
　………………………………………… 43
タックス・ヘイブン
　………………… 62, 165, 171, 177, 273
タックス・ヘイブン税制 ………… 260, 274
タックス・ヘイブン対策税制 … 45, 92, 355
タックス・ヘイブンの利用 …………… 62
タックス・ベネフィット
　………………… 11, 14, 15, 19, 27, 30, 31
脱税 ……………………………………… 337
脱法行為 ………………………………… 349
他法人の買収前損失の利用制限 ……… 362
タミーⅠおよびタミーⅡ ……………… 104
短期債券の負債利子の計上時期 ……… 361

――― ち ―――

チェック・ザ・ボックス ……………… 289
チェック・ザ・ボックス規則
　………………………… 16, 28, 239, 291
超過利潤税 ……………………………… 61
長期契約 ………………………………… 84
帳簿価額 …………… 122, 123, 132, 136, 139,
　　　　　　　　　　142, 204, 204, 205, 330

索　引　393

帳簿価額のかさ上げ ……180, 216, 257, 332
帳簿価額の引継ぎ ………210, 225, 226, 259
帳簿価額（の）引継（ぎの）ルール
　………………………………………120, 126
直接税額控除 ………………………………285
賃貸不動産タックス・シェルター ………20

━━━ つ ━━━

通常の持分 …………………………………41

━━━ て ━━━

定期的（な）支払 …82, 157, 317, 318, 351
適格居住者 …………………………………18
適格現物出資 ………………121, 123, 128
適格組織 …………………………………289
適格組織再編の要件 ……………………211
テクニカル・ルール ………………………7
デットファイナンス ……………………307
デリバティブ契約 ………………………328
デリバティブ取引
　………………………16, 82, 156, 159, 160, 187
デリバティブ取引の利用 ………………317

━━━ と ━━━

ドイツ租税通則法第42条 …………344, 346
導管 …………………………………………38
統合債券 …………………………85, 159, 327
投資家リスト保存業務 …………………342
当事者の真実の意思 ……………………348
投資と融資の選択 ………………………16
投資の継続性 ………………………………72
投資負債利子控除制限 …………………359
投資負債利子の控除 ……………………51
投資ベース …………………………………9
投資法人 …………………………………150
投資簿価修正ルール ……………………142
投資ユニット証券 ……………………308, 311
投資利子控除の制限 ……………………354
当然法人 …………………………………289

同族会社 ……………………………………60
同族会社の行為計算の否認規定 ………347
同族会社の利用 ……………………………60
同族持株会社 ………………………………60
同族持株会社税 ………………60, 353, 355
特定信託 …………………………………150
特定目的会社 …………………………150, 151
特典の制限規定 ……………………………18
特別目的会社 ……………………………213
特別目的事業体 ………………………15, 77
匿名組合の利益の分配 ……………………17
独立価格比準法 ……………………………62
独立企業間価格 ……………………………62
独立企業間価格の算定 ……………………62
独立企業間価格幅 …………………………62
独立企業原則 …………………62, 275, 277
独立取引比準法 ……………………………62
トリーティ・ショッピング ………………18
トリーティ・ショッピング防止規定 …45
取消可能信託 ………………………………45
取引の仕組み ……………………………162
取引の複雑性 ………………………………30

━━━ な ━━━

7年ルール …………………………38, 76, 139

━━━ に ━━━

二層制のパートナーシップ ………………86
二段階所得課税 ……………………………75
2年ルール ……………………………38, 77

━━━ の ━━━

農業損失の控除 ……………………………54
納税主体 ……………………………15, 45
延払いによる不動産の販売 ………………80
ノンキャシュ・ファントム所得 ………100
ノンリコース・ファイナンス
　…………………………………16, 354, 355

ノンリコース・ローン・ファイナンス
　　　　…………………………54

━━━━ は ━━━━

パートナーシップ
　　　　…………38, 130, 132, 135～140, 159,
　　　　　　160, 169, 183, 184, 219～221,
　　　　　　246, 302, 322, 323, 330
パートナーシップ偽装売却 …………28
パートナーシップ契約 ………………131
パートナーシップ資産の分配 …39, 76, 330
パートナーシップ・ストラクチャー …77
パートナーシップ・ストラドル ………86
パートナーシップの清算分配 …………38
パートナーシップの損失控除制限 …357
パートナーシップの配分ルール ………87
パートナーシップ配分濫用防止ルール
　　　　………………………………28
パートナーシップ・ベーシス・
　シフティング ………………………97
パートナーシップ・ベーシス・ルール
　　　　………………………………28
パートナーシップへの資産の拠出 …39, 76
パートナーシップ濫用防止ルール
　（規定） ………………………77, 354
パートナーシップを通じた資産の
　偽装売却 ……………………………76
パートナーシップを通じた資産の
　偽装売却の否認 ……………………358
バーミューダ保険会社スキーム ………92
配当ストリップ取引 …………………143
ハイブリッド・インストラメント ……283
ハイベーシス・ローバリュー ………98, 99
ハイベーシス・ローバリュースキーム
　　　　………………………………98
バスケット方式 …………………43, 57
パススルー・エンティティ ……………15
パススルー・エンティティ・
　ストラドル ……………………85, 86

パススルー事業体 ………………133, 182
パッシブ外国投資会社の繰延防止規定
　　　　………………………………363
パッシブ外国投資会社ルール …………28
パッシブ活動 …………………55, 356
パッシブ活動からの所得 ………………55
パッシブ活動からの損失 ………………55
パッシブ活動ルール ……………354, 356
パッシブ・ロス・リミテーション …20, 21
パッシブ・ロス・リミテーション・
　ルール ………39, 40, 42, 51, 55, 354, 356
パッシブ・ロスの控除 …………………55
発生主義 …………………………78, 79
判例原則 …………………………345, 378
判例理論 …………………………378

━━━━ ひ ━━━━

非課税譲渡 ……………………………63
非課税の現物出資 ……………………120
非課税法人
　　　　………15, 38, 63, 93, 95, 100, 105, 122,
　　　　　　128, 149, 150, 176, 206, 213,
　　　　　　214, 217, 223, 226, 332
非課税法人の利用 ………………207, 208
非課税法人または赤字法人の利用 ……63
非課税法人を利用したスキーム ……208
被支配外国法人 …………………62, 355
非定期的（な）支払 …82, 157, 213, 318, 351
非適格資産 ………64～67, 73, 74, 95, 98, 101
非同族対比説 …………………………347
否認基準 ………………………………6
否認されない租税回避行為 …………345
否認される（しかない）租税回避行為
　　　　………………………………345
否認要件 ………………………………6
非法人 …………………………………15
非法人の利用 …………………………244
秘密アレンジメント …………………11
秘密の法人タックス・シェルター ……342

評価益のある資産の分配に係る
　収益不認識ルールの否定 ……………361
費用の繰上 ………………………………78
ビルト・イン・ゲイン
　……………………38, 39, 56, 63, 67, 68, 70,
　　　　　　　73, 74, 76, 97, 104
ビルト・イン・ゲインを相殺する
　ための買収前損失の利用 ……………56
ビルト・イン・ロス
　………………39, 56, 70, 76, 96, 98, 99

──── ふ ────

ファースト・ペイ ………………………26
ファースト・ペイ株式 …………………93
ファースト・ペイ・ストック／
　ステップ・ダウン・プリファード …91
ファイナンス・リース ……………16, 302
ファントム所得
　………………100, 101, 129, 167, 168, 197, 242
ファントム所得スキーム ……………100
ファントム損失 ………100, 101, 168, 243
ファントムロス ………………………197
フォーリン・ファクタリング …………89
不確定概念 …………………………4, 344
不確定割賦債券 ………………………106
不確定債務 ……………101, 102, 123, 124
不確定債務スキーム …………………102
不確定債務タックス・シェルター ……101
不確定債務の引受 ……………………125
不確定払販売 …………………………79
不確定報酬 ……………………………30
負債・株式の再分類ルール ……………29
負債の移転 ……………………………268
負債の引受 ……122, 123, 131, 132, 155, 215
負債の引受の対価として取得する資産
　………………………………………154
普通株式 ………………………………228
プット・オプション ……241, 270, 271, 288
プット・オプション契約 ……………241

不適格債務 ……………………………310
不適格負債に関する（の）
　利子控除否認ルール ……………29, 359
不動産タックス・シェルター …………20
不動産投資信託
　………………40, 100, 129, 149, 167, 196, 243
不動産の販売 …………………………80
不動産モーゲージ投資導管 ……41, 100
不動産ローン …………………………154
不当性の判断基準 ……………………347
不当に税負担を減少 ……………………4
不必要なステップ ………………………30
プロジェクト・アパッチ ………15, 91, 94
プロジェクト・コチーズ ……………100
プロジェクト・コンドル ………15, 87
プロジェクト事業体 ……………………16
プロジェクト・スティール ……………99
プロジェクト・ターニャー ……………102
プロジェクト・タミーⅠおよび
　（タミー）Ⅱ ……………………15, 104
プロジェクト・テレサ ………………103
プロジェクト・トーマス ………15, 97
プロジェクト・バラ …………………102
プロジェクト・バルハラ ………………16
プロジェクト・レニゲード ……………16
プロモーター
　……………11, 30, 98, 101, 128, 129, 130, 138,
　　　　　　140, 167, 197, 240, 242, 295, 297
プロモーター対策 ……………………375
プロモーターの報酬 ……………………31
分配可能純所得 …………………………45
分配可能性利益 ………………………231
文理解釈 ………………………………27
文理要件 ………………………………48

──── へ ────

米国議会（両院）課税合同委員会
　………………………………………27, 337
閉鎖的保有C法人 ………………………42

ペイスルー証券 ·················236
ベーシス ························204
ベーシス・シフティングスキーム ·····96
ベーシス・シフト ···············103
ベーシス・ステップアップ
　·····················204, 206, 207, 332
ベーシス・ステップアップの源泉
　··························205, 206, 332
ベーシスの引上げ ·················95
ヘッジ手段 ·················159, 326
ヘッジ取引 ···················83, 351
ヘッドリース ·······90, 166, 186, 303

　　　　　　　ほ

法解釈 ····························7
包括的外国損失 ················43, 57
包括的否認規定
　·······158, 159, 319, 327, 344, 346, 347, 353,
報告すべき取引 ··················368
法人格（の）否認の法理 ··········5, 18
法人所有生命保険 ·················26
法人所有生命保険アレンジメント ·····88
法人所有生命保険の
　グランドファーザー・ルール ·······29
法人所有生命保険の利子控除制限 ····359
法人の買収 ·······················28
法人の分割 ·······················73
法人の分割による利益の抜取り ······75
法人分割による利益の抜取り防止規定
　······························354
法人用タックス・シェルター ···25, 29, 33
法人用タックス・シェルターのコスト
　·······························32
法人用タックス・シェルター発展の
　要因 ··························31
法人用タックス・シェルター報告書 ···25
法的安定性 ············6, 7, 18, 344
法律の委任 ···········6, 344〜346, 364

法律の潜脱行為 ··················349
簿価引継ルール ···················98
保険所得 ························63
ポリシーローン ············298, 300

　　　　　　　ま

マーケティング活動 ···············30
前払先渡契約 ···················314
前払商品先渡契約 ···············313
前払商品取引 ·····83, 114, 116174, 198, 313
前払商品販売 ···················314

　　　　　　　み

未確定債務 ····················272
見せかけの事業目的 ···············30
見せかけの投資 ···················30
みなし出資 ················278, 279
みなし償還 ····················163
みなし売却 ················161, 309
みなし売却ルール ···············160
みなし配当 ···············103, 264
ミニマム・タックス ···············48
未配分同族持株会社所得 ············60
ミューチュアル・ファンド ··········40
民法上の任意組合 ···············132

　　　　　　　む

無視される事業体 ················28
無制限タックス・シェルター ········89

　　　　　　　め

明示なき所得 ····················17
明示なき否認規定 ···············349
明瞭な所得の反映原則 ············350
明瞭な所得の反映要件 ·············83
メカニカル・スタンダード ··········7
メカニカル・ルール ·············374

も

目的別類型 …………………………………14
目的論的解釈 ………………………………349
持株会社 …………………………………15, 44
持株会社ストラクチャー ……………43, 45
持分証券 ……………………………………238

ゆ

優先株式
　…71, 102, 103, 150, 210, 211, 229, 289, 293
優先株式による利益の抜取り ……………71
優先株式による利益の抜取り防止規定
　………………………………………………354
優先株式の償還 ……………………………143
優先ユニット …………………………94, 162
ユーティリティ原則 ………………………31

よ

ヨセミテ取引 ………………………………313
予測可能性 ……………………6, 7, 18, 344

ら

濫用的租税回避 ……………………………337
濫用的タックス・シェルター
　………………………11, 12, 25〜27, 32, 337, 373
濫用的タックス・シェルター対策 ……374
濫用防止規定 …………………………18, 356

り

リースアンドリースバック取引 ………186
リースイン・リースアウト ………………90
リース・ストリップ ………………………103
リース・ストリップスキーム ……………103
リース取引 …………………………………301
リース取引の利用 …………………………300
リース取引を利用したスキーム ………300

利益センター ………………………………29
利益積立金と資本等との区分 …………227
利益動機原則 …………………………19, 345
利益動機なき活動の経費控除制限 ……360
利益動機のない活動経費の控除 ………52
利益比準法 …………………………………62
利益分割法 …………………………………62
利子に関する会計方法 …………………81, 350
リミテッド・パートナー …………………38
リミテッド・パートナーシップ
　………………………………38, 239, 244, 249
リミテッド・ライアビリティ・
　カンパニー ………………………………39
留保課税所得 …………………………60, 354
留保収益税 ……………………………60, 353, 354

る

類推解釈 ……………………………………349

れ

レーガン税制改革 …………………………48
劣後債 ……………………………100, 129, 237, 238
レバレッジド・バイアウト ………………32
連結申告納税グループ ……………………37
連結申告納税制度 …………………………61
連結納税グループ ………………99, 127, 196
連結納税グループ外子会社 ……………142
連結納税グループ内からの
　非課税配当の受取 ……………………142
連結納税制度 …………………………332, 335
連結納税濫用防止ルール ………………354
連結分離戦略 ………………………………43, 44

ろ

ローディングディビデント ………171, 298
ロング・ポジション ……………………312

索　引　397

編著者との契約により検印省略

平成16年3月1日　初版第1刷発行

タックス・シェルター
事例研究

編著者	本　庄	資
共著者	梅　辻　雅　春	
	須　藤　一　郎	
発行者	大　坪　嘉　春	
製版所	税経印刷株式会社	
印刷所	税経印刷株式会社	
製本所	株式会社　三森製本所	

発行所　〒161-0033　東京都新宿区　　株式　税務経理協会
　　　　下落合2丁目5番13号　　　　会社
　　　　振替　00190-2-187408　　　　電話(03)3953-3301(編集部)
　　　　FAX(03)3565-3391　　　　　　　　(03)3953-3325(営業部)
　　　URL　http://www.zeikei.co.jp/
　　　　乱丁・落丁の場合は，お取り替えいたします。

© 本庄　資　2004　　　　　　　　　　　　　Printed in Japan

本書の内容の一部又は全部を無断で複写複製(コピー)することは，法律で認められた場合を除き，著者及び出版社の権利侵害となりますので，コピーの必要がある場合は，あらかじめ当社あて許諾を求めてください。

ISBN4-419-04335-0　C2032